Georg Theunissen, Wolfgang Plaute

Handbuch Empowerment und Heilpädagogik

Georg Theunissen, Wolfgang Plaute

Handbuch Empowerment und Heilpädagogik

Lambertus

Die Deutsche Bibliothek – CIP-Einheitsaufnahme

Ein Titeldatensatz für diese Publikation ist bei
Der Deutschen Bibliothek erhältlich

Alle Rechte vorbehalten
© 2002, Lambertus-Verlag, Freiburg im Breisgau
Umschlag, Satz und Layout: Ursi Aeschbacher, Biel-Bienne
Herstellung: Franz X. Stückle, Druck und Verlag, Ettenheim
ISBN 3-7841-1336-2

Inhalt

Vorwort 9

KAPITEL 1: EMPOWERMENT – EIN WEGWEISER FÜR DIE HEILPÄDAGOGIK
UND BEHINDERTENHILFE 11
Einleitende Bemerkungen 11
Historische Skizzen und Entwicklungslinien 15
Menschenbild und Wertebasis 20
Selbstbestimmung 22
Kollaborative und demokratische Partizipation 26
Verteilungsgerechtigkeit 28
Konsequenzen für das professionelle Handeln 32
Handlungsebenen 40
Independent Living Movement 44
Historische Skizzen, Konzept und Entwicklung 44
Zu Entwicklungen im deutschsprachigen Raum 47
Self-Advocacy Movement (mit Cordula Matzke) 52
Historische Skizzen 54
Zum Unterstützungsbedarf und zu curricularen Angeboten 58
Zur Situation im deutschsprachigen Raum 62

KAPITEL 2: KONSEQUENZEN FÜR WISSENSCHAFT UND FORSCHUNG 67
Historische Skizzen 67
Zur Heilpädagogik als empirisch-analytische Erziehungswissenschaft 69
Das Problem der subjektiven Wahrnehmung 73
Das Problem der generellen Gesetzesaussagen 75
Das Problem der Subjekthaftigkeit der „Forschungsobjekte" 76
Zu den Einflüssen der Kritischen Theorie auf die Heilpädagogik ... 78
Zur Bedeutung qualitativer Methoden 79
Zur kritisch-konstruktiven Pädagogik 85
Zur Bedeutung des Modells vom „Diskurs" 94
Von der Handlungsforschung zur reflexiven Praxisforschung 96
Resümee 108
Beispiel eines Forschungsprojektes 109

Inhalt

Kapitel 3: Konsequenzen für Schule und Unterricht 117
Empowerment und Schule: Zu den Mitwirkungsmöglichkeiten,
Rechten und Aufgaben von Eltern behinderter Kinder 117
Elternmitsprache am Beispiel USA 117
Kritisches Resümee 124
Bildung im Lichte von Empowerment 134
Konsequenzen für den Unterricht 141
Leitprinzipien 144
Empowerment-Förderung als „unterrichtsintegriertes" Geschehen ... 150
Förderung von Empowerment durch spezielle Maßnahmen 153
Projektbeispiele (von Melitta Stichling) 164
Projekt „Ich bin Ich" 164
Projekt „Schülerausschuss" 178
Schlussbemerkung 182
Anhang Kapitel 3 183

**Kapitel 4: Konsequenzen für die Erwachsenenbildung
und den Lebensbereich der Freizeit** 191
(mit Claudia Hoffmann)
Zur Situation der Erwachsenenbildung für Menschen
mit geistiger Behinderung im deutschsprachigen Raum 191
Erwachsenenbildung 194
Folgerungen für die Didaktik 201
Zu den Zielen 202
Zu den Methoden 211
Zu den Arbeitsmitteln 215
Zu den Bedingungen 216
Zu den Handlungsebenen 216
Beispiele aus der Praxis 219
Freizeit im Lichte von Empowerment 223
Einleitende Bemerkungen 223
Zur Freizeitsituation geistig behinderter Menschen 225
Ein Bildungsprogramm zur Förderung von Freizeitkompetenzen ... 227
Resümee 231

**Kapitel 5: Konsequenzen für die Arbeit
mit Eltern und Familien** 235
Einleitende Bemerkungen 235
Zwei Beispiele im Lichte von Empowerment (mit Birgit Garlipp) ... 241

INHALT

Frau F. 241
Familie M. 243
Zu den Stärken und Kompetenzen 245
Zusammenfassende Beurteilung 250
Stärken-Perspektive und Problemsicht 253
The Empowered Family Model 257

KAPITEL 6: KONSEQUENZEN FÜR DAS WOHNEN IN EINRICHTUNGEN DER BEHINDERTENHILFE 267
Einleitende Bemerkungen 267
Wohnen im Wohnverbund 268
Wohnangebote 269
Demokratische Partizipation am Wohnalltag 276
Aspekte zur Zusammenarbeit mit Bezugspersonen 280
„Partners in Policymaking" und Organisationen 281
Behindertenanwaltschaften 284
Wohnvertrag und Nutzerkontrolle 285
Zum Wohnvertrag der Lebenshilfe Salzburg 286
Zur Qualitätssicherung durch Nutzerkontrolle 302
Wohnen und Leben im Alter 305
Abschließende Anmerkungen zur Begleitung geistig behinderter
Menschen beim Sterben 312

KAPITEL 7: KONSEQUENZEN FÜR DEN LEBENSBEREICH DER ARBEIT .. 315
Einleitende Bemerkungen 315
Arbeitsmodelle in der Diskussion 316
Werkstattmodelle 316
Das Konzept der Arbeitsassistenz 318
Diskussion 322
Ausblick: Demokratische Partizipation im Arbeitsalltag 324

LITERATUR 327

DIE AUTORINNEN UND AUTOREN 359

Vorwort

Das vorliegende Handbuch verspricht wegweisende Anregungen für eine moderne Behindertenarbeit. Demnach gibt es Konzepte, die als antiquiert und überholt betrachtet werden können. Dies gilt für die traditionelle Heilpädagogik, für eine Behindertenhilfe, die sich dem orthodoxen klinischen Denken und Handeln verpflichtet fühlt und damit einer Medizinierung, Defizitorientierung und Besonderung behinderter Menschen verhaftet bleibt. Dieser Tradition werden heute Modelle gegenübergestellt, die die Stimme von Menschen mit Behinderungen in den Vordergrund stellen und sich an Menschenrechten orientieren. Im Zentrum dieser Neuerung steht die Selbstbestimmung behinderter Menschen, die unter anderem von der Elternvereinigung Lebenshilfe zur zentralen Leitidee für die Arbeit mit geistig behinderten Menschen erkoren wurde. Die Bedeutung dieses Bezugswertes ist unstrittig, allerdings steht er in der Gefahr wie viele andere Schlagwörter (Normalisierung, Integration ...) missverstanden zu werden und zur Ideologie zu gerinnen. Denn Selbstbestimmung ohne Sozialbezug ist ein Torso. Daher haben wir in kritischer Distanz zur Selbstbestimmungsdebatte versucht ein Modell zu generieren, das Missverstände und Verkürzungen zu überwinden verspricht und als ein tragfähiges Konzept für eine zeitgemäße Behindertenarbeit gelten kann.

Diese verheißungsvolle Angelegenheit wird unter dem Stichwort „Empowerment" gehandelt, das schon seit einigen Jahren in der amerikanischen Sozialarbeit und Sonderpädagogik handlungsbestimmende Funktion hat und auf dem besten Wege ist auch hierzulande richtungsweisend zu werden. Natürlich ist auch Empowerment ein Modebegriff, der unverstanden bleibt, wenn eine Präzisierung fehlt. Unzweifelhaft ist die Selbstbestimmung ein zentrales Moment von Empowerment, zudem gibt es jedoch zwei weitere Bezugswerte, die sog. Verteilungsgerechtigkeit und die demokratische und kollaborative Partizipation, die untrennbar mit dem Autonomiegedanken verbunden sind und Empowerment als Vehikel zur menschlichen und politischen Emanzipation ausweisen. Im Lichte dieses Programms zählen nicht nur behinderte Menschen sondern auch Eltern behinderter Kinder als Experten in eigener Sache und somit zu wichtigen Partnern der professionellen Hilfe. Konsequenzen, die sich daraus für die Geistigbehindertenpädagogik und Soziale Arbeit ergeben, haben wir an einigen der wichtigsten Themen aufzuzeigen versucht: Wissenschaft und Forschung, Schule, Erwachsenenbildung, Eltern- und Familienarbeit, Wohnen und berufliche Arbeit. Da die Kapitel über Eltern- und Familienarbeit und Schule zugleich Anregungen für die Bereiche der Frühförderung und vorschulischen Erziehung beinhalten, wurde aus rein äußerlichen Gründen (Länge des Handbuchs) auf eine besondere Abhandlung dieser beiden Themen verzichtet. Darüber hinaus könnten gesellschaftspolitische Bezüge wie auch die Thematik der Verhaltensauffälligkeiten und psychischen Störungen vermisst werden. Tatsächlich sind wir darauf nicht näher eingegangen, da wir unnötige Redundanzen mit unseren anderen Schriften (insbesondere mit der Monographie „Wege aus der Hospitalisierung. Empowerment mit schwerstbehinderten Menschen") vermeiden wollten. Wir sind überzeugt, dass unsere Leserschaft dies zu schätzen weiß. Die ersten Kapitel stammen federführend von Georg Theunissen, die beiden letzten von Wolfgang Plaute. Unser Dank gilt an der Stelle allen, die diese Konzeption unterstützt und an einigen Beiträgen mitgewirkt haben, Birgit Garlipp, Claudia Hoffmann, Cordula Matzke, Melitta Stichling, Herrn Fritz Boll vom Lambertus-Verlag sowie unseren Familien für die Freistellung an vielen Wochenenden.

Wir hoffen, eine ansprechende und leicht zugängliche Arbeit vorgelegt zu haben, deren Studium Mut machen soll, neue Wege in der Behindertenarbeit zu gehen. Gleichfalls kann aber auch der bisher eingeschlagene Kurs durch unsere Schrift seine Bestätigung finden, so dass er angereichert durch Impulse und Belege erfolgreich fortgeführt werden kann.

Aus redaktionellen Gründen wurde zumeist die männliche Schreibweise (Pädagoge, Mitarbeiter ...) benutzt, gemeint sind hiermit stets auch Personen weiblichen Geschlechts.

Ferner sprechen wir der Einfachheit halber von „geistig behinderten" Menschen – wohl wissend, dass sich Betroffene (People First) als „Menschen mit Lernschwierigkeiten" bezeichnen; und wohl wissend, dass es fachlicherseits korrekter wäre von Personen zu sprechen, die als „geistig behindert" *etikettiert* werden.

Nichtsdestotrotz: „Empowerment is a powerful idea and its time has come!" (L.S. Staples)

Georg Theunissen
Halle/Deutschland

Wolfgang Plaute
Salzburg/Österreich

Kapitel 1: Empowerment – Ein Wegweiser für die Heilpädagogik und Behindertenhilfe

> Im ersten Kapitel unserer Studie werden Grundzüge des von uns vertretenen Empowerment-Konzeptes skizziert. Einer einführenden Begriffsdiskussion folgt eine knappe Abhandlung wichtiger Entwicklungslinien, denen die prominente Bedeutung des Konzepts in der US-amerikanischen Sozialarbeit und Behindertenpädagogik zu entnehmen ist. Im Zentrum der Betrachtung steht eine durch die Philosophie des Empowerment angeregte „neue Kultur des Helfens". Abgerundet wird unser Beitrag durch die Darstellung und Diskussion zweier bedeutsamer Empowerment-Bewegungen behinderter Menschen: der Independent-Living-Movement und der Self-Advocacy-Movement.

Einleitende Bemerkungen

Der Begriff *Empowerment* stammt aus den USA (Simon 1994). Übersetzt werden könnte er mit „Selbst-Bemächtigung" oder auch mit „Selbst-Ermächtigung". Eine bloße Übersetzung des Begriffs greift jedoch viel zu kurz und steht in der augenfälligen Gefahr, das Anliegen, welches mit Empowerment in der Heilpädagogik verknüpft wird, gänzlich zu verfehlen. Denn hinter dem Begriff des Empowerment verbergen sich eine Philosophie, theoretische Annahmen und Leitideen wie aber auch Prozesse, Programme, Konzepte oder Ansätze, die mit Blick auf die Arbeit im sozialen Bereich vorhandene *Stärken* von Menschen in gesellschaftlich marginaler Position (z.B. soziokulturell Benachteiligte; ethnische Minderheiten; alleinerziehende Frauen; Menschen mit einer psychischen Krankheit oder Behinderung; Familien mit behinderten Angehörigen) zu ihrem Ausgangspunkt nehmen, zu tragfähigen Formen kollektiver und autonomer Selbsthilfe-Zusammenschlüsse sowie sozialer Netzwerke anstiften und die (Wieder-)Gewinnung von Selbstbestimmungsfähigkeiten und Kompetenzen zur Kontrolle und Verfügung über die eigenen Lebensumstände zum Ziele haben (ebd., 13f.; Solomon 1976, 346f.; Pinderhughes 1983; 1989; Rappaport 1984; 1985; Staples 1990; Saleebey 1997).
Vor diesem vielschichtigen Hintergrund (Miller & Keys 1996, 313ff.) lassen sich vier begriffliche Zugänge unterscheiden (Herriger 1997, 12ff.):

KAPITEL 1: EMPOWERMENT

(1) verweist der Begriff des Empowerment auf *Selbstverfügungskräfte*, vorhandene Stärken oder individuelle Ressourcen, die es dem Einzelnen ermöglichen, Problemlagen, Krisen, Konflikte oder Belastungen im Alltag aus eigener Kraft zu bewältigen sowie ein Leben in eigener Regie und nach eigenen Bedürfnissen zu realisieren (Weick 1986, 556; 1992). Empowerment steht hier für das unbedingte Vertrauen in die Stärken von Menschen, die sich am Rande der Gesellschaft befinden, und für die Überzeugung, dass sie ihre eigenen Ressourcen und Fähigkeiten zu erkennen und in soziale Handlungen zur Gewinnung von mehr Lebenssouveränität umzusetzen vermögen (Stark 1996, 107f.).

(2) wird der Begriff des Empowerment mit einer *politisch ausgerichteten Macht* und Durchsetzungskraft verbunden, indem sich Gruppen von Menschen aus einer Position relativer Ohnmacht durch politische Einflussnahme zu emanzipieren versuchen (Solomon 1976; Zimmerman & Rappaport 1988; Simon 1994, 3; Kondrat 1995). Empowerment steht hier für politische Bewusstwerdungsprozesse, politische Aktionen und Erfahrungen von unterdrückten Gruppen, die bislang psychologisch und faktisch durch den Mangel am Zugang zu sozio-kulturellen Ressourcen, gesellschaftlichen Institutionen (z.b. Bildungseinrichtungen) und politischer Entscheidungs- oder auch institutioneller Macht benachteiligt waren (Freire 1973; Guiterrez 1994, 203; Miller & Keys 1996, 314). Diese politische Beteiligung (power) und Mitbestimmungsmöglichkeiten werden zugleich auch für Professionals eingefordert, die zum Beispiel in Institutionen tätig sind und eine emanzipationsfördernde Arbeit (Leitziel: Selbstbestimmung) verrichten sollen (Pinderhughes 1983, 337; Simon 1994, 190ff.; Kondrat 1995, 413). Daher erklären A. und H. Turnbull zu Recht ein „mutual empowerment" (1997, 36, 49) zum Programm der Behindertenarbeit (special education), welches eine gleichberechtigte Expertenschaft zwischen Betroffenen, Angehörigen und professionellen Helfern vorsieht.

(3) steht Empowerment *im reflexiven Sinne* für einen Prozess, in dem Randgruppen der Gesellschaft ihre Angelegenheiten selbst in die Hand nehmen, sich dabei ihrer eigenen Fähigkeiten bewusst werden, eigene Kräfte entwickeln und soziale Ressourcen nutzen (Rappaport 1985; 1987). Leitgedanke ist hier die selbstbestimmte Bewältigung und Gestaltung des eigenen Lebens durch die „Selbstaneignung von Lebenskräften" (Herriger 1997, 14). „Empowerment beschreibt als Prozess im Alltag eine Entwicklung für Individuen, Gruppen, Organisationen oder Strukturen, durch die die eigenen Stärken entdeckt und die soziale Lebenswelt nach den eigenen Zielen (mit-

)gestaltet werden kann. Empowerment wird damit als Prozess der „Bemächtigung' von Einzelnen oder Gruppen verstanden, denen es gelingt, die Kontrolle über die Gestaltung der eigenen sozialen Lebenswelt (wieder) zu erobern" (Stark 1993, 41).

(4) wird Empowerment auch *im transitiven Sinne* benutzt (Staples 1990, 29), indem einzelne Empfänger sozialer Dienstleistungen oder auch Gruppen, die sich am Rande der Gesellschaft befinden, angeregt, befähigt oder in die Lage versetzt werden sollen, Vertrauen in eigene Ressourcen zu entwickeln (Simon 1994, 187), eigene Angelegenheiten selbst zu regeln und sich gegenüber anderen zu behaupten (help people to empower themselves). Diese Bedeutung von Empowerment, für die nicht selten der Begriff *„enabling"* (Grosser 1973; Pinderhughes 1989, 111; Dunst, Trivette & Deal 1995) verwendet wird, steht zweifelsohne in der Gefahr, missverstanden zu werden; denn es wäre ein begrifflicher Widerspruch, wenn es im transitiven Sinne darum ginge, jemanden zu „ermächtigen", z.b. aus einem behinderten Menschen eine „empowered person" zu „machen". Empowerment kann nicht direkt von professionellen Helfern hergestellt, vermittelt oder gemäß einer geforderten Norm verordnet oder gar aufoktroyiert werden (Weiß 1992, 162; Simon 1994, 169; Speck 2000, 29); vielmehr geht es um das *Anstiften* zu individuellen und kollektiven Empowerment-Prozessen (to facilitate or enable power), zu menschlicher und politischer Emanzipation, so z.b. durch Bereitstellung von Informationen oder Ressourcen sowie durch das Arrangement von Situationen, „die es Menschen ermöglichen, sich ihrer ungenutzten, vielleicht auch verschütteten Ressourcen und Kompetenzen (wieder) bewusst zu werden, sie zu erhalten, zu kontrollieren und zu erweitern, um ihr Leben selbst zu bestimmen und ohne ‚expertendefinierte Vorgaben' eigene Lösungen für Probleme" (Weiß 1992, 162) oder eine zukünftige Lebensgestaltung zu finden.

Diese vier Zugänge lassen sich unter zwei zentralen Aspekten bündeln und zusammenfassen: zum einen verweisen sie auf *Empowerment als Prozess der „Selbstaneignung von Macht und Gestaltungskraft"* im Alltag (Herriger 1997, 16). In dem Falle haben wir es mit Empowermentgeschichten zu tun, die von einzelnen Personen oder Gruppenzusammenschlüssen erzählen, die ihre Ressourcen und Stärken zur Kontrolle und aktiven Bewältigung sowie Gestaltung ihres Lebens einsetzen. Zum anderen tritt *Empowerment* als *„Fokus professioneller Bemühungen"* (Stark 1996, 118) in Erscheinung, Menschen in gesellschaftlich marginaler Position zur „Aneignung von Verhaltensweisen [zu befähigen, G.T.], die notwendig sind, um effektiv interagieren, [...] Entscheidungen treffen und Probleme lösen zu können" (Nelson, Howard & Mc'Laughlin 1993, 63). Außerdem soll eine Unterstützung im Hinblick auf „Kontrolle und Zugang zu Ressourcen und deren Nutzung/Aneignung" (ebd., 63) geleistet werden. Ohne Zweifel können dabei erfolgreiche Empowermentgeschichten betroffener Menschen den Professionals beispielhaft helfen, ein positives Adressatenbild zu gewinnen und tragfähige Konzepte zu entwickeln, die es auch anderen Personen in marginaler Position ermöglichen, zu Empowermentprozessen zu gelangen. Diese zeichnen sich dadurch aus, dass „sich ein positives und aktives Gefühl des ‚In-der-Welt-Seins' [entwickelt, G.T.], sich Fähigkeiten, Strategien und Ressourcen [entwickeln], um aktiv und gezielt individuelle und gemeinschaftliche Ziele zu erreichen [und dass] Wissen und Können erworben [wird], die zu einem kritischen Verständnis der sozialen und politischen Verhältnisse und der eigenen sozialen Umwelt führen" (Kieffer 1984 zit. n. Stark 1996, 119). Zugleich befinden sich solche Prozesse ständig in der Weiterentwicklung und Veränderung; einerseits dadurch, dass betroffene Menschen aus einer Situation der Schwäche oder Demoralisierung sich ihrer Stärken und Möglichkeiten bewusst werden und andererseits dadurch, dass diese Bewusstwerdung und das Nutzen von Ressourcen und Potentialen in verschiedenen lebensweltlichen Bereichen, in der primären Lebenswelt, im sozialen Nahbereich, auf gruppenbezogener wie auf struktureller, makrosystemischer oder politischer Ebene Einfluss zeigen.

Vor dem Hintergrund dieses allgemeinen Blickwinkels möchten wir nun das von uns vertretene Empowerment-Konzept (Theunissen 1999a) für die Pädagogik und Soziale Arbeit mit Menschen, die als intellektuell (geistig) behindert gelten, skizzieren. Dabei handelt es sich um einen zielgruppenbezogenen Entwurf, der sich von Empowermentansätzen, die für andere Menschen in gesellschaftlich marginaler Position bestimmt sind, durchaus unterscheiden kann. Denn „Empowerment ist kontext- und betroffenenabhängig und kann für verschiedene Gruppen in unterschiedlichen Kontexten verschiedene Formen und Bedeutungen annehmen. Mit anderen Worten: Empowerment kann für Menschen mit Entwicklungsbeeinträchtigungen [Lern- oder geistiger Behinderung, G.T.] andere Prozesse und Ergebnisse bedeuten als für Kinder in städtischen Schulen oder für Personen, die einen körperlichen Missbrauch bewältigen müssen" (Miller & Keys 1996, 314).

HISTORISCHE SKIZZEN UND ENTWICKLUNGSLINIEN

Wenngleich Ideen und Wurzeln von Empowerment als Programm pädagogischer und sozialer Arbeit weit ins 19. Jahrhundert der amerikanischen Sozialgeschichte zurückreichen (Simon 1994, 33f.), begegnen wir dem Begriff als handlungsanleitende Denkfigur zum ersten Mal in der amerikanischen Bürgerrechtsbewegung der schwarzen Minderheitsbevölkerung (civil rights and black power movements), die mit selbstorganisierten, kollektiven Aktionen gewaltfreien Widerstandes gegen Diskriminierung, gesellschaftliche Benachteiligung und Segregation ethnischer Minderheiten und für soziale Gerechtigkeit und politische Teilhabe kämpfte (ebd., 141ff.; Solomon 1976). Diese Bewegung, die sich neben den Aktionen zivilen Ungehorsams unter anderem auch durch Aufklärungskampagnen und Programme zur Bewusstseinsbildung auszeichnete, war in den letzten 30 Jahren Vorbild für andere Randgruppen und Minderheiten nicht nur in den USA, sondern weithin in allen westlichen Industrienationen (De Jong 1982a, 141). So gab und gibt es bis heute unter der Flagge des Empowerment zahlreiche soziale Bewegungen (z.B. Frauen-, Ökologie-, Friedens-, Behinderten-, Kommunitarismus-, Gesundheitsbewegung), verschiedenste Selbsthilfe- oder Selbstvertretungsgruppen (self-help and self-advocacy movements), Selbstbildungs- und Selbstermächtigungskampagnen, lokalpolitische Bürgerinitiativen, Nachbarschafts- und Stadtteilprojekte sowie gemeinwesenbezogene Aktionen, denen bei aller Unterschiedlichkeit der kollektiven Interessenlage eines gemeinsam ist: der Versuch, durch direkte politische Mitsprache, Mitgestaltung und Kontrolle Einfluss auf ihre unmittelbaren Lebensumstände oder auch auf „riskante" Erscheinungen gesellschaftlicher Entwicklung (Umweltzerstörung; Entsolidarisierung; Sozialabbau; Ökonomisierung der Sozialen Arbeit) zu nehmen. Diese Bewegungen, Initiativen oder Projekte haben allesamt mittlerweile zur Entmachtung, Entlegitimierung und Entgrenzung staatlicher Politik (Beck 1986) beigetragen, wobei sich insbesondere die modernen Selbsthilfe-Bewegungen[1] mit Anti-Diskriminierungskampagnen und Programmen gegen entmündigende Staatsfürsorglichkeit, Bürokratie und soziale Kontrolle als ein

---

[1] Hierunter fassen wir Zusammenschlüsse von Menschen mit gleichgelagerten Interessen, die sich als authentische und advokatorische Interessenvertretung sowie als eine emanzipatorische Gegenströmung zu etablierten Selbsthilfe-Verbänden (Dachorganisationen mit einem Funktionärswesen) verstehen (hierzu auch Cloerkes 1997, 56ff.).

KAPITEL 1: EMPOWERMENT

neuer und erfolgreicher Weg des „social policy making" hervorgetan und etabliert haben.

Eine prominente Rolle spielen hierbei mit Blick auf unser Thema Empowerment-Bewegungen von Eltern behinderter Kinder (Turnbull & Turnbull III 1997; auch Bersani 1996, 260) sowie die Independent Living Movement behinderter Menschen in den USA, deren Verdienste in Bezug auf die Anerkennung von Menschen- und Bürgerrechten, gesellschaftliche Integration und Partizipationsmöglichkeiten behinderter Menschen unstrittig sind (Driedger 1989; 3f., 94; auch De Jong 1982a; Brooks 1991, 108ff.; Segal, Silverman & Temkin 1993, 706; Wehmeyer & Berkobien 1996, 247). Bemerkenswert ist, dass die Betroffenen-Bewegungen (disability rights movements) trotz ihrer Auseinandersetzung mit Ideologien der professionellen Praxis (z.B. Pathologisierung der Hilfeempfänger; Defizitorientierung; Paternalismus), der Kritik und Ablehnung einer entmündigenden Versorgungsmentalität und Institutionalisierung von Beginn an ein gewisses Maß an Zuspruch und Solidarität durch Professionals erfuhren (Dybwad 1996, 7ff.; Bersani 1996, 261f.), so dass zumindest in den USA keine unversöhnliche Gegnerschaft zwischen Betroffenen, Angehörigen und professionellen Helfern oder Fachleuten bestand (auch Turnbull & Turnbull III 1997, 9; De Jong 1982b). Maßgeblich beigetragen haben hierzu A. und H. Turnbull, die sowohl als Eltern eines behinderten Kindes als auch als Fachwissenschaftler ein wichtiges Stück an Empowerment-Geschichte in der amerikanischen Behindertenarbeit geschrieben haben.

Im Sinne dieser „kollaborativen Allianz" (Simon) zwischen den sozialen Bewegungen und der Professionalität ist die Empowerment-Philosophie und -Praxis schon seit einigen Jahren in der amerikanischen Sozialarbeit, Gemeindepsychologie und Sonderpädagogik[2] (special education) nicht mehr wegzudenken (Rappaport 1984; 1985; 1987; Pinderhughes 1989; Staples 1990; Si-

---

[2] Die Begriffe Heilpädagogik, Sonderpädagogik, Behindertenpädagogik und Rehabilitationspädagogik sind parallele Bezeichnungen für die Theorie und Praxis der Erziehung, Bildung, Förderung oder pädagogischen Therapie von Menschen, die als behindert, entwicklungsgestört und/oder verhaltensauffällig beschrieben und bezeichnet werden; in unserer Schrift werden sie mit der amerikanischen Fachbezeichnung „special education" synonym benutzt. Um die Komplexität des Fachgebiets abzudecken (z.B. im Hinblick auf Kinder, Jugendliche und Erwachsene mit Behinderung; Angehörige; soziale Dienstleistungsangebote und –systeme), bietet es sich an, von der Pädagogik und Sozialen Arbeit mit behinderten Menschen zu sprechen.

mon 1994; Polloway et al. 1996; Saleebey 1997; Elliott 1997; Turnbull & Turnbull III 1997).

Was die amerikanische Sonderpädagogik (special education) betrifft, so stand sie zunächst jahrzehntelang im Zeichen eines Paradigmas der Institutionalisierung, deren Ziel es war, Menschen mit Behinderungen, „für die man eine unterschiedliche Behandlung für nötig hielt" (Polloway et al. 1996, 4), in Sondereinrichtungen (Anstalten, Heimen, Sonderschulen) unterzubringen. „Es wurde die Theorie aufgestellt, dass man den Bedürfnissen dieser Menschen am besten gerecht werden könne, wenn man sie zusammen gruppiere und sie von anderen Menschen isoliere" (ebd., 4). Der Institutionalisierung, die mit ihren Unzulänglichkeiten (sozialer Ausschluss, Benachteiligung, Diskriminierung, Hospitalisierung, Freiheitsberaubung) spätestens gegen Ende der 60er Jahre im Kreuzfeuer heftiger Kritik und Auseinandersetzung stand, folgten Prozesse der Normalisierung und Deinstitutionalisierung sowie eine „tiefe Verschiebung hin zu einem ‚servicebasierenden Paradigma'" (ebd., 5). Als Vorbereitung für ein Leben in der Gesellschaft (Integration) sollten den Betroffenen spezielle pädagogische und therapeutische Hilfen, spezielle Dienste und Programme einer Sondererziehung zum Beispiel in Sonderklassen in regulären Schulen, angeboten werden. Die Erfolge dieses Servicemodells waren im Hinblick auf gesellschaftliche Integration jedoch bescheiden, so dass alsbald die separate Sondererziehung, die Menschen mit Behinderungen weithin als „belieferungsbedürftige Defizitwesen" betrachtete, tiefgreifend in Frage gestellt (Dunn 1968; Patton, Polloway & Epstein 1987) und durch das Paradigma der Unterstützung und Inclusion abgelöst wurde. Typisch für dieses Paradigma ist die Ansicht, dass Menschen mit Behinderungen in ihrer vertrauten Lebenswelt, in gemeindeintegrierten Settings (Prinzip der Regionalisierung) das notwendige Maß an Unterstützung für ein erfolgreiches Lernen und eine erfolgreiche (angepasste) gesellschaftliche Sozialisation erhalten sollen (Polloway et al. 1996, 6). Als Konsequenz daraus gibt es heute Schulprogramme im Zeichen einer „full inclusion" (auch Wehmeyer & Berkobien 1996, 246) durch „unterstützte Erziehung" (supported education), ferner „die Bereitstellung von Arbeitsassistenten in der Gemeinde (supported employment), die Bereitstellung von Wohnungen, die von den Betroffenen als Konsumenten gemietet werden oder ihnen gehören, und in denen Assistenten je nach individuellem Hilfebedarf zur Verfügung stehen (supported living), und schließlich sogar die Entwicklung von speziellen Wegen zu den goldenen Jahren (supported retirement [unterstütztes Rentnerleben])" (Polloway et al. 1996, 6). Ein weiteres charakteristisches Moment des Unterstützungs- und Inclusionsparadigmas ist der Verzicht auf ein defizitzentriertes Verständnis von Behinderung zugunsten der Bestimmung eines individuellen Unterstützungsbedarfs in vier Stufen („limited [zeitlich begrenzt]; intermittent [‚als notwendige Grundlage'; episodischer Art]; extensive [regelmäßig, täglich]; andauernde Unterstützung in verschiedensten Lebensbereichen und mit hoher Intensität") (ebd., 6), der jedem Menschen mit Behinderung ein Leben in „inclusive settings" garantieren soll. Mit dem Plädoyer für Inclusion wird ohne Zweifel ein wichtiges Anliegen (Bürgerrechte) zum Ausdruck gebracht, dessen Realisierung sich jedoch als ausgesprochen schwierig darstellt, da zum Beispiel notwendige Unterstützungsleistungen anscheinend nur selten in vollem Umfang gewährt werden. Manche Politiker, Behörden und Schulträger scheinen in Inclusion die Chance zu sehen, Kosten im Behindertenwesen einzusparen, weshalb es vielerorts (insbesondere auch unter Sonderpädagogen) Kritik und deutliche Vorbehalte gegenüber einer völligen Auflösung der Sondersysteme gibt (ebd., 7; auch Beirne-Smith, Ittenbach & Patton 1998, 324f.). Daher bedarf es starker Betroffenen-Bewegungen, die in der Lage sein müssen, rechtzeitig in Allianz mit den Inclusionsbefürwortern Widerstand gegen Sozialabbau zu formulieren und durch „policy making" die Gefahr eines konservativen Roll-Back zu stoppen. Diese Einsicht hat in den letzten Jahren zur Weiterentwicklung des Unterstützungs- und Inclusionsparadigmas zum Empowerment-Modell geführt, welches behinderten Menschen und ihren Angehörigen als Empfänger von Hilfen oder sozialer Dienstleistungen unmissverständlich eine Stimme verleiht und ihr Recht auf Selbstbestimmung, Wahl- oder Entscheidungsfreiheit unterstreicht (ebd., 8ff.). Somit steht zur Zeit das Empowerment-Konzept hoch im Kurs der amerikanischen Sonderpädagogik, die sich dadurch neue Wege, Perspektiven und Zukunftshorizonte erhofft.

Wie in den USA und anderen westlichen Industrienationen (Großbritannien, Kanada, Australien, Niederlande, skandinavische Länder) so hat auch hierzulande in Deutschland und Österreich ein Umbruch in der Heilpädagogik stattgefunden: Abkehr vom traditionellen „medizinischen Modell"; Abkehr von einem Behinderungsbegriff als individuelle Krankheitskategorie; Abkehr von einer individuumzentrierten Ursachenforschung und Praxis; Abkehr von der Aussonderung, Gettoisierung, Isolation und Besonderung behinderter Menschen in Sondereinrichtungen; Abkehr von dem bisherigen institutionsbezogenen Denken und Handeln; ... Hinwendung zu einem Behinderungsbegriff als soziale Zuschreibungskategorie; Hinwendung zu einer systemökologischen, bio-psycho-sozialen Problemsicht; Hinwendung zu einer Ressourcenorientierung und lebensweltbezogenen Behindertenarbeit; Hinwendung zu einem bedürfnis- und bedarfsgerechten System an Hilfen in der vertrauten

Lebenswelt; Hinwendung zur Vernetzung von sozialen Dienstleistungen; Hinwendung zur „Normalisierung" von Beziehungen, Arbeitsverhältnissen, Wohn- oder Lebensformen; Hinwendung zur gesellschaftlichen Integration; Anerkennung des Rechts auf Selbstbestimmung behinderter Menschen ... Für einige Fachvertreter (Jantzen 1995, 368) kommt in diesem Umbruch ein Wechsel „vom Paradigma der Sonderpädagogik zum Paradigma der Integrationspädagogik" zum Ausdruck, die ihre Legitimation nicht mehr aus der besonderen Erziehungsbedürftigkeit Betroffener herleitet, sondern die die Rechtsperspektive, individuelle Lern- und Lebenssituation sowie die gesellschaftliche Stellung von Menschen mit Behinderungen und/oder Verhaltensauffälligkeiten in den Mittelpunkt ihrer Theorie und Praxis rückt. Andere sehen darin die Gefahr einer „fachlichen Selbstauflösung" (Speck 1990) und befürchten – ähnlich wie die Kritiker der amerikanischen Inclusion-Bewegung – einen schleichenden Abbau an speziellen pädagogischen und therapeutischen Hilfen für Menschen mit Behinderungen. Wenngleich bei der Kritik am Integrationsparadigma Eigeninteressen von Berufsverbänden und Ausbildungsstätten für Heilpädagogik mit im Spiel sind, kann diese Verallgemeinerungstendenz tatsächlich gefährlich sein, wenn es dabei zu einer mangelnden Reflexion der Stellung behinderter Menschen in der Gesellschaft und insbesondere zu einer unzureichenden Parteinahme für die Interessen und Lebenssituation derjenigen kommt, die zum Beispiel auf Grund der Schwere einer geistigen Behinderung nicht für sich selber sprechen können. Daher macht es Sinn, wenn an einer „relativen Autonomie" der Heilpädagogik als Fachdisziplin festgehalten wird (Speck 1990; 1997). Dabei denken wir freilich nicht an eine Aufrechterhaltung eines „eigengesetzlichen Bereichs heilpädagogischer Praxis" oder an eine Isolierung bzw. Loslösung der Heilpädagogik von der Allgemeinen Pädagogik und gesellschaftlichen Wirklichkeit; vielmehr plädieren wir für eine Eigenständigkeit des Faches in Forschung, Theorie und Praxis, ohne dabei das Eingebundensein in gesellschaftliche Sinnzusammenhänge, soziale und pädagogische Aufgabenfelder sowie allgemeine erziehungswissenschaftliche und interdisziplinäre Fragestellungen (Zusammenarbeit mit Nachbardisziplinen) zu ignorieren. Heilpädagogik ist ein Zweig der Allgemeinen Pädagogik (Georgens & Deinhardt 1861; 1863) und kein klinisches Nebenfach. In diesem Sinne muss sie ihre Parteilichkeit für die Interessen und Situation von Menschen mit Behinderungen unter Beweis stellen. Das war bislang alles andere als selbstverständlich, weswegen Speck (1990, 47) Recht hat, wenn er in Anbetracht der jahrzehntelangen Vereinnahmung der Heilpädagogik durch Psychiatrie/Medizin und klinische Psychologie zu dem Ergebnis kommt, dass sie als erziehungswissenschaftliche Fachdisziplin „eine neue und eigene Identität" braucht, nicht aber eine Auflösung.

Ein solches Konzept, das fruchtbare Impulse für ein neues fachliches Selbstverständnis der Heilpädagogik bietet, ist zweifellos im Empowerment angelegt. Dies scheint inzwischen zusehends erkannt zu werden, weshalb der Empowermentansatz, der übrigens in der deutschen Sozialarbeit und Gemeindepsychologie schon deutliche Spuren hinterlassen hat (Stark 1996; Herriger 1997), auf dem besten Wege ist, auch in der Heilpädagogik und Behindertenarbeit eine neue Ära einzuläuten. Daher lohnt es sich, die Grundzüge des von uns vertretenen Empowerment-Konzepts einmal näher zu betrachten.

MENSCHENBILD UND WERTEBASIS

Ausgangspunkt des Empowerment-Konzepts ist der radikale Bruch mit dem Defizit-Blickwinkel in der Heilpädagogik, Menschen mit Behinderungen und ihre Angehörigen ausschließlich im Lichte von Schwächen, Mängeln, Versagen, Hilflosigkeit, Inkompetenz oder gar pathologischer Auffälligkeit wahrzunehmen und zu behandeln. Hierüber haben wir an anderer Stelle ausführlich berichtet (Theunissen 1999a; 2000a; Lingg & Theunissen 2000, 176ff.). Stattdessen hat sich das Empowerment-Konzept einem optimistisch gestrickten Menschenbild verschrieben, wie es unter anderem C. Rogers (1974) als Vertreter der „Humanistischen Psychologie" herausgearbeitet hat. Demnach entwickelt sich die Persönlichkeit eines Menschen nach Maßgabe einer im Organismus angelegten Tendenz zur Selbstaktualisierung im Rahmen sozialer Beziehungen, in denen der Betreffende dieses, sein Selbstwerden erfährt. Die Selbstentfaltung gilt als gelungen, wenn ein Individuum sein Wachstumspotential ausschöpft, ohne dies auf Kosten anderer zu tun. Das damit einhergehende unbedingte Vertrauen in Stärken und Potentiale eines jeden Menschen, Lebenssituationen in eigener Regie produktiv zu gestalten, „ist der Kern und Kristallisationspunkt aller Empowerment-Gedanken" (Herriger 1997, 73). Diese Orientierung wird in der amerikanischen Sozialarbeit als „Stärken-Perspektive" (strengths perspective) gehandelt (Saleebey 1997). „Eine Stärken-Perspektive gründet sich auf Würdigung der positiven Attribute und menschlichen Fähigkeiten und Wege, wie sich individuelle und soziale Ressourcen entwickeln und unterstützen lassen [...]. Alle Menschen haben eine Vielzahl von Talenten, Fähigkeiten, Kapazitäten, Fertigkeiten und auch Sehnsüchten [...]. Die Präsenz dieser Kapazitäten für erhöhtes Wohlbefinden muss respektiert werden [...]. Kontinuierliches Wachstum entsteht durch die (An-)Erkennung und Entwicklung von Stärken [...]. Menschen wachsen nicht durch Konzentration auf ihre Probleme – im Gegenteil, dadurch wird das Vertrauen in die eigene Fähigkeit, sich auf selbstreflektierende Weise zu entwickeln, geschwächt" (Weick et al. 1989, 352f.). Darüber hinaus liegt der Stärken-Perspektive die Annahme zugrunde, dass jede Person über eine „innere Kraft" verfügt, die als „Lebenskraft" oder auch „regenerative oder heilende Kraft" (Weick 1986, 556; 1992, 24) bezeichnet werden kann. Dieses Vermögen kann sich zugleich zu einer Widerstandsressource oder auch Widerstandskraft weiterentwickeln, wie es die sog. Resilienzforschung herausgearbeitet hat (Saleebey 1997; Goldstein 1997, 30ff.; Benard 1997; Garmezy 1991; Werner & Smith 1982; Rutter 1984; 1987). Eine solche Widerstandskraft (resilience) resultiert allerdings nicht allein aus personinhärenten Merkmalen, sondern aus dem Zusammenspiel individueller und sozialer Schutzfaktoren. Der Glaube an die Sinnhaftigkeit des eigenen Lebens, eine „internale Kontrollüberzeugung" (Kobasa & Puccetti 1983, 840f.), die Kompetenz, Stressoren als Herausforderung für persönliches Wachstum wahrzunehmen, körperliche Gesundheit, ein „gesunder" Lebensoptimismus und Realismus, ein positives Selbstwertgefühl und Selbst-Konzept, Vertrauen in die eigenen Fähigkeiten, auch Lebenskrisen oder Belastungen bewältigen zu können sowie die Fähigkeit zu flexibler Anpassung an Lebensumbrüche, -einschnitte, -veränderungen oder kritische Situationen gelten als wichtige individuelle Schutzfaktoren (auch Antonovsky 1997, 47ff.). Protektive soziale Faktoren beziehen sich insbesondere auf die Verfügbarkeit einer (außerfamiliären) Vertrauensperson für emotionale Unterstützung in Belastungssituationen sowie auf das Vorhandensein von „Enabling Niches" (Taylor 1997), zum Beispiel tragfähiger sozialer Netzwerke durch Selbsthilfe- oder Selbstvertretungsgruppen, durch Freundeskreise, Nachbarschaften oder auch (psycho-)soziale Dienstleistungssysteme (hierzu auch Lingg & Theunissen 2000, 182ff.; Miller & Keys 1996). Neben diesem Vertrauen in individuelle und kollektive Stärken sowie in „Umfeldstärken" (environmental strengths) im Sinne kraftvoller sozialer Ressourcen sind aus der Stärken-Perspektive auch spezifische Leitprinzipien hervorgegangen, die heute wegweisend für die Empowerment-Praxis sind, so zum Beispiel die unbedingte Annahme des Anderen; der Verzicht auf etikettierende, entmündigende und denunzierende Expertenurteile; der Respekt vor der Sicht des Anderen und seinen Entscheidungen; das Respektieren des So-Seins des Anderen, seiner „eigenen" Wege und „eigenen" Zeit; die Orientierung an der Rechte-Perspektive, der Bedürfnis- und Interessenlage sowie der Lebenszukunft des Betroffenen (ausführlich hierzu Herriger 1997, 76ff.; Theunissen 1999a, 110ff.). Dieses „Empowerment-Ethos" (Riessman) ist in den letzten Jahren zu einer Wertebasis von Empowerment weiterentwickelt und ausdifferenziert worden.

Selbstbestimmung

Der erste Grundwert ist die Selbstbestimmung (Autonomie), die „unzweifelhaft ein wesentliches Element von Empowerment ist" (Polloway et al. 1996, 8; Prilleltensky 1994, 359f.). Allein diese Aussage signalisiert, dass eine Gleichsetzung von Empowerment und Selbstbestimmung (so z.B. Thimm 1997, 222) unzulässig ist und dass eine ausschließliche Orientierung am Selbstbestimmungsgedanken viel zu kurz greift (auch Staples 1990, 37f.; Weiß 1999; 2000). Solche Tendenzen, der wir zur Zeit vor allem in der Geistigbehindertenpädagogik begegnen (Hofmann & Klingmüller 1994; BV Lebenshilfe 1996; Hähner u.a. 1997; Goll & Goll 1998; auch Wehmeyer [et al.] 1992; 1995; 1998; 1999), sollten kritisch gesehen werden. Im Sinne von Empowerment bezieht sich der Grundwert der Selbstbestimmung „auf Einstellungen und Fähigkeiten, die für ein Individuum nötig sind, um als primär kausaler Agent [primary causal agent] das eigene Leben zu gestalten und in Bezug auf die eigene Lebensqualität frei von allen unnötigen, übermäßigen externen Einflüssen, Einmischungen oder Beeinträchtigungen eine Auswahl von Dingen und Entscheidungen zu treffen" (Wehmeyer 1992, 305; Wehmeyer, Kelchner & Richards 1995, 292; Wehmeyer & Bolding 1999, 354; Wehmeyer, Agran & Hughes 1999, 6ff.; auch Simon 1994, 168f.). Selbstbestimmung gilt dabei als ein Entwicklungsprozess, der das ganze Leben anhält (Polloway et al. 1996, 8) und sich auf Handlungen bezieht, die nach M. Wehmeyer u.a. durch spezifische Charakteristika gekennzeichnet werden können: Durch die „freie", autonome Entscheidung der Person; durch eine „Selbstaktualisierung" [self-actualization] z.B. im Sinne einer bewussten Nutzung eigener Stärken; durch ein „selbstgeregeltes" [self-regulated] Verhalten in Verbindung mit einer Selbstbeobachtung und Selbstkontrolle (self-monitoring and self-evaluation); durch die Möglichkeit selbst Ziele zu setzen und danach zu handeln; durch Initiativen, die vom Betroffenen ausgehen; durch die Fähigkeit, auf Ereignisse mit einem „psychologischen Empowerment" (selbstbewusst und Ich-stark) zu reagieren; durch die Kontrolle und Verfügung über die eigenen Lebensumstände; durch eine Lebensverwirklichung nach eigenen Vorstellungen, auf eine „selbstrealisierende" Art [self-realizing manner]

(Wehmeyer 1992, 305; Wehmeyer, Kelchner & Richards 1996, 292f.; Wehmeyer & Schwarz 1998, 4; Wehmeyer & Bolding 1999, 354f.). Mit diesem Operationalisierungsversuch lenken M. Wehmeyer u.a. (The Arc)[3] den Blick auf die Funktion (Absicht) selbstbestimmten Verhaltens; und zugleich geben sie damit die Richtung für pädagogische Unterstützungsleistungen an (ebd., 1992, 307ff.), wobei sie auf drei Primärfaktoren hinweisen, welche die Entstehung und Entwicklung von Selbstbestimmung beeinflussen: „(a) Individuelle Kapazität, wie sie vom Lernen und der Entwicklung beeinflusst wird; (b) Möglichkeit, wie sie von Umgebungen und Erfahrungen beeinflusst wird und (c) Unterstützungen und Versorgungsleistungen [accomodations]" (Wehmeyer & Bolding 1999, 355). Somit gehört die Selbstbestimmung wesenhaft zum Menschsein (auch Speck 2000, 17ff.), wie sie sich jedoch entfaltet und artikuliert, das ergibt sich stets aus dem Zusammenspiel individueller und sozialer Faktoren. Dieses Modell, das Selbstbestimmung als eine soziale Kategorie begreift, hat zugleich eine heuristische Funktion, wenn es darum geht, Autonomieprozesse zu unterstützen, Chancen für Selbstbestimmung auszumachen oder auch „kritische Situationen" zu eruieren, die Freiheitsberaubung, Unterdrückung, Fremdbestimmung oder Entfremdung bedeuten und einer psychischen Gesundheit abträglich sind. Hemmnisse der Selbstbestimmung (geistig) behinderter Menschen sind etwa die Infantilisierung, Überbehütung, Überversorgung, ständige Kontrolle, Ignoranz individueller Wünsche oder Interessen, ein durch Hinweis- und Stoppschilder gekennzeichnetes Lebensmilieu, ständige Reglementierung ... (auch Theunissen 1998a, 76f.; 1999a, 173ff.). Wie wichtig dieser soziale Blickwinkel ist, lässt sich allein daran festmachen, dass sich viele Menschen mit geistiger Behinderung in einem „Mehr an sozialer Abhängigkeit" (Hahn 1981) befinden und damit der Gefahr einer negativen Zuschreibung (Stigmatisierung; Betrachtung im Lichte eines „Nicht-Könnens"; Defizitorientierung) ausgesetzt sind.

Dennoch genügt es nicht, nur Wehmeyers Konzept der Selbstbestimmung für den Empowermentansatz zugrunde zu legen, da die Frage nach der Selbstverantwortlichkeit des Menschen als Gesellschaftswesen sowie die soziale Bezogenheit des Individuums als „fundamentale Tatsache menschlicher Existenz" (Buber) unbeantwortet bleibt. Gerade dadurch aber besteht

---

[3] M. Wehmeyer ist z. Z. einer der wichtigsten Repräsentanten von The Arc (formerly National Association for Retarded Children/Citizens; Dybwad 1996, 5f.; Wehmeyer & Berkobien 1996, 247), die in den USA neben der TASH (The Association for Persons with Severe Handicaps) zu den fortschrittlichen und einflussreichsten, von Eltern mitgetragenen Fachverbänden zählt.

die Gefahr, dass Wehmeyers Konzept zur Ideologie gerinnt, wenn das Selbst als eine „egobezogene Größe" verabsolutiert und die Konstituierung des Selbst als und im Prozess der Auseinandersetzung mit Anderen und der Umwelt weithin ausgeblendet wird (Speck 2000, 18). In unserer Schrift „Wege aus der Hospitalisierung" (Theunissen 1999a) sind wir mit einem kurzen Blick auf die Geschichte der Selbstbestimmungsidee auf die Problematik einer einseitigen Begriffsauslegung eingegangen. Was uns in dem Zusammenhang Sorge bereitet, sind Erscheinungen, die heute nicht nur in westlichen Industrienationen sondern auch zunehmend in anderen Gesellschaften beobachtbar sind: Ein grenzenloser Individualismus und Egoismus, der antisoziale Züge trägt, die Aushöhlung des Gemeinsinns und der Solidargemeinschaft, eine zunehmende Entfremdung des Menschen vom Menschen, ein „Haben-Modus" (Fromm 1976, 37), der zugleich das „Selbst" konstituiert wie auch soziale Beziehungen regelt: „Ich bin, was ich habe und was ich konsumiere" (ebd.), ein Verlust an sozialen Verbindlichkeiten, eine Negation des Anderen sowie eine selbstherrliche Verfügungsmacht über andere Menschen. Unseres Erachtens handelt es sich hierbei um eine eklatante Fehlinterpretation und Fehlentwicklung von Selbstbestimmung, die in dem Gewande einer reinen Selbstbezüglichkeit keine ethischen Implikationen mehr erkennen lässt. Denn „Selbstbestimmung ist ein moralischer Begriff. In der Moral geht es um die Grundfrage: Was soll ich tun? Ich als Mensch gegenüber anderen und zusammen mit anderen? Ich habe mein Handeln zu begründen vor dem Hintergrund eines menschlich sinnvollen Zusammenlebens. Meine Freiheit kann nicht Belieben und Willkür sein" (Speck 2000, 18f.). Demzufolge steht außer Frage, dass eine nur vom Eigeninteresse geleitete Selbstbestimmung kein Grundwert für ein Empowerment-Konzept sein kann. An dessen Stelle hat eine sozialanthropologische Orientierung zu treten, die den „autonomen Menschen" nicht als Gegenstück zum „sozialen Menschen" definiert, sondern den Selbstbestimmungsgedanken auf dem Hintergrund der unauflösbaren Du-Bezogenheit des Individuums zu begründen versucht. M. Buber macht mit seiner berühmten Aussage „Der Mensch wird am Du zum Ich" (1962, 97) auf so einfache wie treffende Weise deutlich, was Selbstbestimmung meint: Nicht Freisetzung von sozialen Bindungen, sondern eigenverantwortliches Entscheiden und autonomes Handeln in der Beziehung zum Du. Dieses „Du" steht in erster Linie für den Mitmenschen, im weiteren Sinne bezieht es sich auf die „ganze Wirklichkeit", auf die sachliche und mitgeschöpfliche, natürliche Umwelt (Theunissen 1999a, 82ff.). Diese fundamentale Bindung bedeutet aber keine Negation oder Aufhebung individueller Freiheit, sondern sie bietet die Möglichkeit, Selbstbestimmung und damit auch Selbstverwirklichung sinnstiftend und sinnerfüllt zu realisieren. Ein solcher Prozess kann konfliktträchtig sein; deshalb wollen wir das Zusammenspiel von Selbstbestimmung und Interaktion (Du-Bezogenheit) kurz skizzieren: Jedes Individuum will im Rahmen sozialer Kommunikation oder Interaktion sein Selbst (Identität) einbringen und darstellen (Goffman 1967, 10, 72ff.). Dieses gilt sowohl für das personale Selbst als einzigartige Kombination von biographischen Daten, Körpermerkmalen und subjektiven Momenten (Bedürfnissen), die den „Personkern" des Menschen ausmachen (Neubauer 1976, 16f.), als auch für das soziale Selbst, das als antizipiertes und perzipiertes Bild der eigenen Person in den Augen anderer auf Grund von Zuschreibungen und sozialen Erwartungen zustande kommt und das Individuum zur Rollenübernahme und zu einem „sozial angepassten" Rollenspiel verpflichtet. Als Selbst-Konzept (Ich-Identität) erscheint sodann die ständig zu erbringende Leistung, beide Momente ins Verhältnis zu setzen und zu balancieren. Für die Selbstbestimmung bedeutet dies, dass der Grad ihrer Verwirklichung als ein prominenter Beitrag für psychische Gesundheit dann am größten ist, wenn sich das Individuum weder von einem „inneren Zwang" aus (überhöhte personale Selbstansprüche; rücksichtslose Bedürfnisdurchsetzung; zwanghafte Triebhaftigkeit) leiten, noch durch ein starres, von außen aufoktroyiertes, entwicklungshemmendes Normengefüge festlegen und bestimmen lässt. Zur Entwicklung einer solchen Fähigkeit bedarf es einer haltgebenden, vertrauensvollen, sicherheitsstiftenden und verlässlichen Lebenswelt, die es versteht, Autonomieprozesse zu erkennen, wertzuschätzen und zu unterstützen. Die dialektische Verknüpfung dieser beiden Momente muss insbesondere für Menschen mit geistiger Behinderung, denen ein verstärktes Bedürfnis nach kontinuierlicher Verlässlichkeit, Sicherheit und Kommunikation nachgesagt wird, gewährleistet und erfahrbar sein, um Überforderungen zu vermeiden, die dann eintreten können, wenn ihnen ein zu hohes Maß an Selbstbestimmung zugeschrieben oder zugemutet wird, das sie selbst nicht ausfüllen können (Speck 2000, 24). Hinzu kommt, dass eine solche haltgebende und zugleich autonomiefördernde Basis eine normative und moralische Erziehung nicht prinzipiell ausschließt, da – wie schon angedeutet – „Selbstbestimmung weder ein naturhafter Mechanismus ist, den man sich selbst überlassen könnte, noch ein Freibrief für subjektive Willkür. Alles Menschliche bedarf der Kultivierung und ist auf entsprechende Lernprozesse angewiesen. Alle Selbstbestimmung hat sich vor den anderen zu rechtfertigen, d.h. ist sozialen Normen und Beschränkungen unterworfen. Zur Selbstbestimmung gehört demnach auch die Selbstbeherrschung, das Erlernen von Rücksicht gegenüber anderen und das Einhalten gemeinsam vereinbarter Regeln. [...] Regeln, wie ‚Verletze niemanden!' müssen reale Gültigkeit haben" (ebd., 25). Mit dieser Erziehung zur Selbstbestimmungsfähigkeit (auch Klafki 1977, 28f.; 1980, 34ff.; Hegar 1989) werden zugleich Voraussetzungen geschaffen, sich in sozialen Kontexten (Gruppe, Gesellschaft) als eine autonome Persönlichkeit kompetent einzubringen. Dieser Aspekt führt uns zugleich zu einem zweiten Grundwert von Empowerment.

Kollaborative und demokratische Partizipation

Der zweite Grundsatz, der vom Selbstbestimmungsgedanken nicht losgelöst betrachtet werden kann, ist die „demokratische und kollaborative Partizipation" (Prilleltensky 1994, 360). Er besagt: „Wo immer Menschen von Entscheidungen betroffen sind, haben sie ein Recht auf Mitbestimmung!" (Galtung 2000, 109, 116). Folglich sollten Personen, die sich am Rande der Gesellschaft befinden oder die „von individuellen und sozialen Interventionen betroffen sind" (Prilleltensky 1994, 360), an Entscheidungen, die sie selbst betreffen, beteiligt sein, sich einzeln oder auch gemeinsam (durch kollektive Aktionen) für ihre Interessen öffentlich einsetzen, über Angelegenheiten, die sie selbst betreffen, mitbestimmen sowie an politischen Anhörungs- und Entscheidungsprozessen teilhaben (Swift 1984). Behinderte Menschen und ihre Angehörigen haben unter dem Blickwinkel von Empowerment eine aktive Rolle als „Bürger mit Rechten" wahrzunehmen, zu der auch die Pflicht zur Überwindung von Konflikten zählt (Galtung 1994, 20; 2000, 42), und sie werden dabei als „kompetente Experten in eigener Sache" wertgeschätzt und ausgewiesen. Im Prinzip geht es somit um Bürgerbeteiligung, ziviles Engagement, Betroffenen-Beiräte oder auch Arbeitskreise mit politischem Mandat – kurzum um „policy making" – ein Grundsatz, der die politische Dimension von Empowerment sichtbar werden lässt. Kommunitaristische Projekte, die es verstehen, neben der kollektiven Selbstregulung auch Individualität und Pluralität in einem gemeinschaftlichen Leben und Gemeinwesen zuzulassen, haben hier ihren Platz (Rappaport 1985; Stark 1996, 72ff.; Theunissen 1999a, 93ff.). Insofern hebt dieser zweite Grundwert „die Gestaltungsmöglichkeiten einer postmodernen Gesellschaft mit der Erweiterung der Potentiale von Individuen und Gruppen [hervor, G.T.] wie auch die identitätsstiftenden Prozesse der Gemeinschaft" (Stark 1996, 72), so zum Beispiel die Bildung einer Solidargemeinschaft von Menschen mit gleichgelagerten Interessen; zugleich verweist er auf individuelle und kollektive Stärken und Ressourcen sowie auf ein gesellschaftlich-kritisches, emanzipatives und kompetentes Protestpotential, das sich immer weniger von ökonomischen Interessen, herrschenden und privilegierten Mächten, einflussreichen Verbänden, professionellen Experten oder Verwaltungsbürokraten bevormunden lassen möchte. Ein wichtiges hintergründiges Bezugsmoment für Empowerment ist somit die Dialektik von „individuellem und kollektivem Empowerment" (Staples 1990, 31), was für die handlungspraktische Ebene bedeutet, individuelle und kollektive Selbstbestimmungsinteressen, Autonomiewünsche nach individueller oder auch gemeinsamer Kontrolle und Verfügung über die eigenen Lebensumstände zu beachten und entsprechend zu unterstützen (ebd., 37).

Diese wertgeleitete Orientierung kann freilich nur dann zur Entfaltung kommen, wenn bestimmte Voraussetzungen gegeben sind, die eine demokratische Partizipation wirklich zulassen. Ohne Zweifel sind Gesellschaften, staatliche Organe wie auch Wohlfahrtsverbände, soziale Großsysteme oder Dienstleistungsanbieter, welche die Behindertenpolitik und Organisation der Heilpädagogik und Sozialen Arbeit so strukturieren, dass alle wichtigen Entscheidungen „von oben herab", zentralistisch und bürokratisch gefällt werden, Instanzen „struktureller Gewalt" (Galtung 1975; auch 1994, 106f.; Theunissen 2000d, 83ff.) und für eine Mitbestimmung, Mitgestaltung wie auch Förderung von Selbstverantwortlichkeit betroffener Menschen (einschließlich ihrer Helfer [z.B. Mitarbeiter in Einrichtungen]; dazu Simon 1994, 190ff.) kontraproduktiv. „Geringe Partizipation bedeutet geringe Transparenz und wenig Verantwortlichkeit" (Galtung 2000, 106). Wichtig ist daher die Verwirklichung einer lebendigen Demokratie, welche zwei Grundzüge annehmen kann: „In Demokratie A beruhen sämtliche Entscheidungen auf einem Konsens, der aufgrund und am Ende eines alle – Herrschende wie Beherrschte – einschließenden Dialog erzielt wurde. In Demokratie B dagegen basieren die Entscheidungen auf einem Mehrheitsbeschluss nach vorausgehender Debatte und Abstimmung, unter Teilnahme aller, der Herrschenden wie der Beherrschten" (ebd., 24). Aus dem Empowerment-Blickwinkel hat das Demokratiemodell A den „großen Vorteil, dass es weder eine sich durchsetzende Majorität noch eine unterliegende Minorität gibt. Wenn nämlich immer die gleichen Personen oder Gruppen ‚verlieren', kann das zu einer tiefgreifenden Spaltung führen. Das Mittel, mit dem der Konsens herbeigeführt wird – der Dialog –, erlaubt eine intensive Suche nach den Gemeinsamkeiten. Außerdem ist keine ‚Diktatur der knappen Mehrheit' möglich – Gandhis Haupteinwand gegen die Demokratie" (ebd., 25). Freilich eignet sich diese konsensorientierte Demokratie, deren methodisches Instrument der „herrschaftsfreie Diskurs" (Habermas) sein kann und die Kompromisslösungen nicht prinzipiell ausschließt (hierzu auch Kapitel 2; Theunissen 1999a, 90f.), eher für kleinere Gesellschaften und soziale Systeme, regionale, lokale Lebensbereiche oder Gemeinschaften, Vereine, Verbände oder Institutionen, so dass beide Demokratieformen auf verschiedenen Ebenen Sinn machen (ebd., 27). Um eine Benachteiligung von Minoritäten, zum Beispiel Randgruppen der Gesellschaft in dem abstimmungsorientierten Demokratiemodell zu vermeiden, bedarf es einer normativen Bezugsbasis, die weltweit auf dem Hintergrund internationaler Abkommen und Bekenntnisse als „allgemeine Erklärung der Menschenrechte" Ausdruck gefunden hat (Galtung 1994; 2000). Die Bedeutung der Menschenrechte, die die Antwort der Moderne auf die patriarchalisch erschlossenen und geprägten Werte durch Christentum und alte Philosophie bilden, kann für die Verwirklichung von Demokratie im Zuge der gegenwärtigen Globalisierung, der postmodernen Geisteshaltung und Pluralität des Lebens nicht hoch genug eingeschätzt werden. Die Achtung der individuellen Würde, die Unverletzlichkeit des individuellen menschlichen Körpers (Recht auf Leben und menschenwürdige Behandlung [Gewaltverzicht]), freie Meinungsäußerungen und Urteilsbildungen (Freiheit weltanschaulicher Bekenntnisse) und individuelle Gleichbehandlung (Diskriminierungsverbot) sind wichtige Momente der Menschenrechte, die originäre menschliche Anliegen, grundlegende und unverhandelbare Grundbedürfnisse zum Ausdruck bringen.

Verteilungsgerechtigkeit

Der Wert der demokratischen und kollaborativen Partizipation bemisst sich daran, inwieweit eine „faire und gerechte Verteilung von Ressourcen und Lasten in der Gesellschaft" (Prilleltensky 1994, 306) gegeben ist. Denn freie Wahlen sowie Mitbestimmungsrechte sind keineswegs die einzigen Bestimmungsmerkmale eines demokratischen Staates, sondern ebenso wichtig für ein politisches Mandat (demokratische Partizipation) sind die Verbreitung und der freie Zugang zu Informationen, um sachgerecht urteilen zu können, und auch andere staatliche Leistungen wie kostenlose Beschulung, der freie Zugang zu Bildungseinrichtungen und sozialen Diensten sowie eine Sozial- und Gesundheitsfürsorge für alle. Im Prinzip haben wir es hier mit dem Postulat einer „politischen Machtverteilung" (Galtung) zu tun, die zur Stärkung der Kompetenzen aller Bürger einer Gesellschaft beitragen und zugleich auch eine gerechtere, „bessere Verteilung der ökonomischen Ressourcen nach sich ziehen" (Galtung 2000, 105) soll (auch

Swift & Levin 1987; Pankofer 2000, 6). Dahinter verbirgt sich die Auffassung, dass Wohlstand und Macht in unserer Gesellschaft ungleich verteilt sind und dass sozialen Randgruppen (z.b. behinderten Menschen) der Zugang zu Dienstleistungen und Angeboten in der Gesellschaft (zum allgemeinen Bildungs- und Gesundheitswesen, Arbeits- oder Wohnungsmarkt) erheblich erschwert wird. Diese Chancenungleichheit und Ungerechtigkeit befördere eine „Demoralisierung" (Keupp 1992, 246) und blockiere den Weg zu einer souveränen und zugleich sozial verantwortungsbewussten Lebensgestaltung in eigener Regie. Was aber geschieht, wenn privilegierte oder einflussreiche Gesellschaftsmitglieder sowie Interessengruppen, die in einem gegebenen demokratischen System die Mehrheit haben (z.b. in einem Gemeinderat) eine solche Machtverteilung nicht wollen? „Es wäre sehr schön für die Empowerment-Theorie, wenn bevorteilte Personen immer frei wählen würden, den Verletzlichen [Benachteiligten] zu helfen, denn dann gäbe es keinen Konflikt; offensichtlich ist das aber nicht der Fall. Die Bevorteilten haben vielleicht eine moralische Verpflichtung, so zu handeln, aber wenn der Staat diese moralische Verpflichtung nicht verstärkt, spielt sie in der Praxis keine Rolle" (Carroll 1994, 379). Letztlich ist hier nicht mehr als ein Dialog (Diskurs) mit den privilegierten Gruppen möglich (Galtung 2000, 76f.), der aber keineswegs zu einem moralischen Mitgefühl, zu wechselseitiger Toleranz oder gar zu einer gerechteren Umverteilung ökonomischer Ressourcen führen muss (Carroll 1994, 376f.). Privilegierte oder herrschende Gruppen können Ansprüche oder Bedürfnisse von Menschen in gesellschaftlich marginaler Position durchaus als Angriff gegen die eigene Selbstbestimmung, ja sogar als Verletzung gegen das Grundrecht auf Freiheit erleben (ebd.). In dem Falle betrachten wir wiederum die Menschenrechte und die damit verknüpften Grundbedürfnisse als letzte Garanten für den Schutz von Menschen, die sich am Rande der Gesellschaft befinden, benachteiligt, diskriminiert oder ausgegrenzt werden. Das heißt, dass Entscheidungen und die Organisation sozialer Arbeit (incl. Behindertenhilfe), die von herrschenden Gruppen in der Gesellschaft mehrheitlich beschlossen werden, Menschen- und Grundrechte nicht verletzen dürfen und somit im Dienst allgemeiner Grundbedürfnisse stehen müssen – und nicht umgekehrt. Galtung (1994, 91ff.; 2000, 147), der der Frage nach allgemeinen Grundbedürfnissen nachgegangen ist, hat weltweit vier zentrale Tendenzen ausmachen können: Ein materielles Bedürfnis nach Überleben, ein Grundbedürfnis nach Wohlbefinden bzw. Wohlergehen (hierzu zählen z.b. Nahrung, Kleidung, Schutz, Bildung, Gesundheitsfürsorge), ein „Freiheits-Bedürfnis, etwa das Bedürfnis, sich bewegen zu können, Wahlmöglichkeiten zu haben oder sich selbst ausdrücken zu können" (1994, 93) sowie ein Bedürfnis nach Identität, indem dem Leben Sinn gegeben wird, eine sinnerfüllte „Selbstdarstellung" oder Daseinsverwirklichung statthaben kann. Diese Grundbedürfnisse gelten für jeden – also auch für Minoritäten oder Randgruppen, außerdem sind sie gleichrangig, „stehen auf gleicher Ebene" (2000, 15), weshalb gesellschaftliche oder soziale Systeme (z.B. USA) zu kurz greifen, die die individuelle (geistige) Freiheit als Hauptwert erachten und das körperliche oder soziale Wohlbefinden niedriger bewerten.[4] „Sieht es nicht wie Heuchelei aus, wenn zwar die Freiheit geschützt wird, aber gleichzeitig auf anderen Grundbedürfnissen [...] ungehindert und ungestraft herumgetrampelt werden kann?" (ebd., 16). Insofern gilt es für ein Empowerment-Konzept, das „soziale Gerechtigkeit anstelle von Barmherzigkeit" (Simon 1994, 166) fokussiert, Menschenrechte und Grundbedürfnisse umfassend in den Blick zu nehmen und als Richtschnur für politische Reformen (Chancengerechtigkeit und faire Ressourcenverteilung) auszuweisen. Zugleich bietet diese Orientierung auch eine günstige Basis für die Lösung von Wertekonflikten bzw. Unstimmigkeiten, die zwischen den drei Grundwerten des Empowermentansatzes möglicherweise auftreten können (hierzu Carroll 1994).

Spätestens an dieser Stelle ist wohl kaum zu übersehen, dass die Wertebasis des Empowerment-Konzepts eine starke Affinität zum Emanzipationsgedanken der sog. kritisch-konstruktiven Erziehungswissenschaft aufweist, wie sie Anfang der 70er Jahre von W. Klafki (1976; 1977; 1994) mit Blick auf die Aufklärung und unter Einfluss der „Kritischen Theorie" (Horkheimer 1968; Adorno 1970; Habermas 1968) begründet und konzipiert worden ist. Dass „in der Empowermentperspektive [...] ein emanzipatorisches Interesse ausgedrückt wird", hat kürzlich auch Kondrat (1995, 407) deutlich herausgearbeitet. Der Autorin zufolge „gibt es eine direkte Verbindung zwischen den Prinzipien des Empowerment und dem emanzipatorischen Interesse" (ebd., 414), zum Beispiel im Sinne von Selbstbestimmung, Selbsthilfe, Teilnahme am gesellschaftlichen Leben, Solidarität, Mitbestimmung, Bürgerbeteiligung, kollaborative und demokratische Partizipa-

---

[4] In dieser Bahn bewegen sich unter anderem auch Schriften zur Selbstbestimmung geistig behinderter Menschen. Bezeichnend sind die ersten Sätze des Vorworts von P. Wehman zur Arbeit von Wehmeyer, Agran und Hughes (1999, IX): „We live in an aera in which individual freedom, choice, and control over one's life are more valuable than ever. The power that comes with individual choices is percieved by most to be among the most important values in American society."

tion, politische Machverteilung und soziale Gerechtigkeit. „Wenn Einzelnen oder Gruppen die Macht fehlt, in Bereichen ihren Einfluss geltend zu machen, in denen Entscheidungen gefällt und Ressourcen zugewiesen werden, dann treffen andere die Entscheidungen ohne sie. Wenn Einzelne oder Gruppen zur Selbstvertretung und -bevollmächtigung befähigt werden (become empowered), dann werden sie zu aktiven und effektiven Gestaltern ihres Lebens, indem sie Regie über ihre eigenen Bedürfnisse und Lebenspläne führen" (414). Auf Zusammenhänge zwischen dem Emanzipationsgedanken und der Empowermentphilosophie werden wir später (Kapitel 2 u. 3) noch eingehen. Hier genügt nur der Hinweis, dass das skizzierte „Empowerment-Ethos" (Riessman) alles andere als systemaffirmativ ausgelegt werden darf (so auch Pankofer 2000; Quindel & Pankofer 2000). Dies wurde nämlich in den letzten Jahren nicht selten von Kritikern des Empowermentansatzes behauptet. So werde zum Beispiel „keine Analyse gesellschaftlicher Missstände" (Scheller 1993, 182) geleistet, der immer massiver werdende Sozialabbau als „unabänderliches Schicksal" hingenommen und nach dem Motto „Blaming the victim" (die Opfer sind für ihr Leid selbstverantwortlich) Empowerment propagiert; außerdem befördere der Empowermentansatz als ein populäres Konzept innerhalb der Betriebswirtschaft durch psychologische Trainingsprogramme zur Selbstbehauptung und Selbstdurchsetzung (Managementschulungen) ein karriereorientiertes Konkurrenz- und Machtstreben, einen utilitaristisch geprägten Individualismus mit einer liberal-antisozialen Grundhaltung; zugleich werde er aber auch durch einen rückwärtsgewandten Kommunitarismus vereinnahmt, der seinen Mitgliedern traditionelle Pflichtnormen und Lebensformen, Gemeinschaftsregeln und Tugenden auferlege, die als geforderter Gruppenkodex Zwangscharaktere erzeuge, Individualität und personale Selbstbestimmung unterdrücke und Intoleranz gegenüber Andersdenkenden oder „Außenseitern" befördere (hierzu Stark 1996, 68ff. 118; Theunissen 1999a, 96f.). Tatsächlich gibt es unter dem Stichwort des Empowerment derlei Tendenzen und Konzepte, weshalb es wichtig ist, eine scharfe Abgrenzung von diesen „Fehlentwicklungen" und „Schattenseiten" (Herriger) vorzunehmen, die eine eklatante, ja unzulässige Verkürzung und undialektische Betrachtungsweise des Begriffs dokumentieren (hierzu Rappaport 1985, 258f.). Denn Empowerment ist – im ursprünglichen Sinne buchstabiert – ein gesellschaftskritisches Korrektiv zur Gewinnung von mehr Menschlichkeit und sozialer Gerechtigkeit (Herriger 1996, 296f.; Solomon 1976; Simon 1994; Kondrat 1995, 415); und damit steht der Begriff für ein Konzept, das den Konflikt mit der Gesellschaft, insbesondere mit ihren Agenten und Instanzen sozialer Kontrolle, nicht scheut.

Konsequenzen für das professionelle Handeln

Vor dem Hintergrund der Drei-Wertebasis ist es erklärtes Ziel der Empowerment-Philosophie, Menschen in marginaler Position zur Entdeckung und (Wieder-)Aneignung eigener Fähigkeiten, Selbstverfügungskräfte und Stärken anzuregen, sie zu ermutigen, zu stärken sowie konsultativ und kooperativ zu unterstützen, Kontrolle, Kontrollbewusstsein und Selbstbestimmung über die eigenen Lebensumstände (zurück) zu gewinnen, so dass „eine Lebensform in Selbstorganisation" (Keupp 1990, 118) (wieder) statthaben kann. Dieses sehr anspruchsvolle Programm verweist auf eine „neue Kultur des Helfens" (Herriger), wie sie insbesondere in den Schriften von A. Weick, B. Simon, D. Saleebey und N. Herriger für die Soziale Arbeit und in den Arbeiten von C. Dunst, C. Trivette, A. und H. Turnbull sowie in unserer Empowerment-Studie „Wege aus der Hospitalisierung" (Theunissen 1999a) für die Behindertenpädagogik herausgearbeitet worden ist. Ausgangspunkt der Formulierung eines neuen fachlichen Selbstverständnisses und handlungsbezogenen Professionalitätsprofils ist die unmissverständliche Absage an die bisherige Gepflogenheit, im Lichte einer „paternalistischen Denkweise" (paternalistic mode) eine Praxis für Menschen in gesellschaftlich marginaler Position „ohne deren Zustimmung" (Simon 1994, 7) zu inszenieren. Eine solche Praxis gilt für so unterschiedliche Modelle wie für das:

Medizinische Modell

Im Lichte dieses insbesondere auch in der Heilpädagogik traditionsreichen Modells erscheinen Adressaten sozialer Dienstleistungen als „krank", schwach, schwer beschädigt, ohnmächtig, hilfe- und behandlungsbedürftig (De Jong 1982a, 145ff.; Dunst; Trivette & Deal 1995, 40f.; Theunissen 1999a; Lingg & Theunissen 2000, 178f.). In Analogie zum Arzt-Patienten-Verhältnis wird den professionellen Helfern eine uneingeschränkte Expertenmacht zugeschrieben, Betroffene gelten dagegen als bloße Befehlsempfänger und Erfüllungsgehilfen der Professionals.

Rehabilitationsmodell

Eng verknüpft mit dem medizinischen Modell ist das Rehabilitationsmodell (De Jong 1982a, 151ff.), welches auf Wiederherstellung einer Funktions- und Handlungsfähigkeit sowie auf gesellschaftliche Anpassung zielt. Auch dieses Modell sieht Betroffene ausschließlich im Lichte von Defiziten, Schädigungen oder Symptomen; zudem unterstellt es Betroffenen die Unfähigkeit, ihre Schwächen oder Fehlleistungen aus eigener Kraft zu überwinden. Folglich sind es die professionellen Helfer, denen die Aufgabe obliegt, für die Betroffenen einen Rehabilitations- oder Förderplan zu entwickeln und für eine gewissenhafte Durchführung Sorge zu tragen.

Wohltäter-Modell

Hier gelten Menschen in gesellschaftlich marginaler Position als „Opfer ihrer Verhältnisse" (Simon 1994, 6), was mit einem gewissen Maß an Mitleid einhergeht. Zugleich werden die Betroffenen als unfähig und inkompetent betrachtet, aus eigener Kraft ihre Lage zu verbessern (Pinderhughes 1983, 332f.). Auch dieses Modell unterstellt die Überlegenheit des professionellen Helfers, der als „Wohltäter" (benefactor) Fürsorge und Obhut (care) anbieten soll (Simon 1994, 6). Strukturelle soziale Ungerechtigkeiten bleiben dabei wie beim medizinischen Paradigma oder Rehabilitationsmodell unangetastet.

Befreiungsmodell

Auch in diesem Modell erscheinen Betroffene als „Opfer ihrer Lebensumstände" (Simon 1994, 6). Im Unterschied zum Wohltäter-Modell werden jedoch nicht Versorgungsleistungen, sondern Aufklärungskampagnen und Befreiungsakte als Emanzipationshilfe für unterdrückte Randgruppen fokussiert. Wenngleich das Modell auf soziale Reformen und konkrete Verbesserung von Lebensumständen zielt und damit von einer individuumzentrierten Problemsicht abrückt, wird auch in dem Falle an einer paternalistischen Denkweise festgehalten, indem der professionelle Helfer als „Befreier" (liberator) auftritt und stillschweigend das „richtige" Bewusstsein für gesellschaftliche Veränderungen nur für sich in Anspruch nimmt.

Moral-Modell

„In dem Moral-Modell (moral-model) sind Klienten sozialer Dienstleistungen für beides, für die Entstehung von Problemen und für ihre Lösung verantwortlich" (Dunst, Trivette & Deal 1995, 40). Dementsprechend bilden implizite Alltagstheorien, gesellschaftliche Vorurteile und die Überzeugung, Betroffene seien für ihr Schicksal selbst verantwortlich, den fühlbaren Hintergrund von Hilfen, die über Ermahnungen mit (stillen) Schuldzuschreibungen, Anweisungen, Anleitungen und Vorschlägen, sich selbst zu helfen, nicht hinaus kommen. Diese hintergründige Schuldzuschreibung sabotiert zweifelsohne den Selbst-Hilfe-Gedanken, so dass „Einsamkeit, physische Erschöpfung oder andere Schwächen die Konsequenzen" dieses Modells sind (ebd., 40).

Belehrungsmodell

Auch im Lichte des Belehrungsmodells (enlightenment model) erscheinen Betroffene als verantwortlich für ihre Probleme (ebd., 41). Anders jedoch als im Moral-Modell werden ihnen Selbst-Hilfe- oder Problemlösefähigkeiten nicht zugetraut, so dass sich für die professionelle Hilfe eine doppelte Aufgabe ergibt: Auf der einen Seite sollen Betroffene über ihr Fehlverhalten, ihr selbstverschuldetes Versagen oder ihre Problemlage aufgeklärt werden und zum anderen sollen ihnen Verhaltensregeln und Lösungswege vorgeschrieben werden – und das in der Hoffnung, dass sowohl das persönliche Versagen verinnerlicht als auch die Expertenanweisungen exekutiert werden (ebd.).

Kompensationsmodell

Im Unterschied zu den zuvor genannten Modellen gelten Betroffene im Kompensationsmodell (compensatory model) als „unschuldige Opfer" ungünstiger Lebensumstände, weshalb sie „für ihre Probleme wie auch für Lösungen nicht verantwortlich sind" (ebd., 41). Professionelle Helfer haben daher als alleinige Experten Programme zu entwerfen, durch die eine Kompensation von Defiziten erzielt werden kann. Zugleich tragen sie als Agenten staatlicher bzw. öffentlicher Fürsorge für den Erfolg der Hilfen die volle Verantwortung, so dass wie beim Befreiungsmodell auch in diesem Helferkonzept der Paternalismus dominiert.

Im Unterschied zu diesen traditionellen Helfer-Modellen, denen allesamt auf dem Boden einer defizitorientierten Deutungsfolie ein Paternalismus zugrunde liegt, wird aus dem Empowerment-Blickwinkel eine Helferkultur bevorzugt, die der Grundwertebasis folgend durch fünf Leitlinien bestimmt werden kann (vgl. Simon 1994, 8ff.).

Kollaboration

Grundlage aller helfenden Empowerment-Beziehungen ist die Kollaboration (collaboration), ein auf Gleichberechtigung hin angelegtes Verhältnis zwischen Adressaten und Professionellen (Dodd & Gutierrez 1990, 69; Turnbull & Turnbull III 1997, 44f.), welches von drei Prinzipien geleitet wird: „1. eine geteilte Anerkennung der Dringlichkeit von Problemen, mit denen sich der Klient [besser gesagt Adressat, G. T.] konfrontiert sieht; 2. eine gemeinsame Verpflichtung bezüglich der Problemlösungen auf einer größtmöglichen demokratischen Basis; und 3. eine durch den Helfer initiierte Wertschätzung der menschlichen Würde beider Partner der Beziehung, ungeachtet aller Unterscheidungsmerkmale von sozialer Klasse, ethnischer Zugehörigkeit, Lebenschancen und Bildungsvoraussetzungen" (Simon 1994, 8). Hinzu kommen der grundsätzliche Blick für Stärken, die Unterstützung der Wünsche und Bedürfnisse der Adressaten, die Orientierung an Erwartungen und Zukunftsentwürfen, ein einfühlsamer Kommunikationsstil sowie eine vertrauens- und respektvolle, authentisch-parteiliche Grundhaltung (Turnbull & Turnbull III 1997, 196). Eine solche „kollaborative Beziehung" (collaborative relationship) erfordert auf der Seite des professionellen Helfers ein hohes Maß an Zuverlässigkeit, eine dauerhafte Erreichbarkeit, Reziprozität, Engagement, Offenheit und Sensibilität für die grundlegenden Bedürfnisse, Sichtweisen und Erfahrungen der Betroffenen. Außerdem sind „beide Seiten ‚Bundesgenossen' in einer Beziehung" wechselseitigen Lernens, Verhandelns und Sich-Veränderns (Simon 1994, 8). Wenngleich die Leitlinie der Kollaboration in der Empowerment-Praxis eine prominente Rolle spielt, muss kritisch gesehen werden, dass sich ein Machtgefälle zwischen Adressaten und professionellen Helfer nicht in jedem Falle zu einem gleichberechtigten Beziehungsverhältnis auflösen lässt (Quindel & Pankofer 2000, 33). Dies hängt mit dem gesellschaftlichen Kontrollauftrag von Sozialarbeit, dem Doppelmandat von Hilfe und Kontrolle zusammen. Daher hat das Autorenteam recht, wenn es in dem Zusammenhang vor einer „Verschleierung von Macht" sowie vor den Folgen eines Burn-out von Helfern warnt und daher für eine realistische und ideologiekritische Einschätzung der Möglichkeiten einer „neuen Helferkultur" plädiert.

Stärken-Perspektive

Die zweite Richtschnur einer am Empowerment-Konzept orientierten Praxis ist die bereits viel zitierte Stärken-Perspektive (Weick et al. 1989; Saleebey 1997; Lingg & Theunissen 2000). Sie bezieht sich sowohl auf einzelne Individuen als auch auf Familien, Gruppen oder das soziale Umfeld (Gemeinde). Ausgangspunkt der Praxis (professionellen Hilfe) ist die Erschließung individueller und sozialer Stärken, z.b. durch eine biographische Spurensuche nach verschütteten und vorhandenen Fähigkeiten, Talenten, Ressourcen, Interessen, Lebenskräften oder kulturellen Bräuchen (auch Herriger 1997, 97ff.). Dieser Entdeckungsreise folgt die biographische Reflexion als Vehikel zur Anbahnung und/oder Wiedergewinnung eines positiven Selbstbildes, Selbstvertrauens oder Zutrauens in die eigenen Fähigkeiten und Stärken. „In der biographischen Selbstvergewisserung soll erinnernd Selbstwert erfahren, die Erfahrung eigener Stärke zurückgewonnen und Mut zum Weitermachen bzw. Neu-Anfangen geschöpft werden" (ebd., 107f.). Der nächste Schritt fokussiert den Blick auf neue Zukunftsentwürfe, Ziele oder Lebensmöglichkeiten (Rose 1990, 49) sowie Überlegungen (Arbeitsplan) im Hinblick auf eine individuelle Stärken-Performance und Nutzung sozialer Stärken (Ressourcen). Diese Orientierung geht stets über eine Individuumzentriertheit hinaus, indem – um beispielsweise soziale Isolation und Überforderung zu vermeiden – Möglichkeiten einer kollektiven Selbstorganisation, das Anstiften zu Selbsthilfegruppen sowie die Schaffung von haltgebenden sozialen Netzen oder „Enabling Niches" (Taylor) mitbedacht werden (hierzu Lingg & Theunissen 2000, 169ff.).

Subjekthaftigkeit

Der Stärken-Perspektive ist unschwer zu entnehmen, dass sie vom Respekt vor der Subjekthaftigkeit ihrer Adressaten angeleitet ist; und das heißt, dass individuelle Wirklichkeitsdeutungen, subjektive Erfahrungen und Befindlichkeiten, Wünsche, Bedürfnisse wie aber auch das Recht auf Eigen-Sinn, So-Sein, Einmaligkeit oder Einzigartigkeit menschlichen Seins, unkonventionelle Lebensentwürfe wie auch eigene Zeitpläne anzuerkennen und ernst zu nehmen sind (Herriger 1997, 78ff.). Somit geht es bei dieser dritten Leitlinie um die Wertschätzung der menschlichen Autonomie, um die Würdigung des Personseins und der Lebenssouveränität des Anderen; diese unbedingte Annahme bedeutet nun aber nicht automatisch ein „Gutheißen" der Sicht des Anderen. Der Respekt vor dem Eigen-Sinn des Anderen endet dort, wo Menschenrechte oder „Grundwerte von Interaktion und sozialem Austausch" (Herriger 1997, 77) verletzt werden. In dem Falle sollten Professionals „die eigenen normativen Überzeugungen im Gespräch mit dem Klienten [Adressaten, G. T.] immer wieder aufs Neue bezeugen und zugleich dort, wo die Befolgung dieser Basisregeln aufgekündigt wird, unmissverständlich Grenzen setzen" (ebd., 77; vgl. auch Speck 2000, 25; Theunissen 2000a; 2000c, 207ff.). Sieht man von einer solchen Grenzsituation einmal ab, so führt uns der Respekt vor dem Anderen zu einer empathisch-verstehenden, annehmenden, „nicht-bewertenden Grundhaltung" (Weick et al. 1989, 89), die mit einem Verzicht auf Expertenlösungen oder -urteile über Standards eines „richtigen Lebens" einhergeht (Herriger 1997, 80). Demzufolge besagt der Dreiklang von „Kollaboration – Stärken-Perspektive – Subjektzentrierung", dass aus der Sicht eines Betroffenen (Subjektzentrierung) mit ihm gemeinsam (Kollaboration) ein auf individuelle und Umfeldstärken aufbauendes Konzept zu entwickeln ist.

Kontextorientierung

Eine weitere auch der Stärken-Perspektive zu entnehmende Leitlinie ist die Kontextorientierung. Allein die Biographiearbeit (Kompetenzdialog) enthält immer auch eine Analyse von Interaktionen und Lebenswelten, einschränkender oder entwicklungsfördernder lebensweltlicher Bezüge und Bedingungen. Die damit verknüpfte Suche nach Umfeldstärken wie aber auch die Wertebasis sind ein Beleg dafür, dass aus dem Empowerment-Blickwinkel Menschen in gesellschaftlich marginaler Position nicht als alleinige Adressaten (psycho-)sozialer Hilfen betrachtet werden, sondern es geht immer um „den doppelten Fokus: Person und Umfeld" (Simon 1994, 15ff.), um eine sozio-ökologische Perspektive also, wie sie unter anderem Speck (1998) in Anlehnung an Bronfenbrenner (1981) für die Heilpädagogik aufbereitet hat. Diese Orientierung nimmt auch in unseren Arbeiten und Konzepten unter dem Stichwort einer lebensweltbezogenen Behindertenarbeit (Theunissen 1999a; 2000a; Lingg & Theunissen 2000) breiten Raum ein, weshalb wir an dieser Stelle auf eine entsprechende Darstellung verzichten. Wichtig ist uns jedoch der Hinweis, dass Empowerment immer lebensweltlich, mikro- und makrosystemisch, betrachtet werden muss, was eine Überwindung der in der Heilpädagogik noch weit verbreiteten individuumzentrierten Arbeitsweise bedeutet.

Solidarische Professionalität und Parteinahme

Im Prinzip resultiert die Leitlinie der solidarischen Professionalität und Parteinahme aus dem bisher Gesagten. Denn das Fehlen eines solchen Engagements würde dem Empowerment-Ethos völlig widersprechen und den

Empowerment-Ansatz tatsächlich zu einer Ideologie (i.S.e. durch herrschende Mächte geprägten, unreflektierten, falschen Bewusstseins; hierzu auch Kapitel 2) pervertieren. Solidarische Professionalität und Parteinahme bedeutet, Menschen in gesellschaftlich marginaler Position als Bürger mit Ansprüchen, Rechten wie auch Verantwortlichkeiten (Simon 1994, 18ff.) wahrzunehmen und zu unterstützen, so zum Beispiel gesellschaftliche Prozesse und das subjektive Erleben einer Diskriminierung, Stigmatisierung, Ausgrenzung oder Benachteiligung ernst zu nehmen und als Anknüpfungspunkt für eine auf individuelle und kollektive Selbst-Hilfe hin ausgerichtete Empowerment-Praxis aufzugreifen und aufzubereiten. Wie bei der Kollaboration so müssten jedoch auch im Falle der Parteinahme die tatsächlichen Unterstützungsmöglichkeiten reflektiert werden. Nicht selten bedeutet solidarische Professionalität und Parteinahme zugleich auch Kritik gegen herrschende Mächte, Verbände oder Institutionen, in deren Abhängigkeit sich die professionellen Helfer befinden. In dem Falle geraten betroffene Helfer dann häufig in Loyalitätskonflikte, bangen um ihren Arbeitsplatz oder entwickeln existentielle Ängste, die letztlich zu einem Gefühl der Ohnmacht und Hilflosigkeit führen, so dass eine Veränderung der Machtverhältnisse oder Verbesserung von Bedingungen illusorisch erscheinen. Daher sollten sich aus dem Empowerment-Blickwinkel auch professionelle Helfer in eigeninitiierten Solidargemeinschaften oder Gewerkschaften zusammenschließen, um durch die Ressource „Gruppe" Energie für eine engagierte Parteilichkeit zu finden (Simon 1994, 190ff.).

Vor dem Hintergrund dieser Leitlinien lassen sich in Anlehnung an Dodd und Gutierrez (1990, 71ff.), Simon (1994, 153ff.), Swift und Levin (1987), Dunst, Trivette und Deal (1995, 91ff.) wie auch Herriger (1997, 210ff.) zentrale Helfer-Rollen und -aufgaben formulieren, die das professionelle Profil einer Empowerment-Praxis für die Soziale Arbeit dokumentieren: Enabler (ermöglichende Hilfe zur Wiederentdeckung von Stärken, Selbstvertrauen; Unterstützung und Anleitungshilfen zur Aneignung von Empowerment-Fähigkeiten), Biographie-Arbeiter (insbesondere zur Wiederentdeckung eigener Lebenskräfte), Lebenswelt-Analytiker (zur Erfassung von Zusammenhängen oder Wirkungen alltäglicher sozialer Probleme und Benachteiligungen), kritischer Lebensinterpret (als Reflexionshilfe für Lebensdeutungen), Facilitator (Wegbereiter zur Wiedergewinnung von Eigenaktivität, selbstinitiiertem und eigenverantwortlichem Handeln), Mobilizer und Netzwerker (zum Anstiften zu Gruppenzusammenschlüssen und tragfähigen Netzwerken), Advocate (zum parteilichen Eintreten für Rechte;

Anwaltschaft), Sozialreformer (zum Eintreten für „passende" Umfeldveränderungen, Rahmenbedingungen für politische Mitsprache Betroffener ...), Mediator (Vermittler oder „Brückenbauer" zwischen Betroffenen und Instanzen sozialer Hilfe), Ressourceninformant (zur Vermittlung eines Bildes verfügbarer sozialer Ressourcen und Unterstützungsleistungen) sowie Vertrauensperson und Advisor (Ansprechpartner, verständnisvoller Zuhörer und Berater [counselor] bei psychosozialen Problemen oder Lebensfragen).

Darüber hinaus wurden von uns kürzlich acht zentrale Assistenten-Rollen für die Arbeit mit intellektuell behinderten Menschen (supported help; supported education) herausgearbeitet (Theunissen 1999a, 125ff.; 2000c): 1. Lebenspraktische Assistenz (pragmatische Hilfen zur Alltagsbewältigung); 2. Dialogische Assistenz (Herstellung und Fundierung einer vertrauensvollen Beziehungsgestaltung und kommunikativen Situation); 3. Konsultative Assistenz (gemeinsame Beratung in Bezug auf psychosoziale Probleme, Lebenspläne, Lebensziele, Zukunft); 4. Advokatorische Assistenz (Anwaltschaft, Fürsprecherfunktion, Stellvertreter, Dolmetscher); 5. Facilitatorische Assistenz (i. S. e. subjektzentrierten Förderung auf der Basis „offener Curricula"); 6. Lernzielorientierte Assistenz (Hilfen zur Selbst-Hilfe durch strukturierte Lernangebote); 7. Sozialintegrierende Assistenz (soziale und gesellschaftliche Integrationshilfe) und 8. Intervenierende Assistenz (haltgebende, stützende Hilfen im Falle von Verhaltensauffälligkeiten). Alles in allem stellen wir fest, dass die Gesamtheit dieser Helfer-Aufgaben (hierzu auch Kapitel 3) die Empowerment-Praxis als ein anspruchsvolles Unternehmen ausweist, welches von den helfenden Berufen „eigene und kollektive Stärken" (Simon 1994, 190), und zwar nicht nur Sachkenntnis, sondern insbesondere auch ein hohes Maß an Flexibilität, Kreativität, Weitsicht, Empathie, Durchhaltevermögen, Sozialkompetenz, Bereitschaft zur kritischen Reflexion und Selbstevaluation der Programme (ebd., 191) sowie Engagement verlangt, da angesichts des Respekts vor der Subjekthaftigkeit des Anderen „offene" soziale Prozesse die Regel sind. Diese Offenheit wirkt im Unterschied zu traditionellen Hilfeplänen oder Therapiemaßnahmen eher verunsichernd und bedeutet eine Gratwanderung zwischen professioneller Einmischung und Zurücknahme. Von einer Entwertung der Sozialen Arbeit oder Heilpädagogik, einem „disempowerment of professionals" (Rosen) kann dabei jedoch nicht die Rede sein, wohl aber zählen die Überwindung des Paternalismus sowie der konsequente Abbau von professioneller Fremdbestimmung, überflüssiger Kontrolle, Macht oder Übertherapeutisierung zum Programm des Empowerment. Mit anderen Worten:

„Gefragt ist ein Helfertypus, der seine Rolle auf Gegenseitigkeit, Gleichgestelltheit und Entfaltung von Selbsthilfepotentialen hin verändert hat und darüber hinaus das Prinzip des Sich-Überflüssig-Machens als Ziel und Weg seiner Arbeit ansieht" (Bobzien 1993, 49).

Handlungsebenen

Diese neue Kultur des Helfens kommt im Empowerment-Konzept auf vier Handlungsebenen zum Tragen (ausführlich Theunissen 1999a, 153ff.; auch Herriger 1996, 293ff.):

1. Subjektzentrierte Ebene

Die subjektzentrierte Ebene „fokussiert in erster Linie Wege, die den Einzelnen zur Entwicklung des Gefühls individueller Stärke (power)" (Dodd & Gutierrez 1990, 68), von Selbstvertrauen und Lebenszuversicht sowie der Überzeugung, eigene Angelegenheiten selbst erfolgreich regeln zu können (selfefficacy), anstiften sollen. Diese Sinnorientierung gilt als Vehikel für psychische Gesundheit und soziale Handlungskompetenz und steht im Zentrum sozialer Einzelhilfe, deren wichtigsten methodischen Werkzeuge der „Kompetenzdialog" (Herriger 1997 97ff.), die stärkenorientierte Biographiearbeit sowie Formen systemischer Konsultation und lösungsorientierter Therapie sind (Berg 1992; Lee 1994; De Jong & Miller 1995; Lingg & Theunissen 2000, 192ff.; Theunissen 2000a). Zudem hat sie als Wegweiser für assistierende Hilfen die Alltagsarbeit zu durchdringen, so zum Beispiel in der alltäglichen Unterstützung und Begleitung von geistig schwer und mehrfachbehinderten Menschen, die in Wohngruppen leben. Natürlich genügt es nicht, nur das Gefühl für neue Lebenskraft zu wecken, sondern ebenso wichtig sind Angebote und Lernhilfen zur konkreten Aneignung individueller und sozialer Empowerment-Fähigkeiten. Ein solches „skill training" (Dodd & Gutierrez 1990, 68; John & Speake 1994, 119f., 123f.; Dunst, Trivette & Deal 1995) kann sich auf unterschiedlichste Fähigkeiten beziehen, zum Beispiel Wünsche äußern und Entscheidungen treffen, Probleme eigenständig-verantwortlich lösen, sich in einer Gruppe behaupten, andere um Hilfe bitten, sich politisch äußern und einmischen ... (genauere Ausführungen hierzu Kapitel 3). Wenngleich die Arbeit mit dem Einzelnen im Vordergrund steht, schließt die Subjektzentrierung kontextorientierte Maßnahmen nicht prinzipiell aus (z.B. Erschließung vom Umfeldstärken), da stets das Individuum in seiner Lebenswelt als Adressat der Empowerment-Praxis betrachtet wird.

2. Gruppenbezogene Ebene

Die zweite Ebene bezieht sich auf das Anstiften zu Gruppenzusammenschlüssen sowie um die Unterstützung von Gruppen und deren Arbeit. Die Empowerment-Praxis hat dabei einerseits eine Netzwerkanreicherung (Herriger 1996, 294) im Blick, die sich auf die (Wieder-)Herstellung von tragfähigen Beziehungen und Verbindungen „privater Netzwerke" (Familien-, Freundes-, Nachbarschaftssysteme) erstreckt, so dass soziale Ressourcen, Unterstützung und Hilfeleistungen im vertrauten Nahbereich verfügbar sein können (Simon 1994, 188); andererseits zielt sie auf eine Netzwerkförderung, zum Beispiel auf die Entwicklung von Selbsthilfe-Initiativen und Kontaktstellen, auf Selbstvertretungsgruppen (self-advocacy groups) sowie auf die Vernetzung solcher Systeme auf überregionaler Ebene (Gesundheitskonferenzen lokaler Arbeitskreise; bundesweite Treffen von Selbstvertretungsgruppen), um Menschen mit gleichgelagerten Anliegen und Interessen zusammenzubringen und um „durch das Arrangement förderlicher Rahmenbedingungen Prozesse der Selbstorganisation anzustoßen" (Herriger 1993, 414). „Soziale Arbeit ist hier Wegweiser zu Personen, die in gleicher Weise kritische Lebensabschnitte durchlaufen. Sie ist zugleich Starthilfe und organisatorisches Rückgrat für diese neu entstehenden Beziehungsnetze und Selbsthilfegruppen. Und sie ist fachliche Beratung in kritischen und konfliktreichen Etappen des Gruppenprozesses" (ebd. 1996, 295).

Adressaten auf dieser zweiten Handlungsebene sind nicht nur unmittelbar Betroffene, zum Beispiel Menschen mit Behinderungen, sondern immer auch Umkreis- oder Bezugspersonen wie Eltern behinderter Kinder und professionelle Helfer (Turnbull & Turnbull III 1997). Da jeder Bezugsgruppe Empowerment zugestanden wird, können unterschiedliche Interessen bei einem gleichgelagerten Anliegen (Unterstützung geistig behinderter Menschen) kollidieren, so dass aus dem Empowerment-Blickwinkel eine „Brückenfunktion", eine vermittelnde Aufgabe am besten im Rahmen eines „Kooperationsdiskurses" (Theunissen 1998b) wahrgenommen werden muss.

3. Institutionelle Ebene

Die institutionelle Ebene hat insbesondere die Arbeit mit geistig behinderten Menschen im Blick. Da viele Menschen mit geistiger und mehrfacher Behinderung in (großen) Einrichtungen leben,[5] macht es für die Empowerment-Praxis Sinn, die institutionelle Ebene zu beleuchten, um gemeinsam mit den Betroffenen (bzw. im Interesse derer, die nicht für sich selber sprechen können) und ihren Bezugspersonen (Mitarbeitern) einen institutionellen Veränderungsbedarf zu erschließen (Theunissen 1999a, 173ff.; auch John & Speake 1994, 118ff.). Dieser bezieht sich sowohl auf die Entlegitimierung und den Abbau von Hierarchien, Zentralinstanzen und Bürokratien zugunsten der Schaffung demokratischer Entscheidungsstrukturen als auch auf Möglichkeiten einer Deinstitutionalisierung durch bedürfnisorientierte, bedarfsgerechte und flexible gemeindeintegrierte Wohn- und Dienstleistungsangebote (Seifert 1998; Theunissen 2000a; 2000d 83ff., 97f.). Ein solches Konzept entspricht vollauf den Wünschen und Erwartungen betroffener behinderter Menschen (Johansson 1996, 61).

4. Sozialpolitische und gesellschaftliche Ebene

Schließlich sind auf einer vierten Ebene Möglichkeiten und Prozesse politischer Einmischung (policy making) und gesellschaftlicher Einflussnahme, „soziale Aktionen und soziale Veränderungen" (Dodd & Gutierrez 1990, 68) in den Blick zu nehmen und zu unterstützen, um Menschen in marginaler Position, Selbsthilfe-Initiativen oder selbstorganisierten Netzwerken „formelle Mitgestaltungsmöglichkeiten in lokalen Machtstrukturen zu eröffnen" (Herriger 1993, 415; Miller & Keys 1996, 315f.). Empowerment steht hier für Adressatenbeteiligung, Kundenorientierung sowie Nutzerkontrolle (Stark 1996, 85f., 162; Hansen 1999) und wendet sich gegen die Gepflogenheit von Sozialverwaltungen und Wohlfahrtsverbänden, Konzepte (psycho-)sozialer und rehabilitativer Hilfen weitgehend unter Ausschluss Betroffener zu planen und umzusetzen (Herriger 1996, 295; 1997, 159; Theunissen 1999a, 188f.). Die professionelle Hilfe tritt auf dieser dritten Ebene in Kollaboration mit den Betroffenen als eine koordinierende und vermittelnde Brückeninstanz (Stark 1996, 87ff., 174ff.) in Erscheinung, die die Interessen ihrer Adressaten bündeln und gegenüber mächtigen, einflussreichen Verbänden,

---

[5] Das gilt insbesondere für Deutschland, wo der Anteil institutionalisierter Menschen mit geistiger Behinderung im Vergleich zu anderen westlichen Ländern am höchsten ist. Ein Vergleich der Situation in Deutschland und in den USA ist ein deutlicher Beleg dafür. Nach Lakin et al. (2000, 378f.) lebten 1999 in den USA 22,9% aller institutionalisierten Menschen mit geistiger Behinderung in Einrichtungen mit mehr als 15 Plätzen, 77,1% in Einrichtungen, die weniger als 16 Plätze aufwiesen, davon 62,4% in Häusern mit maximal 6 Plätzen; dagegen wohnen zur Zeit in Deutschland ca. 78% aller institutionalisierten Menschen mit geistiger Behinderung in Einrichtungen mit mehr als 40 Plätzen und nur ca. 22% in Einrichtungen, die weniger als 40 Plätze aufweisen.

Verwaltungsbürokratie, Politik und ihren Instanzen sozialer Kontrolle offensiv und konstruktiv zur Geltung bringen soll. Behinderten- oder Selbsthilfe-Beiräte sind ein Beispiel dafür, dass über solche Koordinations- und Vermittlungsinstanzen eine verbindliche Beteiligung Betroffener und eine bürgernahe Sozial- und Gesundheitspolitik statthaben kann.

Mit diesen Ausführungen haben wir die wichtigsten Grundzüge des von uns vertretenen Empowerment-Konzepts skizziert. Dabei dürfte deutlich geworden sein, dass Empowerment ein ausgesprochen innovatives und reformerisches Projekt darstellt, welches mit liebgewonnenen Traditionen (Selbstverständlichkeiten) im Bereich der Sozialen Arbeit oder Heilpädagogik bricht und ein neues fachliches Selbstverständnis eingeläutet hat, das zugleich neue Maßstäbe auf dem Gebiete des Helfens setzt. Der folgenden Abbildung sind noch einmal wesentliche Unterschiede zwischen der traditionellen Heilpädagogik und dem Empowerment-Konzept zu entnehmen.

Traditionelle Heilpädagogik und Behindertenhilfe	Empowerment-Konzept
Betroffener – Laie, Patient	Betroffener – Experte
Professioneller Helfer – Experte	Professioneller Helfer – Assistent
Medizinisches Modell	Sozialwissenschaftliches Modell
Defizitorientierung	Stärkenperspektive
Individuumzentrierte Interventionen	lebensweltbezogene Behindertenarbeit
Ziel: (reibungslose) gesellschaftliche Anpassung	Ziel: Selbstbestimmung, kollaborative und demokratische Partizipation
Helfersicht und Fremdinteressen	Betroffenen- und Rechteperspektive
Segregation und Besonderung	Integration und Inclusion

Diese Neuorientierung wird vielfach als Paradigmenwechsel bezeichnet. Wie auch dieser Prozess benannt wird, eines macht er deutlich: Die Abkehr vom institutionsbezogenen Denken und von institutionell vorgegebenen Hilfen zur Hinwendung zu einem von der Betroffenen-Sicht und Rechte-Perspektive angeleiteten bedarfsbezogenen System (psycho-)sozialer, pädagogischer oder rehabilitativer Unterstützung. Das entspricht ganz dem Willen betroffener Menschen, die nicht mehr nur Adressaten von Hilfe sein sondern als eigenverantwortliche und kompetente Bürger über ihre Angelegenheiten mitentscheiden möchten. Das gilt für behinderte Menschen gleichermaßen wie für ihre Angehörigen. Insofern lohnt es sich, die Sicht Betroffener einmal näher zu betrachten, weshalb wir zwei Empowerment-

Bewegungen behinderter Menschen beispielhaft darstellen möchten. Empowerment-Bewegungen von Eltern behinderter Kinder werden dagegen aus äußerlichen Gründen an späterer Stelle unserer Schrift aufgegriffen (Kap. 3 und 5).

INDEPENDENT LIVING MOVEMENT

Historische Skizzen, Konzept und Entwicklung

Anfänge der Independent Living Movement reichen zurück in die 60er Jahre, als sich an der Universität Berkeley/Kalifornien USA unter der Federführung des schwerst körperbehinderten Studenten Ed Roberts mehrere behinderte Kommilitonen zusammenschlossen und eine Konzeption für ein autonomes Wohnen behinderter Menschen in der Gemeinde (independent community living) entwickelten (Laurie 1982, 128; auch Miles-Paul 1992, 29, 54, 57). „In ihrer Arbeit konzentrierten sie sich darauf, einen Helferpool aufzubauen und eine Liste von behindertengerechten Wohnungen zu erstellen, um so jedem behinderten Studenten die Entscheidungsfreiheit zu geben, zu wählen, wie und wo er in der Gemeinde leben wollte" (Laurie 1982, 128). Damit entstand ein erstes Center for Independent Living, welches alsbald seine Angebote um Beratung (peer counseling) erweiterte und Vorbild für andere Betroffenen-Initiativen wurde. So kam es dann in allen Teilen der USA zur Entwicklung von Zentren für Independent Living, die 1979 durch ein Bundesgesetz anerkannt wurden und seitdem anfinanziert werden (Laurie 1982, 129; De Jong 1982a, 158). Um dauerhaft bestehen zu können, sind die Zentren bis heute noch auf andere Geldquellen angewiesen, so zum Beispiel auf Spenden (fundraising) oder auf Unterstützung durch Stiftungen (Rüggeberg 1990, 451; Miles-Paul 1992, 111f.; Wienstroer 1999, 179). Mittlerweile gibt es in der USA ein dichtes Netz an Independent Living Centers (Miles-Paul 1992, 110), in denen vorwiegend körper- oder sinnesbehinderte Menschen in eigenverantwortlicher Regie ihre Angelegenheiten selbst managen und sich selbst beraten. Die Organisation der Zentren basiert auf drei Grundsätzen: „Jene, die am besten die Bedürfnisse [behinderter Menschen] kennen und am besten Bescheid wissen, wie man mit den Bedürfnissen umzugehen hat, sind Betroffene selbst; den Bedürfnissen kann man am effektivsten durch umfassende Programme mit einer Vielfalt an Angeboten begegnen, und Betroffene sollten soweit wie möglich in ihre Gemeinde integriert werden [full inclusion]" (Driedger 1989, 22f.). Begriffe wie peer counseling, peer support, peer assistance, peer help oder peer education stehen für diese Form der „Selbsthilfeförderung und Selbsthilfetätigkeit von Behinderten für Behinderte" (Miles-Paul 1992, 21), bei der angestrebt wird, dass ein Berater (peer counselor) eine möglichst vergleichbare Behinderung wie der ratsuchende Kunde haben sollte (Österwitz 1988, 302; Rüggeberg 1990. 450). Dieses Prinzip muss jedoch nicht immer zum Vorteil der Arbeit gereichen. So beschreibt Wienstroer (1999, 180) eine Situation, in der das peer counseling „eher Nachteile mit sich bringt: Ein behinderter Mensch, der seine Behinderung stark verdrängt oder gerade erst einen Unfall oder eine Krankheit erlitten hat, kann sich durch einen/eine behinderte Beraterin oder behinderten Berater mit der eigenen Behinderung zu stark konfrontiert sehen. Beispiel: Meine nichtbehinderte Kollegin hatte einen Beratungskunden mit einer Halbseitenlähmung. Ich sollte ihre Urlaubsvertretung übernehmen und diesen Kunden weiter begleiten. Rasch wurde deutlich, dass dieser Kunde durch den Anblick meiner körperlichen Einschränkung überfordert war. Wir hatten zwei Sitzungen miteinander. Während dieser Zeit fragte er immer wieder, wann er wieder zu meiner Kollegin gehen kann."

Die Angebots- und Aufgabenpalette der Zentren für Independent Living ist breit und reicht von Rechtsberatung, Beratung in Bezug auf Freizeitgestaltung, Sport, soziale Kontakte, Partnerschaft und Sexualität, über Beratung für behinderte Menschen, ihre Partner und Angehörigen, Lebensberatung, Beratung von Familien mit einem behinderten Kind, bis hin zur Interessenvertretung (advocacy) für und mit Kunden, Gruppenarbeit zur Unterstützung von Solidargemeinschaften und Netzwerken, Schulungs- und Trainingskurse in Bezug auf Bewältigungs- und Problemlösungsstrategien (coping; problem-solving), Selbst-Hilfetätigkeiten, Mobilitätstraining, Anleitung von Helfern, Wohnungs- und Helfervermittlung, Fahrdienste, Hilfsmittelreparaturen oder Arbeitsvermittlung (Österwitz 1988, 300; Rüggeberg 1990, 452; Miles-Paul 1992, 68ff.).

Wenngleich all diese Angebote nicht nur für Menschen mit Körper- oder Sinnesbehinderungen, sondern grundsätzlich für alle behinderten Personen offen stehen (Heuman 1982, 175; Österwitz 1988, 296), sind jedoch Kunden mit geistiger Behinderung in Anbetracht der intellektuell ausgerichteten Beratungsformen stark unterrepräsentiert (ebd., 305; Miles-Paul 1992, 59). Neben dem Schwerpunkt der Beratung, die sich auf der Basis klientenzentrierter Gesprächsführung (Rogers) an lösungsorientierten Ansätzen orientieren sollte (auch Miles-Paul 1992, 98f.; Wienstroer 1999, 174) und keine Psychotherapie bedeutet (Miles-Paul 1992, 108), haben sich die meisten Zentren zur Aufgabe gemacht, keine Serviceangebote vorzuhalten, sondern in erster Linie Unterstützung und Vermittlungshilfen anzubieten, so z.B. Vermittlung von persönlichen Assistenten, Wohnungen etc. (auch Österwitz 1988, 299). Die Überzeugung, dass behinderte Menschen selbst zu Lösungswegen gelangen, verweist im Sinne von Empowerment auf das Vertrauen in die individuellen Ressourcen. Außerdem wird jedem behinderten Menschen das Recht zugesprochen, selbst Entscheidungen zu treffen, „Risiken einzugehen und zu scheitern" (Miles-Paul 1992, 66).

Diese Aufgabenvielfalt macht sichtbar, dass Betroffene als kompetente Experten in eigener Sache gelten und dass hohe Erwartungen an die Person des Beraters oder Unterstützers geknüpft werden. Ohne Zweifel ist es von Vorteil, wenn einzelne Berater oder Unterstützer über gute Ausbildungen verfügen, was zwar nicht als unbedingt notwendig, aber als nützlich betrachtet wird (Österwitz 1988, 302). Daher sind immer mehr Zentren für Independent Living dazu übergegangen, auch spezielle Schulungs- oder Ausbildungskurse für Berater oder Unterstützer anzubieten (Miles-Paul 1992, 103f.). Als wichtig gilt in dem Zusammenhang stets die Reflexion der eigenen Betroffenheit und Problemlage, um z.b. „eine Überidentifizierung mit den Schwierigkeiten der Kundschaft" (Wienstroer 1999, 179) zu vermeiden.

Die Entwicklungsgeschichte der Independent Living Movement wäre jedoch unvollständig, würden wir Initiativen und kollektive Aktionen unerwähnt lassen, die sich im Verbunde mit der gemeindepsychiatrischen Bewegung (community mental health movement) auch gegen Medizinierung, Besonderung und Institutionalisierung wandten (De Jong 1982a, 149; Sierk 1988, 305; Miles-Paul 1992, 48ff.; auch Segal, Silverman & Temkin 1993, 707ff.). Ausgehend von der Erfahrung, dass sich Dienstleistungen sozialer Großsysteme nur selten an den Wohnbedürfnissen, Interessen und Lebensplänen Betroffener orientieren, wurde schon vor etwa 30 Jahren die Deinstitutionalisierung zum Programm erklärt, das sich heute in einem differenzierten Netz an gemeindeintegrierten Wohnformen widerspiegelt. Ähnliche Entwicklungen gab es in den 60er und 70er Jahren zunächst in Kanada und den skandinavischen Ländern und später dann auch in die anderen europäischen Staaten. Außerdem war die Independent Living Movement nicht nur als Vehikel für personale und kollektive Empowerment-Prozesse, sondern auch in Bezug auf Rechte für behinderte Menschen sehr erfolgreich (Heuman 1982). So trugen ihre Protestaktionen zunächst 1973 zu einem Antidiskriminierungsgesetz bei, welches jede Form von Diskriminierung und Benachteiligung auf Grund von Behinderung in allen vom US-Staat (mit-) finanzierten Einrichtungen und Programmen verbietet. 1990 wurde dann ein weiteres wichtiges Gesetz, das PL 101-336 (Americans with Disabilities Act of 1990) verabschiedet, das auch jede Form von Diskriminierung behinderter Menschen im privaten Arbeitsbereich, zum Beispiel in Betrieben wie aber auch in öffentlichen Einrichtungen oder privaten Organisationen untersagt (hierzu Miles-Paul 1992, 33). Zur Durchsetzung dieser Behindertengesetze gab es jedoch auch Unterstützung durch einige Wissenschaftler und professionelle Experten, die zur Anhängerschaft der Independent Living Movement zählen (De Jong 1982a, 135; 1982b, 163).

Zu Entwicklungen im deutschsprachigen Raum

In Deutschland hat es eine durchaus parallele Entwicklung zur US-amerikanischen Independent Living Movement gegeben. Sie reicht zurück in die späten 60er Jahre, als aus dem Lager der Kritik an der paternalistischen Behindertenarbeit der traditionellen Wohlfahrtsverbände (Caritas, Diakonie, AWO) und einiger Elternselbsthilfevereinigungen (Lebenshilfe, Spastikerverein) der Club 68 als „Vorläufer der Clubs der Behinderten und ihrer Freunde" (Wienstroer 1999, 168) entstand (auch Rüggeberg 1990, 454). Wenige Jahre später gab es dann erste politische Aktionen körper-, seh- und mehrfachbehinderter Menschen, die sich in einem selbstorganisierten Zusammenschluss einer „Krüppelbewegung" gegen Diskriminierung, Benachteiligung und Unterbringung in Pflegeheimen, Behindertenanstalten oder auch Psychiatrien wandten. Als 1981 zum offiziellen „Jahr der Behinderten" die traditionellen Wohlfahrtsverbände und Hilfsorganisationen „ausgiebig Selbstlob und Eigenschulterklopfen" (Wienstroer 1999, 169) betrieben und gegenüber Betroffenen ihre paternalistisch präformierte Macht zu demonstrieren versuchten, wurde quasi kontrapunktisch zur Ideologie und den Eigeninteressen der herrschenden Verbände von Aktivisten und Sympathisanten der „Krüppelbewegung" in Dortmund ein „Krüppeltribunal" veranstaltet, auf dem massive Menschenrechtsverletzungen wie Freiheitsberaubung, Zwangsbehandlungen, Zwangsmedikation oder Zwangssterilisation angeprangert und thematisiert wurden. Fortgeführt wurde die Kritik an der Medizinierung, Diskriminierung und Institutionalisierung behinderter Menschen 1982 auf einem internationalen Fachkongress in München, auf dem Betroffene und Fachleute aus den USA, Holland und den skandinavischen Ländern mit Konzepten der Independent Living Movement und Realisierungsmöglichkeiten eines gemeindeintegrierten Lebens (schwerst-) behinderter Menschen imponierten (VIF 1982). Ermutigt durch diese Berichte sowie durch Besuchsreisen und Hospitationen in die USA und nach Schweden wurden nun von Betroffenen-Initiativen wie der „Interessenvertretung Selbstbestimmt Leben", dem Verein zur Förderung der Autonomie Behinderter (FAB e. V.) oder auch dem Verein zur Förderung der Integration Behinderter (VIF e. V.; fib e. V.) Bestrebungen in Gang gesetzt, auch hierzulande Zentren für Peer Counseling sowie Dienstleistungssysteme für ein ambulantes Wohnen behinderter Menschen aufzubauen (Frevert 2000, 68). Dieser Prozess ist bis heute nicht abgeschlossen, da von einem flächendeckenden Netz solcher Angebote längst noch nicht die Rede sein kann (auch Wienstroer 1999, 170). Wenngleich die US-amerikanischen Zentren für Independent Living als vorbildlich gelten, möchten allerdings die Vertreter der hiesigen Autonomiebewegung der „existentiellen Seite von Betroffenheit" stärker Rechnung tragen (Rüggeberg 1990, 443), z.B. Sinnfragen bei schicksalhafter Lebenserfahrung mit berücksichtigen, was vor dem Hintergrund der sog. Singer-Debatte (hierzu Theunissen 1997a) nicht hoch genug eingeschätzt werden kann.

Neben dem Peer Counseling ist es auch den hiesigen Autonomie- und Interessenbewegungen um ein „normales" Wohnen in der Gemeinde zu tun. Diese Forderung gilt unabhängig der Art oder Schwere der Behinderung, somit auch für Menschen, die als geistig behindert gelten (fib e.v. 1999; Martin 1996; Johansson 1996, 61). Traditionelle Großanstalten, Pflege- oder Wohnheime für Behinderte entsprechen nicht dem, was gemeinhin von Betroffenen unter Wohnen verstanden wird. Wohnen hat als Ort der Geborgenheit mit Privatheit, Intimität, Selbstverwirklichung, selbstbestimmter Kommunikation und Autonomie im persönlichen Leben zu tun. „Wohnen heißt in einer nach außen abgeschlossenen Einheit mit Küche, Bad und eigenem Eingang zu leben. In aller Regel existiert ein Namensschild, das den Besitzer ausweist und somit der Räumlichkeit eine Identität gibt. Der Besitzer bestimmt, wie und wann er sie nutzt und welchen anderen Personen er Zutritt gewährt" (Österwitz 1994, 52f.). Vor diesem Hintergrund wird das eigenständige und selbstbestimmte Leben in der eigenen Wohnung favorisiert, wobei die Organisation und Bereitstellung notwendiger Alltagshilfen über ambulante Dienste gewährleistet sein sollte. Als beispielhaft kann hierzu das Fokus-Wohnkonzept in den Niederlanden und skandinavischen Ländern betrachtet werden, welches mittlerweile auf eine über dreißigjährige Geschichte zurückblicken kann (Heykamp 1982; Brattgard 1982). Bei diesem Konzept handelt es sich um mehrere behindertengerechte in einem Stadtteil oder Wohngebiet eingestreute Wohnungen unterschiedlichster Größe, die über eine Assistenz-Zentrale mit einem 24-Stundendienst miteinander vernetzt sind, auf die je nach individuellem Unterstützungsbedarf jederzeit zurückgegriffen werden kann. Die Assistenz bezieht sich in erster Linie auf pflegerische, hauswirtschaftliche und Transporthilfen. Insgesamt betrachtet ist die Fokus-Konzeption „eine gelungene Verbindung von barrierefreier Stadtteilplanung, angepasstem Bauen und Assistenz nach den zeitlichen und inhaltlichen Vorstellungen der Bewohner" (Österwitz 1994, 58).

Darüber hinaus wurden auf Grund der negativen Erfahrungen mit bestehenden Hilfsangeboten und ambulanten Diensten schon vor über 10 Jahren von körper- und sinnesbehinderten Menschen sog. Arbeitgeber- und Assistenzgenossenschaftsmodelle entwickelt (Frehe 1994; Gleiss 2000; Eisert 2000). Diesen Konzepten liegt die Einsicht zugrunde, dass Betroffene Konsumenten oder Kunden von Dienstleistungen sind, indem sie selbst entscheiden, wie, von wem und wie oft Hilfen erforderlich sind (auch Westecker 1999, 23). Damit schreiben sie sich bestimmte Kompetenzen zum selbstbestimmten Leben zu, so z.B. eine

- Finanzkompetenz (Verfügung über Mittel für Pflege/Assistenz)
- Organisationskompetenz (Tagesgestaltungswünsche Betroffener stehen hier im Vordergrund)
- Personalkompetenz (Arbeitgeberfunktion bei Auswahl und Einsatz der Helfer)
- Anleitungskompetenz (Anleitung von Helfern)
- Schulungskompetenz (Selbstqualifizierung) sowie
- Wohnkompetenz (Auswahl der Wohnung, des Wohnortes),

die sie als „Experten in eigener Sache" ausweisen (Österwitz 1994, 9ff.; Frehe 1994, 68ff.; Eisert 2000, 82ff.). Wichtig sind in dem Zusammenhang die „Wahl- und Kontrollmöglichkeiten bezüglich der eigenen Lebensführung, wie sie nichtbehinderte Menschen genießen" (Frevert 2000, 67). Betroffene möchten somit „selbst die führenden Positionen ihrer Hilfsysteme einnehmen" (ebd., 67). Davon sind sie allerdings in Deutschland noch weit entfernt: „Solange alle großen Institutionen [...] von nichtbehinderten Menschen geleitet werden, und in den verantwortlichen Positionen keine behinderten Menschen sind, wird es den behinderten BewohnerInnen dieser Einrichtung erschwert, ein Empowerment zu entwickeln" (Mickler 1999, 89). Anders scheint dagegen die Situation in Großbritannien zu sein, wo es für nichtbehinderte Experten „inzwischen selbstverständlich [ist, G. T.], dass behinderte Menschen die Kontrolle über ihre Dienstleistungen haben müssen" (ebd., 89).

Bewährte Assistenzgenossenschaften gibt es zur Zeit in Bremen und Hamburg. Es handelt sich hierbei um genossenschaftliche Zusammenschlüsse von körper- und sinnesbehinderten Menschen mit einem Assistenzbedarf, den sie als Arbeitgeber selbst bestimmen und kontrollieren möchten. „Die Form einer Genossenschaft sollte und soll den größtmöglichen Einfluss der Nutzer persönlicher Assistenz sicherstellen" (Eisert 2000, 81). Für die persönlichen Assistenten gelten dabei übliche arbeitsrechtliche Bestimmungen und Verträge, die von den behinderten Menschen als Arbeitgeber einzuhalten sind. Wenngleich das Hamburger Assistenzgenossenschaftsmodell kürzlich vom Hamburger Senat mit dem Senator-Neumann-Preis ausgezeichnet wurde und damit dem Anschein nach hohe politische Wertschätzung erfährt, bestehen in Deutschland seit Einführung der Pflegeversicherung erhebliche Erschwernisse und Probleme, die Widersprüche und ein konservatives Roll-Back in der gegenwärtigen Behindertenpolitik dokumentieren (Theunissen 1999a, 69ff.; Gleiss 2000). So müssen sich heute die Assistenzgenossenschaften dem „Qualitätszirkus" (hierzu Speck 1999) sowie den Spielregeln der Pflegekassen unterwerfen, die einen eng gestrickten Pflegebegriff und eine Neuauflage einer defektorientierten Betrachtung von Behinderung benutzen; dies aber führt zu einer neuen Medizinierung und neuen Abhängigkeit von selbsternannten Pflege-Fachleuten sowie zu einer damit verknüpften Entwertung der Rolle Betroffener als kompetente Experten in eigener Sache und einem Wahl- und Kontrollverlust (Eisert 2000, 83). Denn wer könnte besser als die Betroffenen selbst die Qualität der Hilfen beurteilen (Gleiss 2000, 72)? Ihnen diesbezüglich Qualitätskontrollen und die Einstellung „qualifizierter" Pflegekräfte vorzuschreiben ist diskriminierend und zynisch zugleich. Denn: „Auf der einen Seite werden die Leistungen gekürzt, auf der anderen Seite die Qualitätsmaßstäbe heraufgesetzt" (Eisert 2000, 84). Zum einen hat die Pflegeversicherung „hier den Kundenstatus der Pflegebedürftigen nochmals empfindlich geschwächt" (Klie 1999, 11), und zum anderen hat sie den weiteren Ausbau von Assistenzgenossenschaften in Deutschland zunichte gemacht; denn derzeit scheint es nur noch einen Bestandsschutz für die bestehenden Modelle zu geben.

Gerade das durch die Pflegeversicherung verursachte Roll-Back in der Behindertenarbeit zeigt auf, wie wichtig eine fortwährend starke Selbstvertretungsbewegung ist, um politisch Einfluss nehmen zu können. Und in der Tat haben in den letzten Jahren Aktivisten und Sympathisanten der Betroffenen-Bewegungen durchaus politisches Gehör gefunden, denn ohne ihren Druck (auch auf die traditionellen Wohlfahrtsverbände) und unermüdlichen Einsatz wäre wohl kaum das deutsche Benachteiligungsverbot im Grundgesetz (Art. 3 Abs. 3 Satz 2 GG) zustande gekommen (Herdegen 1995). Neben dieser Errungenschaft gehen auch die gegenwärtigen Diskussionen über Direktzahlungen (direct payments) an behinderte Menschen sowie die ersten Erprobungen personengebundener Budgets (z.b. in Rheinland-Pfalz) weithin auf das Konto der Autonomie- und Selbstbestimmt-Leben-Bewegung. Derlei Konzepte gibt es schon seit geraumer Zeit in den USA, in Großbritannien, den Niederlanden, in Dänemark und in Schweden. Sie zeigen auf, dass es sehr wohl sinnvoll, ja rechtens ist, Ressourcen in der Behindertenhilfe neu zu verteilen, um mehr Freiheit, Autonomie und Selbstkontrolle behinderter Menschen durch Direktzahlungen zu erreichen. Anstatt Wohlfahrtsverbänden oder Hilfsorganisationen Gelder für Dienstleistungen zur Verfügung zu stellen, erhalten Betroffene ein Budget, mit dem sie direkt Anbieter ihrer Wahl bezahlen und somit ein supported living, d.h. eine flexible auf die persönlichen Bedürfnisse zugeschnittene Unterstützung, die sich je nach Bedarf oder Erwartungen verändern kann, finanzieren (Racino et al. 1993; Krüger 2000). Und damit können sie als gleichberechtigte Bürger ein selbstbestimmtes und integriertes Leben und somit „eine bessere Lebensqualität erreichen" (Westecker 1999, 24; auch Ratza 1996, 2).

Um ein angemessenes Budget zu erhalten, muss vorab ein individueller Unterstützungsbedarf ermittelt werden, was im Rahmen einer persönlichen Lebens- oder Zukunftsplanung (personal futures planning; life style planning) geschehen sollte. Dabei ist entscheidend, dass Betroffene (ggf. mit einem Advisor) Regie führen (Holst 1999) und nicht etwa Instanzen oder Agenten sozialer Kontrolle (Kostenträger, Medizinscher Dienst der Krankenkassen, Wohlfahrtsverbände, Hilfsorganisationen, Sozialarbeiter). Wer die gegenwärtige Diskussion über individuelle Hilfeplanung verfolgt (DHG 1999), gewinnt den Eindruck, dass in Deutschland mehr Wert gelegt wird auf Entwicklung und Nutzung von standardisierten Instrumentarien zur personalen Zukunftsplanung, Qualitätsentwicklung und -kontrolle denn auf die Bestimmung von Lebensqualität und Lebenszielen aus der Subjektperspektive (hierzu Urban 1999; Siemssen 1999), die sich im Sinne von Empowerment nicht in eng gestrickte, strukturierte Hilfepläne einpacken lässt. Insofern ist hierzulande die Gefahr einer Fehlentwicklung nicht von der Hand zu weisen (z.B. bei Nagy 1999), die nicht nur mit dem hohen Einspardruck, sondern auch mit den Eigeninteressen nach Macht und Einflusserhalt von traditionellen Verbänden, Organisationen oder Dienstleistungsanbietern zusammenhängt. Anders hat sich zum Beispiel die Entwicklung in Dänemark vollzogen. Dort besteht seit 1999 ein neues Sozialhilfe-Gesetz, das „als das Ergebnis langjähriger Diskussionen und Kritik am traditionellen Wohlfahrtssystem gesehen werden" kann (Holst 1999, 62). Das Gesetz sieht vor, dass standardisierte soziale Hilfestellungen durch flexiblere, individuellere, bedürfnisorientierte Hilfen ersetzt werden sollen. Ferner hat der Nutzer Einfluss auf die Entscheidungen. „Dies bedeutet, dass die zuständigen Behörden mit den Betroffenen bei der Organisation der sozialen Hilfsangebote zusammenarbeiten. Wenn der Nutzer mehr Einfluss hat, kann er mehr Verantwortung übernehmen und aktiver an der Gestaltung seines eigenen Lebens teilnehmen. Der Sozialhilfeempfänger sollte mehr als Kunde von Sozialleistungen gesehen werden. Das angestrebte Ideal ist mehr oder weniger der zufriedene Kunde" (ebd., 62).

Wenngleich nicht nur Menschen mit Körper- oder Sinnesbehinderungen sondern auch lern- und geistig behinderte Personen, die für sich selber sprechen können, von dieser Nutzerorientierung und den Direktzahlungen profitieren (Westecker 1999, 58), sollten dennoch spezifische Schwierigkeiten nicht unerwähnt bleiben. So sind zum Teil die Etats für Direktzahlungen zu knapp bemessen (ebd., 36, 65), so dass längst nicht alle Kunden mit einer Behinderung bedient oder die notwendigen Hilfen abgedeckt werden können. Dadurch werden insbesondere diejenigen benachteiligt, die umfangreichere Unterstützungsleistungen benötigen, was zum Beispiel der Modellversuch in Rheinland-Pfalz zutage gebracht hat (hierzu Frühauf u.a. 2000, 16ff.; Gitschmann 1999, 74ff.). Ferner ist man bei einem zu knappen Budget als Betroffener gezwungen, „ein schlechter Arbeitgeber zu sein" (Evans zit. n. Westecker 1999, 41), in dem man nur einen geringen Stundensatz zahlen kann. Kritisiert werden darüber hinaus zu komplizierte Regelungen, Ausgrenzung und Überforderung von lern- und geistig behinderten Personen sowie eine zu starke Orientierung an einem engen Pflegeverständnis (ebd., 44, 65; Gitschmann 1999, 67; Tüllmann 1999, 90). Trotzdem wird alles in allem länderübergreifend das direkte Bezahlungssystem als „Fortschritt" und als große Errungenschaft der Selbstbestimmt-Leben-Bewegung bewertet (Westecker 1999, 44, 64). Und daher fordern auch hierzulande die Autonomie- und Interessenbewegungen behinderter Menschen grundsätzlich die Einführung eines persönlichen Budgets (Mickler 1999, 86ff.).

SELF-ADVOCACY MOVEMENT[6]

Aus den skandinavischen Ländern wie auch aus dem angloamerikanischen Sprachraum stammen bemerkenswerte Berichte, denen zu entnehmen ist, dass genauso wie Menschen mit Körper- oder Sinnesbehinderungen Perso-

---

[6] Unter Mitarbeit von Cordula Matzke.

nen mit Lern- oder geistiger Behinderung für ihre Belange und Rechte öffentlich eintreten. Dementsprechend gibt es in nahezu allen westlichen Industrienationen eine Self-Advocacy Movement, ein Zusammenschluss intellektuell behinderter Menschen in selbstorganisierten Gruppen, in denen sie ihre Angelegenheiten und Probleme diskutieren, gegenseitige Unterstützung finden und sich gemeinsam für ihre Interessen einsetzen (Dybwad & Bersani 1996). Allein in den USA wurde 1996 die Zahl der aktiven Mitglieder schon auf ca. 17000 geschätzt – organisiert in 743 Self-Advocacy Gruppen in 48 Staaten der USA (Braddock 1996, VIII); 1984 waren dagegen erst ca. 5000 Menschen mit intellektueller Behinderung in 152 Self-Advocacy Gruppen registriert (Miller & Keys 1996, 313).

Wenngleich es keine eindeutige Begriffsbestimmung von „Self-Advocacy" gibt, bietet es sich an, die Definition der zweiten nordamerikanischen People-First-Konferenz von 1991 vorzustellen, da sie die wesentlichsten Elemente von Self-Advocacy „als ein Empowerment-Zeugnis" (Martin 1996, 63) enthält: „Self-Advocacy handelt von unabhängigen Gruppen behinderter Menschen, die sich gemeinsam für Gerechtigkeit einsetzen, indem sie einander helfen, ihr Leben zu führen und gegen Diskriminierung zu kämpfen. Uns wird gezeigt, wie man Entscheidungen, die unser Leben betreffen, fällt, damit wir unabhängiger sein können. Man informiert uns über unsere Rechte, aber während wir unsere Rechte kennen lernen, lernen wir auch etwas über unsere Pflichten. Die Art und Weise, in der wir lernen, für uns selbst zu sprechen, ist die gegenseitige Unterstützung und die gegenseitige Hilfe beim Erwerb von Selbstvertrauen, auszusprechen, an was wir glauben" (Dybwad 1996, 2; auch Cone 1999, 309; Dawson & Palmer 1994a,b). Demzufolge bedeutet Self-Advocacy für Menschen mit intellektueller Behinderung, mehr Kontrolle über das eigene Leben zu erlangen und dieses selbst zu bestimmen.

Seit Bestehen der Self-Advocacy Movement lassen sich vier zentrale Organisationsformen von Selbstvertretungsgruppen (Knust-Potter 1998, 97f.) unterscheiden:

(1) Gruppen, die in Wohnheimen, Tagesstätten, Werkstätten oder anderen Institutionen aktiv sind und somit Teil des Dienstleistungssystems darstellen (trägerintegriertes Modell);

(2) Gruppen, die einer bereits existierenden Vereinigung oder Organisation angeschlossen sind (Unterabteilungsmodell);

(3) Gruppen, die unabhängig von Verbänden, Hilfsorganisationen, Einrichtungsträgern oder Institutionen operieren (autonomes Modell) und

(4) Gruppen, die mit bestehenden Selbst-Hilfe-Gruppen (z.B. Independent Living Movement) kooperieren (Koalitionsmodell).

Self-Advocacy kann somit von der Mitbestimmung in bestehenden Institutionen bis hin zu autonomer politischer Lobby-Arbeit (policy making) reichen (auch Rock 1997, 355; Dawson & Palmer 1994c).

Historische Skizzen

Ursprünglich kam die Idee für Self-Advocacy aus Schweden (John & Speake 1994, 122). Dort gab es schon in den 60er Jahren in verschiedenen Städten des Landes Freizeitclubs, die von intellektuell behinderten Menschen größtenteils selbst organisiert wurden und bewusst auf einen Leiter verzichteten, wenngleich sie von Studenten begleitet wurden (Perske 1996, 21). Der Schwerpunkt der Selbstorganisation lag im Bereich des Planens und der Durchführung von Freizeitaktivitäten. Hierzu wurden den Betroffenen in speziellen Kursen die benötigten Fähigkeiten und Kenntnisse vermittelt. 1968 fand dann zum ersten Mal ein nationaler Austausch verschiedener Freizeitgruppen statt, dem eine zweite Konferenz folgte, die schon wesentliche Elemente von Self-Advocacy sichtbar werden ließ: Zum einen die eigenständige Organisation von Gruppen und zum anderen der gemeinsame Erfahrungsaustausch auf Konferenzen und Tagungen (Mc'Kenna 1996, 82; Rock 1997, 355).
Als B. Nirje 1969 die schwedische Arbeit auf dem 11. Weltkongress der Internationalen Gesellschaft für Rehabilitation von behinderten Menschen in Dublin vorstellte und über Erfahrungen mit den Betroffenen berichtete, stieß er auf allgemeine Begeisterung (Dybwad 1996, 7f.), so dass die Idee, Menschen mit intellektueller Behinderung Gelegenheiten zum Austausch zu bieten, daraufhin auch in Kanada und Großbritannien aufgegriffen wurde.
Zum endgültigen Durchbruch der Self-Advocacy Movement kam es allerdings erst in den 80er Jahren – insbesondere angeregt durch die Entwicklung in den USA (Hersov 1996, 130ff.; Shoultz & Ward 1996). In den USA waren zwar schon in den 60er Jahren erste Selbst-Hilfe Initiativen von Menschen mit geistiger Behinderung entstanden, die sich im Vereine mit der Independent Living Movement gegen Institutionalisierung, Aussonderung und Diskriminierung wandten und ein gemeindeintegriertes Leben (community living) einforderten. Der eigentliche Beginn der Self-Advocacy Movement wird jedoch erst im Zusammenhang mit einer 1973 gegründeten Self-Advocacy Gruppe aus Oregon datiert (John & Speake 1994,

122; Miller & Keys 1996, 312). Sie gilt als die erste, die sich Unterstützung und Assistenz bei einem nichtbehinderten Advisor suchte, der ihnen helfen sollte, für sich selbst zu sprechen, nicht aber die Gruppe zu leiten. „Gute Helfer sind wichtig für People First. Gute Helfer wissen, dass People First unser Anliegen und nicht ihres ist. Gute Helfer unterstützen uns und versuchen nicht, uns zu sagen, was zu tun ist. Sie lassen uns unsere eigenen Fehler machen, und dies lässt uns wachsen und Verantwortung übernehmen für das, was wir tun" (People First of Oregon 2000). Den (Organisations-)Namen People First gaben sich die Betroffenen nach dem Vorbild einer Self-Advocacy Gruppe in British Columbia (Kanada), um zu demonstrieren, „dass wir in erster Linie Menschen sind und unsere Behinderungen erst als zweites kommen" (ebd.). Jene Gruppe aus Oregon war auch schon bei einer kanadischen Konferenz 1973 in British Columbia dabei gewesen und hatte daraufhin beschlossen, selbst eine Tagung durchzuführen (Furman 1996, 182f.). „Wir entschieden uns dafür, dass wir unsere eigene Tagung haben wollten; eine, die wir planten und wo wir die Sprecher und Führer waren. Wir wollten nicht nur ein kleiner Teil einer anderen Gruppe, wie der von The Arc sein. Wir wollten unsere eigene Organisation und selbst für uns sprechen" (People First of Oregon 2000). Auf dieser Tagung, die im Oktober 1974 in Otter Crest/Oregon stattfand, wurde dann die Organisation „People First of Oregon" gegründet, die für die Förderung von Self-Advocacy auf nationaler und internationaler Ebene von großer Bedeutung war (Rock 1997, 356). In der Folgezeit entstanden nun nach Vorbild der People First-Gruppe in Oregon zahlreiche Selbstvertretungsgruppen mit so unterschiedlichen Namen: „People in Action", „The Advocates Voices", „Speaking for Ourselves", „Self-Advocacy in Action" oder „Members Council". Sie alle hatten und haben bis heute das gleiche Anliegen: Selbstbestimmung und Gleichberechtigung für Menschen, die als geistig behindert gelten (Miller & Keys 1996, 313).

Eher ungewöhnlich im Vergleich zu anderen Self-Advocacy Gruppen war die Entwicklung von People First of Nebraska. Zentrale Figur war hier der mittlerweile verstorbene Ray Loomis, der 1968 das Beatrice State Home – eine Großeinrichtung für geistig behinderte Menschen in Nebraska/USA – auf eigenen Wunsch verließ, um sein Leben nach eigenen Vorstellungen zu gestalten. Sein Motto lautete: „Wenn du glaubst du seiest behindert, dann solltest du dich weiterhin verstecken. Wenn du glaubst du seiest eine Person, dann komm raus und sag es der Welt" (Loomis zit. n. Furman 1996, 180). Obwohl man ihm die Fähigkeit, selbstständig zu leben, abgesprochen hatte, wurde er den Anforderungen seiner sozialen Umwelt gerecht. Er heiratete und wurde sogar Vater. Sieben Jahre später gründete er auf Grund seiner Erfahrungen eine Gruppe, in der Menschen, die den Wunsch hatten, aus einer großen Institutionen in eine gemeindenahe Wohnform überzusiedeln, Hilfe und Unterstützung finden sollten. Dieses Projekt wurde zu einem „community-based program" sowie zu einer Service-Anlaufstelle für bislang institutionalisierte geistig behinderte Menschen (Perske 1996, 23f.). Erst später, als er von der Arbeit der People First Gruppe in Oregon hörte, wurde ihm bewusst, dass er Self-Advocacy praktiziert hatte, was dann zur Gründung einer People First Gruppe in Nebraska führte (Ward & Shoultz 1996, 203f.).

In den 80er Jahren gab es dann weitere zahlreiche Gründungen und auch mehrere Treffen auf lokaler, regionaler, überregionaler und internationaler Ebene (Dybwad 1996, 12). Zugleich gingen von diesen neuen Gruppen wichtige Impulse aus in Hinblick auf Selbstschulung, Öffentlichkeitsarbeit und ein neues fachliches Selbstverständnis. So ist es inzwischen der im angloamerikanischen Sprachraum vernetzten Self-Advocacy Movement gelungen, durch Kampagnen und politische Aktionen Fachwissenschaft, Fachverbände (Elternvereinigungen) und Politik dazu zu bewegen, stigmatisierende Bezeichnungen und Logos (z.B. das britische Mencap Logo) abzuschaffen und anstelle der Begriffe „mental retardation" oder „mental handicap" neue Beschreibungen wie „people with learning difficulties" oder „people with learning disabilities" einzuführen (Göbel 1995, 1; Knust-Potter 1998, 102ff.). Zum Beispiel war „die People First Gruppe aus Nebraska erfolgreich, eine Veränderung in der Sprache herbeizuführen, um Menschen mit Entwicklungsbeeinträchtigungen [people with developmental disabilities] in Staatsgesetzen nicht länger zu diskriminieren" (Miller & Keys 1996, 316).

Einen weiteren wichtigen Schritt in der Entwicklung der Self-Advocacy Movement stellte 1991 die Gründung der nationalen Organisation „Self-Advocates Becoming Empowered" dar. Die bis dahin unkoordinierten Initiativen einzelner Personen oder Gruppen verdichteten sich nun zu einer sozialen Bewegung von nationalem Ausmaß, indem immer häufiger Menschen mit geistiger Behinderung in nationalen Behindertenorganisationen und behindertenpolitischen Gremien berufen, als Referenten auf Fachtagungen eingeladen und stärker bei der Vergabe von Fördermitteln berücksichtigt wurden (Shoultz & Ward 1996, 216ff.). An dieser politischen Einflussnahme hat sich bis heute nichts geändert, wie es die Homepages vieler amerikanischer Self-Advocacy Gruppen im Internet eindrucksvoll belegen. Ähnlich ist auch die Entwicklung der Self-Advocacy Movement in Kanada verlaufen, deren Beginn auf eine Konferenz von 1973 zurückgeht, wo in

British Columbia aktive lokale People First Gruppen zusammentrafen und Gelegenheit zum Erfahrungsaustausch hatten (Kappel 1996, 96ff.). Von entscheidender Bedeutung für die Entwicklung der Bewegung war jedoch das 1984 von der kanadischen Regierung ins Leben gerufene und finanzierte Projekt „National People First". Das Hauptanliegen dieses Projekts war, die People First Bewegung in Kanada zu unterstützen, indem Leiter ausgebildet wurden, die ihre eigene Bewegung anführen sollten. Allerdings hatten Betroffene im Rahmen dieses Projektes wenig Möglichkeiten, in entscheidendem Maße mitzubestimmen (ebd., 103). Daher wurde das Projekt sechs Jahre nach seiner Entstehung in die nationale Organisation (People First of Canada) überführt, welche von nun an die Koordination und Förderung von Self-Advocacy in Kanada übernahm.

Während man heute Self-Advocacy Gruppen nahezu flächendeckend in Nordamerika vorfindet, spielt die Selbstvertretungsbewegung in Europa erst in einigen wenigen Ländern eine zentrale Rolle. Dies gilt zum Beispiel für Schweden, dem Ursprungsland von Self-Advocacy. Hier gibt es unter der Bezeichnung „Grunden" Selbstvertretungsgruppen, die allerdings Teil der Elternvereinigung FUB sind und seit 1991 bestehen (Strand & Bergström 1996, 511f.). Ein solches „Unterabteilungsmodell" hat in finanzieller Hinsicht Vorteile, kann aber auch zum Nachteil werden, wenn eine gewisse Abhängigkeit zur Gesamtorganisation entsteht (Knust-Potter 1998, 98). Aktive Self-Advocacy Gruppen sind auch in den Niederlanden, zum Beispiel der Interessenverein „füreinander stark" (Kok 1994) oder in Großbritannien (hierzu Dawson & Palmer 1994a-d) zu verzeichnen. Dort begann die Self-Advocacy Movement zu Beginn der 70er Jahre (John & Speake 1994, 123) mit einer Reihe von landesweit verbreiteten Diskussionsforen, denen Workshops für Betroffene und Helfer (Serviceanbieter) folgten (z.B. in Manchester), auf denen „auffiel, dass viele betroffene Teilnehmer in der Lage waren, sich so auszudrücken, wie sie es zuvor noch nie getan hatten" (ebd., 123). Diese Erfahrung führte in Brindle Lodge (1991) zur Erarbeitung einer Charta mit spezifischen Forderungen Betroffener und gab den Anstoß für weitere Treffen „mit Eltern, Managern, Politikern, Einrichtungspersonal und Professionellen" (123) bis hin zur Bildung selbstständiger Self-Advocacy Gruppen. Momentan wird in Großbritannien an der Gründung einer europäischen People First Organisation (Europe People First) gearbeitet. Ihr zentrales Postulat lautet: „Menschen mit Behinderungen sollten gleichbehandelt werden. Den Menschen sollten die gleichen Entscheidungen, Auswahlmöglichkeiten, Rechte, Pflichten und Chancen gegeben sein, ihre Stimme zu erheben und sich selbst zu befähigen. Diese Menschen sollten neue Freundschaften schließen und alte Freundschaften erneuern dürfen. Diese Menschen sollten aus ihren Fehlern lernen können wie jeder andere auch" (Self-Advocates Becoming Empowered 2000). Dieses Eintreten für Selbstbestimmung, Bürgerrechte und Pflichten ist von der Empowerment-Forderung nach Verteilungsgerechtigkeit und Verbesserung von Lebenssituationen wie aber auch von unterstützenden Dienstleistungen oder assistierenden Hilfen nicht zu trennen. Diese nehmen in der Arbeit mit geistig behinderten Menschen weitaus breiteren Raum ein als bei körper- oder sinnesbehinderten Kunden der Independent-Living-Programme. Und selbst dort gilt zu bedenken, dass „ein Individuum, das nicht über grundlegende soziale Fähigkeiten verfügt oder ein sehr schlechtes Selbstbild hat, [...] z.B. enorme Schwierigkeiten im Umgang mit potentiellen VermieterInnen, ArbeitgeberInnen oder persönlichen AssistentInnen und somit der Erfüllung existentieller Bedürfnisse haben" wird (Miles-Paul 1992, 68).

Zum Unterstützungsbedarf und zu curricularen Angeboten

Die Gründe eines umfänglicheren Unterstützungsbedarfs geistig behinderter Menschen gegenüber Personen mit Körperbehinderungen sind vielschichtig. Zum Beispiel können angesichts der intellektuellen Beeinträchtigung spezifische Kompetenzen, die sich Menschen mit Körperbehinderung oder Sinnesschädigung zuschreiben (Anleitungskompetenz, Finanzkompetenz, Arbeitgeberfunktion ...) sowie der Selbst-Bemächtigungsaspekt des Empowerment nicht vorbehaltlos bei Personen mit geistiger Behinderung erwartet werden (Miller & Keys 1996, 317). Dies gilt ebenso für das Bedürfnis und die Voraussetzungen, sich in Selbsthilfe- oder Selbstvertretungsgruppen zu organisieren, um eigene Interessen besser durchsetzen zu können (self-advocacy). Zudem dürfte der Anteil jener Menschen mit geistiger Behinderung, welche die Möglichkeiten eines selbstbestimmten Lebens noch nicht für sich selbst erschlossen haben, recht hoch sein. Dafür sind vor allem pädagogische Fremdbestimmung und Hospitalisierung haftbar zu machen. Kommt es im Zuge von Institutionalisierung und Hospitalisierung zu Gewalt (Theunissen 2000d), muss als Folge traumatischer Erfahrungen mit dissoziativen Mechanismen (Meyer 2000, 25) gerechnet werden. Hierbei handelt es sich um psychische Abwehrreaktionen in Form von Abspaltung durch Emotion betäubende Verhaltensweisen, so dass ein ganzheitliches Wahrnehmen und Denken verhindert wird und Erinnerungen aus ihrem Gesamtzusammenhang herausgelöst werden, was einen Identitätsverlust nach sich zieht. In dem Falle ist zunächst Einzelarbeit angezeigt, um die Wiederaneignung der Lebensgeschichte sowie die Auflösung der dissoziativen Mechanismen zu ermöglichen. Ein weiteres Problem, welches ein Assistenzkonzept zu beachten hat, ist die erlernte Bedürfnislosigkeit, die sich nicht selten hinter mangelnder Kommunikationsbereitschaft, geringer Aktivität und fehlender Eigeninitiative wie auch hinter Rückzugs- und sog. Bejahungs- oder Zustimmungstendenzen verbirgt. Damit eng verknüpft ist die „erlernte Hilflosigkeit" (Seligman), die aus der Erfahrung der Unkontrollierbarkeit von Situationen resultiert. Neben einer Überforderung, eigene Interessen oder Wünsche und Entscheidungen zu treffen, haben wir es zudem oft mit einem negativen Selbstbild (Winup 1994, 103, 114) sowie mit einer mangelnden Risikobereitschaft zu tun, die insbesondere durch Überbehütung und Überversorgung befördert wird (John & Speake 1994, 126). Menschen mit geistiger Behinderung, die in ihrer Sozialisation in hoher Abhängigkeit gehalten, vorsorglich von allen Gefahren oder Risiken der Normalität durch ständigen Schutz oder permanente Hilfe ferngehalten werden, entwickeln ein starkes Sicherheitsbedürfnis, diffuse Ängste vor unbekannten Situationen sowie das Gefühl, Unvertrautem hilflos oder ohnmächtig gegenüber zu stehen. Dabei kommt es häufig zur Entwicklung eines Selbstbildes des „Nicht-Könnens". Deswegen glaubt der Betreffende dann jegliche Risiken meiden zu müssen, was zum Beispiel in einer unvorhergesehenen (realen) Gefahrensituation panikartige Katastrophenreaktionen hervorrufen kann. Ferner beobachten wir insbesondere bei Menschen mit schwerer geistiger und mehrfacher Behinderung häufig ausgeprägte Verstehens- und Kommunikationsprobleme, auf die sich eine Assistenz einstellen muss. Mehreren Untersuchungen zufolge kann davon ausgegangen werden, dass ca. 40% aller Menschen mit geistiger Behinderung sich nicht oder kaum verbal verständigen können (Theunissen & Ziemen 2000; auch John & Speake 1994, 125). „Menschen mit schwerer geistiger Behinderung artikulieren ihre Bedürfnisse oft in einer Weise, die für die Umwelt nicht unmittelbar verständlich ist" (Seifert 1997, 110). Aufgabe einer Assistenz wäre in dem Zusammenhang herauszufinden, welche Botschaften durch spezifische Verhaltens- und Erlebensweisen zum Ausdruck gebracht werden, die wir häufig als auffällig bezeichnen und aus der Betroffenen-Perspektive allzu leicht missverstehen.

In Anbetracht dieser spezifischen Probleme darf freilich nicht Menschen mit geistiger Behinderung die „Zuständigkeit für das eigene Leben" (Steiner 1999, 183) abgesprochen werden. Sie ist etymologisch abgeleitet vom Begriff der „Kompetenz", „quasi ein Bestandteil der Autonomie – sprich Selbstbestimmung – eines jeden Individuums. Jeder Mensch ist autonom, jeder Mensch hat die Zuständigkeit für sich und sein Leben, hat also alle Kompetenzen seiner eigenen Person in Händen" (ebd., 183) – selbst wenn jemand auf Grund einer Funktionseinschränkung oder schweren Behinderung diese Zuständigkeit nicht selbstständig verwirklichen kann. Und in dem Falle gilt dann darüber nachzudenken, wie man den Einzelnen unterstützen kann, seine Autonomie und Zuständigkeit für sein Leben zu verwirklichen. Eine solche Unterstützung beschränkt sich bei Menschen mit geistiger Behinderung im seltensten Falle nur auf lebenspraktische oder pflegerisch-medizinische Hilfen (auch Puschke & Orwitz 2000), sondern sie hat im Sinne von Empowerment Aufgaben in den Blick zu nehmen, die für eine sinnerfüllte Persönlichkeitsentwicklung und Lebenszukunft, für eine persönliche Lebensplanung, für ein selbstbestimmtes Leben in sozialer und gesellschaftlicher Bezogenheit, für Inclusion (Nicht-Aussonderung) sowie für eine aktive und politische Partizipation an Öffentlichkeit von besonderer Bedeutung sind (Dawson & Palmer 1994c). Die breite Palette der entsprechenden assistierenden Hilfen (Theunissen 1999a) haben wir bereits eingangs erwähnt und ebenso die Rolle der (professionellen) Helfer, die nicht bevormunden dürfen. Darauf legen alle Self-Advocacy Gruppen großen Wert, wenn sie eine (professionelle) Unterstützung durch sog. Advisor als notwendig erachten (Carabello & Siegel 1996, 238f.; Miller & Keys 1996, 316; Cone 1999). Advisor können Mitarbeiter der jeweiligen Einrichtung oder Organisation wie aber auch unabhängige Fachkräfte sein – je nach Organisationsform der Self-Advocacy Gruppen. In der Praxis entstehen für einen Advisor oftmals Loyalitätskonflikte, wenn er Mitarbeiter einer Einrichtung oder Organisation ist und Perspektiven sowie Interessen geistig behinderter Menschen annehmen und vertreten soll. Allein hier zeigt sich, wie schwierig die Rolle eines Advisors sein kann. Mitarbeiter, die als Advisor tätig sind, sollten von betroffen behinderten Menschen bestimmt werden wie auch abgewählt werden können, „denn ein Vertrauensverhältnis auf der Basis freigewählter Beziehungen gilt als entscheidende Grundlage für gelingende (begleitete) Empowerment-Prozesse geistig behinderter Menschen" (Osbahr 2000, 164). Das Absetzen eines Advisors stellt sich jedoch für institutionalisierte behinderte Menschen häufig schwierig dar, da die Garantie, einen neuen zu bekommen, selten gegeben ist. Daher verzichten Betroffene oftmals auf Beschwerden über ihren Advisor (Cone 1999, 316f.). Die Aufgabe eines Advisors besteht darin, Menschen mit intellektueller Behinderung zu einem kollektiven Zusammenschluss anzuregen und in ihrem Selbstorganisations- und Emanzipationsprozess zu unterstützen (supporting leadership) und zu ermutigen sowie als Ressourceninformant zu fungieren, nicht aber die Gruppe zu leiten (auch Wehmeyer & Berkobien 1996, 252f.; Cone 1999, 309). Nicht selten hat ein Advisor zunächst starken Einfluss, weshalb es wichtig ist, diese persönliche Macht selbstkritisch zu reflektieren und sich so einzubringen, dass die Unterstützung auf Dauer weithin überflüssig werden kann. Auch wenn dieses Ziel der autonomen Gruppen-Performance nicht immer erreicht werden kann, darf es im Sinne von Empowerment niemals aus dem Blick geraten. Das gilt ebenso für die Förderung von Peer-Rollen, so dass Betroffene in Gruppensprecherfunktionen oder Führungspositionen vorbildliche Modelle für andere Personen sein können, die für sich noch nicht eine Selbstdarstellung oder leitende Aufgaben in Self-Advocacy Gruppen erschlossen haben (Wehmeyer & Berkobien 1996, 249).

Von Beginn an ist es wichtig, die einzelnen Gruppenmitglieder darin zu unterstützen, verantwortliche Aufgaben, die zum Funktionieren einer Self-Advocacy Gruppe notwendig sind, selbst zu übernehmen (ebd., 254f.; Wehmeyer, Agran & Hughes 1999, 243ff.). Um Betroffene zu solchen Aufgaben zu befähigen wie überhaupt auch zur Bedeutung von Self-Advocacy zu sensibilisieren, werden vielerorts spezielle Empowerment-Curricula, Selbst-Hilfe-Kurse wie auch Schulungsseminare angeboten (John & Speake 1994, 29f., 35f.; Dawson & Palmer 1994c), denen folgende Leitprinzipien (Miller & Keys 1996, 314ff.) zugrundeliegen (sollten):

- *Gewinnung eines kritischen (Kontroll-)Bewusstseins der eigenen sozialen und politischen (gesellschaftlichen) Situation*

Menschen mit geistiger Behinderung sollten zunächst ein kritisches Bewusstsein über die politische und soziale Lage ihrer Gesellschaft erlangen, z.B. Lernen, dass sie in einer diskriminierenden Welt leben, die sie in ihren Möglichkeiten einschränkt. Dieser Schritt befördere auch die Entwicklung eines Bewusstseins über Ungleichheit, Unerreichbarkeit von Ressourcen sowie einschränkenden Umwelteinflüssen und zugleich einen Abbau von Schuldgefühlen, indem aufgezeigt wird, dass die Probleme in der Gesellschaft liegen und nicht bei den Betroffenen. Darüber hinaus werden ihnen auch Kenntnisse über Gesetze, Politik und Hilfen vermittelt.

- *(Wieder-)Gewinnung eines Vertrauens in die eigenen Stärken und Potentiale und Überwindung eines defizitären Selbstbildes als Resultat sozialer Zuschreibung*

Ein weiterer wichtiger Schritt ist, dass Menschen mit einer geistigen Behinderung Vertrauen in ihre Stärken und sozialen Kompetenzen gewinnen, um so das defizitäre Selbstbild als Resultat sozialer Zuschreibungen überwinden zu können. Haben Menschen mit geistiger Behinderung ein Bewusstsein über ihre Stärken wie auch über ihre Grenzen, so seien sie ganz anders in der Lage zu handeln.

- *Ermutigung zur Organisation von Self-Advocacy Gruppen und/oder Gruppenmitarbeit im Hinblick auf Erweiterung individueller und kollektiver Empowerment-Kompetenzen*

Drittens sollen Menschen mit geistiger Behinderung ermutigt werden, Self-Advocacy Gruppen zu organisieren und/oder im Hinblick auf eine Erweiterung individueller und kollektiver Empowerment-Kompetenzen in einer Gruppe mitzuarbeiten. Denn dort werden sie in ihrer Selbsthilfe unterstützt, bekommen das nötigte Wissen und die erforderlichen Fertigkeiten (skills) vermittelt, haben Erprobungsmöglichkeiten, erhalten feed-back und finden Hilfe und eine solidarische Gemeinschaft. So lernen sie in einer Gruppe zusammenzuarbeiten und sich für gemeinsame Ziele einzusetzen.

- *Sicherung und praxisbegleitende Reflexion der Helfer-Rolle (Advisor) als Koordinator, Mentor und intermediärer Vermittler*

Nicht zuletzt ist auch die Zusammenarbeit mit dem Advisor, der Menschen mit geistiger Behinderung niemals als Hilfeempfänger, sondern immer als gleichberechtigte Partner wertschätzen muss, von zentraler Bedeutung. Er ist Koordinator und Mobilizer für eine Self-Advocacy Gruppe, soll als Mentor zu Autonomie und Selbstständigkeit anleiten und hat als Brückenbauer zwischen verschiedenen Self-Advocacy Organisationen und Instanzen rehabilitativer Hilfen zu vermitteln.

Insgesamt wird deutlich, dass sich Self-Advocacy auf allen vier Ebenen abspielt: Auf der individuellen Ebene bedeutet Self-Advocacy, seinen eigenen Willen zu bekunden und entsprechend zu handeln, sich gegen Missachtung und Diskriminierung zu wehren, Entscheidungen zu treffen sowie Empowerment-Kompetenzen zu erwerben (hierzu auch Segal, Silverman, Temkin 1993, 709; Wehmeyer, Agran & Hughes 1999). Auf der kollektiven Ebene geht es um gegenseitige Unterstützung, gemeinsame Aktionen, Gemeinschaftsaktivitäten wie auch Freundschaften und auf der institutionellen und sozialpolitischen Ebene um Verbreitung der Self-Advocacy-Idee, Mitsprache, Selbsthilfe-Praxis, Eintreten für Veränderungen und ein gemeinsames Durchsetzen von Rechten und Interessen in gesellschaftlichen Bezugsfeldern (ebd., 710f.; Dawson & Palmer 1994c, 23).

Zur Situation im deutschsprachigen Raum

Wirft man einen Blick auf die Situation in den deutschsprachigen Ländern, so stellen wir fest, dass in Deutschland, Österreich und der Schweiz eine vergleichbare Selbstvertretungsbewegung geistig behinderter Menschen noch in den Anfängen steckt (Osbah 2000, 166). Erste und richtungsweisende Impulse für die Bildung von Selbstvertretungsgruppen gingen in Deutschland erst 1994 von einem von der Bundesvereinigung Lebenshilfe veranstalteten Kongress aus, der unter dem verheißungsvollen Motto „Ich weiß doch selbst was ich will! Menschen mit geistiger Behinderung auf dem Weg zu mehr Selbstbestimmung" stattgefunden hatte (Lebenshilfe 1996). 1999 gab es 21 registrierte Selbstvertretungsgruppen mit ca. 250 Mitgliedern, die sich unter dem Organisationsnamen People First Deutschland (1999) zusammengeschlossen und vernetzt haben. Wesentliche Zielsetzungen dieser Selbstvertretungsgruppen, die sich überwiegend unter dem Dach von Trägern (z.B. Lebenshilfe), unterstützt durch Assistenten (Advisor) organisiert haben, sind: „Selbstbestimmung, Anerkennung, gegenseitige Unterstützung, Bildung, Information, Selbstständigkeit, Freizeit, Reisen, politische Aktionen, Öffentlichkeitsarbeit" (Engelmeyer, Kniel & Windisch 1999, 3). Die Förderung und Unterstützung dieser Gruppenzusammenschlüsse sowie ihrer bundesweiten Vernetzung geht von einer in Kassel ansässigen Koordinationsstelle aus,[7] die zugleich auch eine mit Bundesmitteln finanzierte Begleitforschung durchführt (ebd.; auch De Bruyn 1998; Zeitz 1999). Natürlich stellt sich die Frage, warum es in Deutschland im Unterschied zum angloamerikanischen Sprachraum noch keine weitreichende Entwicklung von Selbstvertretungsgruppen gibt. Susanne Göbel (2000), die in Deutschland maßgeblich die Förderung, Unterstützung und Vernetzung der Selbstvertretungsgruppen betreibt, nimmt an, dass durch das Heimgesetz Mitbestimmungsmöglichkeiten (Heimbeirat) für Betroffene bestehen, die es zum Teil in anderen Ländern (z.B. USA, Großbritannien) so nicht gibt. Insofern könnten die Tätigkeiten eines Heimbeirats teilweise mit denen einer Self-Advocacy Gruppe innerhalb einer Institution vergleichbar sein, wobei aber deren Handlungsspielräume und Einflussmöglichkeiten offensichtlich größer sind. Unseres Erachtens spielen darüber hinaus drei andere Aspekte eine zentrale Rolle:

- *Unterschiede im Institutionswesen*

Während im angloamerikanischen Sprachraum und in den skandinavischen Ländern jahrzehntelang Menschen mit geistiger oder Lernbehinderung in staatlichen Großinstitutionen untergebracht wurden (auch Dalferth 1999), waren es in Deutschland schon immer vorrangig kirchlich geführte Anstalten gewesen, die der Behindertenversorgung dienten. Anscheinend waren

---

[7] Soeben wurde diesbezüglich ein eigener Verein „People First Deutschland" gegründet.

hier die Lebensbedingungen für viele der Betroffenen günstiger als in den staatlichen Großinstitutionen (eine Beobachtung, die auch für die DDR galt [Theunissen & Garlipp 1996]), weshalb die Kritik am kirchlichen Anstaltswesen sowie die Wünsche nach Veränderungen (Deinstitutionalisierung) vonseiten der Betroffenen und ihren Angehörigen verhaltener waren. Im Gegenteil: nicht selten wurde von ihnen Zufriedenheit und Dankbarkeit signalisiert.

- *Ideologie und Einfluss der traditionellen Wohlfahrtspflege*

Das kirchliche Anstaltswesen hatte hierzulande Hand in Hand mit Psychiatrie und Heilpädagogik (hierzu Theunissen 1999a) eine Fürsorgementalität und Vorstellungen erzeugt, nach denen Menschen mit geistiger Behinderung aufgrund von Hilflosigkeit, Lebensuntüchtigkeit und Pflegebedürftigkeit eines „besonderen Schutzes", einer lebenslangen Versorgung, Betreuung und Beaufsichtigung in (großen) Heimen bedürfen. Wenngleich heute diese Ideologie nicht mehr als wegweisend gilt, scheint sie bei Repräsentanten der traditionellen Wohlfahrtsverbände dann noch eine Rolle zu spielen, wenn es um Machterhalt, sozialpolitische Einflussnahme und Zuständigkeit geht. Dabei findet sie im Lager der konservativen Politik ihre Verbündeten, deren Interesse für Veränderungen auf der Basis eines Mitspracherechts und durch mehr Einflussnahme Betroffener ebenso gering ist wie das der mächtigen Verbände. In vielen westlichen Ländern finden dagegen Betroffene mit ihren Interessen wesentlich stärkere Beachtung, weil es diese Macht der Verbände nicht gibt und/oder weil der traditionellen Wohlfahrtspflege vonseiten der Politik nicht blindlings vertraut wird. Zudem ist eine größere Akzeptanz von unbürokratischen Maßnahmen, privaten Initiativen, unkonventionellen Ideen und Projekten, von Unübersichtlichkeit und Vielfalt im System der Behindertenhilfe – auch im Hinblick auf mögliche Risiken des Scheiterns – zu beobachten. Und das bedeutet letztlich „Normalität" (Dybwad 1985).

- *Anderer Personenkreis*

Bei genauerer Betrachtung der Self-Advocacy Movement stellen wir fest, dass viele der betroffenen Personen im deutschen Sprachraum eher als „lernbehindert" denn als „geistig behindert" beschrieben und bezeichnet würden. Dies hängt damit zusammen, dass die im angloamerikanischen Sprachraum einst geläufigen, heute überholten Begriffe wie „mental retardation" oder „mental handicap" über das hierzulande übliche Etikett „geistig behindert" (weit) hinausgehen und auch sog. lernbehinderte Personen mit einbeziehen (hierzu Lingg & Theunissen 2000,13f.; Theunissen 2000a). Leider wird diese Differenzierung hierzulande oftmals ignoriert oder in ihrer Bedeutung verkannt, kann sie doch „ungewollt zu Fehleinschätzungen der Bedürfnisse und Fähigkeiten" von Menschen führen, die „im engeren Sinne" als geistig behindert gelten (Wendeler 1993, 8). Zudem können sich „falsche Vorstellungen vom Grad der Hilfebedürftigkeit bilden, die für diejenigen, die im strengeren Sinn als geistig behindert gelten müssen, fatale Auswirkungen haben können: Ihre – berechtigten – Bedürfnisse nach Schutz und Hilfe werden übersehen oder heruntergespielt, ihre Fähigkeiten zur Selbstständigkeit und Eigenverantwortung überschätzt, mit dem leider nicht seltenen Ergebnis, dass eine wohlgemeinte Reform in Gefahr gerät, an denen vorbeizugehen, die sie am Nötigsten hätten" (ebd., 16). Mit dieser kritischen Anmerkung wollen wir freilich nicht die Bedeutung der People First Gruppen in Abrede stellen – ist es doch „Realität, dass die Möglichkeiten und Fähigkeiten der Betroffenen häufig eher unterschätzt wurden und werden" (Knust-Potter 1994, 201). Zugleich darf aber die Empowerment-Philosophie auch nicht zur Ideologie gerinnen. Personen mit einer Lernbehinderung werden bei uns im Erwachsenenalter (nach der Lernbehindertenschule) als „gesellschaftlich integriert" betrachtet und daher nicht wie Menschen, die „im engeren Sinne" als geistig behindert gelten, der nachschulischen Behindertenhilfe überantwortet. Dabei dürfte im Falle von „Lernbehinderung" (90% der Betroffenen stammt aus einem sozial schwachen/benachteiligten Milieu) die Vielfalt damit verknüpfter, ungelöster Probleme (hohe Arbeitslosigkeit; soziale Benachteiligung; Obdachlosigkeit; Broken-Home-Situation ...) weithin bekannt sein (auch Theunissen 2000b). Insofern ist die Annahme (Behauptung) der gesellschaftlichen Integration dieses Personenkreises nichts anderes als ein blanker Zynismus.

Gerade der zuletzt genannte Aspekt unterstreicht die Notwendigkeit der Entwicklung von schulischen und außer- bzw. nachschulischen Empowerment-Konzepten, durch die auch Menschen mit einer sog. Lernbehinderung (vor allem Absolventen einer Lernbehindertenschule) erreicht werden können (ebd.; auch Winup 1994). Hierbei können wir insbesondere von der US-amerikanischen Sonderpädagogik (special education) lernen, die alle Menschen mit Lernschwierigkeiten im Rahmen curricularer Programme zur Förderung und Unterstützung von Self-Advocacy im Blick hat (hierzu auch Kapitel 3). Die Self-Advocacy Movement und im Prinzip auch die Empowerment-Praxis stehen aber auch aus dem anderen Grunde auf den Prüfstand. Denn zum einen muss darauf geachtet werden, dass auch jene Menschen in die Programme miteinbezogen werden, die als geistig schwerst- und mehrfachbehindert gelten, also „individuals who cannot speak, eat, or dress themselves without assistance" (Miller & Keys 1996, 317). Als wegweisend kann hierzu unsere Schrift „Wege aus der Hospitalisierung" aus dem Jahre 1999 gelten. Zum anderen muss sichergestellt sein, dass diejenigen, die sich selbst vertreten, auch Fürsprecher aller anderen sind, also „advocates not just for themselves but for all individuals with developmental disabilities" (Miller & Keys 1996, 317). Gelingt dies nicht, so besteht die Gefahr, dass eine Gruppe von Menschen, die „im engeren Sinne" als geistig behindert gelten, abgehängt wird – und dies womöglich mit dem fatalen Ergebnis einer Neuauflage der Etikettierung und Ausgrenzung als „Pflegefälle".

Mit diesen Bemerkungen möchten wir an dieser Stelle schließen und hoffen einen Überblick über die Empowerment-Bewegungen Betroffener sowie das Konzept des Empowerment gegeben zu haben. Welche Konsequenzen sich aus dem Empowerment-Ansatz für die Pädagogik und Soziale Arbeit mit geistig behinderten Menschen ergeben, soll nun im Folgenden an zentralen Themen erörtert werden.

Kapitel 2: Konsequenzen für Wissenschaft und Forschung

> Empowerment als Wegweiser für die behindertenpädagogische Arbeit setzt eine wissenschaftliche Standortbestimmung voraus. Dies soll in den folgenden Abschnitten geleistet werden. Zunächst werden nach einem kurzen Blick auf die Entwicklungsgeschichte der Heilpädagogik als Wissenschaft die wichtigsten Positionen im Hinblick auf eine Grundlegung des Faches als eine erziehungswissenschaftliche Disziplin anskizziert und diskutiert. Präferiert wird in dem Zusammenhang ein „kritisch-konstruktiver" Ansatz, der auch für Forschungsprojekte konstitutive Bedeutung hat. Reflexionen über eine Praxisforschung im Interesse von Empowerment bilden den Schluss.

HISTORISCHE SKIZZEN

Die folgenden Ausführungen beziehen sich auf die Pädagogik und Soziale Arbeit mit (geistig) behinderten Menschen – genauer gesagt – auf einen speziellen Arbeitsbereich der Heil- oder Sonderpädagogik, der sich in zweifacher Hinsicht bestimmen lässt: als Berufspraxis und als Fachwissenschaft.

Die berufliche Praxis hat keinen wissenschaftlichen Zweck an sich, sie ist in erster Linie auf konkretes Handeln, auf Erziehung, Bildung, Unterricht, Förderung, Unterstützung, Assistenz oder Hilfe zur Selbsthilfe ausgerichtet. Sie baut jedoch auf wissenschaftlichen Grundlagen und Erkenntnissen auf und ist von Theorien durchdrungen (hierzu Weniger 1990 (b), 29ff. Klafki 1970ff. [Bd. 3], 175ff.), die handlungsorientierende Funktion haben. Daraus ergibt sich eine wechselseitige Abhängigkeit von Berufspraxis und Fachwissenschaft. Heilpädagogik kann daher nur wirksam sein, wenn sie wissenschaftliche Erkenntnisse über ihren Handlungsbereich hervorbringt, „gesichertes" Wissen aus ihren Nachbardisziplinen (insbesondere aus Psychologie, Medizin und Soziologie) verwertet und zur theoretischen Grundlegung ihrer Praxis aufbereitet.

Allerdings existieren innerhalb beider Arbeitsgebiete äußerst divergente Positionen und Ansätze: Zum einen besteht im Lager der Lehre und Forschung keine verbindliche Definition von Wissenschaft, weswegen die „Wissenschaftlichkeit" von Ansätzen, Theorien oder Methoden verschieden beurteilt wird. Zum anderen gehen in der Berufspraxis die Ansichten über „heilpädagogisches Arbeiten" z.t. weit auseinander. Die Gründe hierfür sind vielschichtig. So hat die Heilpädagogik als Geistigbehindertenpädagogik „eine nur sehr kurze Wissenschaftsgeschichte" (Bleidick 1983, 168). Ihre Anfänge reichen zurück zu Georgens und Deinhardt (1861; 1863), die sich um die Grundlegung einer „wissenschaftlichen" Heilpädagogik als Zweig der Allgemeinen Pädagogik bemühten. Charakteristisch für dieses Konzept war ein philosophisch-anthropologischer Überbau, der anscheinend für die Praxis ein notwendiges Maß an Transparenz und „Schärfe" vermissen ließ (Krenberger 1912, XV). Deswegen hatte die sich damals gerade entwickelnde Psychiatrie ein relativ leichtes Spiel – versprach sie doch der bislang unzureichend konstituierten Heilpädagogik mehr Wissenschaftlichkeit, indem sie die Fürsorgeerziehung und Behindertenarbeit mit einem begrifflichen und methodischen Handlungsapparat zu systematisieren versuchte. Anstelle der Allgemeinen Pädagogik (Erziehungsphilosophie) wurde nun die Psychiatrie (Medizin) zur Leitwissenschaft der Heilpädagogik erkoren (vgl. Theunissen 1999a); zugleich wurden damit die christlich-caritativen Motive und humanistisch-erziehungsphilosophischen Ansätze, die die Anfänge der Heilpädagogik bestimmt hatten, zurückgedrängt.

Dass diese Entwicklung dem Personenkreis der Geistigbehinderten weit aus mehr geschadet als genutzt hat, ist hinlänglich bekannt (ebd.). Bis vor etwa zwei Jahrzehnten befand sich die Heilpädagogik ganz im Schlepptau der Psychiatrie. Formulierungen wie Heilpädagogik „als angewandte Kinder- und Jugendpsychiatrie" oder als „pädagogisch angewandte Psychopathologie" dokumentieren diese Abhängigkeit und fachliche Verkürzung, die bis heute Spuren hinterlassen hat (Theunissen 1992, 21). Denn die Gepflogenheit oder gar Bestrebungen, Heilpädagogik in Analogie zur Beschäftigungstherapie oder Krankengymnastik als Heil-Hilfs-Beruf oder als ein paramedizinisches oder klinisch-psychologisches Nebenfach auszuweisen, belegen, dass das Verständnis von Heilpädagogik als eine pädagogische (erziehungswissenschaftliche) Disziplin alles andere als gesichert zu sein scheint. Gerade in der Berufspraxis ist man sich dessen bis heute oftmals nicht bewusst. Anstatt Heilpädagogik als eine vertiefte, intensivere oder verfeinerte Allgemeine Pädagogik zu begreifen und offensiv (mit fachlichem Selbstverständnis) zu vertreten, wird unter dem Etikett des „heilpädagogischen Arbeitens" nicht selten eine klinisch orientierte Besonderung und „lebensferne" Behandlung betrieben, die zum Selbstzweck gerinnt und damit die Rechte und Interessen der Betroffenen weithin aus dem Blick verliert.

Zwar gab es in der Vergangenheit gelegentlich Versuche, der vorherrschenden medizinisch-naturwissenschaftlichen Orientierung des Faches entgegenzuwirken und eine eigenständige pädagogische Theorie der Heilpädagogik (Sonderpädagogik) zu entwickeln (vgl. Moor 1951; 1958; 1965; Hanselmann 1941), doch reichten diese Bemühungen nicht aus, die Nachgeordnetheit und Abhängigkeit von der Medizin als Leitwissenschaft zu überwinden. Sowohl P. Moor als auch H. Hanselmann orientierten sich noch zu sehr an psychopathologischen Fragestellungen, am medizinischen Denken, an der individuumzentrierten Problemsicht und Behandlungsweise sowie am Vokabular der Psychiatrie; darüber hinaus hinterließ insbesondere Moors „metaphorische" Sprache den Eindruck der „Unwissenschaftlichkeit". Dies galt ebenso (und vor allem) für Bopps „Heilerziehung" (1958), die „kaum den damaligen Diskussionsstand der Allgemeinen Pädagogik" (Bleidick 1977, 53) erreichte. In Anlehnung an die ursprünglich christlich-caritative Tradition des Faches ging es Bopp (1930; 1958) um eine theologische, normsetzende Theoriebildung für die heilpädagogische Praxis. Damit aber war die pädagogische Verortung und Orientierung des Faches erneut gefährdet. Überdies ist gerade im Zuge einer normativen (Heil-)Pädagogik die augenfällige Gefahr gegeben, die Vielfalt (Totalität) menschlicher Entwicklungs- und Entfaltungsmöglichkeiten zu verfehlen. „Für den Behinderten selbst wäre die Verallgemeinerung einer auf bestimmte philosophische, religiöse oder politische Menschenbilder gründenden Pädagogik eine sträfliche Verengung: sie würde nicht die freie – wie auch immer und auf welcher Ebene verwirklichte – Selbstbestimmung des und seine offenen Möglichkeiten freisetzen, sondern ein willkürliches Erziehungsideal indoktrinieren" (Bleidick 1977, 59f.).

Zusammengefasst kann somit festgehalten werden, dass bis Mitte der 60er Jahre die wichtigsten Arbeiten zur Grundlegung der Heilpädagogik als eine pädagogische Disziplin lediglich „den Status halbpraktischer ‚Erziehungslehren' oder aber feierlicher Bekundungen" (ebd., 1983, 168) hatten.

ZUR HEILPÄDAGOGIK ALS EMPIRISCH-ANALYTISCHE ERZIEHUNGSWISSENSCHAFT

Das erste umfassende und weitreichende Werk, das die Heilpädagogik (und somit die Geistigbehindertenpädagogik) aus diesem „vorwissenschaftlichen Stadium" einer Pädagogik herausgeführt hat und dabei fachliche Unzulänglichkeiten und Verkürzungen durch die Medizinierung zu überwinden versuchte, stammt von Bleidick (1974). Seine „Pädagogik der Behinderten" stellt das verdienstvolle Unternehmen einer erziehungswissenschaftlichen Fundierung des Faches dar, mit der ein Anschluss an den damaligen Stand der wissenschaftstheoretischen Diskussion der Allgemeinen Pädagogik in der BRD hergestellt werden sollte. In Anlehnung an Brezinka (1971; 1989, 80), der seinerzeit eine „erfahrungswissenschaftliche" Pädagogik[1] begründet hatte, nimmt Bleidick eine Zweiteilung des Fachgebietes vor, indem er zwischen Behindertenpädagogik (Heil- oder Sonderpädagogik) als Erziehungswissenschaft (i.S.v. science) und Erziehungsphilosophie differenziert. Mittels dieser Unterscheidung, die der Trennung von Natur- und Geisteswissenschaften entspricht, versucht er für die „wissenschaftliche" Heilpädagogik einen strengen Wissenschaftsbegriff zu beanspruchen und zu begründen, wie ihn Popper (1971; 1976) und Albert (1971) mit dem „Kritischen Rationalismus" formuliert haben.

Im Wesentlichen geht es Bleidick um ein Programm, das die „Wertfreiheit" zum zentralen Prinzip der Wissenschaft erklärt. „Das Postulat der Wertfreiheit besagt, dass der Forscher in der Objektsprache auftauchende Werturteile als solche zu identifizieren und darzustellen hat, nicht aber berechtigt ist, als Forscher über die Angemessenheit dieser Urteile zu befinden" (Krapp, Hofer, Prell zit. in: Wagner 1997, 108). Normen, wertbestimmte Basisbestimmungen, subjektives Handeln oder Wertfragen werden somit nicht als Bestandteil eines wissenschaftlichen Arbeitens gesehen. „Im strengen, erfahrungswissenschaftlichen Sinne kommt ihnen kein Wissenschaftscharakter zu" (ebd., 62). Die Rechtfertigung subjektiver Wertungen sowie die Frage nach dem „Sollen" müsse deshalb abgespalten und auf dem Terrain der Erziehungsphilosophie verhandelt werden. Im Unterschied zum „naiven Empirismus" nimmt der Kritische Rationalismus seinen Ausgangspunkt nicht vom objektiv Gegebenen, indem er die (Erziehungs-)Wirklichkeit als eine „reine" Tatsache betrachtet; stattdessen setzt er an der Formulierung von Theorien an,[2] die als axiomatisch-deduktive Systeme bzw. als Hypothesen betrachtet und auf den Gegenstandsbereich der (Heil-)Pädagogik bezogen werden. Diese Hypothesen gilt es mit Hilfe von empirisch-analytischen Beweisverfahren auf ihre Gültigkeit hin zu über-

---

[1] Für diese Ausrichtung gibt es verschiedene Parallelbezeichnungen, z.B. empirisch-analytische, empirische, positivistische oder kritisch-rationale Erziehungswissenschaft.

[2] Dafür steht der Begriff „Rationalismus".

prüfen. Ihre Richtigkeit könne allerdings niemals bewiesen werden; das Ziel der empirischen Überprüfung bestehe deshalb darin, falsche Hypothesen durch ihre Widerlegung als solche auszuweisen und zu eliminieren (Prinzip der Falsifikation) und hierüber zu immer „besseren" Aussagen zu gelangen.[3] Mit anderen Worten: „man solle eine Hypothese so lange für gültig halten, wie sie nicht widerlegt, d.h. falsifiziert sei" (Gerspach 2000, 154). Der Kritische Rationalismus versteht sich zugleich als eine Metawissenschaft, indem er sich selbst zum Forschungsgegenstand macht und seine Methoden, den Objektivitätsanspruch von Theorien sowie das System von logisch verknüpften Aussagen stets kritisch reflektiert. Dieser erfahrungswissenschaftliche Ansatz war in den letzten Jahren das Paradigma der „wissenschaftlichen" Behindertenpädagogik schlechthin.

Aufgrund verschiedener Grundlagenprobleme, die im Folgenden kurz dargestellt werden sollen, zeigte sich jedoch, dass in der Heil- bzw. Geistigbehindertenpädagogik die Erwartungen auf gesicherte Erkenntnisse und sicheres Wissen nicht vollständig erfüllt werden konnten (Eberwein 1987a; Wember 1992; Wülser 1987). Zwar sollte auf eine empirisch-analytische Erziehungswissenschaft nicht grundsätzlich verzichtet werden, da sonst beispielsweise die Praxis der Willkür und Beliebigkeit überlassen bliebe (König 1983b, 73), doch sollten die Erwartungen hinsichtlich der praktischen Relevanz von empirisch-analytischen Forschungsergebnissen realistisch eingeschätzt werden. Überhöhte Erwartungen müssen relativiert werden, da es sich gezeigt hat, dass empirisch-analytische Verfahren keineswegs einen Garanten für sicheres Wissen und eine rationale Praxis darstellen (hierzu Kondrat 1995, 416f.). Auch die empirisch-analytische Erziehungswissenschaft kann Ursache und Wirkung innerhalb komplexer sozialer Prozesse und Situationen niemals vollständig erkennen und damit auch nie die optimalen Mittel zur Erreichung eines bestimmten Zieles eindeutig angeben. Allerdings kann sie uns sagen, was Ursache sein kann, was Folge sein kann und welches Mittel in welcher Situation erfolgreicher eingesetzt werden kann.

Trotz neuer Ansätze und sicherlich auch sinnvoller Versuche, eine Brücke zu anderen wissenschaftlichen Positionen zu schlagen (hierzu Krüger 1997, 52f.), lässt sich aufgrund der zu einseitigen, naturwissenschaftlichen Sichtweise der Erfahrungswissenschaft und vieler ihrer Anhänger „eine deutli-

---

[3] „Kritisch" heißt somit, „generelle Sätze mit unendlichem Gegenstandsbereich, d.h. Theorien und Gesetze, möglichst vielen Falsifikationsversuchen auszusetzen" (Krüger 1997, 43).

che Ernüchterung" (Speck 1988, 80; 1998, 92f.) feststellen. So schreibt Speck (1988, 69f): „Inzwischen sind die Probleme, die die ausschließlich naturwissenschaftliche Denkweise hervorgerufen hat, unermesslich geworden. Sie kann zwar analysieren und beschreiben, aber nicht angeben, wie der Mensch sein leben führen soll, wonach er sich richten soll, worauf sein Leben angelegt ist, wenn es Sinn haben soll". Zwar kann es nicht Aufgabe von Wissenschaft oder Forschung sein, „Sinn zu schaffen" (Wagner 1997, 82) und/oder verbindliche „Gesetze" zur menschlichen Lebensgestaltung vorzugeben (auch Moser 1995, 76f., 84), wohl aber sollte eine wissenschaftliche Praxis „Sinn zeigen" (Wagner) und die Frage nach dem Sinn und den Zielen ihres Tuns stellen und diskutieren. Denn Ziele wissenschaftlichen Arbeitens entstehen „nicht in einem gesellschaftlichen Vakuum, sondern im Handlungsfeld der realen und komplementären Bedürfnisse der Neugier und der Gestaltung" (Musto 1983, 268). Zudem ist das Forschungsinteresse (und -denken) sozial (gesellschaftlich) verankert und reziprok vermittelt.

Auch Bleidick möchte die Frage nach dem Sinn nicht ausklammern (1974, 322; 1983, 167; 1985, 61). Seiner Ansicht nach müsse dem „Doppelcharakter der Pädagogik" stets Rechnung getragen werden – durch die Aufbereitung des „Seins" durch empirisch-analytische Forschung zum einen (Heilpädagogik als Erziehungswissenschaft) und die Betrachtung des „Sollens" durch die hermeneutische Methode zum anderen (Heilpädagogik als Erziehungsphilosophie) (1974, 326; 1985, 60). Diese Trennung gelte für die Theoriebildung der Heilpädagogik, nicht aber für die konkrete Erziehungspraxis, in der eine „unauflösbare Einheit von Erkenntnis und Entscheidung" existiere (1974, 252). „Im Handeln sind wertfreies Erfahrungswissen und wertgebundene Sollvorstellung ungeschieden vorhanden. Gerade darin besteht aber die Aufgabe theoretischer Besinnung gegenüber der wenig reflektierten Praxis: sie hat aufzudecken, von welchen Motiven praktisches Handeln geleitet wird" (1977, 52). Wissenschaftstheoretisch sei diese Trennung aber notwendig, um die Neutralität, rationale Begründung und intersubjektive Überprüfbarkeit von Wissenschaft zu sichern, um somit „am Erfahrungsgewinn der exakten Wissenschaft teilzuhaben" (1985, 68), um ihre Aussagen von „subjektiven Verfälschungen", Werturteilen oder persönlichen Meinungen freizuhalten, um dogmatisches Denken, ideologische Einflüsse, „Indoktrinationen und Manipulationen, Hybris und Besserwisserei" (73) zu vermeiden und um die „Freiheit der Wissenschaft" in einer demokratischen Gesellschaft zu garantieren. Diese Argumentation wirkt zwar zunächst überzeugend (auch Soeffner 1983, 35, 38), lässt sich in der Praxis allerdings nur bedingt verwirklichen, denn zu viele Probleme gehen mit dieser Position einher:

Das Problem der subjektiven Wahrnehmung

Weil „alles, was gesagt wird...,von einem Beobachter zu einem anderen Beobachter gesagt" wird (Maturana 1982, 139), können wissenschaftliche Erkenntnisse nicht absolut, objektiv oder wertfrei sein, sondern bilden immer auch das Resultat von subjektiver Wahrnehmung und Praxis (hierzu auch Moser 1995, 26f., 96, 203ff.; Watzlawick 1985). „Es ist dem Menschen letztlich nicht möglich, die sogenannte reale Welt, die Realität als reines Objekt, also unabhängig von sich selbst als dem beobachtenden Subjekt, zu erfassen" (Speck 1988; 59; 1998, 86f., 118ff.). Auch die Erziehungswirklichkeit ist dem Menschen nur durch eigene Erfahrung als aktiv handelndes Individuum zugänglich. Dies sieht auch Bleidick (1985, 49), wenn er K. Popper zitierend schreibt: „Tatsachen sind ‚Interpretationen im Lichte von Theorien'". Da es keine endgültige Wahrheit gibt (auch Guba & Lincoln 1989, 44), betrachten Vertreter des sogenannten Konstruktivismus (z.B. Watzlawick) die „Verantwortung" gegenüber Wertfreiheit und Objektivität als das wichtigste Kriterium wissenschaftlichen Arbeitens (auch DGfE 1997). „Weiß man, dass das, was man weiß, eine Folge dessen ist, wie man handelt, dann liegt die Verantwortung für die eigene Beobachtung beim Beobachter" (Keeney 1987, 13). Wissenschaftler bereiten daher ebenso wie Praktiker (z.B. in der Behindertenarbeit) keine an sich unabhängige Wirklichkeit auf und machen auch keine objektiven Beobachtungen oder Diagnosen – ihre Erkenntnisse stammen vielmehr aus Erfahrungen, die aus der Interaktion mit ihrer Umwelt entspringen und die damit Resultate von Interaktionsprozessen sind.

Nun ist es aber auch Bleidick um verantwortliches Handeln zu tun. Zum einen fordere gerade der Kritische Rationalismus als Metawissenschaft zur Verantwortung heraus, zum anderen schließe das Postulat der Wertfreiheit keineswegs eine politische Haltung oder persönliche Stellungnahme von Wissenschaftlern aus. Vielmehr seien sie dazu verpflichtet, nicht nur Beobachtungen anzustellen, sondern auch Werturteile oder -entscheidungen abzugeben, dies allerdings nicht – und das ist das Wesentliche – im Namen der Wissenschaft, sondern einzig und allein als Privatpersonen bzw. als sozial verantwortungsvolle Bürger (1985, 63f.). Diese Auffassung erinnert an M. Weber (1973), der schon zu Beginn unseres Jahrhunderts das Prinzip der „Wertfreiheit" für die Sozialwissenschaften einforderte und zwischen Wissenschaft und Leben, Forscher und Alltagsmensch scharf unterschied. Es ist allerdings höchst zweifelhaft, ob dadurch ein Missbrauch von Wissenschaft wirklich verhindert werden kann. Schließlich gehen in wissenschaftliche Projekte (Forschung) immer auch „latente Wertungen" (Musto 1983, 255) und Interessen ein, so dass letztlich keine Objektivität, kein „Wahrheitswert" bestimmt werden kann (ebd., 256). Außerdem lässt sich die ethische Reflexion wissenschaftlicher Tätigkeit nicht erzwingen. Mit anderen Worten: Jedem Wissenschaftler ist es letztlich freigestellt, ob er als Privatperson seine wissenschaftliche Tätigkeit bzw. die Ergebnisse seines Forschens moralisch oder politisch bewertet. Die damit verknüpfte Gefahr liegt auf der Hand: Es kann ein unbekümmertes „wissenschaftliches Eigenleben" im Elfenbeinturm geführt werden, losgelöst von allen Konsequenzen für die gesellschaftliche Praxis, womöglich motiviert durch persönliches Macht- und Karrierestreben oder fremdgesteuert durch gesellschaftlich einflussreiche Interessengruppen. Dadurch, dass die (moralische) Verantwortung nur zur Privatsache erklärt wird, besteht die Gefahr der Instrumentalisierung bzw. einer missbräuchlichen Indienstnahme für bestimmte Interessen. „Es wird übersehen, dass Wissenschaft in gesellschaftliche Verhältnisse eingebettet ist [...] und vielfach auf vorwissenschaftlicher Alltagstheorie aufruht" (Gerspach 2000, 167). Somit führt die von Bleidick vorgenommene Differenzierung in „Erziehungswissenschaft" und „Erziehungsphilosophie" bzw. „Wissenschaftler" und „Privatperson" kaum zu ihrem Ziel.

Wenn diese Vorwürfe gegen die empirisch-analytische Forschungstradition erhoben werden, dann gelten diese allerdings mit Sicherheit auch für jede andere Tradition. Gerade geisteswissenschaftliche Ansätze (hierzu Dilthey 1924; 1954; Schleiermacher 1957; Litt 1952; Herrmann 1989; Bollnow 1989; auch Thiersch 1989; Hoffmann & Neumann 1993), die bis in die 60er Jahre hinein in der westdeutschen Pädagogik dominierten, sind den genannten Problemen gegenüber noch ungesicherter, denn die wissenschaftlichen Abläufe sind hier noch wesentlich weniger nachvollziehbar. Allein die Offenlegung von (Fach-)Wissenschaft und Forschung – ausgehend vom Vorverständnis, Theoriebezug, Bezugswerten, Forschungsinteresse, Forschungsansatz, Veränderungsinteresse über Untersuchungsplan, Methodenauswahl bis hin zu Auswertungs- und Gütekriterien, Ergebnisinterpretationen und den Verwertungszusammenhängen – kann diesem Dilemma entgegenwirken.

Ein Forschungsprozess sollte aus unserer Sicht sowohl nomologische als auch daraus resultierende normative Aussagen produzieren, ohne dabei in wissenschaftliche und nicht-wissenschaftliche Aussagen zu unterscheiden.

Heilpädagogik (in Praxis und Wissenschaft [Forschung]) braucht gleichwertig beide Aussagen. Es ist allerdings darauf zu achten, dass die unterschiedlichen Aussagen jeweils als solche gekennzeichnet sind. Somit bleibt es dem kritischen Betrachter überlassen, ob er die Wertaussagen, die aufgrund empirisch-analytischer Untersuchungen getroffen wurden, als begründet und sinnvoll ansieht, oder ob er sie (aus den unterschiedlichsten Gründen) ablehnt und zu eigenen Urteilen kommt. Nicht die Trennung in zwei „Bereiche" bzw. „Subjekte", sondern die Offenlegung des gesamten (!) Forschungsprozesses und die „saubere" Bezeichnung der einzelnen Schritte und Aussagen helfen Missbrauch zu verhindern und eine wissenschaftliche Heilpädagogik zu begründen, die einerseits an dem Versuch, die Lebenswelt möglichst adäquat zu beschreiben, und andererseits an den Menschenrechten, dem Willen und dem Wohl Betroffener ausgerichtet ist und damit für den Empowermentansatz tragfähig sein kann.

Das Problem der generellen Gesetzesaussagen

Da die klassische empirische Erziehungswissenschaft mehr oder minder naturwissenschaftlich ausgerichtet ist, besteht ihr Ziel in der „Produktion" von allgemeingültigen Gesetzesaussagen, die als Basis für Erklärungen, Prognosen und technologische Erkenntnisse dienen. „Nun besteht Einigkeit darüber, dass sich streng nomologische Gesetzesaussagen im Bereich der Sozialwissenschaften nicht gewinnen lassen" (König 1983b, 70). Ziel empirisch-analytischer Forschung muss daher sein, Aussagen zu treffen, die möglichst nahe an die Wirklichkeit herankommen, also so wenige Ausnahmen wie möglich zulassen. Da es sich in den Sozialwissenschaften (incl. Heilpädagogik) immer um komplexe Zusammenhänge handelt, die nie (!) von einer einzigen Variable allein beeinflusst werden, macht es aus erfahrungswissenschaftlicher Sicht Sinn, Fragestellungen aus ihrem Kontext zu isolieren, nach Möglichkeit „Laborsituationen" zu schaffen und möglichst alle „Störvariablen" auszuschalten oder zu kontrollieren. Gelingt dies, was äußerst fraglich erscheint, kommt man zwangsläufig nur zu sehr eingeschränkten, speziellen Aussagen. Dadurch werden aber unweigerlich Erkenntnismöglichkeiten reduziert, Subjekte (Adressaten) „verobjektiviert" und – mit Blick auf soziale Themen (menschliches Verhalten) – Momente eines „echten Lebens" (Glaser & Strauss 1998, 230; auch Moser 1995, 31f.) ausgeblendet. Laborbedingungen lassen sich nämlich kaum auf normale Lebenssituationen übertragen. Viele Einflüsse, die so leichtfertig als „Störvariablen" abgetan werden, sind für die täglichen Lebensbezüge typisch und charakteristisch. Insofern stellen die Beachtung und der Einbezug systemischen und soziokökologischen Denkens im Rahmen des wissenschaftlichen Arbeitens (heilpädagogische Forschung) wie auch der praktischen (Heil-)Pädagogik zweifelsohne einen Gewinn dar (hierzu Speck 1998, 98ff.; auch Lingg & Theunissen 2000; Theunissen 1992; 2000a).

Von der Lebenswirklichkeit losgelöste, experimentelle und gruppenvergleichende Studien sind also mit größter Vorsicht zu genießen, da sie zum einen angesichts des Generalziels der „Produktion" allgemeingültiger Gesetzesaussagen dazu tendieren, Subjekte zu „nivellieren", so dass kaum gültige Aussagen über individuelle Entwicklungen (sog. Einzelfall) möglich sind; zum anderen sind sie aber auch nicht zuletzt aufgrund der Stichprobenproblematik in der heilpädagogischen Praxis kaum von Relevanz. Der Blick eines Forschungsinteresses in der Heilpädagogik sollte sich daher immer auf die Betroffenen mit ihrer Sicht, ihren Interessen und Bedürfnissen (special needs) in ihrer Lebenswelt richten, um z.b. durch valide Einzelfallanalysen (Plaute 1992a; Kern 1997) zu Anregungen zu kommen, die für den Praktiker von Bedeutung sein können.

Das Problem der Subjekthaftigkeit der „Forschungsobjekte"

Der wohl zentralste Unterschied zwischen naturwissenschaftlichen und sozialwissenschaftlichen Untersuchungen liegt in ihrem jeweiligen „Forschungsgegenstand". Der „Untersuchungsgegenstand" der Sozialwissenschaften (incl. Heilpädagogik) sind lebende Personen, sind Menschen, die denken, eigene Sichtweisen, Interessen, Lebensziele und Gefühle haben ... Ergebnisse sozialwissenschaftlicher Untersuchungen sind also immer auch davon geprägt, was der jeweilige Adressat fühlt und denkt und in welcher psychischen Verfassung, momentanen Stimmung er sich befindet. Auch aus diesen Überlegungen scheinen allgemeine Gesetzesaussagen nach dem Schema „Wenn-Dann" kaum zu treffen zu sein.

Aus den drei dargestellten Problemfeldern erhebt sich daher die Frage, inwieweit eine Behindertenpädagogik als Erziehungswissenschaft unter Ausschaltung weltanschaulicher und auch metaphysischer Aussagen überhaupt sinnvoll und möglich erscheint. Eine strenge Abgrenzung zwischen Behindertenpädagogik als Erziehungswissenschaft und einer als Erziehungsphilosophie scheint kaum durchführbar, zumindest wenig überzeugend, wenn man sich einen der grundlegenden Forderungen des Empowerment-Gedankens an die Heilpädagogik oder Behindertenarbeit vor Augen hält: „Die Macht etwas gerechter zu verteilen – und das dort zu tun, wo es wichtig ist, nämlich im Hinblick auf Selbstbestimmung über das eigene Leben" (Berger & Neuhaus 1977, 8). Gerade die Konfrontation mit der konkreten Lebenslage, den individuellen Reaktionen und Vorstellungen geistig behinderter Menschen, die allzu oft noch in (völlig) fremdbestimmten Lebensräumen – unter Bedingungen gesellschaftlicher Isolation, Diskriminierung und Benachteiligung – ihr Dasein fristen müssen (vgl. Seifert 1998; Hoffmann 1998; Wacker u.a. 1998, 297ff.), lässt einen wertfreien Zugang unmöglich erscheinen (auch Kondrat 1995, 413f.). Allein das Wissen um Zusammenhänge zwischen Verhaltensauffälligkeiten und institutionellen Bedingungen (Goffman 1972; auch Theunissen 1999a; Dalferth 1999; Lingg & Theunissen 2000, 157ff.) verbietet ihn geradezu. Eine ähnliche Position vertreten Repräsentanten der amerikanischen „kritischen Pädagogik", denen es um Empowerment zu tun ist. So formulieren Giroux, Mc Laren (1989), Mc Laren und Lankshear (1994) das erziehungswissenschaftliche Programm einer „Pädagogik des Widerstandes", die materielle Nöte, Armut, Unterdrückung und Ungerechtigkeiten ebenso zu berücksichtigen habe „wie die veränderten Formen von Subjektivität" (Mc Laren 1996, 54). Wenngleich wir somit normativen Aussagen eine wissenschaftliche Bedeutung zuschreiben und die politische Seite der Geistigbehindertenpädagogik aus unserer Sicht einen besonderen Stellenwert hat, so darf freilich ein komplexer und möglichst umfassender Wissenschaftsbegriff nicht auf jene empirischen Möglichkeiten verzichten, die einen wertvollen Beitrag zur Gewinnung von neuen Erkenntnissen, Hypothesen oder Theorien leisten können. Statistische Grunddatenerhebungen, Befragungen, systematische Beobachtungen und kontrollierte Einzelfallstudien stellen wichtige Methoden dar, auf die wir als Wissenschaftler oder Forscher auf dem Gebiete der Heilpädagogik nicht verzichten können. Doch sollen diese Verfahren „parteinnehmend" (im Interesse und unter Zuspruch Betroffener) den Weg zu mehr Menschlichkeit und Lebensqualität ebnen helfen und befördern, wodurch sich auch hier der Kreis zum politischen Anspruch der Heilpädagogik und Behindertenarbeit schließt.

Um zu erreichen, dass Heilpädagogik als Wissenschaft und Praxis einen aktiven Beitrag zur Verbesserung von Lebensbezügen behinderter Menschen leistet und sich gegen Missstände in unserer Gesellschaft richtet, muss sie nicht nur methodenkritisch, sondern auch produkt-, ideologie- und gesellschaftskritisch sein. Folgt man dieser Argumentation, nach der Heilpädagogik stets im Dienste der betroffenen Menschen operieren muss, so obliegt ihr die verantwortungsvolle Aufgabe, sich darüber Gedanken zu machen, „wozu ihre Ergebnisse später dienen: sie muss als Wissenschaft ihren Verwertungszusammenhang reflektieren" (Moser 1978, 17; 1995, 101f., 127; ähnlich auch Hurrelmann 1986, 197; Fend 1994, 32).

Unsere Position hebt sich somit von der klassischen empirisch-analytischen Forschungstradition ab und resultiert im Wesentlichen aus der (derzeitigen) sozialpolitischen und gesellschaftlichen Situation unserer Adressaten: Da Menschen, die wir als geistig behindert bezeichnen, eine Randgruppe darstellen und eine gesellschaftliche Außenseiterposition innehaben, nicht selten diskriminiert, ausgegrenzt und benachteiligt werden (z.b. in Bezug auf ein „normales" Wohnen inmitten der Gesellschaft), muss sich Geistigbehindertenpädagogik als politische Kraft verstehen, deren Sinn im personalen und sozialen Empowerment, in der Emanzipation der betroffenen Menschen liegt (hierzu auch Kapitel 1). Einem derartigen Programm wird von erfahrungswissenschaftlicher Seite her nicht selten „mangelnde Qualität" oder „fehlende Wissenschaftlichkeit" nachgesagt (auch Wagner 1997, 16; Moser 1995, 58ff.); und es wäre tatsächlich falsch, wenn man Empowerment oder Emanzipation als oberste Prämisse pädagogischer Arbeit (in Forschung und Praxis) dazu verwenden würde, um wissenschaftliche Qualitätsansprüche zu minimieren oder gar zu negieren. Saubere, d.h. nachvollziehbare wissenschaftliche Erkenntnisse sind ein wesentlicher Beitrag zur politischen Umgestaltung. Allerdings müssen sich die Wissenschaftler auch dafür verantwortlich erklären, anhand ihrer Forschungsergebnisse aktiv an der Verbesserung gesellschaftlicher Verhältnisse mitzuarbeiten.

ZU DEN EINFLÜSSEN DER KRITISCHEN THEORIE AUF DIE HEILPÄDAGOGIK

Für die Heil- oder Geistigbehindertenpädagogik als eine pädagogische Wissenschaft bedeutet das obige Postulat, vom strengen und zu engen Verständnis einer Erziehungswissenschaft (als science) Abschied zu nehmen und jene Fragestellungen, die der Erziehungsphilosophie zugewiesen werden, in ihr Programm aufzunehmen. In diesem Sinne bilden Erziehungswissenschaft und Erziehungsphilosophie eine Einheit, ihr Feld reicht von normativ geleiteten Fragestellungen über empirisch-analytische Vorgehensweisen bis hin zur Reflexion und Gestaltung ihrer Verwertungszusammenhänge (auch Fend 1994; Haeberlin 1991; 1996). Damit wird innerhalb der Heilpädagogik unterschiedlichstes methodisches Vorgehen nicht nur erlaubt, sondern sogar notwendig.

Zur Bedeutung qualitativer Methoden

Im Bereich von konkreten wissenschaftlichen Fragestellungen im Feld finden heute quantitative und qualitative Methoden ihre Verwendung (auch Krüger 1997, 239ff.). Während quantitative Methoden, die in der strengen empirischen Erziehungswissenschaft einen zentralen Stellenwert haben, durch statistische Datenerhebungen und mathematische Prüfverfahren zu ihren Aussagen gelangen, zielen qualitative Methoden[4] darauf, „Lebenswelten und soziales Handeln im Alltag der verschiedensten Bereiche von Erziehung und Bildung zu untersuchen" (Roth 1991, 54), um möglichst unverstellte Erkenntnisse in einem Untersuchungsfeld, und dazu zählen z.b. auch „authentische" Sichtweisen und Interessen behinderter Menschen, zu gewinnen (Krüger 1997, 202, 204). Wichtige Anregungen verdanken die qualitativen Methoden mit ihrem „interpretativen Paradigma" (König 1990, 927) der „Lehre des Verstehens" (Hermeneutik) der geisteswissenschaftlichen Pädagogik (Dilthey 1924; Schleiermacher 1977), dem Konstruktivismus (Watzlawick 1985), nach dem jeder seine eigene Wirklichkeit konstruiert, so dass Wissenschaft nicht die Erfassung der Wirklichkeit nur für sich beanspruchen kann, und der Ethnomethodologie (hierzu Arbeitsgruppe Bielefelder Soziologen 1973; Weingarten, Sack & Schenkein 1976; Patzelt 1987; Parmentier 1993). Dahinter verbergen sich verschiedene Theorieentwürfe, Modellrudimente und Forschungsansätze (Kulig 1998, 27ff.), die allesamt davon ausgehen, dass es eine „objektive", von der Interpretation betroffener Menschen unabhängige Lebenswirklichkeit nicht gibt, dass daher nicht die Sicht des Forschers, sondern die Wirklichkeitsdeutung der Betroffenen („Laien") Priorität haben sollte (Weingarten & Sack 1976, 8; auch Kondrat 1995, 410, 420), dass es forschungsstrategisch darauf ankäme, die Kenntnisse, Alltagstheorien, Sichtweisen und Methoden aufzudecken, derer sich die Betroffenen bedienen, um alltägliche Handlungen auszuführen, dass Forscher sich ihrer Rolle als „Interaktionspartner" bewusst und aufmerksame (teilnehmende) „Feldbeobachter" sein sollten und dass Forschungsprozesse angesichts dieser Subjektzentrierung

---

[4] Unter qualitativen Methoden zählen insbesondere „narrative" oder „problemzentrierte" Interviews, Leitfadeninterviews, die Analyse biographischer Dokumente [Biographieforschung], unstrukturierte bzw. wenig strukturierte Feldbeobachtungen und Lebensweltanalysen, „tiefenhermeneutische" Interviews, qualitative Inhaltsanalyse u.ä.m. (vgl. Mayring 1993; 1997; Lamnek 1993; Flick 1996; Friebertshäuser & Prengel 1997).

im Hinblick auf ihr methodisches Vorgehen (Sinnerfassung und Sinninterpretation aus der Perspektive der handelnden Menschen [Lamnek 1993, 51] prinzipiell offen seien. Damit wird zugleich „Kreativität" als Kriterium von Forschung wertgeschätzt – ein Aspekt, der als „Findetechnik" zur Generierung von Hypothesen, Theorien oder Modellen in der „Grounded Theory" (Glaser & Strauss 1998; Strauss & Corbin 1996) eine prominente Rolle spielt. Charakteristisch für die „Grounded Theory" ist der Verzicht auf vorab formulierte Theorien oder Annahmen, um Erkenntnisse für eine Theoriebildung oder neues Wissen durch möglichst unverstellte Beobachtungen im Feld oder durch eine „authentische" Erfassung der Sichtweisen betroffener Personen zu gewinnen. Diese „Entdeckungsreise" ist zwar durch Vorkenntnisse und einem Vorverständnis des Forschers angeleitet, diese treten jedoch als vorläufiges Wissen im Zuge der Untersuchung in den Hintergrund und sie müssen jederzeit modifizierbar sein. Denn entscheidend ist die unvoreingenommene Erschließung des Feldes oder der Perspektiven der Adressaten, um zu einer Generierung von Theorien durch die Rekonstruktion von Wirklichkeit zu gelangen. Dazu schlagen Strauss (1994, 44ff.) und Mitarbeiter eine systematische Kodierungstechnik vor, die mit einer unverfänglichen Datensammlung beginnt, dann eine mehrphasige Aufbereitung der Informationen durch eine Kategorienbildung vorsieht, bei der generative Fragen in reflexiv-rekursiver Verbindung mit dem Vor- und Kontextwissen sowie mit Hilfskonstruktionen durch vorläufige Theorie-Memos und Codes, die zu weiteren Informationen führen sollen, den Wegweiser bilden (hierzu auch Strauss & Corbin 1996). Datenerhebung und Theorieentwicklung greifen somit in der Grounded Theory ineinander ein, wobei die Datengewinnung der Generierung von Theorien dient, diese neuen Theorien wiederum der Erschließung weiterer Daten bis eine „Sättigung" der theoretischen Aussagen erreicht ist. Ebenso „kreativ" und „offen" kann auch die „Naturalistic Inquiry" (Lincoln & Guba 1985; Guba & Lincoln 1989; Denzin 1994) eingeschätzt werden, die sich als qualitative Methode durch eine „ganzheitliche" Sicht der zu untersuchenden Situationen oder Menschen, durch eine „dichte Beschreibung" (Geertz) ihres Forschungsgegenstandes (incl. „Tiefeninterviews", Erfassung subjektiver Sichtweisen und persönlicher Erfahrungen, detaillierte Beobachtungen), durch eine unmittelbare Nähe des Forschers zum Feld („real world") sowie durch eine methodische Offenheit und Flexibilität (i.S.e. „methodological appropriateness") ausweist (Patton 1990).
Alles in allem ist unschwer zu erkennen, dass diese qualitativen Forschungsparadigmen der Empowermentphilosophie gerecht werden können und daher

für eine Fachwissenschaft im Interesse von Empowerment konstitutive Bedeutung haben. Das gilt insbesondere für die Wertschätzung der Betroffensicht und Betrachtung der Adressaten als souverän handelnde „Experten in eigener Sache" sowie für die damit verknüpfte „Relativierung" der Forscherrolle. Hinzu kommen der Lebensweltbezug, die Zusammenarbeit mit den betroffenen Personen sowie die Qualitätsmerkmale der „entdeckungsorientierten" Methoden (discovery-oriented methods), die keine aufoktroyierten, manipulierenden oder beherrschenden Züge aufweisen. Dennoch sollten zwei Unterschiede gesehen werden: Wenngleich die qualitativen Ansätze und die Empowermentphilosophie von einem „positiv gestrickten" Adressatenbild ausgehen, handelt es sich in den „interpretativen Paradigmen" (z.B. Ethnomethodologie) „um ein Menschenbild, das sich aus Annahmen über die soziale Welt generiert" (Kulig 1998, 58). Während „das aktive Subjekt innerhalb des interpretativen Paradigmas [...] eine grundlagentheoretische Konstruktion [ist, d.A.], ist das Menschenbild des Empowermentansatzes ein wertgeleitetes. [...] Im Empowermentansatz ist die Vorstellung aktiver selbstbestimmter Subjekte eine Grundlage für politische Veränderungen und pädagogische Zielbestimmungen. [Im anderen Falle, d.A.] hat die paradigmatische Vorstellung eines aktiven sinnhaft handelnden Subjekts das Ziel, zu einem adäquateren Verständnis der sozialen Welt beizutragen. Es stehen sich also ein erkenntnisorientiertes, theoretisches und ein wertgeleitetes, an Veränderungen der Wirklichkeit orientiertes Verständnis vom ‚aktiven selbstbestimmten Subjekt' gegenüber" (ebd., 58f.). Zum Zweiten ist festzustellen, dass z.B. für Vertreter der Ethnomethodologie oder des Konstruktivismus Lebenswelten nicht „objektiv" vorliegen, sondern immer wieder hervorgebracht werden; daher seien die eigenen Ergebnisse stets zu hinterfragen. Wenn diese Annahme des „prozesshaften Charakters des Sozialen" „jedoch soweit forciert wird, dass der durch ständige Interpretation der Mitglieder konstituierten Welt jegliches ‚Korrektiv einer sozialen Realität' (Witzel 1982, 21) fehlt, taucht das Problem auf, dass überhaupt keine Aussagen über die soziale Welt mehr möglich sind" (Kulig 1998, 60). Diese Position ist aber dann mit Blick auf den Bezugswert der „sozialen Gerechtigkeit", der z.B. die Aufhebung von Benachteiligung, das Eintreten für Menschenrechte impliziert, für den Empowermentansatz nicht tragfähig. Ohne Zweifel sollten wissenschaftliche Ergebnisse hinterfragt werden und ebenso unstrittig ist die Erkenntnis, dass Lebenswelten stets durch Betroffene interpretierte Welten sind, doch gibt es vor allem bei institutionalisierten Menschen mit geistiger Behinderung „viele Lebensumstände, die die Art dieser Interpretationen selbst in hohem Maße beeinflussen" (ebd., 60). Dazu zählen neben der

Schwere der geistigen Behinderung und dem Lebensalter z.B. der Lebensort (Anstalt; Pflegeheim; Wohnheim), die Abhängigkeit von anderen Personen oder die Systemzwänge (Charakter einer „totalen Institution") mit ihren Folgen („erlernte Bedürfnislosigkeit"; Hospitalisierung; Verhaltensauffälligkeiten u.a.m.). Einige dieser Faktoren sind dem Einzelnen, „da er sie in den meisten Fällen [vor allem bei einer schweren geistigen Behinderung, d.A.] nicht zu ändern vermag, ‚objektiv' vorgegeben. Bezogen auf diesen Personenkreis ist also der oben vorgestellten Kritik von Witzel zuzustimmen, der die fortlaufende interpretative Konstitution der Wirklichkeit als ‚idealistische Verkürzung' bezeichnet" (Kulig 1998, 60). Aus der Empowermentperspektive kommt daher mit Blick auf Menschen, die nicht für sich selber sprechen können, der interpretierende Forscher nicht umhin, „verschiedene Sachverhalte in der Welt als objektiv an(zu)nehmen, um die Aussagen bewerten zu können. Das bedeutet weiterhin, dass [er, d.A.] seinen eigenen Wirklichkeitsentwurf als ‚adäquater' annehmen muss, als den des geistig [schwerst] behinderten Menschen, um überhaupt zu einer Einschätzung von dessen Wirklichkeitskonstruktion zu gelangen" (ebd., 69f.). Dazu bedarf es der Hermeneutik – genauer gesagt – einer „wertgeleiteten" und zugleich ideologiekritischen Methode des Verstehens, wie sie z.B. in der „kritisch-konstruktiven Erziehungswissenschaft" (Klafki) Eingang gefunden hat.

Im Bereich von philosophischen Fragen, Theorie- und Literaturanalysen sowie der historischen Quellenforschung zählt die Hermeneutik zu der wohl wichtigsten wissenschaftlichen Methode. Ihr zentrales Ziel ist das Verstehen von Sinnzusammenhängen durch die deutende Auslegung des Inhalts von Schriften oder anderen Produkten des menschlichen Geistes. Diese unterliegt bestimmten Regeln (vgl. Klafki 1970ff. [Bd. 3], 129ff.): Zum Beispiel dürfen Texte oder Sachverhalte (Beobachtungen) nur unter ständiger Bewusstmachung und Reflexion des Vorverständnisses des jeweiligen Wissenschaftlers beschrieben und analysiert werden. Der Sinn sollte nur aus den vorliegenden Gegebenheiten erschlossen und nicht von außen herangetragen werden. Normative oder spekulative Interpretationen können zwar mitunter praktische Bedeutung haben, sie widersprechen jedoch einer erkenntnismäßigen Auslegung und sollten deshalb nur unter Vorbehalt als hermeneutische Methoden in Betracht gezogen werden. Ferner sind Original- und Sekundärquellen unter Berücksichtigung textübergreifender Zusammenhänge vergleichend, kritisch-zirkulär auszuwerten. Dabei müssen vor allem semantische Aspekte, die einem Text immanente Logik und sachliche Zusammenhänge auf Widerspruchsfreiheit überprüft werden. Trotz dieser Bedeutung der Hermeneutik beschränkt sich ihre Anwendbarkeit in einem sozialwissenschaftlichen Forschungsprozess auf bestimmte (geeignete) Teilprozesse, in denen es um das Verstehen von Sinnzusammenhängen geht, ebenso wie sich der gesamte Forschungsprozess auch nicht allein durch empirisch-analytische Verfahren abdecken lässt. Nur das Zusammenwirken der jeweiligen Methoden ermöglicht einen stimmigen Forschungsprozess.

Wie wichtig die (wissenschaftliche) Auseinandersetzung mit Sinn-Normen, Wertentscheidungen und Zielfragen für die heilpädagogische Praxis ist, lässt sich auch den Ausführungen Bleidicks entnehmen, der immerhin die empirisch-analytische Forschung, die erziehungsphilosophische Normenreflexion sowie die didaktisch-methodische Umsetzung (Erziehungs- und Unterrichtstechnologie) als „prinzipiell gleichwertig" (1985, 73) betrachtet. Wie bereits oben erwähnt, ist die Heilpädagogik als Theorie und Praxis „unaufhebbar in die Spannung zwischen Sein und Sollen" (Speck 1988, 87; auch 1998, 88, 93) gestellt, wobei die „Seinserfassung und Sollensbestimmung" (Bleidick 1974, 283) eng miteinander verknüpft sind. Daher ist es sicherlich nicht möglich, die Erziehungswirklichkeit und das „Sein" des behinderten Menschen einzig und allein mit empirisch-analytischen Methoden zu erforschen, geschweige denn zu erfassen. Dies betont auch Wember (1992, 373), der als Kritischer Rationalist das hermeneutische Forschen als wissenschaftliche Methode der Heilpädagogik durchaus wertschätzt: „Die Sonderpädagogik [synonym Heilpädagogik, d.A.] ist keine Naturwissenschaft. Sie hat schließlich mit Menschen zu tun, zumeist mit Menschen in besonders schwierigen Lebenslagen, und angesichts dieses Forschungsgegenstandes wäre es geradezu fatal, wollte man den vorsichtig suchenden, einfühlend verstehenden Zugang als gangbaren Weg verbieten. Nur: Wer diesen Weg in wissenschaftlicher Absicht beschreitet, muss wissen, dass dieser nicht immer und schon gar nicht automatisch zum angestrebten Ziel führt. Wer diesen Weg beschreitet, muss um die Tücken des Weges wissen." Dieser „Vermittlungsversuch" findet heute im Lager der Heilpädagogik Zuspruch (Speck 1998, 94; Haeberlin 1993b; 1996). Ebenso räumt Bleidick ein, dass das „Sein" des Behinderten nicht objektiv oder wertfrei zu erfassen und als solches der empirisch-analytischen Erkenntnisgewinnung nicht zugänglich sei. So ist der behinderte Mensch „als identische Person ein jeweils anderer unter dem Blickwinkel des Arztes, des Eugenikers, des Theologen, des Erziehers" (1974, 283). Darüber hinaus ist er „unter dem Aspekt seiner Erziehung nicht als Sache gegeben, sondern als Person [...] aufgegeben. Das aufgebende Sollen des Kindes kann nicht außerhalb von ihm selbst gesucht werden. Das Sollen ist vielmehr im Kinde selbst angelegt und muss insgesamt als seine werdende Mündigkeit definiert werden" (284).

Diese Argumentation zeigt noch einmal die Grenzen der Erfahrungswissenschaft sowie die Problematik einer normativen Heilpädagogik auf. Andererseits führt sie uns aber auch die alte, schon seit Kant diskutierte „Sein-Sollen Paradoxie" vor Augen, die die grundsätzlichen „Grenzen des Pädagogischen" und damit die implizite Notwendigkeit der fachlichen „Selbstbegrenzung" (Krüger 1996, 246) markiert. Nichtsdestotrotz öffnet und ebnet sie den Weg für einen Austausch und eine Annäherung unterschiedlicher Positionen in der fachwissenschaftlichen und außerwissenschaftlichen fachlichen Diskussion. So lässt sich z.b. eine Brücke schlagen zur Empowermentbewegung behinderter Menschen, die sich mit Nachdruck gegen eine Verdinglichung durch eine empirisch-analytische Wissenschaft und gegen die Fremdbestimmung durch eine normativ- wertkonservative Heilpädagogik wendet. Heilpädagogik als Wissenschaft hat in Anbetracht dessen ein Problembewusstsein zu entwickeln, welches auf Zusammenarbeit (collaboration) mit behinderten Menschen, auf Empowerment und auf Parteinahme für ihre Interessen und speziellen Bedürfnisse hin ausgerichtet sein muss.[5] Dabei muss aber auch allen betroffenen Menschen bewusst werden, dass eine Zusammenarbeit auf Gegenseitigkeit (Achtung der Würde des Anderen) beruht. Wird Heilpädagogik als Wissenschaft dazu eingesetzt, die Lebensbezüge behinderter Menschen verbessern zu helfen, indem

---

[5] Daher sollten Betroffene soweit wie möglich in Forschungsprozesse einbezogen werden. Über Möglichkeiten einer qualitativen Forschungsstrategie berichten Mactavish, Mahon & Lutfiyya (2000). Um zu validen, wissenschaftlich tragfähigen Aussagen Betroffener zu gelangen, schlägt das Autorenteam folgendes Vorgehen vor: 1. ein qualitatives Einzelinterview ([interview guide approach] z.B. zur Erfassung von Grunddaten; zur Einführung in die Thematik, Vorstellung des Vorhabens); 2. Focus-Gruppen (Interviews in Kleingruppen) als systematische Forschungsmethode mit einem festgelegten „Fragen-Fahrplan" (opening; introductory; transition; key; summary; closing); 3. Auswertung der bisherigen Ergebnisse durch die Interviewer und einem zweiten, nicht in die Focus-Interviews involvierten Mitglied der Forschergruppe. Dadurch soll eine bessere Absicherung der Interpretationen (triangulation of analysts) erreicht werden (Patton 1990). Dieser Auswertung folgt eine Gesamtdiskussion mit allen Beteiligten, indem zunächst die Betroffenen direkt über den Sachverhalt (Thema) befragt werden (in den Focus-Gruppen hatte nur eine indirekte Annäherung an die Thematik stattgefunden); anschließend sollen die bisherigen Ergebnisse aus den Focus-Gruppen vorgestellt, mit den Diskussionsergebnissen verglichen und reflektiert werden, um Validität zu erzielen.

sie vorrangig darauf zielt, „den Akteuren in einer sozialen Situation zunehmend Wissen über sich selbst in dieser Situation zu ermöglichen" (Jantzen 2000 (b), 14), dann sollte eine solcherart ausgerichtete Forschung zugelassen werden. Dass diese immer auch analytischen und damit z.T. auch zerlegenden Charakter hat, ergibt sich schon aus der Tatsache, dass bestimmte Fragestellungen aus forschungsökonomischen Gründen ausgewählt werden müssen (vgl. hierzu auch unser Beispiel am Schluss des Kapitels). So sehr der Ausgangspunkt und die Zielperspektive einer heilpädagogischen Forschung der behinderte Mensch mit seinen Bedürfnissen und seiner Lebenswelt sein muss, so klar muss auch sein, dass Forschung auch immer unpersönliche und „zurschaustellende" Komponenten beinhaltet.

Zur kritisch-konstruktiven Pädagogik

Demokratisches und politisches Engagement ist bekanntlich ein konstitutives Moment der „kritischen Behindertenpädagogik" (Jantzen 1985; 1989) als Ableger der „historisch-materialistischen Erziehungswissenschaft" (hierzu Gamm 1986; 1989). Diese begreift den zu erziehenden Menschen als Produkt und Opfer gesellschaftlicher Verhältnisse. Daher gilt als Aufgabe, den gesellschaftlich-ökonomischen Bedingungszusammenhang in Hinblick auf die Verhinderung von Emanzipation zu hinterfragen (Kritik der Politischen Ökonomie) und Strukturen einer „herrschaftsfreien", klassenlosen Gesellschaft zu schaffen. Die Ausrichtung dieser gesellschaftskritischen Pädagogik ist eindeutig normativ geprägt und steht in der Gefahr, mit ihrer marxistischen Gesellschaftstheorie die pädagogische Praxis zu indoktrinieren. Außerdem impliziert sie einen Determinismus, der spätestens seit den Erkenntnissen der modernen Systemwissenschaften nicht aufrecht erhalten werden kann (hierzu Speck 1998, 89f., 98ff.). Heute ist – befördert durch die Wiedervereinigung Deutschlands – von der marxistisch-materialistischen Richtung kaum mehr die Rede. Hinzu kommt, dass sie allein angesichts ihres „impliziten Adressatenbildes" vom „unaufgeklärten, entfremdeten Individuum" für eine den Empowermentgedanken aufgreifende Fachwissenschaft, dem ein „optimistisch gestricktes" Menschenbild zugrunde liegt, keine Orientierungsgrundlage sein kann. Nichtsdestotrotz ist Speck (1998, 90) zuzustimmen, dass „die gesellschaftskritische Behindertenpädagogik [...] mit ihrer scharf profilierten Basisaussage, die sich vor allem auf die Veränderung der bestehenden gesellschaftlichen Verhältnisse bezieht, starke soziale Motivationen [in der BRD, d.A.] freizusetzen" vermochte. Das ist vor allem das Verdienst von W. Jantzen, dessen wissenschaftliche Orientierung heute neben Bezügen zu qualitativen Forschungsparadigmen (Ethnomethodologie; Grounded Theory), der Aktionsforschung, der „relativen Soziologie" Bourdieus und der „subjektbezogenen Forschungsmethodologie der Kritischen Psychologie" (Holzkamp) auch Offenheit zum Empowermentansatz demonstriert (vgl. Jantzen 1998; 1999; 2000b).

Eine weitere politisch orientierte Richtung, die sich Anfang der 70er Jahre in scharfer Abgrenzung zum Kritischen Rationalismus (Keckeisen 1989, 491) wie auch zur geisteswissenschaftlichen Pädagogik (Dahmer & Klafki 1968) in der BRD konstituiert hatte, ist die „Kritische Erziehungswissenschaft" (Klafki 1971; 1994; Mollenhauer 1968; 1972b; Schäfer & Schaller 1976; Blankertz 1979; auch Marotzki & Sünker 1993; Euler & Pongratz 1995). Auch ihr Leitbild ist der „emanzipierte Mensch", das allerdings nicht – wie bei der materialistischen Pädagogik – an der Kritik der Politischen Ökonomie und Klassengesellschaft, sondern an dem allgemeinen, anthropologisch begründbaren Gattungsinteresse festgemacht wird (hierzu auch Habermas 1970). Die kritische Erziehungswissenschaft knüpft zwar an der in der geisteswissenschaftlichen Pädagogik angelegten „reflexion engagee" (Flitner 1963, 18), der anthropologischen Dimension, Aufklärungsidee, Lebensweltorientierung, Methodik (Hermeneutik) und dialektischen Theoriebildung an, bleibt jedoch nicht ihrem systemaffirmativen (konservativen) Denken verhaftet. Vielmehr hat sie die geisteswissenschaftliche Pädagogik durch Anschluss an die Position der Frankfurter Schule (Adorno 1947; 1979; Horkheimer 1968; Habermas 1968; 1970) zu einer „kritisch-konstruktiven Theorie der Erziehung und Bildung" (Klafki), einer gesellschaftsbezogenen dialektischen Pädagogik weiterentwickelt.[6] Für dieses Programm steht insbesondere W. Klafki (1970 ff.; 1994), welches im Prinzip auch von einigen „kritischen Pädagogen" im Lager der amerikanischen Erziehungswissenschaft präferiert wird (Giroux & McLaren 1989; Grossberg 1989); und es sollte ebenso für die Heilpädagogik gelten, die wir in diesem Sinne als eine „kritisch-konstruktive" Fachwissenschaft betrachten und definieren. Ausgehend von der Erfahrung und Einsicht, dass das originäre Streben eines jeden Menschen nach Selbstverwirklichung, Emanzipation oder Freiheit nur unter Bedingungen gedeihen kann, die diese Möglichkeit wirklich zulassen,

---

[6] „Kritisch" meint in dem Zusammenhang eine auf Praxis bezogene Kritik, die sich aus dem emanzipatorischen Erkenntnisinteresse ergibt; und „konstruktiv" weist auf den „durchgehenden Praxisbezug", z.B. auf konkrete Vorschläge zur Veränderung der Praxis im Hinblick auf Emanzipation, „auf das Handlungs-, Gestaltungs- und Veränderungsinteresse" hin (Klafki 1994, 89f.).

richtet die kritisch-konstruktive Erziehungswissenschaft ihr Interesse auf die Analyse, Reflexion, Gestaltung oder Veränderung der pädagogischen Praxis. Der Praxisbegriff wird hierbei aber nicht wie in der geisteswissenschaftlichen Pädagogik auf erzieherisches Handeln oder den sog. pädagogischen Bezug verengt, sondern im umfassenderen Sinne verstanden. Erziehungs-, Bildungs- und Fördermaßnahmen oder pädagogisch-therapeutische Interventionen werden nicht „absolut" gesetzt, vielmehr werden sie in ihrem Kontextbezug erkannt, d.h. in ihrer Beeinflussung durch die reziproke Interaktion mit den institutionellen, familialen, sozio-ökonomischen, ökologischen, kulturellen, politischen, gesellschaftlich-historischen oder anthropologischen Bedingungen. Dieses erweiterte Praxisverständnis mit einem lebensweltorientierten Bezug bedeutet mit Blick auf die Heilpädagogik ein Abschiednehmen von einem Denken und Handeln, welches ausschließlich auf personinhärente Merkmale von (geistiger) Behinderung und entsprechenden symptomzentrierten, defizit- oder funktionsorientierten Lerntherapien oder Übungsbehandlungen ausgerichtet ist. Stattdessen werden Erziehungs- und Bildungsverhältnisse in ihrer gesellschaftlichen Kontextbezogenheit thematisiert und jene sozialen Zusammenhänge, in denen Behinderung sichtbar wird, als Praxisfeld aufbereitet. Aber auch subjektiv bedeutsame Lebensereignisse, individuelle Biographien, Lebenslaufkonzepte und Alltagssituationen finden ihre Berücksichtigung. Ferner spielt die Aufklärung über bestimmte (unreflektierte) Theorien oder Theorieelemente, die die Praxis durchdringen und dem (heil-)pädagogischen Alltagshandeln zugrunde liegen, eine wichtige Rolle. Im Unterschied zur geisteswissenschaftlichen Pädagogik (Weniger 1990a) untersucht die kritisch-konstruktive Erziehungswissenschaft das Theorie-Praxis-Verhältnis aber nicht nur in Hinblick auf den Einfluss unbewusst wirksamer Alltagstheorien, Konventionen oder Vorurteile, unreflektierter Praxiserfahrungen oder Glaubensartikel, unkritisch angewandter Lehrsätze oder Methoden. Wesentlich sind ihr „ideologiekritische" Fragestellungen, die die hermeneutische Untersuchung wirksam zu ergänzen haben, damit Praktiker Entscheidungen für ihr (heil-)pädagogisches Handeln besser begründen und bewusst treffen können.

Ideologien gelten hierbei als Rechtfertigungslehren, die von den Interessen gesellschaftlich mächtiger oder privilegierter Gruppen bestimmt werden und bestehende Macht- und Abhängigkeitsverhältnisse sichern sollen. Damit haben Ideologien den Charakter eines „falschen gesellschaftlichen Bewusstseins, dessen Falschheit aus der vom Träger solchen Bewusstseins nicht durchschauten Prägung durch bestimmte gesellschaftliche Macht- und Abhängigkeitsverhältnisse resultiert" (Klafki 1994, 111). Ideologiekritik heißt sodann, „wissenschaftliche Aufdeckung der gesellschaftlichen Entstehungsbedingungen, Enthüllung der angeführten Begründungen bzw. der falschen Rationalisierungen und der Wirkung jener Deutungen, Normen, Theorien, die eine aufweisbare, von Interessen bestimmte Fehleinschätzung der gesellschaftlichen Situation und der in ihr gegebenen Handlungsmöglichkeiten zur Folge haben" (ebd., 1982, 41). Für die Heilpädagogik bedeutet dies, dass sie einerseits sich selbstkritisch die Frage nach der Geprägtheit ihres fachlichen Selbstverständnisses durch gesellschaftliche Interessen und Verhältnisse stellen muss. Das heißt, sie muss sich selbst ideologiekritisch überprüfen, inwieweit sie als Theorie und Praxis bloße Anpassung behinderter Menschen an die gegebenen gesellschaftlichen Bedingungen befördert, z.B. mit ihren defizitorientierten Methoden nur zur Reproduktion gesellschaftlicher Benachteiligung beiträgt und damit als Fürsprecherin (advocate) emanzipatorischer Prozesse versagt (hierzu auch Kondrat 1995, 412f., 417). Hierbei ist stets auch die Rolle des heilpädagogisch Tätigen, z.b. als „Gehilfe des Arztes" (Heinrichs), als Agent eines mächtigen Verbandes oder Einrichtungsbetreibers oder als Repräsentant der Sozialbürokratie, zu hinterfragen. Kondrat (1995, 415) hat dies am Beispiel eines Pflegeheims aufgezeigt. Es ließe sich mühelos auf eine Behinderteneinrichtung übertragen. „Die Bewohnerin eines Pflegeheims wird von einem ‚freundlichen' und verständnisvollen Pfleger dazu überzeugt, ihre täglichen Dosen Haldol zu ‚ihrem eigenen Besten' zu akzeptieren, während der entscheidendere Grund für die Medikamentengabe der Stellenbesetzungsplan ist. Dies ist ein Beispiel für die falsche Anwendung (misapplication) sowohl der [von Habermas herausgearbeiteten, d.A.] technischen Regeln (technology) als auch der interpersonalen Kompetenz" – nämlich im Sinne einer Ideologie. Andererseits könnte die Heilpädagogik als kritisch-konstruktive Fachwissenschaft aufzeigen, dass gesellschaftliche Erwartungen an die Berufspraxis herangetragen werden, die nicht unbedingt zum Vorteil, d.h. zur Persönlichkeitsentfaltung (geistig) behinderter Menschen oder verhaltensauffälliger Kinder und Jugendlicher gereichen müssen. Ideologiekritisch zu untersuchen wäre darüber hinaus auch der Zusammenhang von Behinderung und Gesellschaft im Hinblick auf Chancengleichheit, Integration, Kontrolle der Lebensumstände, Freiheit und mehr Autonomie für Menschen mit (geistiger) Behinderung. Heilpädagogik als Wissenschaft und Praxis muss demnach gesellschaftskritisch sein, damit Missstände, soziale Unzulänglichkeiten oder Ungerechtigkeiten abgebaut und letzthin abgeschafft werden können, weil derartige Bedingungen verhindern, dass Menschen mit (geistiger) Behinderung ihr Leben weithin nach eigenen Vorstellungen führen und in eigener Regie bewältigen, zur Erfüllung ihres mitmenschlichen Daseins gelangen und an der Gestaltung des Zusammenlebens mitwirken können. Dass derartige Ziele schon im vorigen Jahrhundert, z.b. bei den „Vätern" der Heilpädagogik J. Georgens und H. Deinhardt (1861; 1863) oder auch bei E. Seguin (1912), nachweisbar sind, beweist, dass die (wissenschaftliche) Heilpädagogik in ihren Anfängen durchaus politisch war. Auch ihr „Wissenschaftskonzept" war klar wertorientiert. Eine Heilpädagogik habe nur dort ihre humane Berechtigung, wo sie sich als kritische Theorie und Praxis für mehr Menschlichkeit, Demokratie, soziale Gerechtigkeit, Chancengleichheit und Integration verstehe und ihr Erkenntnisinteresse an die Idee der Emanzipation behinderter Menschen in einer „wahrhaft humanen Gesellschaft" (Georgens & Deinhardt) binde. Insofern erinnern wir gerne an diese Wurzeln der Heilpädagogik (Theunissen 1996), die bekanntlich zu revolutionär waren als dass sie nachhaltig wirksam werden konnten. Gemeinsamer Bezugspunkt ist das auch in der geisteswissenschaftlichen Pädagogik nachweisbare Erziehungsziel der Selbstbestimmung (Mündigkeit, Emanzipation), welches auf handlungspraktischer Ebene aber erst dann realisiert werden kann, wenn Formen überflüssiger Herrschaft, Kontrolle, Fremdbestimmung oder Versorgung, d.h. spezifische Beschränkungen im Alltagsleben behinderter Menschen aufgehoben sind. Da Selbstbestimmung, Mündigkeit oder Emanzipation keine statischen Leitbegriffe sind, sondern dynamisch, dialektisch-teleologisch gedacht und in jeder historisch-gesellschaftlichen Situation neu bestimmt werden müssen, sind Gesellschaftskritik und Veränderungsprozesse permanent zu leisten. Damit wird im Unterschied etwa zur marxistischen Orthodoxie kein ein für allemal festgelegter utopischer Endzustand postuliert, in dem die Möglichkeit der Selbstbestimmung als hergestellt und für immer gesichert behauptet wird.

Insgesamt gesehen – so möchten wir resümieren – kann die kritisch-konstruktive Erziehungswissenschaft als eine „passende" Bezugswissenschaft für eine an der Empowerment-Philosophie orientierte Heilpädagogik gelten. Von wesentlicher Bedeutung ist dabei, dass sich die Wertebasis des Empowermentansatzes mit dem pädagogischen Leitziel der Emanzipation der von Klafki (1971; 1982; 1994, 19, 44, 123) begründeten kritisch-konstruktiven Erziehungswissenschaft nahtlos verschränken lässt. Eine „direkte Verbindung" zwischen Empowerment und Emanzipation wird auch von Kondrat (1995, 414) am Beispiel der Emanzipationstheorie von Habermas (1968; 1970) aufgezeigt, die auch Klafki aufgreift. Seiner Position folgend kann Emanzipation „als pädagogisch unterstützter ‚Prozess der Befreiung und des Mündigwerdens' mit dem Ziel der ‚Möglichkeit, Fähigkeit und Motivation von Individuen oder Gruppen zur Selbstbestimmung und zur gleichberechtigten Mitbestimmung bei gesellschaftlichen (bes. auch politischen) Entscheidungen'" (Scarbath 1978, 38) verstanden werden. Damit wird Emanzipation nicht ausschließlich als ein Akt der Befreiung von gesellschaftlichen und individuellen Abhängigkeiten und Zwängen definiert (hierzu auch Mollenhauer 1968), sondern zugleich mit „zunehmender Demokratisierung" und „gerechter Verteilung von Lebenschancen" (v. Hentig 1969, 7f.) verschränkt sowie durch drei grundlegende Qualifikationen, nämlich durch „Selbstbestimmungs-, Mitbestimmungs- und Solidaritätsfähigkeit" (Klafki 1977, 28f.; 1985, 17; 1994, 52; auch Gieseke 1971, 147f.), konkretisiert, die auf ein „bestimmtes Verständnis vom Menschen" (Klafki) verweisen: „Er wird grundsätzlich als ein zu eigener Einsicht, zur vernünftigen Bestimmung seiner Handlungen, zu freier Anerkennung seiner Mitmenschen, zur Personalität fähiges Wesen verstanden, und diese Qualitäten werden prinzipiell jedem Menschen als Möglichkeit und als Recht zugesprochen" (ebd., 1971b, 264). Diese normative Grundüberzeugung entspricht ganz dem Menschenbild der Empowerment-Philosophie; und auch an anderer Stelle korrespondieren beide Konzepte, wo es explizit um Solidarität und Kooperation mit all jenen geht, denen Selbstbestimmung verwehrt wird (Klafki 1985, 45f.; 1994, 53, 111, 224ff.), und wo autonomie- und demokratiehemmende gesellschaftliche (institutionelle) Bedingungen vor dem Hintergrund eines auf Humanisierung (Veränderung) der Verhältnisse (Praxis) gerichteten Interesses aufgespürt und thematisiert werden sollen. Insofern fühlen sich sowohl die Empowerment-Philosophie als auch die kritisch-konstruktive Erziehungswissenschaft „auch in Zeiten eines konservativen Roll-Backs einer konkreten politischen Utopie verpflichtet" (Herriger 1996, 292f.; auch Klafki 1989b; c; 1990; 1994; Mc Laren 1996, 51, 66).

Wenngleich beide Konzepte zur Verwirklichung von Menschenrechten auf Solidarität, kollaborative und demokratische Partizipation setzen, scheint allerdings das Vertrauen in die Ressourcen der Betroffenen zu einer eigenverantwortlichen Verbesserung der Lebensbedingungen in der Empowerment-Philosophie größer zu sein. Dadurch, dass sie sich kompromisslos den Menschenstärken und Potentialen der Selbstaktualisierungs- und Selbstregulierungskräfte verschreibt, respektiert und akzeptiert sie zugleich stärker den Eigensinn Betroffener sowie unkonventionelle Lebensentwürfe (Pluralität); außerdem nimmt sie dabei die Risiken der Normalität und des postmodernen „Lebens im Plural" (Welsch) stärker in Kauf. Im Gegensatz dazu wird unter

Einebnung der unterschiedlichen Richtungen (historisch-materialistische, kritisch-konstruktive ...) der gesamten Erziehungswissenschaft, die sich zu Beginn der 70er Jahre als gesellschaftskritisch ausgab, Expertenmacht und -dominanz, ein Beharren auf die Richtigkeit ihrer Standpunkte und Antworten sowie eine implizite Intoleranz gegenüber anderen Sichtweisen sowie im Umgang mit Andersdenkenden nachgesagt (Brezinka 1972; Bath 1974; Scarbath 1987, 39). Tatsächlich waren dogmatische Tendenzen beobachtbar (und sie scheinen bis heute noch nicht völlig gebannt zu sein [so Mc Laren 1996, 59]), indem häufig nur vor dem Hintergrund der Kritik der Politischen Ökonomie und deterministischer Modellvorstellungen zwischen einem „richtigen Bewusstsein" und einem „falschen" unterschieden wurde. Die Vorstellung, dass pädagogische Institutionen und Prozesse in einem unilinear-kausalen Abhängigkeitsverhältnis zu ökonomischen Bedingungen stehen, entspricht allerdings nicht der Position Klafkis (1982, 45ff.), der ähnlich wie Mollenhauer (1972b, 12ff.) das Verhältnis zwischen Pädagogik und Gesellschaft als ein dialektisches begreift und damit das Moment der „relativen Autonomie der Pädagogik" (Weniger 1990a, 19ff.) nicht völlig ausgeblendet wissen will. Gerade diese relative Eigenständigkeit der Pädagogik bietet nämlich die Chance, in einer gewissen Distanz zu den gesellschaftlich-ökonomischen Einflüssen und Bedingungen die Subjektperspektive einzubinden, individuelle Sichtweisen, Wirklichkeitskonstruktionen, Bedürfnisse und Interessen anzuerkennen und ernst zu nehmen, selbstbestimmte Entwicklungsverläufe zuzulassen und zu unterstützen, Aufklärung als ein „Angebot" zur Förderung eines kritisches Bewusstsein zu begreifen und Perspektiven der Veränderung diskursiv zu verhandeln (hierzu auch Klafki 1994, 62, 113f., 285ff.). Von einer Indoktrination kann in diesem Programm nicht die Rede sein; und ebenso unzulässig wäre es, hierbei die Dechiffrierung eines „falschen Bewusstseins" als unlinearen Aufruf zu einem pädagogischen „Kampf" auszulegen. Wenngleich sich somit Klafkis Programm gegen eine absolut gesetzte pädagogische Weltanschauung (1970ff. [Bd.3], 179; auch 1985, 22) sowie gegen die unmittelbare Verbindung von „falschem Bewusstsein" mit einem absoluten Wahrheitsanspruch wendet (1982, 41), stellt sich dennoch die Frage, ob auf die Rede vom „falschen Bewusstsein" nicht gänzlich verzichtet werden sollte. Denn die Gefahr der „Besserwisserei", Manipulation und entwertenden Intoleranz gegenüber Andersdenkenden ist nicht völlig gebannt. Zudem schließt die ideologiekritische Methode mit ein, dass Aussagen nur „auf dem jeweils erreichten Entwicklungsstand der wissenschaftlichen Erkenntnis" (ebd., 41) zulässig sind, weswegen sie keinen Anspruch auf Allgemeingültigkeit ihrer Erkenntnisse außerhalb der konkret untersuchten Situation erhebt. Außerdem sollte sie als ein kollaborativ-diskursives Unternehmen aus der Betroffenen-Perspektive erfolgen. Denn nur dann kann der Gefahr wissenschaftlicher und professioneller Hybris durch eine notwendige „Selbstbegrenzung des Pädagogischen" (Krüger 1996, 246) wirksam begegnet werden. Diese Einbindung der Ideologiekritik in eine parteinehmende Praxis entspricht ganz dem Empowerment-Konzept, das ebenfalls nicht auf allgemeingültige Lösungen festgelegt ist und zu einer ideologiekritischen Problemsicht nur „anstiften" möchte (so auch Mc Laren 1996, 64, 66; Klafki 1985, 22; 1994, 113).

Folgt man dieser Argumentation, so ist letztlich ein großer pädagogischer Einheitsentwurf vom zukünftigen Menschen, wie er ursprünglich auch in der Kritischen Erziehungswissenschaft angedacht war, mit dem Empowermentansatz unvereinbar. Dadurch, dass Klafki sich zum Prinzip der „relativen Autonomie der Pädagogik" bekennt, sollte auch sein Programm der kritisch-konstruktiven Erziehungswissenschaft nicht als ein Votum für eine „überbeherrschende" Einheitspädagogik, wohl aber als ein Vehikel für eine demokratische und humane Gesellschaft verstanden werden, das sich an Bezugswerten wie Selbstbestimmung, Freiheit, Mitmenschlichkeit, Gemeinschaftlichkeit und Gerechtigkeit orientiert. Insofern lässt sich von hier aus, d.h. der Affinität zwischen Kritisch-Konstruktiver (Heil-)Pädagogik und dem Empowermentansatz, eine Verbindung zum aktuellen postmodernen Denken in der Pädagogik herstellen (Krüger 1990; Prengel 1993; Koch, Marotzki & Schäfer 1997; auch Marotzki & Sünker 1993), dem es um Anerkennung von Vielfalt und individuellen Differenzen auf dem Boden der Menschenrechte als ethische Basis (Welsch 1991; 1993; 1996; auch Theunissen 1999a, 91f.; Reese-Schäfer 1995, 65, 158) zu tun ist. Dieser Verbindungslinie begegnen wir explizit im Programm der amerikanischen „Kritischen Pädagogik", die sich zugleich dem Empowermentansatz als Paradigma postmoderner pädagogischer Praxis verschrieben hat: „Die Aufgabe, der wir gegenüberstehen, ist, die strategischen Chancen von Empowerment zu erkennen, die in den Formen der heutigen Kultur zugänglich gemacht wurden. Wenn die Linke versagt, die Wirklichkeit solcher Möglichkeiten von Empowerment zu erkennen, dann wird sie die heutige politische Krise niemals begreifen: Sie ist keine der Überzeugungen, sondern eine Energie, mit der es zu handeln gilt. Zu oft strebt die Linke danach, neue Ziele, Werte und Ethiken (moralities) für anderen zu bestimmen. Sie muss stattdessen danach streben, sich am laufenden sozialen Kampf des Populären und des Alltagslebens zu beteiligen, ein Kampf, der schon unsere Schüler, wenn nicht die Lehrer, involviert. Die Linke muss wieder Teil der Massen werden!" (Grossberg 1989, 114; auch

McLaren 1996). Ohne Zweifel wird hier eine (Rück-)Besinnung der Pädagogik auf das alltägliche Leben zum Programm erklärt, das zugleich auch auf eine Auseinandersetzung mit realen Problemlagen „als Folgeeffekte reflexiver Modernisierung" (Beck 1986; Beck, Giddens & Lash 1996) und auf eine „Entgrenzung des Pädagogischen" (Lüders, Kade & Hornstein 1995) verweist. Eine kritisch-konstruktive Heilpädagogik sollte sich nicht davor scheuen, diese Gegenwartsdiagnosen aufzugreifen und fachwissenschaftlich sowie praxisbezogen aufzubereiten. Damit würde sie sich als Bezugswissenschaft für Empowerment nicht gänzlich einem Ansatz in der Allgemeinen Pädagogik verschließen, der als Reflexive Erziehungswissenschaft (Lenzen 1992; Krüger 1996; 1997, 169, 245ff.) die aktuelle Diskussion bestimmt. Diese setzt an die Stelle „optimistischer Weltverbesserungskonzepte", wie sich noch in der Kritischen Erziehungswissenschaft anklingen, „eher eine skeptische Grundhaltung" (Krüger 1996, 246). Wegweisend ist die Auffassung, „dass eine kritisch und interdisziplinär orientierte Erziehungswissenschaft sich gegenwärtig nur noch als reflexiver Wissenschaftstypus begründen lässt. Angesichts der Dissemination des pädagogischen Wissens in den Alltag und in den Horizont biographischer Selbstkonzepte muss sich die Erziehungswissenschaft der Differenz ihrer Handlungskontexte und Wissenssysteme bewusst werden [...] und sich von dem [...] Anspruch, direkt umsetzbare Orientierungshilfen für die pädagogische Praxis zu liefern, verabschieden" (ebd., 1997, 245). Daher sollte sie in erster Linie vergangene Erziehungsprozesse, Erziehungsfolgen oder Folgeprobleme und Implikationen von (institutioneller) Bildung, Förderung oder Erziehung wissenschaftlich aufbereiten und „abschätzen", so etwa durch empirisch orientierte Untersuchungen und Analysen der pädagogisch relevanten „Schlüsselthemen" unserer Zeit (Massenarbeitslosigkeit und Armutsentwicklung mit ihren Auswirkungen auf die Lebenslagen von Kindern und Jugendlichen; neue Informations- und Kommunikationstechnologien im Hinblick auf neue Qualifikationserfordernisse; Individualisierungsprozesse mit ihren Folgen in Bezug auf Erziehung und Bildung, Formen des Zusammenlebens, Veränderungen familialer Strukturen; Erosion traditioneller Lebenszusammenhänge; Entgrenzung und Veralltäglichung des Pädagogischen ...). Die entsprechenden Forschungsergebnisse sollten allen Mitgliedern der Gesellschaft, insbesondere den Betroffenen zur Verarbeitung und Auseinandersetzung zugänglich gemacht werden (ähnlich auch Jantzen 2000b, 14). Dies könnte in einem „praktischem Diskurs" (Klafki) erfolgen, in dem zugleich auch wichtige Anregungspotentiale für ethische Maßstäbe einer pädagogischen Theorie und Praxis stecken.

KAPITEL 2: KONSEQUENZEN FÜR WISSENSCHAFT UND FORSCHUNG

Zur Bedeutung des Modells vom „Diskurs"

Zur Ermittlung, Begründung und Rechtfertigung des pädagogischen Sollens, der Erziehungsziele im Hinblick auf Emanzipation und Integration verweist die kritisch-konstruktive Heilpädagogik, so wie wir sie vertreten möchten, auf das von Habermas (1971; 1973; 1975; 1983) entwickelte Modell vom „Diskurs im herrschaftsfreien Raum". In Anlehnung an J. Habermas versteht Klafki (1982, 50f.; 1983, 277) unter „Diskurs" eine „durch Argumentation gekennzeichnete Form der Kommunikation, [...], in der problematisch gewordene Geltungsansprüche zum Thema gemacht und auf ihre Berechtigung hin untersucht werden." Ein solcher „praktischer Diskurs" könne Willkürentscheidungen, das Sich-Leiten-Lassen von unreflektierten Normen, Alltagstheorien o.ä. verhindern. Er ermögliche es, das Interesse an der Verwirklichung einer demokratisch-humanen Gesellschaft zu bestimmen (ähnlich auch Jantzen 2000b, 14) und strittige Geltungsansprüche zu klären. Auch Theorieentwürfe und Ansätze, die sich in Nachbardisziplinen als „wissenschaftlich tragfähig" erwiesen haben, könnten so kritisch ausgewertet und rezipiert werden. Erreicht werden soll letztendlich eine intersubjektive Verständigung, Verstehens- und Geltungsübereinstimmung über Normen, Zielbegründungen und -entscheidungen, Arbeitsformen und Handlungsorientierungen. Mit anderen Worten: Auch der Diskurs kommt ohne humane Grundwerte nicht aus, die es zu bestimmen gilt. Im Unterschied zur normativen (Heil-)Pädagogik wird aber nicht ein Wertsystem als verbindlich vorgegeben, sondern angestrebt wird der Diskurs als ein allgemein konsensfähiges Verfahren, mittels dessen handlungsleitende Werte, Normen und Ziele diskutiert, ermittelt und legitimiert, aber auch immer wieder neu bestimmt werden können (vgl. auch Apel & Kettner 1992). Gerade in der heutigen Zeit, in der das Kosten-Nutzen-Denken, ein radikal ökonomisch-operierendes Management im Sozialbereich sowie utilitaristisch-egoistische Werte immer mehr an Bedeutung gewinnen und die behindertenpädagogische Arbeit unter starken Legitimationsdruck gerät, gewinnt für die Heilpädagogik die kritisch-reflexive Herstellung einer „eigenen Bezugsbasis", die intersubjektiv nachvollziehbare Entscheidung für bestimmte ethische Basiswerte, eine entscheidende Bedeutung. Da niemand verpflichtet werden kann, die im Diskurs herausgearbeitete Entscheidung anzuerkennen, kann das Verfahren aber letztlich nur als Appell an die soziale Verantwortung der Wissenschaft verstanden werden. Die ideologiekritisch-hermeneutische Methode ermöglicht wohl die Überprüfung von Urteilen oder Entscheidungen, es besteht aber keine – im erfahrungswissenschaftlichen Sinne – strenge Überprüfbarkeit. Normative Übereinkünfte im Diskurs sollten deshalb als wissenschaftlich „im weiteren

Sinne" betrachtet werden. Auch wenn also die Festlegung auf ein bestimmtes Menschenbild nicht erzwungen sowie die Gültigkeit von Wertentscheidungen nicht streng bewiesen, sondern allenfalls logisch entwickelt werden kann, gibt es in unserer Gesellschaft doch einen Minimalkonsens über anthropologische Möglichkeiten des Menschseins, der in den Menschenrechten Eingang gefunden hat und der die Ausgangsbasis des pädagogischen Sollens bildet.[7] Dieser Minimalkonsens besteht darin, dass nach Galtung (2000) jeder Mensch in seiner Würde, in seinen Bedürfnissen nach Wohlbefinden, Überleben und Lebenssinn und als ein nach Freiheit (Autonomie, Emanzipation, Selbstbestimmung) strebendes soziales Wesen zu respektieren ist. Erhebliche Unterschiede stellen sich aber bereits bei der Interpretation, Präzisierung und normativen Auslegung dieser „Schlüsselbegriffe" und erst recht bei der Bestimmung ihrer (reziproken) Beziehung ein. Hier zeigt sich erneut, dass der wissenschaftliche Diskurs ohne normative Aussagen nicht durchführbar ist und ihm damit gerade in der Heilpädagogik ein hohes Maß an Verantwortung für die Theoriebildung obliegt. (Selbstverständlich ist damit nicht die Eigenverantwortung der Praktiker für ihr Handeln aufgehoben.) Der Minimalkonsens über die Möglichkeiten des Menschseins impliziert die Sinn- und Sollensfrage des heilpädagogischen Handelns, und er fordert zu einer Handlungsethik heraus, die sich im Sinne der Menschenrechte nicht gegen den Adressatenkreis der Heilpädagogik richten darf. Aufgabe des wissenschaftlichen Diskurses in der Heilpädagogik wäre damit zu überprüfen, ob es Menschenbilder und Normen gibt, die die Möglichkeiten des Menschseins (z.B. von sog. geistig schwerstbehinderten Personen) gefährden. Es wären Grundwerte im Sinne einer „anthropologischen Fundierung der Heilpädagogik" zu erarbeiten, denen als Orientierungsprinzipien handlungsleitende Funktion zukäme (z.B. der Wert der Nächstenliebe, der Wert der Unverletzbarkeit menschlichen Lebens, der Wert der gleichen Würde, der Wert der gleichen gesellschaftlichen Rechte oder der Wert der Gleichheit bei extremer Verschiedenheit). Bezugspunkt sollten die Menschenrechte sein, deren Idee

---

[7] Die Anerkennung der Menschenrechte ist u.a. auch für den postmodernen Denker J.-F. Lyotard (zit. n. Reese-Schäfer 1995, 158) unstrittig, der anstelle des Konsensbestrebens im Diskurs den „Dissens" setzt (hierzu auch Theunissen 1999a, 90ff.). Dieser repräsentiere eine „Theorie der Gerechtigkeit" gegenüber Andersdenkenden und sei daher dem Streben nach Einheit oder Übereinstimmung überlegen. Lyotards Konzept birgt allerdings die Gefahr mangelnder Verständigung, des Zerfalls von Beziehungen bei unaufgelösten Konflikten sowie einer zusammenhanglosen Pluralität, so dass integrative Momente (Kompromisslösungen, Verträge auf der Basis von Menschenrechten) zur Wahrung von individuellen und gemeinsamen Interessen unverzichtbar sind (Welsch 1991, 274f., 312f.; 1996).

keiner Rechtfertigung bedarf (Galtung 2000, 8), es könnten aber auch christliche Grundwerte mit in die Betrachtung einbezogen werden (vgl. Haeberlin 1993b; 1996; Theunissen 1997a). Haeberlins Bestimmung der Heilpädagogik als eine „wertgeleitete Wissenschaft" macht von daher Sinn (auch Speck 1998, 94f.). Solche Bezugswerte, die der erfahrungswissenschaftlichen Forschung nicht zugänglich sind, sind für das alltagspraktische Handeln, für die Motivation der heilpädagogisch Tätigen von entscheidender Bedeutung. Sie können aus dieser Bezugsbasis mit ihrer normativen Implikation Kraft schöpfen, die viele gerade für die Arbeit mit geistig schwerst und mehrfachbehinderten, an einer Demenz erkrankten oder auch verhaltensauffälligen, hochgradig hospitalisierten behinderten Menschen benötigen. Zugleich kann eine solche Basis aber auch für Forschungsprojekte eine wichtige Orientierungsgrundlage sein und den Weg zur diskursiven Verständigung und Zusammenarbeit mit betroffenen Personen ebnen. Das wiederum ist ein Beitrag zur Förderung von Empowerment.

VON DER HANDLUNGSFORSCHUNG ZUR REFLEXIVEN PRAXISFORSCHUNG

Ein in der Heilpädagogik inzwischen recht verbreiteter Forschungsansatz, der an den vorausgegangenen Überlegungen anzuknüpfen versucht, ist die sog. Aktions- oder Handlungsforschung.[8] Sie hat mit der traditionellen erfahrungswissenschaftlichen Sozialforschung im Prinzip wenig gemeinsam. „Handlungsforschung ist in ihrem Erkenntnisinteresse und damit ihren Fragestellungen von Anfang an auf gesellschaftliche bzw. auf pädagogische Praxis bezogen, sie will der Lösung gesellschaftlicher bzw. praktisch-pädagogischer Probleme dienen" (Klafki 1973, 488). Somit ist ihr erstes Ziel die Veränderung des Forschungsfeldes bzw. der Praxis im Hinblick auf Emanzipation. Es geht also nicht primär um isolierten, objektiven Erkenntnisgewinn. Vielmehr wird das gemeinsame Handeln mit den Bezugspersonen „zu einem wesentlichen Moment des Erkenntnisprozesses" (Iben 1987, 160). Handlungsforschung zielt immer auf den „parteilichen Verwendungszusammenhang" (Wagner 1997, 109) ab.
Wissenschaftliche bzw. Forschungsprojekte, die sich diesem Ansatz verpflichtet fühlen, dürfen folgerichtig ihren Adressatenkreis (hier: Menschen, die als geistig behindert gelten) nicht übergehen, ebensowenig dürfen sie

---

[8] Die Begriffe „Handlungsforschung", „Aktionsforschung", „action research" und „Praxisforschung" werden in der Literatur zumeist synonym benutzt (Wagner 1997).

sich über konkrete gesellschaftliche (lebensweltliche) Bedingungen hinwegsetzen; statt dessen müssen sie sich „selbst als Teil der Lebenspraxis" (Moser 1978, 104) verstehen, in die sie verändernd eingreifen wollen. Um dieses Ziel einzulösen, wird in der Handlungsforschung nicht mehr zwischen Forschung und Praxisfeld getrennt; das wissenschaftliche Arbeiten wird in die Praxis voll integriert, indem die wissenschaftlich Tätigen (Forscher) ihre Distanz als Experten aufgeben, sich selbst in den Forschungsprozess einbringen und die ablaufenden Aktivitäten vorzugsweise im „praktischen Diskurs" (Klafki) zusammen mit den Adressaten oder auch anderen Personen, die in dem untersuchten Praxisfeld tätig sind, evaluieren. Dies erfordert eine veränderte Beziehung zwischen Forschern, Praktikern und Betroffenen: Alle Beteiligten sind – idealtypisch gesehen[9] – gleichberechtigt, indem nicht – wie in traditioneller Forschungsmanier – ein Subjekt-Objekt-Verhältnis besteht, sondern Subjekt-Subjekt-Beziehungen statt haben. Der Forscher muss sich als Mitglied bzw. Teil der Kommunikationsgemeinschaft, aus der sich die zu erforschende Praxis konstituiert, betrachten. Er muss bereit sein, mit allen relevanten Bezugspersonen (Zielgruppen) in einen Diskurs zu treten und unterschiedliche normative Erwartungen, insbesondere das Verhältnis zwischen seinen wissenschaftlich-normativen Ansprüchen und den Sinn-Normen der relevanten Lebenswelt, abklären. Außerdem muss er bereit sein, zu kooperieren und „reale Spielräume für gemeinsame Planung und Diskussion ... offen zu halten" (Moser 1978, 149). Durch die Adressatenbeteiligung sollen Betroffene nicht mehr zu „Forschungsobjekten" degradiert, sondern als Subjekte ihres Handelns, mit ihren Problemen, Bedürfnissen und ihrer Lebensgeschichte ernstgenommen werden.[10] Damit besteht zugleich die Chance, das Verhältnis von Wissenschaft (Forschung) und Praxis zu verbessern, z.B. die „unverständliche Wissenschaftssprache und Wirklichkeitsferne wissenschaftlichen Denkens" (Bleidick 1985, 83) aufzulösen, so dass Vorbehalte Betroffener oder auch der Berufspraxis gegenüber der wissenschaftlichen Arbeit entkräftet werden können. „Der Forschungsprozess wird als ein gemeinsamer Problemlösungs- und Lernprozess verstanden, dessen Ziel darin besteht,

---

[9] König (1983, 80) weist darauf hin, dass auch in der Handlungsforschung eine „Subjekt-Subjekt-Beziehung" so pauschal nicht durchzuhalten ist (ähnlich auch Iben 1987, 158), weshalb so hohe Erwartungen an den *Diskurs mit den Betroffenen* geknüpft werden.
[10] Im Prinzip bedeutet dies, dass das Wissen bzw. die Sicht des Forschers der Betroffenen-Perspektive nicht als grundsätzlich überlegen gilt (vgl. hierzu auch Weingarten & Sack 1976).

die Lebensbedingungen der Betroffenen transparent zu machen und zu verbessern" (Kautter u.a. 1988, 67). Wichtig sind hierzu Entscheidungen, die von allen Teilnehmern gemeinsam getroffen und getragen werden können, wie z.b. die Erarbeitung von Leitprinzipien, Zielen, Handlungsorientierungen sowie die Auswahl von quantitativen oder qualitativen Forschungsmethoden. Folgerichtig besteht das zentrale Ziel von Handlungsforschung nicht darin, im erfahrungswissenschaftlichen Sinne Hypothesen zu formulieren und zu überprüfen, also „abstrakte" wissenschaftliche Erkenntnisse zu gewinnen, sondern im Dialog mit Betroffenen Emanzipations- und Demokratisierungsprozesse zu fördern. Daraus ergibt sich ein konkreter Lebensweltbezug – ein weiteres wichtiges Merkmal von Handlungsforschung (vgl. Iben 1987; Eberwein 1987b; Kardoff 1988, 75ff.). Der pädagogische Alltag (Forschungsgegenstand) soll in seiner Komplexität systematisch und sinnverstehend (hermeneutisch-pragmatisch) aufbereitet werden, um Wege zur Veränderung in emanzipatorischer Absicht zu finden. Dabei dürfen subjektive Sinndimensionen und spezielle individuelle (Lern-)Bedürfnisse ebensowenig ausgeklammert werden, wie die Zusammenhänge, innerhalb derer sich die pädagogischen Prozesse vollziehen.

Diese kurz skizzierten Merkmale der Handlungsforschung dürfen freilich nicht blind machen gegenüber spezifischen Problemen, die diesem Ansatz (vor allem den älteren Konzepten) anhaften.
Ein Problem bezieht sich auf den Aspekt der „Parteilichkeit".[11] Ein wesentliches Anliegen der Handlungsforschung ist es, dass alle am Forschungsprozess beteiligten Personen (z.b. betroffene behinderte Menschen, Mitarbeiter, Forscher) sich auf den Leitgedanken der Emanzipation Betroffener einlassen. Dies aber setzt Bedingungen voraus, die einen „freien rationalen Diskurs" und emanzipatorisches Handeln zulassen. Fehlen solche Bedingungen, so will die Handlungsforschung als „kritisches Korrektiv" hierauf aufmerksam machen und die Praxis verändern helfen – und zwar so, dass diese Änderung von allen gewollt wird. Es genügt somit nicht, Veränderungen anzustreben, die nur von einer Gruppe unter Ausschluss der Mitsprache der anderen gewollt werden. Außerdem kommt nicht jede Veränderung in Betracht, sondern es geht stets um Lösungen und Prozesse, die dem Leitgedanken der Emanzipation nicht widersprechen dürfen. Was aber geschieht, wenn solche Veränderungsprozesse nicht von allen gewollt werden (z.b. von leitenden Mitarbeitern einer Behinderteneinrichtung), wenn keine Ver-

---

[11] Parteilichkeit bedeutet, „für die Interessen und Bedürfnisse des jeweils Schwächeren, Ärmeren, Unterprivilegierten" (Gieseke 1976, 127) einzutreten.

ständigung oder normative Bezugsbasis im Diskurs hergestellt werden kann? Für die erfahrungswissenschaftliche Forschung bzw. den Kritischen Rationalismus erscheint dies als kein wissenschaftliches, sondern allein als ein ihnen äußerliches gesellschaftlich-politisches Problem. Die Handlungsforschung sowie die Kritische Erziehungswissenschaft dagegen, die eine derartige Aufspaltung als ein undurchführbares und deshalb auch unwissenschaftliches Vorgehen erachten, müssen in dieser Situation als eine „parteinehmende Instanz" ein selbstkritisches Problembewusstsein entwickeln und eine ihnen gesetzte Grenze der Möglichkeiten (an-)erkennen.

Schwierigkeiten ergeben sich darüber hinaus bei der Verwirklichung des geforderten Diskurses, der als eine Art Überprüfungs- oder Kontrollinstanz im Verlauf eines Forschungsprogramms immer wieder (fast permanent) durchgeführt werden soll, damit Fehlentwicklungen, Handlungskonzepte oder auch Sinn-Orientierungen rechtzeitig von allen Beteiligten revidiert werden können. Er ist ohne Zweifel aus der Perspektive der kritisch-konstruktiven (Heil-)Pädagogik ein gangbarer Weg zur Sinnfindung und Sollensbestimmung. „Praxisveränderung durch Forschung (also durch Erkenntnis) kann nur geschehen dadurch, dass die ‚Forschungsobjekte' in die Lage einer wissenschaftlichen Selbstreflexion ihrer Sinnorientierungen versetzt werden. Das geht nur, wenn sie ihre Situation in den Formen wissenschaftlicher Reflexion objektivieren können, also durch Teilhabe am wissenschaftlich instrumentalisierten Prozess, der durch die Forschergruppe in Gang gesetzt wurde. Das heißt aber nichts anderes, als dass die Kommunikation zwischen Forscher und Praktiker sich tendenziell der Form des Diskurses nähert" (Mollenhauer 1972a, 15). Allerdings sind die von J. Habermas geforderten „herrschaftsfreien" Gesprächsbedingungen gerade für Menschen, die als geistig behindert gelten, nur schwer, ja häufig überhaupt nicht herzustellen. Erwartet werden nämlich von jedem Gesprächsteilnehmer spezifische Diskurs-Kompetenzen, die nicht generell vorausgesetzt werden können (auch Moser 1983, 52, 56). Daher müssen im Rahmen von Forschungsprojekten, die sich auf den Bereich der Arbeit mit geistig behinderten Menschen beziehen und sich der Handlungsforschung verschreiben, alternative oder ergänzende, bescheidenere Formen der Zusammenarbeit gesucht und verwirklicht werden, die dazu geeignet sind, Menschen mit geistiger Behinderung eine Einflussnahme auf den Forschungsprozess (Sollensbestimmung etc.) zu ermöglichen. Dies kann zum Beispiel durch ein gemeinsames Tun und Erleben angestrebt werden. Indem sich dabei der wissenschaftlich Tätige in den Anderen hineinversetzt, sich dem Kunstgriff des „Nachempfindens" bedient, wird die „Erfahrung der Gegenseite" (Buber), ein „Du-Verstehen" möglich (auch Wember 1992; Jantzen 1996; 1998; 2000b; Theunissen 1999a, 195ff.); der Andere kann in seiner Subjekthaftigkeit und Potenzialität erfahren und erschlossen werden. Voraussetzung dafür ist freilich ein gewisses Maß an Distanz durch einen „reflektierten Nachvollzug", um sich im Anderen nicht emotional zu verlieren. Auf jeden Fall sollte sich angesichts der begrenzten Reichweite des Diskurses in der Arbeit mit geistig behinderten Menschen der Forscher davor hüten, in die Rolle desjenigen zu schlüpfen, der alles besser weiß, der die „Wahrheit" für sich gepachtet hat und der Weisheit letzten Schluss (z.b. das „richtige" Ziel als geforderte Norm) verkündet. Ein solches Auftreten im Namen der Wissenschaft (oder auch der Berufspraxis!) ist mit dem Empowermentansatz prinzipiell unverträglich; es verträgt sich aber auch nicht mit der Handlungsforschung (Moser 1983, 72), was anscheinend nicht selten verkannt worden war: Eine wissenschaftliche, auch „kritische Haltung darf indessen nicht mit ‚Belehrung' verwechselt werden – eine Falle, in welche die Aktionsforschung der siebziger Jahre arglos hineingetappt war" (ebd. 1995, 238). Forschung, deren Leitinteresse die Emanzipation geistig behinderter Menschen ist, genügt somit erst dann ihrem Anspruch, wenn sie sich selbst – wie schon angemerkt – der Ideologiekritik stellt, d.h. den wissenschaftlichen Aufklärungsprozess zirkulär kritisch-reflektierend auf sich selbst bezieht. Der Weg, auf dem die Ergebnisse der Sollensbestimmung, die Auswahl der Methoden und Handlungsschritte gewonnen werden, wird dadurch rational durchschaubar und nachprüfbar gemacht. Damit stehen wir „Irrationalismen", Glaubensbekundungen, Vereinnahmungsversuchen oder bewussten Verzerrungen durch Einflüsse des Forschers oder Praktikers nicht mehr hilflos gegenüber, sondern sind in der Lage, sie zu analysieren und minimieren.

Darüber hinaus muss die Leistungsfähigkeit des Diskurses und insbesondere der Methode der „kommunikativen Validierung" (Beurteilung der Daten durch Betroffene) aus einem weiteren Grunde realistisch eingeschätzt werden: „Ein Interpretament kann durchaus auch dann gültig sein, wenn es ein Betroffener vehement ablehnt. Ein psychoanalytisch gebildeter Interpret würde in solch einem Fall von Verdrängung oder von Abwehr sprechen und könnte dies mit spezifischen Figuren einer zugeschriebenen Triebdynamik interpretieren. Daher vermag eine kommunikative Validierung für die Tiefenhermeneutik nur wenig leisten" (Moser 1995, 67f.).[12]

Der vierte Kritikpunkt gilt einem methodologischen Problem, das sich beim Rückgriff auf empirisch-analytische Methoden im Zuge der Handlungsforschung ergibt. Da es ihr primär um ein „emanzipatorisches Erkenntnisinteresse" (Habermas) zu tun ist, haben die für die empirisch-analytische Forschung geltenden Gütekriterien keine oder zumindest geringere Verbindlichkeit. „Jedenfalls gilt die Verbindlichkeit solcher Regeln nur so lange, als sie den Erfolg emanzipatorischer Einflussnahme nicht behindern" (Haeberlin 1975, 668). Dies bedeutet, dass beim Einsatz empirisch-analytischer Methoden Verstöße gegen Regeln der Erfahrungswissenschaft als Möglichkeit in Betracht gezogen, ja bewusst in Kauf genommen werden. Damit aber werde – so die Kritik – die Glaubwürdigkeit bzw. die Seriosität empirisch-analytischer Forschung erheblich geschmälert, insbesondere auch ihre Zuverlässigkeit in Bezug auf eine Generalisierung von Forschungsergebnissen. Für Haeberlin steht deshalb außer Zweifel, dass „eine Gleichzeitigkeit von empirisch-analytischer Forschung und Handlungsforschung im gleichen Forschungsfeld ... als Möglichkeit auszuschließen" (ebd., 673) ist. Dem widersprechen allerdings Blankertz und Gruschka (1975). Ihrer Ansicht nach stelle zwar die pädagogische Handlungsforschung bei der Verletzung des Objektivitätskriteriums „den Gegenstand wissenschaftlicher Objektivität, den die empirisch-analytische Schule nach außen als schon definitiv entschieden verwaltet, zur Disposition" (ebd., 681). Dies aber sei nur aus dem Blickwinkel strenger empirischer Forschung ein Regelverstoß, nicht aber aus der Perspektive (ideologiekritischer) Handlungsforschung, da diese anderen Gütekriterien wissenschaftlicher Erkenntnisgewinnung den Vorzug gebe. Ähnlich argumentiert auch Moser (1978), der die vermeintliche Dignität, die der empirisch-analytischen Forschung zugesprochen wird, entschieden zurückweist: „Vom Standpunkt der Aktionsforschung jedenfalls sind die genannten Gütekriterien nicht so vertrauensvoll, als dass ihre Aufgabe unweigerlich mit einem Verlust an Wissenschaftlichkeit bezahlt werden müsste. Denn es sind nicht nur sachliche Gründe, die einer Anwendung der Gütekriterien den An-

---

[12] Diesem Problem begegnen wir zum Beispiel im Rahmen der wissenschaftlichen Begleitung von Enthospitalisierungsmaßnahmen, wenn ein gemeindeintegriertes Wohnen langzeithospitalisierter Menschen zum Programm erklärt wird, zahlreiche Betroffene jedoch die Frage nach dem Wunsch, aus der Anstalt auszuziehen, zunächst verneinen und erst nach dem Umzug die Ausgliederung bejahen. Die anfängliche Abwehr ist dann häufig Ausdruck einer „erlernten Bedürfnislosigkeit" (Theunissen) oder anstaltsbedingten Entfremdung von den eigenen Interessen, die mit Veränderungsängsten und einem ausgeprägten Sicherheitsbedürfnis einhergeht. Die „ursprünglichen" Bedürfnisse, die aktuelle subjektive Befindlichkeit und die zukünftigen Lebenspläne können in dem Falle wohl am ehesten auf tiefenhermeneutischem Wege erschlossen werden.

schein der Wissenschaftlichkeit geben. Vielmehr hat sich ein Sprachspiel herausgebildet, das automatisch das Prädikat der Wissenschaftlichkeit mit den Gütekriterien verbindet, ein bloßes Einschnappen, das auf einer Tradition der Wissenschaft beruht, die an den Universitäten automatisch weitergegeben wird. Allerdings scheint mir die Lösung nicht darin zu liegen, auf Gütekriterien an sich zu verzichten", damit zum Beispiel „über die Qualität von Daten im Rahmen des skizzierten Diskurses diskutiert werden kann" (ebd., 122).

Sieht man einmal von dieser Auseinandersetzung ab, so wird heute in der Forschung auf dem Gebiete der Pädagogik oder Sozialen Arbeit eine „flexiblere Handhabung von Untersuchungsstrategien" (Wagner 1997, 17) favorisiert und eine Methodenkombination oder -triangulation bzw. ein (verbundener) Rückgriff sowohl auf quantitative als auch qualitative Methoden in einem komplexen Untersuchungsfeld durchaus anerkannt (Krüger 1997, 239; auch Klafki 1994, 98, 137f.). Ein Zusammenwirken der beiden Forschungsmethoden scheint nicht nur möglich, sondern auch im höchsten Maße sinnvoll zu sein, um eine möglichst hohe wissenschaftliche, handlungspraktische (pädagogische) und auch sozialpolitische Effektivität zu erzielen (vgl. auch Altrichter, Lobenwein & Welte 1997, 653). Im Zusammenspiel der unterschiedlichen Zugänge und Traditionen ist ein inhaltliches Abstimmen (am besten mit allen Beteiligten) der jeweiligen Methoden oder Prinzipien in jedem einzelnen Fall vonnöten (auch Moser 1995, 127, 175, 177). Welche Prämissen zugunsten anderer aufzugeben bzw. in den Hintergrund zu stellen sind, kann nur in Anbetracht der jeweiligen Fragestellung beantwortet werden. So wie nicht jede pädagogisch-therapeutische Methode für jede Verhaltensauffälligkeit gleich gut geeignet ist, so wird auch nicht jede Forschungsmethode in allen Fällen gleich gut anwendbar sein. Die offene, dem gemeinsamen Ziel verpflichtete Diskussion der möglichen Forschungsanlagen und Methoden in jedem Einzelfall scheint die sinnvollste Variante zu sein. Dafür hatte im übrigen auch schon Klafki (1973, 490) Anfang der 70er Jahre plädiert: „Ob Kriterien ‚klassischer' Forschung eingehalten, modifiziert oder durch andere methodologische Kriterien ersetzt werden müssen, muss von der jeweiligen Fragestellung und Zielsetzung einer Untersuchung und von der Struktur des zu untersuchenden pädagogischen Feldes abhängig gemacht werden".

Darüber hinaus gibt es noch einen fünften Aspekt, der kritisch betrachtet werden muss. Er bezieht sich auf die Rolle des Forschers sowie auf das damit verknüpfte Anliegen, die herkömmliche Trennung zwischen Wissenschaft und Praxis aufzuheben. Indem der Wissenschaftler sich dem zu erforschenden heilpädagogischen Arbeitsfeld als zugehörig betrachtet, besteht die Gefahr, dass jenes Maß an Distanz zur Praxis verloren geht, welches wissenschaftlich gesehen notwendig ist, um neues Wissen aufzufinden und verallgemeinerbare Erkenntnisse zu erzeugen (vgl. Soeffner 1983, 26, 32f.; Haeberlin 1993b, 370; Moser 1995, 15). Denn Forschung soll sowohl im Dienste Betroffener operieren als auch „gesichertes" oder „besseres" Wissen hervorbringen, darstellen und vermitteln; und sie soll außerdem ein „anderes Wissen" erzeugen: „‚ungewohnte' Zusammenhänge herstellen und die Wirklichkeit als auch anders möglich beschreiben" (Beck & Bons zit. n. Haeberlin 1993b, 370). Durch eine „methodologisch reflektierte Einschränkung auf bestimmte Perspektiven, die nur durch die Distanz zur Praxis möglich ist" (ebd.), können solche Erfahrungen am ehesten gesammelt, hervorgebracht und ggf. als wertvolle Anregungen für die heilpädagogische Praxis nutzbar gemacht werden. Natürlich ist auch die Handlungsforschung eine „Innovationsforschung" (Klafki 1973, 488), indem sie nicht nur strukturelle Veränderungen befördern (z.b. Verbesserung institutioneller Bedingungen), sondern auch konkrete praktische und neue Erkenntnisse hervorbringen kann, die sich auf „reale" Lebenswelten, auf spezifische pädagogische Situationen beziehen. Gerade darin ist sie der empirisch-analytischen Forschung eindeutig überlegen. Allerdings ist es kaum möglich, die im Zuge der Handlungsforschung erzielten Veränderungen und Erkenntnisse weitreichend zu generalisieren. Denn in der Regel handelt es sich um singuläre, situationsspezifische, einmalige Erfahrungen, die als solche unwiederholbar sind und sich der intersubjektiven Überprüfbarkeit auf „strenger" empirischer Basis entziehen. Um dem Anspruch auf Wissenschaftlichkeit zu genügen, muss daher die Generalisierbarkeit bzw. die wiederholbare Überprüfbarkeit auf einer anderen Ebene gesichert werden: Zum Beispiel sind nach den Regeln der hermeneutischen Erkenntnisgewinnung sachlich-logisch, deskriptiv und eindeutig (möglichst wertneutral) aufgebaute Verlaufsprotokolle, Entwicklungsberichte o.ä. anzufertigen, die als Belege jeder prinzipiell nachprüfen kann. Die Anfertigung solcher Dokumente darf dabei keine „Privatsache" des Forschers sein, sondern sie muss im Diskurs mit anderen am Forschungsprozess beteiligten erfolgen, um subjektive Verzerrungen zu vermeiden. Streng genommen ist es nicht möglich, solche singulären Erfahrungsaussagen zu beweisen, zu widerlegen, zu verifizieren oder zu falsifizieren; was bleibt ist aber die intersubjektive Verständigung auf übereinstimmende Aussagen (i.S.v. Verstehens- und Geltungsübereinstimmung), denen dann auf dem Hintergrund des Diskurs-Verfahrens ein gewisses Maß an Glaubwürdigkeit zugeschrieben werden kann. Aber auch aus dieser Zustimmung lässt sich kaum eine Allgemeingültigkeit der Aussagen ableiten. Eine Annäherung an eine generalisierbare Theorie ist erst dann denkbar, wenn die im Anschluss an das Forschungsprojekt entwickelten Hypothesen bei vergleichbaren wissenschaftlichen Untersuchungen (Projekten) nicht widerlegt werden. Dass es sich hierbei nicht um eine exakte Wiederholbarkeit von Erfahrungen handelt, steht außer Frage. Anstelle des Prinzips der empirischen Objektivität von Erkenntnissen hat die Überprüfung praktisch bedeutungsvoller Erfahrungen Priorität. Dies bedeutet, dass in der Handlungsforschung z.T. andere wissenschaftliche Kriterien bestimmend sind als in der naturwissenschaftlich-empirischen Forschung: Anstelle des Prinzips der empirischen Objektivität und Validierung von Erkenntnissen wird somit die Überprüfung theoretisch und praktisch bedeutungsvoller Erfahrungen im Sinne einer intersubjektiven Nachvollziehbarkeit auf der Basis eines „praktischen Diskurses" als Reflexions-, Kontroll- und Evaluationsinstanz (kommunikative Validierung) verlangt (auch Haeberlin 1994, 65f., 75). Moser (1995, 122) votiert in dem Zusammenhang für die Anschlussfähigkeit als Gütekriterium seriöser Praxisforschung: „Ein Ziel von Forschung muss es sein, ihre Ergebnisse möglichst vielseitig anschlussfähig zu halten – sei es im Rahmen des Wissenschafts- oder des Praxissystems. [...] Im Gegensatz zur empirischen Methodologie [gehe es nach LeCompte und Preissle, G. T.] in der qualitativen Forschung nicht um die Generalisierbarkeit an sich [...], sondern um Vergleichbarkeit (comparability) und Übersetzbarkeit (translatability)". Beim Kriterium der Transparenz geht es um die Begründung und Offenlegung von Zielen, Arbeitsschritten und Methoden, um den Forschungsprozess für andere rational nachvollziehbar zu machen: Begründetes Vorgehen, systematisches Vorgehen und reflektiertes Vorgehen gelten damit als unverzichtbar (auch Soeffner 1983, 22f.); eine systematische Anwendung der Methoden soll u.a. anderen Forschern ein vergleichbares systematisches Vorgehen ermöglichen. Das Kriterium der Stimmigkeit (Logik) besagt, dass die Ziele und Arbeitsformen miteinander vereinbar sein müssen (Moser 1978, 124); und die Reflexion des Einflusses des Forschers bedeutet, dass die wissenschaftlich Tätigen nicht „bewusst verzerrend" zum Beispiel bei der Datensammlung und -aufbereitung auf den Forschungsprozess Einfluss nehmen dürfen. Schließlich sollen Erkenntnisse durch eine möglichst einfache, kommunizierbare Darstellungsweise der Forschungsergebnisse offengelegt werden. Auch die Ideologiekritik zählt zu einem wesentlichen Gütekriterium wissenschaftlichen Arbeitens (Moser 1978, 123f.; 1995, 116ff.): „Kritik, auch Ideologiekritik, ist eine Aufgabe der Wissenschaft, wenn sie sich vom verdeckten Dogmatismus und vom wirklichkeitsfremden Utopismus freihalten und wenn sie die unverzichtbare Pluralität der je unvollständigen Erkenntnis verteidigen will" (Speck 1998, 93).

Mit diesen Gütekriterien könnte eine „Übereinkunft über eine minimale normative Bestimmung von Wissenschaft" (Haeberlin 1993a, 176) hergestellt werden, da es sich weitgehend um universale wissenschaftliche Grundpostulate handelt. Demgegenüber hält Haeberlin (1993b; 1994, 65) seine Vorbehalte gegenüber der Handlungsforschung aufrecht und schlägt vor, diesen Ansatz durch den der „wissenschaftlichen Begleitforschung" zu ersetzen. Auch andere Forscher (Erziehungswissenschaftler) außerhalb des Lagers der Heil- oder Sonderpädagogik, die der Aktions- und Handlungsforschung im Prinzip aufgeschlossen gegenüber stehen, treten heute für eine Weiterentwicklung dieser Ausrichtung unter den Stichworten „Praxisforschung" (Heiner 1988; Moser 1995) oder „interaktive Sozialforschung" (Wagner 1997) ein. Damit soll nicht nur „eine Anpassung an den aktuellen Stand der methodologischen Diskussion" (Moser 1995, 8) erreicht werden, sondern es geht auch „um die Begründung eines wissenschaftlichen Ansatzes [...], der sich nicht auf die Funktion einer mehr oder weniger systematischen Praxisreflexion reduzieren lassen will" (ebd., 70). Diese Entwicklung ist bislang in der Heilpädagogik kaum rezipiert worden. Überhaupt hat im Lager der wissenschaftlichen Heil- und Sonderpädagogik eine kritische und weiterführende Auseinandersetzung mit der Aktions- und Handlungsforschung nur selten (Eberwein 1987a; Jantzen 2000b, 8, 10) stattgefunden. Daher tut Haeberlin (1994, 56, 59f.) gut daran, wenn er eine kritische Rezeption der Handlungsforschung in der Heilpädagogik mit Nachdruck einfordert.

Haeberlins Ansicht nach ließen sich mit dem Ansatz der „Wissenschaftlichen Begleitforschung" eher die universalen Kriterien wissenschaftlicher Erkenntnisgewinnung einhalten sowie Auflösungserscheinungen wissenschaftlichen Forschens, wie sie zum Beispiel durch die Aufhebung der Trennung von Wissenschaft und Praxis entstehen können, vermeiden. Überdies ist er davon überzeugt, dass sich die in letzter Zeit von mehreren Fachwissenschaftlern geforderte Annäherung unterschiedlicher wissenschaftlicher Konzepte, insbesondere die Verbindung empirisch-analytischer, quantitativer Methoden mit qualitativen, hermeneutischen Verfahren, in der Begleitforschung am ehesten realisieren ließe. In der Tat verspricht diese bestimmte Schwächen der Handlungsforschung zu überwinden und erscheint somit als ein zukunftsträchtiges wissenschaftliches Forschungskonzept für die Heil- oder Sonderpädagogik. Allerdings möchten wir angesichts der skizzierten Vorzüge der Handlungsforschung als „ideologiekritische Feldmethodik" zwischen beiden Ansätzen keine scharfe, unüberwindbare Abgrenzung vornehmen, sondern die Begleitforschung eher als ein aus der Kritik der Handlungsforschung hervorgegangenes, weiterentwickeltes Konzept begreifen. Diese Weiterentwicklung besteht im Wesentlichen darin, dass sie sich als „flexibles ‚Wechselspiel von Beratung und Forschung' (Schley)" zwischen „teilnehmender Nähe und objektivierender Distanz" (Haeberlin 1993b, 371f.) bewegt. Was das Beraten betrifft, so sind zum einen Formen „kooperativer Praxisberatung" denkbar (hierzu Lingg & Theunissen 2000), die analog zur Handlungsforschung auf „Hilfe zur Selbsthilfe" (Moser 1977, 24) abzielen und die nicht unbedingt wissenschaftlich sein müssen (z.b. bei situationsbezogener, praktischer Handlungsnotwendigkeit). Zum anderen geht es um ein „wissenschaftsgeleitetes Beraten" (Haeberlin), welches nicht unmittelbar heilpädagogischen Interventionen oder Maßnahmen dient, sondern im Interesse des Forschungsvorhabens auf der Basis wissenschaftlicher Erkenntnisse und Argumentation, d.h. unter Vermeidung weltanschaulicher Spekulationen und normativer Interpretationen, „gelungene Schritte, erfolgreiche Lösungen und vernachlässigte, übersehene, problematische, kritische Zonen der Konzeptgestaltung" (Schley 1989, 41) systematisch und rational nachvollziehbar analysiert, reflektiert, bewertet, begründet und hinterfragt. Um dem Anspruch der Wissenschaftlichkeit zu genügen, muss dieser Vorgang theoriegeleitet sein, d.h. unserer bisherigen Diskussion folgend sich an den Grundzügen der kritisch-konstruktiven Erziehungswissenschaft (Ideologiekritik, kritisch-zirkuläres Denken im Sinne eines Selbstbezugs) orientieren. Das reflektierende Infragestellen von Ergebnissen, Teilschritten, Handlungen, Projektphasen oder vermeintlichem Wissen ermöglicht die Auffindung spezifischer Probleme, die Überprüfung oder Änderung von Hypothesen, Theorieelementen, Prozesszielen, Arbeitsmethoden oder bestimmten Vorhaben. Somit werden zugleich spezifische Forschungsfragen aufgeworfen, neue, weiterführende Perspektiven für die Forschung eröffnet, die sich auch auf Teilaspekte oder -schritte eines komplexen Forschungsprojektes beziehen können. Folglich bestehen im Rahmen der Wissenschaftlichen Begleitforschung größere Chancen, auch neue, spezielle wissenschaftliche Erkenntnisse hervorzubringen. Dabei dürfen freilich weder die Interessen (Ziele) der pädagogischen Handlungsforschung noch die Gefahr der Entfremdung der Wissenschaft von der Praxis aus dem Blick geraten. Für Haeberlin (1993b) scheint allerdings (und dies im Unterschied zu Heiner und Moser als Repräsentanten der neueren Praxisforschung) die Generalisierbarkeit von neuen wissenschaftlichen Erkenntnissen für die Heilpädagogik den wichtigsten Stellenwert zu haben, weshalb er auf empirisch-analytische Untersuchungen nicht verzichten möchte. Dennoch hält er es für ebenso wichtig, hermeneutische Fragestellungen bzw. qualitative Methoden einzubeziehen. Da er die Gleichzeitigkeit von Empirie und Hermeneutik im Ansatz der Handlungsforschung ablehnt, favorisiert er ein Phasenmodell der Wissenschaftlicher Begleitforschung, das eine saubere zeitliche Trennung beider Methoden vorsieht (vgl. auch Haeberlin 1991).[13] Durch die zumindest zeitweise Herstellung von Situationen wissenschaftlicher Objektivität (im Sinne der empirisch-analytischen Forschung) im Rahmen eines komplexen Forschungsprojekts sieht er die Generalisierbarkeit von Ergebnissen am ehesten gewährleistet. Zugleich ist es Haeberlin aber auch um die Verwertungschancen neuer Forschungsergebnisse zu tun. Hier habe die hermeneutische Methodik ihren Platz, indem die (empirisch-analytisch gewonnenen) Ergebnisse im Hinblick auf „Forschungs- und interpretationsleitenden Wertentscheidungen", an „Soll-Vorstellungen" oder „normativen Wunschvorstellungen" ausgewertet, überprüft und derart aufbereitet werden sollen, dass Empfehlungen für eine richtungsweisende „humane" (heil-)pädagogische Praxis formuliert werden können. Zweifelsohne erinnert diese methodologische Trennung an Bleidicks wissenschaftstheoretischen Entwurf einer Behindertenpädagogik. Im Unterschied dazu geht Haeberlin (1994, 59) jedoch von einem Wissenschaftsbegriff „im weiteren Sinne" aus, indem sowohl empirisch-analytische, quantitative als auch kritisch-hermeneutische, qualitative Verfahren als wissenschaftliche Methodologie akzeptiert werden. Folgerichtig spricht er auch von einer „wertgeleiteten Forschung".

Zieht man aus den zuletzt diskutieren Positionen ein Fazit, so gibt es aus unserer Sicht keine Alternative als die Konzipierung eines um Ausgleich bemühten Forschungsansatzes. Denn alle Positionen lassen bestimmte Fragen offen und bringen spezifische Probleme mit sich. Die gemeinsame Zielsetzung im Hinblick auf Gewinnung von mehr Menschlichkeit und Verbesserung der Lebensqualität im Interesse behinderter Menschen sollte Grund genug dafür sein, versteinerte und konservative Forschungsideologien aufzugeben, um in einer gemeinsamen Diskussion und einem gemein-

---

[13] Ähnlich argumentiert auch Krüger (1997, 241) in Bezug auf quantitative und qualitative Forschungsmethoden: „Nicht in der Vermischung beider Forschungslogiken, sondern nur in der komplementären Ergänzung ist der Einsatz quantitativer und qualitativer Methoden in empirischen Untersuchungen sinnvoll und können die Erkenntnischancen beider Forschungsstrategien optimal genutzt werden."

samen Forschungsinteresse zusammenzuarbeiten. Die unterschiedlichen Ansätze und Methoden finden in diesem gemeinsamen Prozess ihren jeweiligen Platz und Stellenwert. Nicht das dogmatische Festlegen von „Spielregeln", sondern die Ermittlung des optimalen Forschungsdesigns im jeweiligen Einzelfall stellt das Ziel dieses Ansatzes dar. So finden u.a. empirisch-analytische bzw. quantitative Verfahren ebenso ihren Platz im Forschungsprozess wie qualitative Methoden bzw. die hermeneutische Forschungstradition.

Resümee

Folgt man unserer Diskussion, so sollte sich Heilpädagogik als eine „kritisch-konstruktive" Fachwissenschaft und Forschung begreifen und im Interesse von Empowerment einer doppelten Aufgabe verschreiben:
Erstens soll sie zur Verbesserung der Praxis beitragen.
Zweitens soll auch ein Beitrag zur Gewinnung neuer wissenschaftlicher Erkenntnisse oder Generierung neuer Theorien geleistet werden.
Mit diesem Anspruch (hierzu auch Moser 1995, 87f.) grenzen wir uns zugleich von Forschungsanlagen oder -konzepten ab, denen als „experimentierende Praxis" (Wagner 1997, 255) keine oder nur ein ausgesprochen geringes Maß an Wissenschaftlichkeit attestiert wird. Darunter werden Konzepte gefasst, bei denen „mehr Animation als Rekonstruktion im Mittelpunkt stehen und eher Exploration als Explikation dominieren" (ebd., 255).
Solche Ansätze sind zweifelsohne nicht unredlich, ist es ihnen doch explizit um die konkrete Verbesserung des Praxisfeldes zu tun, allerdings fehlt ihnen das notwendige Maß an wissenschaftlicher Ausrichtung mit dem Ziel, neben praxisbezogenen Innovationen auch zu einer wissenschaftlichen „Wissensbildung durch in Diskursen abgeklärtes (konsentiertes) Handeln" (255) explizit beizutragen.
Im Interesse von Empowerment soll somit Forschung für Praxis und Fachwissenschaft „nützlich" sein (z.B. als Theoriebildungsprozess zur Erzeugung „sozialer Regeln" [Wagner 1997, 102f.]). Insofern ist es uns sowohl um ein Fremd- als auch Eigeninteresse zu tun, wobei die „Erforschung von pädagogischen Innovationen" (Klafki 1974, 21) zur Lösung praktischer Probleme als gemeinsamer Bezugspunkt im Sinne einer obersten Zielsetzung betrachtet werden kann (auch König 1983a, 87). Im Unterschied zur (älteren) Handlungsforschung wird mit dieser doppelten Aufgabe zwischen Praxis und Forschung getrennt (hierzu auch Soeffner 1983, 14, 25; Moser

1995, 13f., 84f., 225), wobei die gewonnenen Ergebnisse für alle an der jeweiligen Praxis Beteiligten als auch für vergleichbare Arbeitsfelder mit gleichgelagerten Interessen (z.b. „pädagogische" Bewältigung von Verhaltensauffälligkeiten bei geistiger Behinderung in Wohneinrichtungen) hilfreich und verwendbar im Sinne der von Moser (1995, 122) postulierten Anschlussfähigkeit sein sollten (Filsinger & Hinte 1988, 64). Wie wir uns ein solches Programm vorstellen können, soll abschließend mit gebotener Kürze am Beispiel eines Forschungsprojekts zum Thema der Enthospitalisierung und Verhaltensauffälligkeiten bei Menschen mit schwerer geistiger Behinderung skizziert werden.

Beispiel eines Forschungsprojekts[14]

Dadurch, dass sich das Projekt sich nicht auf eine besonders geförderte Modelleinrichtung bezog, war die wissenschaftliche Arbeit von der Gefahr, auf Grund üblicher Förderungspraxis bloße Auftrags- oder Legitimationsforschung zu sein, befreit; die Forschungsgruppe konnte sich somit ohne Effektivitätsdruck, weithin unbefangen und unbeschwert auf Forschungs- und Praxisfragen einlassen sowie mit „Neugier" Alltagssituationen oder Handlungskonzepte erforschen. Das Eigeninteresse galt der Erprobung eines Diskursverfahrens bei der Erfassung von Verhaltensauffälligkeiten und Kompetenzen; überdies sollte die Effektivität der pädagogischen Einzelhilfe durch ästhetische Arbeitsformen sowie auf der Basis „kontrollierter" Einzelfallstudien überprüft werden. Ein solches Forschungsinteresse lässt sich freilich nur dann realisieren, wenn von seiten der Untersucher eine gewisse Distanz zum Praxisfeld gehalten wird (auch Filsinger & Hinte 1988, 57). Überdies setzt es die Unterstützung der in der Praxis Tätigen sowie die Mitarbeit der Betroffenen voraus. In diesem Projekt konnten die Betroffenen aufgrund der Schwere der geistigen Behinderung jedoch nur bedingt in die Planung und Konzeptgestaltung einbezogen werden; eine Kooperation mit der Mitarbeiterschaft war dagegen von Beginn an gegeben. Zudem sollte ja auch das Fremdinteresse berücksichtigt werden, ohne dabei die „Autonomie von Forschung" (hierzu Soeffner 1983, 38) durch mangelnde Distanz zur Praxis leichtfertig

---

[14] Die Dauer dieses Projekts (Theunissen u.a. 2000), das sich auf eine frei ausgewählte „gemeindeintegrierte Enthospitalisierungseinrichtung" mit 48 Wohnplätzen bezog, betrug zwei Jahre. Für die Forschung standen 20 Wochenstunden für eine wissenschaftliche Mitarbeiterin (Dipl.-Päd.) und 84 Stunden im Monat für wissenschaftliche oder studentische Hilfskräfte zur Verfügung. Damit war zugleich der Rahmen abgesteckt, in der sich die Forschungsarbeit bewegen konnte.

zu verspielen bzw. blindlings in den „Dienst der Institution" zu treten. Dieser Grundsatz bedeutet, dass Vorstellungen, Wünsche, Fragen wie auch Forderungen an die Forschung von seiten der Praktiker zu beachten sind (auch Altrichter, Lobenwein & Welte 1997, 652) und dass andererseits Vertreter der Praxis am Forschungsprojekt konkret mitarbeiten sollen (z.b. bei der Evaluation; Erstellung von Verlaufsprotokollen, Ausfüllen von Beobachtungsbögen; Teilnahme am praktischen Diskurs als Instanz zur Qualitätssicherung im Sinne einer kommunikativen Validierung). In unserem Falle wurden von seiten der Praktiker begleitende Unterstützungsmaßnahmen, Praxisberatung und Anregungen in Bezug auf den Umgang mit Verhaltensauffälligkeiten sowie der Förderung von Kompetenzen gewünscht. Ein besonderer Wunsch war es emanzipatorische Prozesse (Empowerment) durch Gruppenangebote modellhaft zu erkunden. Hierzu wurden, unterstützt durch zusätzliche Studenten der Rehabilitationspädagogik, in Kooperation mit Mitarbeitern der Einrichtung zwei Gruppenprojekte aufbreitet, die von der Forschungsgruppe supervidiert und evaluiert wurden. Die Mitarbeiter waren (und das galt weithin auch für die Einzelfallstudien) an einem „Erfahrungslernen im Rahmen einer induktiv vorgehenden Feldentwicklungsarbeit" (Moser 1995, 54) interessiert. Den Studenten wurden Möglichkeiten offeriert, sich nicht nur in der Praxis zu „bewähren", sondern sich „im Sinne einer Vorstufe zu wissenschaftlichem Handeln" (ebd., 214) auch mit wissenschaftlichen, forschungsmethodischen Fragen auseinanderzusetzen und damit „eine Haltung der Neugier und Offenheit gegenüber den Problemlösungsversuchen der Wissenschaft zu entwickeln" (ebd., 215). So gab es in dem Falle zwar ein „experimentierendes Handeln" im Sinne einer „Outdoor-Didaktik" (Wagner 1997, 255), die jedoch im ersten Gruppenangebot (ein sog. Fahrradprojekt) eine reflektierte Begleitung und mehrperspektivische Aufbereitung erfuhr. Damit war dieses Teilprojekt im Endeffekt mehr als eine bloße „durchreflektierte Praxis" (König 1983a, 86); und das zweite Gruppenangebot (eine sog. Selbstvertretungsgruppe) entsprach weitgehend dem, was mit Blick auf Iben (1987, 160, 162) als innovative und reflexive Praxisarbeit (i.S.e. forschenden Handelns, das der Praxis unmittelbar zugute kommen soll [hierzu auch Wagner 1997, 192]) charakterisiert werden kann. Altrichter, Lobenwein und Welte (1997, 642) zufolge könnte hier auch von einer „Forschung im Kontext der Praxis" gesprochen werden, da durch gemeinsames Handeln von Forschern, Praktikern und Betroffenen die Situation und Handlungsmöglichkeiten der behinderten Menschen untersucht und weiterentwickelt wurden.
Insgesamt gesehen wurde in dem Projekt die breite Methodenvielfalt genutzt, wie sie derzeit aus der quantitativen und qualitativen Sozialforschung angeboten wird. Daher kamen verschiedene Verfahren zur Anwendung,

z.b. systematische Beobachtungen, strukturierte Fragebögen zur Ermittlung quantitativer Grunddaten, statistische Auswertungen, Interviews, Formen einer systemischen Beratung und eines praktischen Diskurses (kommunikative Validierung), kontrollierte Einzelfallstudien mit Versuchsplänen aus der klinischen Forschung, Analyse von Verlaufsbeschreibungen und Dokumentationen sowie diskursive Evaluationsinterviews mit Betroffenen und Mitarbeitern. Die Methodenauswahl richtete sich dabei stets auf die jeweilige Fragestellung und die einzelnen Vorhaben. Ferner kam es uns darauf an, den methodischen Aufwand für die Praktiker weithin in Grenzen zu halten, um nicht das Praxisfeld zu überfordern. Zudem ließ es die Personalsituation nicht zu, die Zeit für systematische (nicht-teilnehmende) Beobachtungen, Reflexionsgespräche und Evaluationsarbeit großzügig zu bemessen. Es war eine Anpassung der an das Forschungsprojekt gestellten Ansprüche an die „Realität der Praxis" notwendig. Ebenso mussten die von uns zur Verfügung stehenden Möglichkeiten (Arbeitszeitvolumen) mitbeachtet werden. Dies zwang uns zu einer Selbstbeschränkung der Forschungsarbeit.[15] Aus der Fülle an Möglichkeiten, die üblicherweise Drittmittel-Projekte auf der Basis von Praxisforschung (Heiner 1988; Moser 1995; Wagner 1997) zulassen, wurden folgende Arbeitsschwerpunkte und Aufgabenbereiche ins Auge gefasst:

- Offenlegung (Dokumentation) des Vorverständnisses der Forscher in Bezug auf „Schlüsselbegriffe" des Projektes: Enthospitalisierung, lebensweltbezogene Behindertenarbeit, Verhaltensauffälligkeiten/Psychische Stö-rungen (unter besonderer Berücksichtigung der Auswertung aktueller Fachliteratur und einschlägiger Studien);
- Bestandsaufnahme der Institution (Struktur, Organisation, Größe, Konzepte ...) durch zusammenfassende beschreibende Auswertung des vorhandenen Materials (Konzeptpapiere; Interview mit der Einrichtungsleitung) und ideologiekritische Reflexion (Frage nach „Umhospitalisie-

---

[15] Zu bedenken sind in dem Zusammenhang auch generelle Probleme, die ein Einsatz von Studenten in Forschungsprojekten beinhalten kann. Handlungsforschungsprojekte haben gezeigt, dass es besonders schwierig ist, das konkrete Untersuchungsfeld bzw. die Problematik der Praxis sachgerecht aufzunehmen, „wenn relativ unerfahrenes Personal (Studenten, Assistenten) die Praxis mit wenig Sensibilität für deren eigene Anliegen ‚überfährt'" (Moser 1995, 92). Da wir es in unserem Projekt weithin mit unerfahrenen Personen zu tun hatten, wurde der Aspekt der Zusammenarbeit von Praktikern und Studenten in unserer Mitarbeiterbefragung gegen Ende der Maßnahme aufgegriffen und evaluiert.

rung") vor dem Hintergrund aktueller Enthospitalisierungsmaßnahmen in deutschsprachigen Ländern;

- Grunddatenerhebung in Bezug auf Verhaltensauffälligkeiten und Kompetenzen der einzelnen Bewohner mittels Fragebögen (unter besonderer Berücksichtigung von Einzel- und Teammeinungen; implizite Erprobung eines Diskursverfahrens; Auswertung der Bögen über SPSS-Windows);
- Programmentwicklung für Projektmaßnahmen und Prozessforschung in Zusammenarbeit mit Mitarbeitern (vor dem Hintergrund einer Bedarfsanalyse im Hinblick auf die ermittelten Verhaltensauffälligkeiten und Kompetenzen);
- Durchführung, Dokumentation und Evaluation von zwei gruppenbezogenen Projektmaßnahmen als Beitrag für eine modellhafte Praxis im Kontext lebensweltbezogener Behindertenarbeit (in dem Falle sollte die Forschung insbesondere Motor für individuelle und kollektive Entwicklungs- sowie institutionsbezogene Innovationsprozesse sein; dazu wurden Einschätzungen aus verschiedenen Subjektperspektiven gewichtet);
- Durchführung, Dokumentation und Evaluation von Einzelfallstudien (zum Teil durchgeführt als quasi-experimentelle Einzelfallforschung; zum Teil durchgeführt als unkontrollierte Fallstudien[16] auf der Basis von Praxisberatung);
- Erhebung von spezifischen Verhaltensauffälligkeiten, Kompetenzen durch systematische Beobachtung mittels Beobachtungsbogen durch Gruppenmitarbeiter (Auswertung mittels SSPS-Windows; Analyse der Daten);
- Durchführung einer zweiten (abschließenden) Erfassung von Verhaltensauffälligkeiten/Kompetenzen (i.S.e. Vorher/Nachher-Untersuchung entsprechend der eingangs genannten Grunddatenerhebung);[17]

---

[16] Aus rein äußeren Gründen war eine Hinzuziehung von einem zweiten Beobachter bei einigen der dokumentierten Einzelfallstudien nicht möglich gewesen (kritisch hierzu auch Moser 1995, 150, 210ff.). Um die „Neutralität" zu erhöhen, wurden die konkreten Erfahrungen soweit es ging stets im Nachhinein mit Mitarbeitern reflektiert. Zudem wurden direkt nach der Einzelarbeit Gedächtnis- und Verlaufsprotokolle angefertigt.

[17] Die Ergebnisse, die solche Vergleiche hervorbringen, müssen allerdings mit besonderer Vorsicht betrachtet werden, da sie nie eindeutig auf pädagogische oder therapeutische Maßnahmen einer Einrichtung zurückgeführt werden können; daher sollten die Ergebnisse aus Vorher/Nachher-Untersuchungen stets auch analytisch bzw. im praktischen Diskurs aufbereitet werden.

- Durchführung und Auswertung einer anonymisierten Befragung von Mitarbeiterinnen und Mitarbeitern im Hinblick auf Zusammenarbeit mit Studenten und Vertretern des Forschungsprojektes, Arbeitszufriedenheit, Betriebsklima, Praxisprobleme und Wünsche.

Dieses Programm entsprach weithin den Vorstellungen der Praktiker wie auch unserem Forschungsinteresse, wenngleich wir uns eine verstärkte und „vertiefte" Hinwendung zum Alltag (z.B. durch Erfassung von Interaktionen, Interaktionsanalysen und Alltagsanalysen), einen größeren Raum für praxisbezogenes und wissenschaftsgeleitetes Beraten sowie zur Erkundung der Methode des „einfühlenden Verstehens" zur Bewältigung von Praxisfragen (Abbau von Verhaltensauffälligkeiten; Förderung von Kompetenzen) gewünscht hätten. Leider mussten wir darauf aber aus rein äußerlichen Gründen ([zeitliche] Überforderung der am Forschungsprojekt beteiligten Personen) verzichten.

Fragt man abschließend nach der Wissenschaftlichkeit des hier vorgestellten Forschungsprojektes, so kann mit Wagner (1997) der Nachweis erbracht werden, dass die Gesamtkonzeption weithin Kriterien erfüllt, die als Indikatoren für Wissenschaftlichkeit gelten. Denn Wagners Verdienst ist es, in Anlehnung an Kuhn (1976; 1977) eine disziplinäre Matrix entwickelt zu haben, nach der Forschungsprojekte in Bezug auf ihren wissenschaftlichen Anspruch und Charakter beurteilt werden können. „Einem Forschungskonzept ist Wissenschaftlichkeit dann zuzuschreiben, wenn die disziplinäre Matrix – die konzeptionelle Struktur des Forschungsmusters – ausgewiesene substantive und syntaktische Strukturen enthält, wobei die Elemente der Strukturen durch symbolische Verallgemeinerungen, Werte, Modelle und Musterbeispiele charakterisiert werden" (ebd., 72). Im Folgenden haben wir nun versucht, das skizzierte Forschungsprojekt in dem von Wagner entworfenen „Erhebungsbogen einer disziplinären Matrix" einzutragen (vgl. Abb.).

KAPITEL 2: KONSEQUENZEN FÜR WISSENSCHAFT UND FORSCHUNG

Abbildung: Protokollbogen für die disziplinäre Matrix (nach Wagner 1997, 140)

Struktur	Element	Kategorie	Konzeptaussage
substantivische	Symbolische Verallgemeinerungen	Theorie	Systemökologischer Ansatz
		Konzeptbegriff	reflexive Praxisforschung
		Definition	
		Forschungsansatz	partikularistisch
		Forschungsinteresse	long-term und short-term Interesse
		Forschungsziel	Theoriebildung sozialer Regeln und Praxisarbeit
	Werte	Veränderungsinteresse	Emanzipation/Empowerment
		Veränderungsziel	ergebnis- und prozessorientiert
		Verwendungszusammenhang	parteilich
	Modelle	Theoretisches Modell	epistemologisches Subjektmodell
		Methodologisches Modell	deskriptiv, instrumentenorientiert, rekonstruierend-dialogisch
		Methodisches Modell	Phasenmodell
syntaktische	Musterbeispiele	Untersuchungssituation	genuin
		Untersuchungsplan	mehrperspektivisch
		Untersuchungsbeziehung	kooperativ
		Regelprinzip	Methodentriangulation
		Regelkriterien	intersubjektive Nachvollziehbarkeit, Transparenz, Stimmigkeit, Distanz, Verantwortung, Erprobung durch die Praxis, ethische Vertretbarkeit
		Lösungsprinzip	dialogisches Prinzip (Diskurs)
		Lösungskriterien	reflexive Verfahren (kommunikative Validierung; empirische Validierung, statistische Überprüfung)

Legende

Die Kategorien der disziplinären Matrix sind von Wagner in Anlehnung an Schwab (zit. in Wagner 1997, 62ff.) und Kuhn (1976; 1977) entworfen worden. Unter „substantivischer Struktur" wird die „materielle Basis" eines wissenschaftlichen Konzepts gefasst und die „syntaktische Struktur" kennzeichnet die Art der Validierung, Kriterien der Lösungsschritte, die Methodik u. dgl. „Symbolische Verallgemeinerungen" beziehen sich auf „generalisierte Aussagen des Konzepts ..., die häufig Gesetzes- und Definitionsfunktion haben" (Wagner 1997, 91); hierzu zählen unter anderem Bezugstheorien, das Forschungskonzept, der Forschungsansatz (z.b. die Frage nach „partikularistischem" oder „ganzheitlichem" Vorgehen), das Forschungsinteresse (z.b. Frage nach Voraussetzungen stabiler Verhältnisse [short-term] oder nach Möglichkeiten der Veränderung [long-term]) sowie das Forschungsziel (z.b. die Frage nach Aufstellung von „Gesetzesaussagen" oder „sozialen Regeln"). Unter dem Element der „Werte" soll das „soziale Forschungsverhalten" (ebd. 103f.) erfasst werden, im einzelnen geht es dabei um das Veränderungsinteresse im Anwendungsbereich einer wissenschaftlichen Theorie oder im Kontext des Untersuchungsfeldes (Emanzipation; Demokratisierung), um die Ziele geplanter Veränderungen (z.b. durch Überprüfung von Theorien konkrete Ergebnisse erzielen; oder Prozesse erhellen) und um den Verwertungsaspekt (Frage nach der Verwendung der Ergebnisse, nach dem Nutzen von Wissenschaft [hierzu auch Moser 1995, 28f.]). „Modelle geben ... der wissenschaftlichen Gemeinschaft eine gemeinsame Bindung an bestimmte Auffassungen und Festlegungen" (Wagner 1997, 109): theoretische Modelle sollen „die Beziehungen des Menschen zur Wirklichkeit ausdrücken" (112), hier wären zwei Hauptgruppen zu unterscheiden: das sog. behaviorale Subjektmodell (i.S.d. Behaviorismus) und das sog. epistemologische Subjektmodell (i.S.d. symbolischen Interaktionismus); die Kategorie des „methodologischen Modells" fragt nach dem methodischen Apparat, den methodologischen Ansätzen (z.b. instrumentenorientiertes Falsifikationsmodell oder Konsensmodell auf der Basis eines Diskurses), und durch die Kategorie des „methodischen Modells" sollen die Handlungspläne des wissenschaftlichen Vorgehens erfasst werden (z.B. Phasenmodell: Informationssammlung, Auswertung im Diskurs und Erarbeitung einer Handlungsstrategie, Handeln im sozialen Feld; neue Informationssammlung, erneute Auswertung usw.). Das vierte Element der „Musterbeispiele" bezieht sich auf die konkrete Durchführung und damit auf Fragen wie (ebd., 118ff.): „wo findet die Forschung statt?" (Untersuchungssituation), „wie wird an die Fragestellungen herangegangen?" (Untersuchungsplan), „wie ist das Verhältnis

Forscher – Bezugspersonen gestaltet?" (Untersuchungsbeziehung), „welche Methoden werden angewandt?" (Regelprinzip), „welche Gütekriterien gelten?" (Regelkriterien), „auf welchem Weg werden wissenschaftliche Aussagen [vorrangig] nachgewiesen [z.B. methodisch oder argumentativ-dialogisch]?" (Lösungsprinzip) und „welche Prüfkriterien sollen die Aussagen sichern?" (Lösungskriterien).

Kapitel 3: Konsequenzen für Schule und Unterricht

> Unser drittes Kapitel befasst sich mit der Frage nach der Bedeutung des Empowermentansatzes für Schule und Unterricht. Da dieses Thema im angloamerikanischen Sprachraum eine prominente Rolle spielt, haben wir uns weithin an Entwicklungen der „special education" (Sonderpädagogik) in den USA und Großbritanniens orientiert. Zugleich wurden aber auch Verbindungen zur hiesigen Schulpolitik hergestellt und bildungstheoretische Überlegungen aufgegriffen, die wir im deutschsprachigen Raum als wegweisend betrachten. Unser Beitrag setzt vier Schwerpunkte: Zunächst wird die Rolle betroffener Eltern herausgestellt und diskutiert, denn die Vernachlässigung von Elterneinflüssen würde dem Thema „Empowerment und Schule" nicht gerecht. Des weiteren werden Impulse aus der hiesigen Bildungsdebatte für ein schulisches Empowerment-Konzept aufbereitet und fruchtbar gemacht. Fragen der Förderung von Empowerment im Unterricht bis hin zu konkreten Beispielen und Anregungen für die schulische Praxis bilden den Schluss.

EMPOWERMENT UND SCHULE: ZU DEN MITWIRKUNGSMÖGLICHKEITEN, RECHTEN UND AUFGABEN VON ELTERN BEHINDERTER KINDER

Elternmitsprache am Beispiel USA

Einen ersten und wichtigen Zugang zum Thema „Empowerment und Schule" gewinnen wir mit Blick auf Initiativen in den USA, die vor etwa 30 Jahren insbesondere von Eltern behinderter Kinder ausgegangen waren (Pizzo 1983; Dybwad 1985, 23, 30; Turnbull & Turnbull III 1997, 4f.; Beirne-Smith, Ittenbach & Patton 1998, 433f.; auch Jülich 1996, 52, 54; Ficker-Terrill & Rowitz 1999, 33). Zum einen wandten sich betroffene Eltern recht erfolgreich gegen die Gepflogenheit der Fachwelt und helfenden Instanzen, ausschließlich im Lichte von Hilflosigkeit oder Inkompetenz betrachtet und behandelt zu werden (vgl. hierzu auch Kapitel 5). Zum anderen wurden im Rahmen dieser Empowermentkampagnen erste Fundamente eines politischen Kampfs gegen Aussonderung, Ausschluss vom Schulbesuch, Diskriminierung und Benachteiligung gelegt und Chancengleichheit für Menschen mit Behinderungen und eine Demokratisierung des Bildungswesens eingefordert (Dybwad 1985, 31; Turnbull 1986; Turnbull & Turnbull III 1997, 2ff., 9; Beirne-Smith et al. 1998, 313). Zwei bedeutsame US-Bundesgesetze, das Public Law (PL) 94-142 und das PL 99-457, gehen weithin auf das Konto dieser Elternaktionen. Mit dem PL 94-142 hatte im Jahre 1975 der Gesetzgeber eine kostenlose Beschulung aller behinderten Kinder sowie ein umfassendes Mitspracherecht der Eltern als gleichberechtigte Partner der Professionals festgelegt (Anderson, Chitwood & Hayden 1990, VIIff.; Opp 1993, 16ff., 40, 114, 118). Außerdem wurden mit den Gesetz Weichen für eine schulische Integration gestellt. 1986 wurde das PL 99-457 verabschiedet, welches spezielle Hilfen einer Frühförderung und vorschulischen Erziehung regelt und ebenfalls elterliche Mitwirkung und Mitbestimmung vorsieht. Mit dem 1990 verabschiedeten PL 101-476 „Individuals with Disabilities Education Act" (IDEA) wurden beide Gesetze noch einmal erweitert und fortgeschrieben, indem neben dem Grundsatz der Beschulung in einem sog. „least restrictive environment" individualisierte „Übergangshilfen" zum Leben in der Gesellschaft (transition services [incl. jobcoach]; individualized transition plan [ITP]) rechtlich verankert wurden (Anderson et al. 1990, XIV; Westling & Fox 1995, 46f.; Beirne-Smith et al. 1998, 50, 314f.). Am Beispiel des PL 94-142, welches durch den Amerikanischen Kongress (Bundesregierung) finanziell abgesichert und für alle staatlichen Erziehungs- und Bildungseinrichtungen (Schule) verpflichtend ist, wollen wir kurz aufzeigen, welche Mitwirkungsmöglichkeiten, Rechte und Aufgaben Eltern behinderter Kinder in den USA haben. Unsere Ausführungen orientieren sich an dem von Anderson, Chitwood & Hayden (1990) vorgestellten Leitfaden, der vor dem Hintergrund der Maxime „Eltern als Experten in eigener Sache" (A. Turnbull) nicht nur für den schulischen Bereich, sondern zugleich auch für Frühförderung und vorschulische Erziehung wertvolle und wegweisende Anregungen bietet (hierzu auch Turnbull & Turnbull III 1997, 226f., 234ff.). Anderson und Mitarbeiter schlagen elf Schritte vor, nach denen Eltern vorgehen sollten, wenn sie sich spezielle Bildungsangebote oder Hilfen für ihr Kind wünschen:

- *Erster Schritt: Sich einen Überblick über das gegebene Erziehungs- und Bildungssystem verschaffen*
Eltern sollten wissen, welche Schultypen, Förderangebote und Dienste vor Ort vorhanden sind und welche Ideologie und Richtlinien für pädagogische Maßnahmen (Unterricht, spezielle Erziehung) Geltung haben. Desto ver-

trauter Eltern das vorhandene System ist, desto besser können sie ihre Interessen wahrnehmen (z.B. auch im Hinblick auf Schulwechsel).

- *Zweiter Schritt: Sich über Namen, Funktionen und Anschriften relevanter Bezugspersonen erkundigen*
Die Erstellung eines Gutachtens, die Entscheidung über spezielle Hilfen sowie deren Planung und Durchführung ist an mehrere Gremien und Fachleute gebunden. Um zu wissen, mit wem man es jeweils zu tun hat, sollten sich Eltern einen Überblick über die „Schlüsselpersonen" verschaffen.

- *Dritter Schritt: Das betreffende Kind systematisch beobachten*
Um Stärken, Bedürfnisse, Kompetenzen, Alltagshandlungen, Sozialverhalten, Entwicklungspotentiale, Lernverhalten u. dgl. zu erkennen, sollten Eltern ihr Kind mehrmals täglich für einen begrenzten Zeitraum in unterschiedlichen Situationen gezielt beobachten. Hierzu gibt es einen speziellen Leitfaden, der sich auf vier Fragenkomplexe bezieht (vgl. ebd. 19f., 24):
- Was soll beobachtet werden? (z.B. Problemlöseverhalten)
- Interaktionsgefüge (z.B. Kind-Bezugsperson; Geschwister)
- Wo soll beobachtet werden? (z.B. zu Hause, Nachbarschaft, Spielgruppe)
- Wann soll beobachtet werden? (z.B. beim Anziehen, bei den Schularbeiten)

- *Vierter Schritt: Die Beobachtungen systematisieren und auswerten*
Zur Aufbereitung der Beobachtungen werden sieben Bereiche vorgeschlagen, die ggf. erweitert werden können und sich weitgehend mit gängigen pädagogischen Klassifikationssystemen decken (vgl. 22ff.):
- Bewegung/körperlicher Bereich
- Kommunikation
- Interaktion/Sozialverhalten/soziale Beziehung
- Selbstkonzept/Autonomie
- Wahrnehmung
- Kognitive Fähigkeiten (thinking skills)
- Individueller Lernstil

- *Fünfter Schritt: Weitere Informationen über das Kind sammeln*
Neben den eigenen Beobachtungen sollten noch weitere Informationen eingeholt werden (z.b. über Gespräche mit Großeltern, Nachbarn, Bekannten; über Photoalben, Familienvideos etc.; bei außerfamiliären Unternehmungen).

- *Sechster Schritt: Zusammenfassende Schlussfolgerungen über Lernverhalten und Entwicklungsmöglichkeiten ziehen*
Hierzu sollen zum einen auf einem Arbeitsblatt drei „skills" (Verhaltensweisen, Fähigkeiten oder Fertigkeiten) aufgelistet werden, die das Kind kürzlich erlernt hat; eine Handlung, die es mit Hilfe ausführen kann; drei „skills", die es gerade erlernt; eine Handlung, deren Aneignung ihm besondere Schwierigkeiten bereitet; eine Handlung, die es nach Ansicht der Eltern in den nächsten sechs Wochen erlernen soll (vgl. 29). Zum anderen soll dementsprechend in den einzelnen Entwicklungsbereichen (Bewegung ...) aufgelistet werden, was das Kind kann, was es gerade im Begriff ist zu erlernen und was es innerhalb von sechs Monaten lernen könnte (vgl. 35).

- *Siebter Schritt: Antrag stellen auf Begutachtung des Kindes*
Erst nach einer solchen (stärkenorientierten) Reflexion sollten Eltern den Antrag auf „special education" stellen, dem per Gesetz nachgegangen werden muss. Natürlich hat auch die Schule hierzu ein Recht, wenn sie zum Beispiel im Unterschied zu Eltern eine sonderpädagogische Förderung für notwendig hält. Die Begutachtung erfolgt in der Regel durch eine dreiköpfige Kommission (Vertreter der [Allgemeinen] Schule; Vertreter der Schulbehörde; schulpsychologischer oder sonderpädagogischer Dienst), zu der noch weitere Spezialisten (z.b. Mediziner) herangezogen werden können (vgl. 48; Beirne-Smith et al. 1998, 326ff.). Kernstück der Begutachtung ist die Erfassung eines individuellen Unterstützungsbedarfs unter Berücksichtigung des aktuellen Entwicklungsniveaus (level of performance), zukünftiger Bedürfnisse (needs) und des Grundrechts auf ein gesellschaftliches Leben (community living). Bemerkenswert ist, dass die Gesetze nahelegen, auch individuelle Stärken zu erfassen, um Diskriminierung zu vermeiden (Anderson et al. 1990, IX).

- *Achter Schritt: Das Gutachten zusammen mit einer sog. Entscheidungskommission evaluieren und beraten*
Für betroffene Eltern bestehen bei der Begutachtung ihres Kindes Mitsprachemöglichkeiten und es muss ihnen Gelegenheit gegeben werden, an der

Beratung über eventuelle Fördermaßnahmen teilzunehmen (Jülich 1996, 72f.). Die endgültige Entscheidung obliegt einer hierzu eigens einberufenen Fachkommission, deren Aufgabe es ist, die Ergebnisse der Begutachtung mit relevanten Behinderungsdefinitionen zu vergleichen, die in der jeweiligen Gemeinde (bzw. Bundesland) amtlich sind. Erst bei Übereinstimmung des Entwicklungsniveaus und individuellen Unterstützungsbedarfs mit einem entsprechenden Behinderungsbegriff wird eine „special education" gestattet. Insofern hat sich trotz berechtigter Kritik auch in den USA der Behinderungsbegriff keineswegs überflüssig gemacht; im Gegenteil, als methodisches Hilfsmittel scheint er sogar unverzichtbar zu sein, wenn ein Rahmen für spezielle (sonderpädagogische) Dienste und Systeme abgesteckt werden soll, der zusätzliche Kosten nach sich zieht, die staatlicherseits voll aufzubringen sind (vgl. ebd., 123f.).

- *Neunter Schritt: Bei Meinungsverschiedenheit vom Einspruchsrecht Gebrauch machen*

Sind Eltern mit der Begutachtung und Auswertung nicht einverstanden, können sie Widerspruch einlegen und einen „due process" (Anhörungs- und Schlichtungsverfahren) beantragen (vgl. hierzu auch Schimmel & Fischer 1987). Hierzu muss ihnen grundsätzlich Einsicht in sämtliche Unterlagen über Begutachtungs- und Entscheidungsprozesse gewährt werden. Außerdem haben sie das Recht, einen unabhängigen Fachmann als „Gegengutachter" sowie einen Anwalt hinzuzuziehen, der ihre Interessen bei der Anhörung vertreten darf. Ein „due process" kann auch dann beantragt werden, wenn Eltern den Eindruck haben, dass die Schulbehörde die im PL 94-142 festgelegten Aufgaben nicht ordnungsgemäß erfüllt (Anderson, Chitwood & Hayden 1990, 169f.). Insofern ist „die Bedeutung, die der Gesetzgeber dem Anhörungs- und Einspruchsrecht der Eltern zum Schutz der Rechte ihrer behinderten Kinder einräumte, ... kaum zu überschätzen" (Opp 1993, 32). Freilich haben auch die Schulen oder deren Behörden das Recht auf Einspruch und Anhörung, wenn Eltern ihre Zustimmung verweigern bzw. keine Übereinstimmung statthat. Der „due process" wird von einer „unparteiischen" Person, einem sog. „hearing officer" (häufig Jurist), geführt, dessen Entscheidung endgültig ist, wobei beiden Parteien grundsätzlich noch der Weg vor (höchste) Gerichte offensteht. Die jeweils unterlegene Partei muss grundsätzlich für alle entstandenen Kosten aufkommen (einschließlich der Anwaltsgebühren der anderen Partei). Deshalb sollten nach Anderson, Chitwood und Hayden (1990, 183ff.) Eltern nur bei Aussicht auf Erfolg einen „due process" anstreben.

- **Zehnter Schritt: An der Erstellung eines „individuellen Erziehungsprogramms" (IEP) mitwirken**

Kernstück des PL 94-142 ist das „individualized education program" (IEP), das nach Bekanntgabe der Genehmigung einer „special education" innerhalb von 30 Tagen in schriftlicher Form vorliegen muss. Das Gesetz sieht vor, dass Eltern, die zuständigen Lehrkräfte und nach Möglichkeit auch die Betroffenen gemeinsam als gleichberechtigte Partner das IEP erstellen sollen (Gillespie & Turnbull 1983; Westling & Fox 1995, 37; Turnbull & Turnbull III 1997, 12; Beirne-Smith et al. 1998, 331). Ausgangspunkt des IEP, das der Regel 2-3 Seiten umfasst (Jülich 1996, 85, 155), ist die gutachtliche Beschreibung des Kindes, wobei nicht nur dessen Stärken, aktuelle Handlungskompetenz, Lernstil und Entwicklungsmöglichkeiten, sondern ebenso Umweltstärken und -hemmnisse (environmental strengths and limitations) zur Bestimmung pädagogischer Ziele fokussiert werden sollen (ebd., 330; Anderson et al. 1990, 96). Damit wird einer Konzentration auf Defizite unmissverständlich eine Absage erteilt (auch Sebba, Byers & Rose 1995, 7; Jülich 1996, 89).

Nach Anderson, Chitwood und Hayden (1990, 94f.) sollten Eltern bei der Erstellung des IEP grundsätzlich die Chance nutzen, ihre Sichtweisen (vgl. auch sechster Schritt) einzubringen. Bemerkenswert sind in dem Zusammenhang die Vorschläge des Autorenteams über die Darstellung pädagogischer Ziele (vgl. 98ff.). Anstelle globaler (vollmundiger) Setzungen (Steigerung von Selbstvertrauen; Verbesserung von Kommunikation...) sollten stets vor dem Hintergrund von fünf Leitfragen (Wer soll was erreichen? Was soll er tun? Wie, wo und bis wann soll er es erlernen?; wir sollten noch die Frage „warum?" ergänzen, G.T.) konkrete lang- und kurzfristige Zielaussagen erarbeitet werden (z.B.: Peter soll im Rahmen einer Therapie außerhalb seiner Klasse bis zum 30. November des Jahres zwanzig Zeichen einer Gebärdensprache erlernen, um dadurch seine Wünsche besser mitteilen und mit anderen besser kommunizieren zu können).

Unmittelbar verknüpft mit der inhaltlichen Programmplanung sind Fragen nach Art und Umfang der Dienstleistungen (z.B. zusätzliche Angebote wie Krankengymnastik, Beschäftigungstherapie, psychologische Therapie, medizinische Behandlung, Freizeitpädagogik, Elternberatung und -anleitung, Transport) sowie Fragen nach dem zentralen Lernort, der – wie der IDEA vorschreibt – möglichst wenig „einschränkend" sein (least restrictive environment) und so weit wie möglich ein gemeinsames Lernen behinderter und nichtbehinderter Schülerinnen und Schüler sicherstellen soll.[1] Damit werden spezielle Hilfen und Systeme innerhalb der Allgemeinen Schule priorisiert (hierzu auch Westling & Fox 1995, 47, 91, 223ff.; Turnbull & Turnbull III 1997, 244; Jülich 1996, 76). Besondere Bedeutung haben in dem Zusammenhang „itinerant services" (z.b. „mobile Stützlehrer"), das „collaborative teaching model" (Zwei-Pädagogen-System), „peer tutoring", „special friends programs" und „peer support networks" (unterrichtliche Hilfen und Unterstützung durch nichtbehinderte Mitschüler oder freiwillige Vertrauenspartner [ebd., 235ff.]), Formen eines „kooperativen Lernens" (Westling & Fox 1995, 476) sowie das Konzept eines „resource room with special education teacher", das mit einem vielschichtigen, flexiblen Unterstützungsangebot (Hilfen innerhalb der „Regelklasse"; Einzelunterricht im „Ressourcen-Raum") das weitverbreiteste Modell für Schülerinnen und Schülern mit Lernbehinderung oder leichter geistiger Behinderung darstellt (Jülich 1996, 195; Beirne-Smith et al. 1998, 319). Die meisten Kinder und Jugendlichen mit leichter bis mittlerer geistiger Behinderung (ungefähr bis IQ 50 [ebd., 201; auch Westling & Fox 1995, 4f.]) scheinen dagegen eher in Sonderklassen innerhalb der Allgemeinen Schule unterrichtet zu werden (Jülich 1996, 195; Westling & Fox 1995, 320). Alle übrigen Schülerinnen und Schüler mit schwerer geistiger Behinderung werden weithin – ähnlich wie hierzulande (Theunissen 1999b; Opp 1993, 59ff.) – in Sonderschulen oder im Falle schwerster Behinderung und Pflegebedürftigkeit in Heimschulen oder zu Hause beschult (Beirne-Smith et al. 1998, 321ff.). Bemerkenswert ist, dass trotz der auf ein gemeinsames Lernen hin ausgerichteten Gesetzgebung lediglich 5% aller Schülerinnen und Schüler mit geistiger Behinderung integrativ in Regelklassen unterrichtet werden (Jülich 1996, 215), in Deutschland beträgt der Anteil allerdings nur ca. 2% (Theunissen 1999b). Auch in den USA stoßen wir im Hinblick auf schulische Integration auf unterschiedliche Positionen: zum einen gibt es Protagonisten eines „mainstreaming" (Jülich 1996, 82ff.; 300f.; Beirne-Smith et al. 1998, 324f.), die einer schulischen Integration offen gegenüberstehen, so lange spezielle Schülerhilfen und Stützsysteme den individuellen Bedürfnissen entsprechen und sichergestellt sein können; und am anderen Ende des Spektrums befindet sich die Inclusionsbewegung (nicht selten repräsentiert durch Eltern schwerstbehinderter Kinder sowie den entsprechenden Fachvertretern), die auf Sonderschulen oder spezielle Hilfen außerhalb der „Regelklasse" verzichten möchte und eine „full inclusion" für

---

[1] Diese Maxime gilt im Prinzip auch für die „special education" von Schülern mit Lernschwierigkeiten (Lernbehinderung, geistiger Behinderung) in Großbritannien (Sebba, Byers & Rose 1995, 12).

alle geistig behinderten Kinder und Jugendlichen in der Allgemeinen Schule einfordert (Westling & Fox 1995, 3, 38, 40; Westling 1995, 12f., 47f.). Dabei wendet sie sich gegen eine zu starre Anwendung des IDEA, da Sonderschulen anscheinend häufig als „least restrictive environment" für geistig schwer behinderte Personen ausgelegt werden (Anderson et al. 1990, 108; Beirne-Smith et al. 1998, 322; auch Grove & Fisher 1999; Jülich 1996, 77, 228).

Vor dem Hintergrund dieser beiden Positionen kann die gemeinsame Erstellung eines IEP eine durchaus konfliktträchtige Angelegenheit sein. Stimmen die Eltern dem IEP zu, so müssen sie dies grundsätzlich durch ihre Unterschrift bekunden. Sind sie mit dem Programm nicht einverstanden, so können sie wiederum Einspruch erheben und eine Anhörung (due process hearing) bewirken.

- *Elfter Schritt: Das IEP mittel- und langfristig überprüfen*

Um sicherzugehen, dass das IEP das betreffende Kind auch wirklich erreicht, empfehlen Anderson, Chitwood und Hayden (1990, 190ff.) Eltern eine mittelfristige Programmüberprüfung. Hierzu sollten sie die pädagogischen Fachkräfte konsultieren, sich über deren Aufzeichnungen informieren und ggf. auch im Unterricht hospitieren. Ohne elterliche Zustimmung darf grundsätzlich keine Modifikation des IEP statthaben. Das PL 94-142 schreibt vor, dass spätestens nach einem Jahr ein Entwicklungsbericht der Fachleute (Lehrer, Therapeuten) vorliegen muss, der gemeinsam mit den Eltern im Hinblick auf weiterführende Ziele auszuwerten ist. Überdies verlangt das Gesetz nach drei Jahren eine ausführliche Gesamtdokumentation, die Gegenstand für eine Weiterführung des IEP bzw. für eine neue Entscheidung in Bezug auf spezielle Hilfen ist (vgl. hierzu achter Schritt).

Kritisches Resümee

Wirft man nun einen Blick auf Deutschland und Österreich, so stellen wir fest, dass es auch bei uns vielerorts Gruppenzusammenschlüsse betroffener Eltern gibt (z.B. „Eltern gegen Aussonderung"; „Gemeinsam Leben und Lernen"; Elternbewegung Integration: Österreich), die in kritischer Distanz zur staatlichen und freien Wohlfahrtspflege sowie zu traditionellen Organisationen und Fachverbänden eine produktive Unruhe im Bereich der Behindertenhilfe bewirkt haben und deren Verdienste in Bezug auf vorschulische und schulische Integration behinderter Kinder unstrittig sind. Allerdings konnten partizipative Entscheidungsstrukturen, Möglichkeiten eines Elternwahlrechts in Bezug auf Integration sowie Mitbestimmung bei der Planung von Fördermaßnahmen bislang kaum bildungspolitisch durchgesetzt werden. In nahezu allen Bundesländern bestimmen die Schulaufsichtsbehörden den Lernort eines behinderten Kindes (SVBL LSA 1999, 64; Theunissen 1999b); und eine (schulische) Förderplanung ist in erster Linie nur Sache der Professionals. Anders als in Deutschland oder auch in Großbritannien (Sebba, Byers & Rose 1995, 56) wird hingegen in den USA der Elternstimme und dem Recht auf Mitbestimmung wesentlich stärker Ausdruck verliehen. Insofern sollte hierzulande mehr Demokratie im Bildungswesen gewagt werden. Ein Blick auf das amerikanische Modell der „special education" kann dabei hilfreich sein. Freilich darf es nicht unvermittelt auf unsere Verhältnisse übertragen werden. Wichtig ist eine kritische Reflexion dieses Konzepts.

So fällt uns zunächst einmal auf, dass die amerikanische Gesetzgebung von betroffenen Eltern eine aktive Mitarbeit, eine Kollaboration, eine engagierte Problemsicht und ein gewisses Maß an Durchsetzungskraft erwartet. Offen bleibt dabei die Frage, ob Eltern wirklich ihre Interessen einbringen können oder sich letztlich doch Fachleuten blindlings anvertrauen. Folgt man den Ausführungen von Jülich (1996, 142ff.), so scheinen bei vielen betroffenen Eltern eher Anpassungstendenzen zu bestehen. A. und H. Turnbull (1997, 229ff.) konstatieren vor dem Hintergrund mehrerer Untersuchungen zur Effektivität des IEP eine mangelnde Bereitschaft und Qualifikation von (sonderpädagogischen) Lehrkräften, mit Eltern gemeinsam im Team zu arbeiten, was letztlich ein „disempowering for parents" befördere. Daher sei eine bessere Vorbereitung auf IEP-Sitzungen für alle Partner dringend geboten (ebd., 233). Nach mehreren von Westling (1995, 19ff.) zitierten Studien kann davon ausgegangen werden, dass Eltern aus privilegierten (mittleren) Schichten am stärksten von der Gesetzgebung profitieren (wer kann sich schon einen Anwalt leisten?); und sie sind es auch, die aktiv mitwirken (z.B. an der Erstellung des IEP) und mit den Leistungen der staatlichen Erziehungs- und Bildungssysteme in Bezug auf „special education" weithin zufrieden sind (ebd. 26f., 32; Grove & Fisher 1999; auch Jülich 1996, 148). Unzufriedenheit wird dagegen eher gegenüber den „non-school community agencies and services" (z.B. Wohlfahrts- oder Gesundheitsdienste) artikuliert (34f., 51). Anscheinend erleben sich viele Eltern geistig schwer behinderter Kinder zu sehr bevormundet und reglementiert: „Many were made to feel like ‚welfare junkies' and told that they should be happy with that they received" (35). Trotzdem haben auch diese Eltern manchmal nur vage Vorstellungen über eine „optimale" Erziehung und Hilfe; und sie sind keineswegs gegen eine fachliche Überforderung oder Vereinnahmung immunisiert, auch wenn sie auf Fachbücher oder Elternseminare zur Stärkung ihre Rolle (Empowerment-Programme) zurückgreifen sollten (hierzu auch Jülich 1996, 143f.). Eklatante Schwierigkeiten bestehen dort, wo Eltern aus einem sozial schwachen Milieu oder auch Alleinerziehende aus eigener Kraft ihren Rechten und Pflichten nicht nachkommen (ebd., 6, 93). Untersuchungen zufolge scheinen sog. Unterschichtseltern sowie Angehörige ethnischer Minderheiten häufig das PL 94-142 und dessen Intention gar nicht zu kennen; überdies sind sie in geringerem Maße als andere an der Erstellung des IEP beteiligt (ebd., 11), wobei sie oftmals keine Form der Zusammenarbeit mit Professionellen (Agenten sozialer Kontrolle) wünschen (Westling 1995 22f.). Zwar könnte die Allgemeine Schule bei fehlendem elterlichen Engagement oder Problembewusstsein von ihrem Recht der Beantragung einer „special education" Gebrauch machen, doch scheint gerade im Falle sozialer Benachteiligung das bildungspolitische Interesse eher gering zu sein, was viele der Betroffenen spüren und als demotivierend erleben (Turnbull & Turnbull III 1997, 82ff.; auch Opp 1993, 35, 74, 80ff.; Westling 1995, 32; Levin 1988, 19f.). Neben materieller Armut, beengten Wohnverhältnissen und einer hohen Kinderzahl, Analphabetismus oder broken-home-Situationen (Ehezerrüttung, Suchtprobleme, Haftstrafe eines Elternteils) haben wir es oft mit (deutlichen) Schwächen in der Erziehung und Sozialisation zu tun, so dass über die genannten Gesetze hinaus milieuspezifische Hilfen im Rahmen Sozialer Arbeit (z.B. beim Umgang mit Behörden, bei Erziehungs- oder Wohnproblemen, bei der Haushaltsführung) sinnvoll erscheinen. Während es in den USA hierzu keine staatlichen Verpflichtungen gibt, wohl aber einzelne Schulsozialarbeitsprojekte („school-linked comprehensive services") wie das „Beacon Center" in New York City[2] (Turnbull & Turnbull III 1997, 255), können wir mit Blick auf Deutschland auf die „sozialpädagogische Familienhilfe" (KJHG) verweisen, die durchaus Empowermentprozesse (Hilfe zur Selbsthilfe) befördern kann, wenn sie an individuellen Ressourcen und vorhandenen (ggf. versandeten) Kompetenzen anknüpft (vgl. hierzu auch Kapitel 5) und sich nicht bloß auf Bevormundung, Besserwisserei oder eine Übernahme von Haus-

---

[2] Hierbei handelt es sich um ein schul- und stadtteilbezogenes Netz an unterschiedlichsten Angeboten und Aktivitätsmöglichkeiten für (sozial schwache) Familien und Kinder (Frühstücksmöglichkeiten und Mittagstisch für Familien, Hausaufgabenhilfe, Workshop für junge Eltern, Gesundheitszentrum und Klinik, Sport- und Abendprogramme, Freizeit- und Erholungscenter, freiwillige Elternmithilfe im Unterricht, Arbeitsbörse, Beratungsangebote ...).

haltstätigkeiten beschränkt, was betroffene Mütter allzu leicht als „Demonstration ihrer Unfähigkeit" (Weiß 1989, 109) erleben (vgl. auch Westling 1995, 35f.). Insofern kommt es immer auf das Geschick der Professionals an, gemeinsam mit betroffenen Familien auf Suche nach (verschütteten) Kompetenzen und einem produktiven Lebensmanagement zu gehen sowie tragfähige soziale Netze zu erschließen, um von dieser Basis aus zu einem schulischen Engagement anzustiften und entsprechende Unterstützung anzubieten (Dunst, Trivette & Deal 1995, 13ff.; Weick & Saleebey 1995; auch Simon 1994, 3f., 140). Zum anderen müssen natürlich auch die für die Schule (special education) verantwortlichen und zuständigen Kräfte für ein Verständnis der Lebensprobleme sowie für Stärken und Ressourcen der betroffenen Familien sensibilisiert werden (Turnbull & Turnbull III 1997, 85f., 90). Denn nur unter diesen Bedingungen kann die Gesetzgebung im Interesse von Empowerment Eltern behinderter Kinder akzeptiert werden.

Ein weiteres Problem besteht darin, dass anscheinend die sonderpädagogischen Fachkräfte oftmals aus „Angst vor eventuellen Schadensersatzklagen bei Nichterreichen im IEP fixierter Ziele dazu [neigen, G.T.], diese Ziele von vornherein zu niedrig anzusetzen" (Opp 1993, 35). Ferner wird von seiten vieler Lehrkräfte zuviel Bürokratie (z.b. umfangreiche Schreibarbeiten) bemängelt (Beirne-Smith et al. 1998, 332; auch Jülich 1996, 162f., 240). Andererseits gibt es mittlerweile Computer-erstellte IEP, die zu einer „Kochbuch-Mentalität" (ebd.) verleiten. Des Weiteren wird eine zu starke Orientierung des IEP an sog. kognitiven Lerndimensionen und Leistungsnormen kritisch gesehen (Opp 1993, 74ff., 121f.). Nicht selten scheinen basale, emotionale und auch soziale Dimensionen des Lernens bei Schülerinnen und Schülern mit geistiger Behinderung zu kurz zu kommen. Während Eltern von Kindern mit leichter bis mittlerer geistiger Behinderung eher Kulturtechniken (academic skills) präferieren (Westling 1995, 8ff.), wünschen sich Eltern geistig schwer behinderter Schülerinnen und Schüler eine stärkere Ausrichtung des IEP auf kommunikative Verständigung, Sozial- und Selbsthilfe-Verhalten für eine möglichst eigenständige und selbstbestimmte Lebensbewältigung.

In diesem Sinne kann der eigens für alle Jugendlichen und jungen Erwachsenen (16 bis 22 Jahre) bestimmte Individualized Transition Plan (ITP) als eine wichtige Fortschreibung des IEP betrachtet werden, der sich explizit auf Lern- und Lebensbereiche wie Berufsfindung/Arbeit, Wohnen, gesellschaftliche Integration, Freizeit, Identität und Partnerschaft, Lebensstil- und Zukunftsplanung, soziale Einstellung/Werte, Selbstbestimmung und Selbstvertretung (self-advocacy), Gesundheit sowie „schützende" und unterstützende soziale Netze und Dienste bezieht (Westling & Fox 1995, 93; Beirne-Smith et al. 1998, 354; Wehmeyer, Agran & Hughes 1999, 333ff.). Im Mittelpunkt des ITP, der bis zum 16. Lebensjahr einer betreffenden Person erstellt sein muss, steht zum einen eine sog. „career education" im Sinne einer gezielten, subjektzentrierten Vorbereitung geistig behinderter Jugendlicher auf die zukünftige Erwachsenenrolle (Wehmeyer 1992, 302), auf zwischenmenschliche Beziehungen und ein möglichst unabhängiges und „produktives" Leben in der Gesellschaft (Beirne-Smith et al. 1998., 356f., 361ff., 395), was im übrigen auch von Betroffenen so gewünscht und dementsprechend curricular eingefordert wird (vgl. Jülich 1996, 189). Focussiert wird im Rahmen des ITP ein sog. „life skills training", das zu 50% außerhalb des Klassenraumes in der realen Lebenswelt statthaben soll (ebd., 377; auch Westling & Floyd 1990). Das verlangt eine enge Zusammenarbeit mit der gesellschaftlichen Bezugswelt (Behörden, Geschäfte, Dienstleistungszentren) und eine Sicherstellung sozialer Dienste (transition services; Sozialarbeit), die aber nicht immer gewährleistet zu sein scheint (Turnbull & Turnbull III 1997, 244). Zum anderen wird eine gezielte Vorbereitung auf eine Berufs- oder Erwerbstätigkeit (vocational preparation) in den Blick genommen, wobei nicht wie hierzulande einem beschützenden Arbeitsplatz in einer WfB sondern der Integration in die normale Arbeitswelt durch Arbeitsassistenz (jobcoach) und Arbeitstraining vor Ort (supported employment) Vorzug gegeben wird (Beirne-Smith et al. 1998, 383; Westling & Fox 1995, 553ff.; Doose 1997a; ebenso hierzu Kapitel 7).

Während der ITP im Sinne von Empowerment darauf abzielt und angelegt ist, bei der Programmplanung betroffenen Schülerinnen und Schülern eine „Schlüsselrolle" zu geben (Beirne-Smith et al. 1998, 352; auch Wehmeyer 1992, 310; Ward & Kohler 1996, 285; Wehmeyer, Agran & Hughes 1999, 337f.), scheint beim IEP die Gefahr zu bestehen, dass Förderziele den Kindern weithin aufoktroyiert werden, ohne sicher zu stellen, dass die Betreffenden mit ihren subjektiven Befindlichkeiten, Konfliktthemen, Interessen, Sichtweisen oder Lernbedürfnissen auch wirklich erreicht werden, „selber ihren Weg finden" können (Szymanski 1994, 406) und nicht zu Opfern ihrer Eltern, Lehrkräfte oder Therapeuten werden (hierzu auch Sebba, Byers & Rose 1995, 85). Dagegen wandten sich schon zu Beginn der 80er Jahre E. Gillespie und A. Turnbull (1983); ihrer Ansicht nach sollte grundsätzlich eine Schülermitwirkung am IEP statthaben, wobei drei Aspekte zu beachten seien: 1. dass die Inhalte für das betreffende Kind verständlich sind (kommunikative Basis); 2. dass sich die Betroffenen angenommen fühlen (Vertrauensbasis) und 3. dass die Schüler den Zweck des IEP verstehen.

Hierzu sollte gegebenenfalls von seiten der Eltern eine „Vorarbeit" geleistet werden, indem sie zum Beispiel ihr behindertes Kind dazu anregen, drei Dinge zu nennen, die es gerne tut, die es verändern möchte und die es gerne lernen möchte (ebd., 29). Trotzdem hat es den Anschein, dass selbst bei der Erstellung des ITP heute noch – so Westling (1995, 38f.) – allzu oft „für" den behinderten Menschen gedacht werde anstatt „von und mit ihm aus" Zukunfts- und Zielperspektiven zu entwerfen (auch Beirne-Smith et al. 1998, 251). Zudem scheint auch in den USA die Orientierung an einem medizinisch-statischen Syndrom- oder Behinderungsbegriff sowie eine defizit- oder symptomzentrierte sonderpädagogische Praxis (special education) längst noch nicht überwunden zu sein (Reid 1998, 386), weshalb die Ziele eines IEP häufig in eng gestrickte, behavioristisch angelegte Trainingsprogramme (z.B. Westling & Fox 1995, 141ff., 190ff.) oder in „isolierte Interventionen" (Reid 1998, 393) münden, die zu einer möglichst reibungslosen Anpassung an gesellschaftliche Normen und bestehende Verhältnisse qualifizieren sollen.

Damit aber verkehrt sich eine Philosophie, die ursprünglich aus der Ressource „Solidargemeinschaft" und dem Wissen um die Stärke kollektiver Selbsthilfe- und Selbstvertretungsaktionen hervorgegangen ist, in ein Programm der Individualisierung, das nach dem Motto „blaming the victim" (die Opfer sind für ihr Leid selbst verantwortlich) zur Ideologie gerinnt (kritisch auch Beirne-Smith et al. 1998, 518f.). Denn eine Schule, die auf Gesellschaftskritik und Ausrüstung der Lernenden zur politischen Partizipation und Emanzipation verzichtet, verträgt sich nicht mit den Grundwerten und dem Grundanliegen von Empowerment (Kondrat 1995; auch Simon 1994, 64, 76; Sebba, Byers & Rose 1995, 79f., 88f., 93). Daher genügt es nicht, das IEP isoliert zu betrachten oder nur als eine individuumzentrierte Erziehungs- und Anpassungshilfe zu konzipieren, sondern wichtig ist es, die spezielle Unterstützung mit einem Bildungsanliegen[3] zu verschränken, dass mit dem Empowermentansatz kompatibel sein kann. Mit anderen Worten: so wie Eltern behinderter Kinder für sich Empowerment beanspruchen und damit auf Schule und Ausbildung Einfluss zu nehmen versuchen, haben auch ihre Kinder Anspruch auf Empowerment, den es schulpädagogisch zu beachten gilt (auch Hegar 1989). „Indeed principles [Lehrpläne, G.T.] should be based on a view of education which offers all pupils the chance of empowerment, esteem and autonomy as well as gratifying and pleasurable experiences. If people are empowered they

---

[3] Im angloamerikanischen Sprachraum steht der Begriff „education" sowohl für Erziehung als auch Bildung, Unterricht oder (schulische) Förderung.

can make decisions and, as a result, have an impact on their culture, family and community" (Wilkinson 1994, 61). Und diese Chance kann am ehesten verwirklicht werden, wenn auch Lehrkräften Entscheidungs- und Handlungsräume für Empowerment gestattet werden (Deci & Chandler 1986, 592f.). Das ist unter anderem die Botschaft von A. und H. R. Turnbull (1997, 36): „Empowerment" – so schreiben sie – „ist nicht nur für Familien mit einem behinderten Kind sondern auch für die anderen Professionals und für Schülerinnen und Schüler mit Behinderungen wichtig. Mutual Empowerment – Empowerment für einen selbst und für andere"- so lautet das Ziel, dem sich jeder in seinen Rollen und Verpflichtungen verantwortlich verschreiben sollte. Dazu bedarf es der Kollaboration von Eltern, Lehrkräften und Schülerinnen oder Schüler (ebd., 11f.). Diese sollte die Schülerperspektive fokussieren, insbesondere die Selbstbestimmung des Schülers respektieren und curricular aufgreifen (Deci & Chandler 1986, 589; Wehmeyer, Agran & Hughes 1999) – ein Gedanke, der anscheinend für viele Schullandschaften noch ausgesprochen revolutionär wirkt (Wehmeyer 1992, 302), so z.b. auch in Großbritannien (hierzu Sebba, Byers & Rose 1995, 85). Die einschlägige amerikanische Curriculumentwicklung hat mittlerweile darauf reagiert, indem sie unter der Leitfrage: Welche Kenntnisse, Fähigkeiten und Fertigkeiten brauchen Schülerinnen und Schüler mit geistiger Behinderung, um angesichts ihrer gegenwärtigen und zukünftigen Lebenswirklichkeit Selbstbestimmungs-, Selbstvertretungs-, kollektive, demokratische und gesellschaftliche Partizipationsfähigkeit entwickeln zu können? einen „individuellen Unterstützungsbedarf" zu ermitteln und als IEP und ITP für den Unterricht aufzubereiten versucht (AAMR 1992; Westling & Fox 1995; Beirne-Smith et al. 1998). Dementsprechend haben Ward und Kohler (1996) 26 schul- und unterrichtsbezogene (Forschungs-)Projekte ausgewertet, denen es explizit um die „Selbstbestimmung" von Schülerinnen und Schülern mit Behinderungen zu tun ist. Und Beirne-Smith und Mitarbeiter beobachten in diesem Sinne derzeit „ein wachsendes Interesse für Empowerment" (1998, 54, auch 255ff., 519, 522), bei dem Aspekten der Selbstbestimmung, Kollaboration, kollektiven Selbstvertretung (self-advocacy) und demokratischen Partizipation (einschl. policy-making) ein prominente Rolle zukommt. Dahinter verbergen sich Grundeinsichten, dass Schülerinnen und Schüler mit geistiger Behinderung ein Recht auf personale Würde, autonome Persönlichkeitsentwicklung, Inclusion (Nicht-Aussonderung; gesellschaftliche Zugehörigkeit) und Anerkennung als Bürger bzw. Staatsangehörigkeit (citizenship) haben (Wehmeyer & Schwartz 1998, 5).
Unseres Erachtens bewegen sich die neuen Empfehlungen der Konferenz der Kultusminister Deutschlands (hierzu SVBL LSA 1999) durchaus in ähnli-

chen Bahnen. Während die alten Empfehlungen aus dem Jahre 1980 noch vom traditionellen Bild eines geistig behinderten Menschen als hilfe-, anleitungs- und schutzbedürftiges „Mängelwesen" beeinflusst waren und dementsprechend eher auf eine „besondere", konservierende Fürsorglichkeit und gesellschaftliche Anpassungserziehung ausgerichtet waren, nehmen jetzt Ziele, Lernbereiche und Hilfen, die zu einer aktiven und möglichst selbstbestimmten Bewältigung und Gestaltung des eigenen Lebens befähigen sollen, breiteren Raum ein. Vergleicht man die amerikanischen Curricula mit den deutschen (siehe Anhang Kap. 3, Abb. S. 183 ff.), so stoßen wir auf einige weithin identische Lern- oder Zielbereiche (z.B. Selbstversorgung, Kommunikation, Sozialverhalten), die auf eine praktische Lebensbewältigung in größtmöglicher Selbstständigkeit vorbereiten sollen. Unterschiede bestehen dort, wo in den amerikanischen Curricula Lernbereiche wie Selbstbestimmung, Selbstvertretung (self-advocacy), Wohnen, Freizeit oder Nutzung der Infrastruktur sowie „persönliche Zukunftsplanungen" in Verbindung mit dem ITP (Westling & Fox 1995, 99ff.; Ward & Kohler 1996, 285) explizit bzw. noch stärker herausgestellt gestellt werden. Demgegenüber finden in den deutschen Empfehlungen personstützende, persönlichkeitsfördernde basale Lernbereiche und Angebote weitaus mehr Beachtung.

Davon abgesehen bedarf es zur „aktiven Lebensbewältigung in sozialer Integration" (KMK-Empfehlungen 1998) einer diesem Leitziel entsprechenden didaktisch-methodischen Umsetzung. Handlungspraktisch buchstabiert kommt es hierbei darauf an, unterrichtliche Prozesse so zu gestalten, dass von Beginn an alle Schülerinnen und Schüler zu größtmöglicher Entscheidungs- und Handlungsautonomie (choice-making; decision-making; self-management; self-determination; independent performance) angestiftet und befähigt werden können (Coupe-O'Kane, Porter & Taylor 1994, 17ff.; Westling & Fox 1995, 609f.; Reid 1998, 394; vor allem Wehmeyer, Agran & Hughes 1999). Ein solches autonomieförderndes Programm (auch Sebba, Byers & Rose 1995, 13, 19) kann letztlich nur individualisiert erschlossen werden (ebd., 22, 46; auch Theunissen 1999a, 212ff.), da es keine Unterrichtsmethoden gibt, die sich auf alle Personen mit geistiger Behinderung generalisieren ließen. Allerdings wissen wir seit geraumer Zeit, dass lehrerzentrierte oder autoritäre Unterrichtsformen wie Frontalunterricht, direktive Interventionen, Befehle oder Anweisungen sowie ein eng gestrickter lernzielorientierter Unterricht („behavioral methodology") für ein selbstbestimmtes und soziales Lernen kontraproduktiv sind (Tausch & Tausch 1971; Wehmeyer 1992, 305f.; Byers 1994, 79, 84, 88; Sebba, Byers & Rose 1995, 28ff; auch Straßmeier 1998, 72, 74; Reid 1998, 391f.).

Dennoch ist das Wissen um die Bedeutung eines schülerzentrierten Unterrichts für mehr Autonomie und Handlungskompetenz noch keine Garantie dafür, dass eine auf Empowerment, insbesondere auf ein selbstbestimmtes Leben hin orientierte Praxis (special education) auch wirklich statthat. Wichtig ist, dass alle an der Planung eines individualisierten, sonderpädagogischen Programms (IEP; ITP) beteiligten Personen, insbesondere die betroffenen Lehrkräfte und Eltern, diesem Leitziel prinzipiell zustimmen. Ward und Kohler (1996, 283) zufolge wird die Zielsetzung der Selbstbestimmung bei Lehrkräften und Eltern nicht immer akzeptiert; und es hat den Anschein, dass die Stärkung der Schülerrolle und Empowerment-Perspektiven durchaus kontrovers beurteilt werden (Sebba, Byers & Rose 1995, 59; auch Ward & Kohler 1996, 287f.). So verweist Bersani (1996, 264) zum Beispiel auf die amerikanische Elternorganisation „The Voice of The Retarded", die der Selbstvertretungs- und Selbstbestimmungsdebatte geistig behinderter Menschen ablehnend gegenüberstehe. Demgegenüber wird die Akzeptanz des Leitziels der „Selbstbestimmung geistig behinderter Schülerinnen und Schüler" in den amerikanischen Curricula und Empfehlungen zur „special education" quasi stillschweigend unterstellt (Wehmeyer 1992; Westling & Fox 1995, 117). Damit macht man es sich aber recht einfach, vermutlich deshalb, weil mit der Selbstbestimmung ein allgemeines Menschenrecht, ein gesellschaftlich weitverbreitetes und weithin unstrittiges Anliegen zum Ausdruck gebracht wird und weil es darüber hinaus letztlich immer rechtliche Möglichkeiten der Interessenklärung (due process) gibt. Hinzu kommt – und das ist für unser Thema wichtig –, dass sich der Empowermentgedanke nicht auf eine rein selbstbezügliche Kompetenzförderung für ein gesellschaftlich integratives Leben in größtmöglicher Selbstständigkeit und Selbstbestimmung reduzieren lässt. Es hat den Anschein, dass sich zur Zeit die Diskussionen und curricularen Überlegungen sowohl in angloamerikanischen als auch in deutschen Fachkreisen (z.B. Lebenshilfe; Geistigbehindertenpädagogik) zu sehr auf den Selbstbestimmungsgedanken (personal empowerment) konzentrieren (z.B. auch Wehmeyer 1992; Wehmeyer et al. 1995; 1998; 1999) und dabei soziale Verbindungen, Aspekte und Anforderungen (social empowerment) vernachlässigen. Denn ebenso wichtig wie die Orientierung am Selbstbestimmungsgedanken ist die schulische Förderung eines Gemeinschafts- und Solidaritätsgefühls, eines Interesses für soziale Gerechtigkeit, Mitmenschlichkeit und Demokratie sowie eines Bewusstseins für sozial verantwortliches und politisches Handeln in einer multikulturellen Gesellschaft (Sebba, Byers & Rose 1995, 15, 19, 44). Diesen Aspekten wird mit dem Anstiften zu Zusammenschlüssen in „self-advocacy groups" (Westling & Fox

1995, 605f., 610; Winup 1994; Sebba, Byers & Rose 1995, 38f., 43, 79) und entsprechenden Programmen eines „kooperativen Lernens" (Kohn 1991) sowie spezifischen „Schlüsselthemen" (Bürgerrechte und -pflichten, soziale Fähigkeiten [wie zuhören können, ausreden lassen, die eigene Meinung in einer Gruppe äußern können, andere Ansichten akzeptieren und Frustrationen aushalten können ...], Gruppenorganisation; Gruppenvertretung [advocacy]) im Rahmen des ITP ansatzweise entsprochen (Ward & Kohler 1996, 285; auch Beirne-Smith et al. 1998, 411f.). Selbstvertretungsgruppen (hierzu Kapitel 1) haben für Menschen mit geistiger Behinderung eine sehr wichtige Funktion – sind sie doch das Kraftfeld der „eigenen Stimme" (Miller & Keys 1996; Cone 1999, 309; auch Winup 1994). Hierzulande kann auf die Förderung und Unterstützung eines Schülerrats in Schulen für Geistigbehinderte verwiesen werden (Rudnick 1996), der ein wichtiges Forum zur Selbstvertretung und Einbeziehung von Schülerinnen und Schülern mit geistiger Behinderung am Schulleben darstellt. Was allerdings fehlt (und das gilt nicht nur für die amerikanische Sonderpädagogik) ist der explizite Bezug zu einem Bildungsverständnis, das solche Aufgaben als Lernchancen definiert und mit einem kritischen Bewusstsein und einer „emanzipierten Beteiligung" (Gieseke 1971, 94ff.) im Hinblick auf gesellschaftliche Erscheinungen und Prozesse zu verschränken versucht (auch Kondrat 1995). Zwar ist mit der Förderung und Unterstützung von „advocacy" und „policy-making" ein gesellschaftskritisches Bildungsmoment mitgedacht, doch bleibt dieses weithin auf eigene Angelegenheiten und Interessen (self-determination) beschränkt; epochaltypische Themen mit bildungspolitischer bzw. erzieherischer Relevanz (Umweltverschmutzung; Gentechnik und Ethik; Gewalt; Sozialprobleme; Friedensfrage ...) kommen dagegen viel zu kurz. Dies hängt mit einem Theoriedefizit in der amerikanischen Bildungsdiskussion auf dem Gebiete der Sonderpädagogik (special education) zusammen, dem wir aber auch hierzulande in der Geistigbehindertenpädagogik begegnen, wenn sie es versäumt, aus der Bildungsdebatte in der Allgemeinen Erziehungswissenschaft Kapital zu schlagen und die Bildungsziele der allgemeinen Schule (vgl. SVBL LSA 1999, 64) mit zu denken.[4] Diese kritische Anmerkung fordert uns heraus, Bildung im Lichte von Empowerment genauer zu beleuchten.

---

[4] Ähnlich argumentieren auch Coupe O'Kane & Smith et al. (1994, 23f., 62, 85ff.) sowie Sebba et al. (1995), die der Frage nachgegangen sind, wie auf der Basis des allgemeinen Nationalen Curriculums spezielle Bedürfnisse (needs) lern- und geistig behinderter Schüler schulisch berücksichtigt werden können.

BILDUNG IM LICHTE VON EMPOWERMENT

Der amerikanischen Sonderpädagogik sind philosophische Debatten über „klassische" Bildungstheorien oder Begriffe wie Erziehung, Förderung und Therapie weithin fremd. Stattdessen dominiert ein pragmatisches Denken und Handeln, dass nicht selten in behavioristisch konzipierten Förderplänen, Trainingsprogrammen und Interventionsstrategien seinen prominenten Ausdruck findet. Eine solche Praxis kann freilich nur dann zum Empowerment gereichen, wenn auf ihre Wertebasis (hierzu Kapitel 1) bezug genommen wird:

- Selbstbestimmung als soziale Kategorie (Theunissen 1999a, 105f.)
- Verteilungsgerechtigkeit im Sinne einer „fairen und gerechten Verteilung von Ressourcen und Lasten in der Gesellschaft" (Prilleltensky 1994, 360)
- Kollaborative und demokratische Partizipation (ebd., 362).

Bemerkenswert ist, dass diese Wertebasis eine starke Affinität zu einem „kritisch-konstruktiven" Bildungsverständnis aufweist, wie es im Lager der amerikanischen Pädagogik von H. Giroux, P. Mc'Laren u.a. (1989) und in Deutschland insbesondere von W. Klafki (1994) vertreten wird, aber vor kurzem auch von der *Bildungskommission NRW* (1995, XII, 23, 31) anskizziert worden ist. Demnach soll Bildung als Vehikel für Chancengerechtigkeit und mehr Humanität zur Demokratisierung der Gesellschaft beitragen, insofern sie den Interessen privilegierter, elitärer Mächte gegenzusteuern und auch „bildungspolitische" Randgruppen zu erreichen sowie zu „sozialer Selbstbestimmung" und emanzipatorischem gesellschaftlichem Engagement anzuregen vermag (auch Kondrat 1995). Dass diese Leitidee für ein schulisches Empowerment-Konzept tragfähig ist (Grossberg 1989, 114; Simon 1994, 3f., 140), wird wohl keiner anzweifeln. Darüber hinaus ist sie auch mit postmodernen Positionen kompatibel (Giroux 1988; Welsch 1991; Koch, Marotzki & Schäfer 1997), da sie weder auf idealistisch-überhöhte „Bildungsgüter" persistiert, noch einer Totalisierung, Uniformierung oder Monopolisierung durch moderne Technologien (Welsch 1990, 13ff., 82, 162; Heim 1997, 67f.; auch Mc'Laren 1988) das Wort redet; vielmehr will sie „Gerechtigkeit gegenüber dem Heterogen" (Welsch 1991, 239) walten und Raum lassen für die Befähigung aller zur Verwirklichung des Anspruchs auf Selbstbestimmung in gesellschaftlich vertretbarer Relation und zur „Entwicklung eigener Lebens-Sinnbestimmungen" (Bildungskommission NRW 1995, 31). Im Prinzip handelt es hier um eine Neuauflage des schon von W. v. Humboldt (1956, 65) vorgenommenen Versuchs, Bildung in der Dialektik von individueller

Selbstbestimmung und vernünftiger Humanität zu bestimmen (Koller 1997, 52f.; Schäfer 1997, 37f., 44). Daran anknüpfend nennt Klafki (1976, 44; 1994, 19f.) die Emanzipation des Menschen als zentrale Zielvorstellung aller Erziehungs- und Bildungsprozesse, die er, um von einer einseitigen Begriffsauslegung als „Befreiungsakt" wegzukommen, durch den äquivalenten Dreiklang „Selbstbestimmmungs-, Mitbestimmungs- und Solidaritätsfähigkeit" präzisiert und mit dem Erwerb spezifischer Grundfähigkeiten (z.B. Kommunikationsfähigkeit; Fähigkeit zu reflektierter Rollenübernahme und Rollendistanz; Empathie; Ambiguitätstoleranz; Selbststeuerungsfähigkeit; Problemlösefähigkeit; Kritikfähigkeit; Fähigkeit zu reflektierter Toleranz; Fähigkeit, soziale Beziehungen aufzunehmen; Kooperationsfähigkeit; Fähigkeit, an praktischen Diskursen teilzunehmen) verbindet (1977, 29; 1985, 17). Mit Blick auf Empowerment hat sich an der Aktualität dieser Zielvorstellung bis heute nichts geändert (auch ebd., 1994, 52; Simon 1994, 64; Kondrat 1995). Beide Ansätze stimmen in normativer Hinsicht überein, indem sie den Grundwert der Selbstbestimmung als soziale Kategorie begreifen und ihn daher mit der Mitbestimmungs- und Solidaritätsfähigkeit bzw. mit kollaborativer und demokratischer Partizipation eng verschalten (Theunissen 1999a, 104ff.; Weiß 1999). Diese Fähigkeiten und Chancen werden „jedem Menschen als Möglichkeit und als Recht zugesprochen" (Klafki 1970, 264), aber nicht als „naturgegeben" vorausgesetzt, weshalb eine Förderung von Autonomie und Handlungskompetenz sowie eine „demokratische Sozialerziehung" (Klafki 1980, 17; 1985, 73ff.) Sinn macht. Förderung (Erziehung, Bildung) bedeutet hier nun aber nicht, etwas aus dem Lernenden zu machen, sondern ihn zu befähigen, aus sich selbst etwas zu machen (help people [enabling] to empower themselves). Des Weiteren zielen beide Ansätze auf die Verbesserung gesellschaftlicher Verhältnisse und fühlen sich „– auch in Zeiten eines konservativen Roll-Backs – einer konkreten politischen Utopie verpflichtet" (Herriger 1996, 292f.).

Ausgehend von dieser „übergeordneten" Leitidee, die eine Verschmelzung des Empowerment- und Emanzipationsgedanken impliziert (Grossberg 1989; Kondrat 1995; Theunissen 1999a, 107f.), hat Klafki im Anschluss an Humboldt, Fichte, Schiller u.a. ein zeitgemäßes Konzept einer allgemeinen Bildung (1994) vorgelegt, dessen zentrale Grundsätze für eine am Empowermentansatz orientierte schulische Bildung von Kindern und Jugendlichen, die als geistig behindert gelten, konstitutive Bedeutung haben:

Erstens soll durch „allgemein" zum Ausdruck gebracht werden, dass Bildung ein Grundrecht für alle ist, nämlich ein Anspruch und eine Möglichkeit jedes Menschen, durch eine pädagogisch unterstützte Entfaltung seiner Stärken,

Potentiale, Ressourcen oder Kompetenzen zur Selbstbestimmungsfähigkeit in sozialer Bezogenheit zu gelangen (ebd. 1994, 21, 54f.). Folglich darf kein Personenkreis von diesem Anspruch ausgeschlossen werden – und zwar unabhängig der Schwere oder Art der Behinderung. Daraus ergibt sich zum einen ein Schulrecht für alle; zum anderen müssen schulpädagogische Bemühungen zum Abbau bzw. zur Aufhebung von gesellschaftlich bedingten Benachteiligungen im Sinne ungleicher Bildungschancen erfolgen. In sozialer Hinsicht sollte dieses allgemeine Grundrecht möglichst in „integrativen" schulischen Lernfeldern realisiert werden. Am besten wäre als schulorganisatorische Konsequenz die bundesweite Einführung von „Einheitsschulen"[5] sowohl im Primar- als auch Sekundarbereich. Denn nur dadurch lassen sich institutionelle Bildungsprivilegien beseitigen und Bildungsprozesse im emanzipatorischen Sinne als soziale und humane Angelegenheiten realisieren (auch Klafki 1994, 127f.; Jülich 1996, 309). Inhaltlich darf eine Einheitsschule freilich nicht als eine „Stätte der Gleichmacherei" (Egalisierung) missverstanden werden. Dies würde dem allgemeinen Bildungsanspruch jedes Menschen auf Entwicklung aller seiner Möglichkeiten widersprechen. Eine Einheitsschule schließt nämlich eine „Innere Differenzierung" des Unterrichts zur Optimierung von Lernprozessen, Fähigkeiten oder Begabungen, eine individualisierte Förderung von geistig behinderten Personen einerseits und eine sog. Hochbegabtenförderung andererseits nicht grundsätzlich aus (ebd. 1994, 181). Daher irrt die konservative Bildungspolitik, wenn sie meint, dass nur durch „eine Gliederung des Schulwesens in Schultypen" (Schavan 1998, 23) eine „Differenzierung im Blick auf Begabungsentwicklungen" (ebd.) statthaben kann (auch Klafki 1985, 59). Im Gegenteil: Vielmehr befördert sie eine „Halbbildung" (Adorno), insofern sie durch soziales Lernen die Ausbildung „humaner Fähigkeitsdimensionen" (Klafki 1994, 40) vernachlässigt, „z.B. dann, wenn individueller Lernfortschritt innerhalb einer Konkurrenzsituation zu den Mitschülern gewonnen wird" (128) oder wenn die Förderung eines kritischen Problembewusstseins gegenüber epochaltypischen Schlüsselthemen sowie eines damit verknüpften „Zusammenhangsdenkens" (63) ausbleibt.

Zweitens soll dieser allgemeine Anspruch im Medium epochaltypischer Schlüsselprobleme eingelöst werden, die Fragen und Grundthemen der Gesellschaft und Menschen betreffen und die für unsere gemeinsame Gegenwart und Zukunft von zentraler Bedeutung sind (z.B. Friedensfrage, Um-

---

[5] Wie sie im westlichen Ausland (USA, skandinavische Länder..) weithin existieren.

weltfrage, Möglichkeiten und Gefahren des technischen Fortschritts, Entwicklungsländer, soziale Ungleichheit, Demokratisierung der Gesellschaft, Arbeit und Arbeitslosigkeit, Freizeit und Konsumgesellschaft, Generationenverhältnis, Sexualität und Geschlechterverhältnis, traditionelle und alternative Lebensformen, Gesundheit und Kranksein, ausländische Mitbürger, behinderte Mitbürger, Möglichkeiten und Problematik der Massenmedien [ebd., 43ff.]). Bei der Auseinandersetzung mit Schlüsselproblemen sollen sowohl Sachkenntnisse und Wissen angeeignet als auch sog. Schlüsselqualifikationen (z.B. Kritikbereitschaft und -fähigkeit, Argumentationsbereitschaft und -fähigkeit, Empathie, vernetzendes Denken [ebd. 1994, 63]) erworben werden, die zur Bewältigung individueller und gesellschaftlicher Lebensaufgaben sowie zu „emanzipierter" Partizipation (z.b. Bürgerbeteiligung) an politischen, ökonomischen und kulturellen Prozessen erforderlich sind. Wie aktuell diese Vorschläge einzuschätzen sind, wird daran sichtbar, dass sie in der kürzlich veröffentlichten Denkschrift der Bildungskommission NRW (1995) Eingang gefunden haben.

Auch dieses zweite Bestimmungsmoment von Bildung gilt für alle Lernenden. Jedoch finden sowohl in den amerikanischen als auch deutschen Curricula für den Unterricht mit geistig behinderten Schülerinnen und Schüler nur wenige der von Klafki genannten Beispiele von „gesamtgesellschaftlicher" Bedeutung (1994, 60) Beachtung – vermutlich aus der Überzeugung heraus, dass sie die Betroffenen gänzlich überfordern würden. Stattdessen dominieren Lernbereiche, die zielgruppenbezogen „speziellen" Bildungsbedürfnissen Rechnung tragen sollen. Diese Schwerpunktsetzung ist unstrittig, allerdings – und das ist das Wesentliche – sollte sie nur individualisiert durch ein „multidimensionales Assessment" (Lingg & Theunissen 2000, 193ff.; Theunissen 2000a) im Sinne einer „Stärken-Diagnostik" (Eggert 1996) erschlossen werden. Denn eine homogene Lerngruppe von Schülerinnen und Schülern, denen eine geistige Behinderung nachgesagt wird, gibt es nicht. Das aber bedeutet, dass die Curricula nur als eine Orientierungshilfe betrachtet und nicht etwa als ein „geschlossenes Curriculum" mit Verbindlichkeitscharakter missverstanden werden dürfen (auch Westling & Fox 1995, 106f., 118f.). Entscheidend ist, dass von einem „offenen Lehrplan" ausgegangen wird, der jederzeit veränderbar bzw. erweiterungsfähig sein kann – und das nicht nur im Hinblick auf individuelle Entwicklungsvoraussetzungen, sondern darauf aufbauend auch auf aktuelle Schlüsselthemen, die gleichwohl die Gesellschaft und den jeden einzelnen betreffen. Nur durch eine solche Offenheit, die nicht mit „Beliebigkeit" verwechselt werden darf, kann im Prinzip der Anspruch einer zeitgemäßen

Bildung für alle eingelöst werden. Und nur dann kann ein auch ein weitreichender Unterrichtsbeitrag zum Empowerment erwartet werden.
Wenngleich der Auseinandersetzung mit Schlüsselproblemen hohe Bedeutung zukommt, würde ein Unterricht zu kurz greifen, wenn er darauf ausschließlich fixiert wäre (Klafki 1985, 24f.). Zur Gewinnung von mehr Autonomie und Handlungskompetenz zählt zum Beispiel auch der Erwerb von „instrumentellen" Kenntnissen, Fähigkeiten und Fertigkeiten (z.b. Kulturtechniken; verständliches Kommunizieren; handwerklich-technische Grundfertigkeiten [ebd.,1994, 74f.]). In dem Zusammenhang spielen als Vehikel für Empowerment curriculare Angebote einer gezielten Kommunikationsförderung (Unterstützte Kommunikation) von geistig behinderten Personen, die sich nicht sprachlich verständigen können, eine prominente Rolle (z.B. körpereigene Kommunikationshilfen [Handzeichen], externe nicht-elektronische Kommunikationshilfen [Fotos, Piktogramme, Bild-Symbolsysteme] elektronische Kommunikationshilfen [Computer mit Kommunikationsprogrammen, Talker u. dgl.]; vgl. Braun 1994; Kristen 1994; Adam 1996).
Zudem will Klafki (1994, 69f.) auch relativ frei wählbare Lernangebote oder Interessenschwerpunkte berücksichtigt wissen, die „Zugänge zu unterschiedlichen Möglichkeiten menschlichen Selbst- und Weltverständnisses und zu kulturellen Aktivitäten" öffnen sollen (z.b. zu den verschiedenen Naturwissenschaften, zur Geographie, Ethnologie und Geschichte, zu den Sprachen und Künsten, Geistes- und Sozialwissenschaften [ähnlich auch die Bildungskommission NRW 1995, 106ff.]).
Ferner hat die Auseinandersetzung mit epochaltypischen Schlüsselproblemen dort ihre Grenzen, wo psychosoziale Belastungen und Beeinträchtigungen die kognitiven und lebenspraktischen Lern- und Bildungsprozesse überlagern, wo betroffene Schülerinnen und Schüler den Problemstellungen oder Lernaufgaben mit Verhaltensauffälligkeiten ausweichen, keinen Zugang zur Thematik finden, Desinteresse demonstrieren oder erwartungswidrige, originelle Reaktionen zeigen.
Damit kommen wir zu einem dritten zentralen Bestimmungsmoment einer Allgemeinbildung, das ebenfalls schon in den „klassischen" Bildungstheorien (Humboldt 1903) angelegt ist und die „allseitige Entfaltung der Persönlichkeit" als Bildungsaufgabe betont (auch Menze 1969; Klafki 1994, 30, 54, 69f.). Eine herausragende Bedeutung haben hierbei Schillers „Briefe über die ästhetische Erziehung des Menschen" (1795), in denen ein emanzipatorischer Bildungsauftrag angelegt ist, weshalb sein Konzept bis heute sowohl in der Kunstpädagogik und Kulturarbeit als auch in der Allgemeinen Pädagogik hohe Wertschätzung erfährt (Theunissen 1997a,

123f.). Zudem hat es die Theorie und Praxis der Heilpädagogik nachhaltig befruchtet (ebd., 108ff.). Hier genügt nur der Hinweis, dass die Angebote einer an F. Schiller anknüpfenden ästhetischen Bildung sich keineswegs nur auf die „große" Kunst beziehen, sondern das breite Spektrum der Alltagsästhetik umfassen: „von der Unterhaltungsliteratur bis zur Dichtung [...], von der Popmusik bis zur klassischen Musik, von der Bildreklame bis zur großen Malerei, Plastik und Architektur, von der laienhaften Pantomime bis zum Drama usw." (Klafki 1994, 33). Hinzu kommen Spiel, Tanz und Bewegung, bildnerisches Gestalten, Medienarbeit (Video, Foto, Hörspiel), Theater- und Kulturprojekte, Formen der Geselligkeit (Feste feiern), Projekte zur „Ästhetisierung" des Lebensraumes (Raumgestaltung) und erlebnispädagogische Unternehmungen. Als Paradigma der „Selbstbildung" (Humboldt 1903, 138f.) hat die ästhetische Bildung nicht nur eine wahrnehmungsfördernde, bewusstseinsbildende und kritische Funktion zu erfüllen (v. Hentig 1970, 25f.; Klafki 1985, 61), sondern zugleich auch zur Erschließung von Lebenssinn anzustiften (hierzu Theunissen 1997a). Dieser Gesichtspunkt lenkt den Blick auf ihren Eigenwert, indem sie dem Menschen Möglichkeiten einer zweckfreien Selbstverwirklichung im ästhetischen Bereich offeriert. Zudem lässt sie genügend Raum für ein basales Lernen, was eine Bildung für alle – will sie auch Menschen, die als intensivbehindert gelten, erreichen – zu beachten hat. Darüber hinaus machen basale Lernangebote in Anbetracht des viel beklagten Verlusts an „Primärerfahrungen", eines Lernens „aus erster Hand" (Rolff 1983; Theunissen 1997a, 124), aber auch für andere Schülerinnen und Schüler Sinn. Dies gilt ebenso im Hinblick auf psychosoziale Belastungen, Identitätsprobleme oder psychische Krisen, die in Verhaltensauffälligkeiten oder „Störungen" im Unterricht ihren Ausdruck finden. Denn durch den besonderen Charakter des Ästhetischen, vor allem durch die Momente der „Offenheit der ästhetischen Sache" und des „Synkretismus ästhetischer Erfahrungen" (Richter 1984, 84, 88), ergeben sich Möglichkeiten einer pädagogischen Kunsttherapie (Richter), die als basales, kompensatorisches, psychohygienisch-entlastendes, „selbsttherapeutisches", identitätsstiftendes, ich-stabilisierendes, kommunikationsförderndes und soziales Angebot sowohl im Kunstunterricht als auch fächerübergreifend zum Aufbau von Empowerment-Kompetenzen genutzt werden kann (Richter 1977; 1984; Theunissen 1997b; Bröcher 1997). Unter einer pädagogischen Kunsttherapie fassen wir in dem Zusammenhang keine „besonderen" Arbeitsformen aus dem ästhetischen Bereich, sondern den subjektzentrierten Einsatz von Angeboten, die üblicherweise einem Kunstunterricht zugeordnet werden. Damit wird lediglich auf den „therapeutischen Charakter" ästhetischer Aktivitäten zurückgegriffen, nicht aber der Unterricht als Therapie völlig umfunktioniert (hierzu auch Richter 1991). Ebenso wenig wird das Bildungsziel der Emanzipation ausgeblendet, weshalb es wichtig ist, zwischen einer klinisch-psychologischen Kunsttherapie und einer pädagogischen deutlich zu differenzieren. Vor diesem Hintergrund wird der Stellenwert einer pädagogischen Kunsttherapie verständlich – schafft und bietet sie doch mit subjektzentrierten „Entlastungs"-Angeboten bis hin zur Bearbeitung subjektiv bedeutsamer Lebensthemen oder biographischer Erfahrungen psychosoziale Voraussetzungen für ein schulisches Lernen „im engeren Sinne", so z.b. für die „aktive Lebensbewältigung in sozialer Integration" (KMK-Empfehlungen 1998), für die Aneignung lebenspraktischer Kompetenzen oder Auseinandersetzung mit Schlüsselproblemen.

Wenn wir nun einen Blick auf die hiesigen Lehrpläne für den Unterricht mit geistig behinderten Schülerinnen und Schülern werfen, so stellen wir fest, dass der neue Lehrplan der Schule für geistig Behinderte des Staatsministeriums für Kultus in Sachsen (1998) mit unseren vorausgegangenen Überlegungen am ehesten verschaltet werden kann. Diesem Lehrplan liegt ein „neues Verständnis von Förderpädagogik" zugrunde, das sich den Leitgedanken eines „Lebens in größtmöglicher Selbstständigkeit und in Würde" sowie einer „aktiven Lebensbewältigung in sozialer Integration" (4) verschrieben hat, indem „den Schülerinnen und Schülern die unmittelbare Begegnung und Auseinandersetzung mit ihren Wünschen und Vorstellungen in Gesellschaft, Schule, Freizeit und Arbeitsleben" (5) ermöglicht werden soll. Dazu sollen „Erziehungssituationen und Unterrichtszusammenhänge hergestellt und genutzt werden, in denen die Schülerinnen und Schüler Fähigkeiten entwickeln können, die sie in ihrer Persönlichkeit stärken" (ebd.). Grundsätzlich orientiert sich der Bildungsauftrag „an den allgemeinen Zielen für Schulen" (ebd.), so dass Möglichkeiten der Vernetzung mit anderen Lehrplänen bestehen. Für die Bildungs- und Erziehungsarbeit werden zehn Lernbereiche genannt (vgl. Abbildung, S. 185), von denen – wie in den amerikanischen Curricula – angenommen wird, dass sie für Schülerinnen und Schüler mit geistiger Behinderung lebensbedeutsam sind. Sie lassen sich als allgemeine und betroffenenorientierte „Schlüsselthemen", als Lern- und Sozialisationsfelder für die Bewältigung von Lebenssituationen sowie zur Erschließung von Emanzipation begreifen und aufbereiten. Denn bemerkenswert ist, dass sie „den Lehrkräften Freiraum [geben, G. T.] durch ein vielfältig differenziertes Lernangebot, durch lernbereichsübergreifendes, projektorientiertes und vorhabenorientiertes Lernen, durch Gruppen- und Einzellernen und durch Freiarbeit den Schülerinnen und Schülern die Freude am Lernen (zu) sichern"(5). Zudem sollen sich die Entscheidungen für Ziele, Inhalte, Methoden und dgl. an den „individuellen Möglichkeiten, Bedürfnissen und Interessen der einzelnen Schülerinnen und Schüler orientieren", was letztlich eine individualisierte Unterrichtsplanung verlangt. Eine Kollaboration von Lehrkräften, Eltern, Schülerinnen oder Schülern, wie sie die amerikanische Sonderpädagogik (IEP; ITP) vorsieht, ist zwar nicht vorgesehen, aber auch nicht als Möglichkeit ausgeschlossen. Das gilt ebenso für die Förderung von Empowerment-Fähigkeiten, die dem Leitgedanken des Lehrplans (und der neuen KMK-Empfehlungen) entsprechend nahe liegt, letztlich aber den Lehrkräften überlassen bleibt. Diese Offenheit sollte unbedingt wertgeschätzt werden, bietet sie doch eine Fülle an Chancen, die im Sinne einer Bildung im Lichte von Empowerment unterrichtspädagogisch genutzt werden können. Darauf wollen wir im Folgenden eingehen.

KONSEQUENZEN FÜR DEN UNTERRICHT

Unseren bisherigen Ausführungen ist unschwer zu entnehmen, dass Empowerment als Idee für den Unterricht mit geistig behinderten Schülerinnen und Schüler auf die Stärkung und Erweiterung der Selbstverfügungskräfte der Betroffenen zielt. Im wesentlichen geht es dabei um die (Wieder-)Gewinnung und Entfaltung von Selbst- und Mitbestimmungsfähigkeiten über die eigenen Lebensumstände; und dazu zählen u.a. auch der Zugang zu erforderlichen Ressourcen, die Kontrolle über die Umstände des eigenen Alltags sowie die Fähigkeiten, Entscheidungen zu treffen und Probleme eigenständig-verantwortlich zu lösen. In dem Zusammenhang wird davon ausgegangen, dass die betroffenen Personen „bereits kompetent sind oder aber die Fähigkeit haben, kompetent zu werden" (Dunst, Trivette & Deal 1995, 4), d.h. neue Kompetenzen erlernen können (Rappaport 1981, 16; auch 1985). Eine unzureichende Kompetenz-Performance gilt dabei nicht als ein ausschließlich personinhärentes Merkmal, als ein Defizit einer betroffenen Person, sondern als ein Zeichen der Schwäche des gegebenen sozialen Systems (z.B. Schule, Unterricht), welches versäumt hat, in ausreichendem Maße Gelegenheiten zu bieten, Stärken zu entfalten und Kompetenzen zu entwickeln. In diesem Sinne konstatieren Wehmeyer (1992), Ward und Kohler (1996, 286f.) einen unmittelbaren Zusammenhang zwischen einem „Mangel an Selbstbestimmung", einem geringen Maß an Lebensqualität im Erwachsenenalter und einer unzureichenden schulischen Förderung von „Empowerment-Fähigkeiten" behinderter Menschen.

Des weiteren impliziert Empowerment, dass alle Veränderungs- oder Lernprozesse vom Betroffenen selbst ausgehen müssen, d.h. dass Bildung im Humboldtschen Sinne „Selbstbildung" bedeutet und nicht einfach auf behavioristischem Wege „eingetrichtert" werden kann. In diesem Sinne ist eine „empowered person" jemand, „der genau weiß, was er will, der die Motivation hat, selbstbewusst und zielstrebig vorzugehen und der die Kenntnisse und Fähigkeiten besitzt, seine Motivation in eine effektive Aktion zur Verwirklichung seiner Ziele umzusetzen" (Turnbull & Turnbull III 1997, IX). Diese Möglichkeit von Empowerment darf freilich nicht absolut gesetzt werden, sondern sie muss jeweils kontextbezogen betrachtet (ebd., 36) und durch Kollaboration erschlossen werden. Denn nur durch Kollaboration – so A. und H. R. Turnbull – kann die Empowermentidee wirklich fruchtbar werden. Kollaboration gilt für alle am Empowermentgeschehen Beteiligten (ebd., 11f.; auch Beirne, Ittenbach & Patton 1998, 325), jedoch kommt den betroffenen Schülerinnen und Schülern eine Schlüsselrolle zu: Die Kollaboration bzw. Schüler-Partizipation muss nämlich ihrer Selbstbestimmung dienen (Turnbull & Turnbull III 1997, 12). Allzu lange wären entweder Professionelle oder Eltern oder beide Parteien überzeugt gewesen, genau zu wissen, was für einen betroffenen Schüler das beste Interesse sei, und sie allein hätten bei Entscheidungen über einen Erziehungs- oder Förderbedarf das Schülerinteresse vertreten (ebd.; Coupe O'Kane, Porter & Taylor 1994, 15). Gefordert sei jetzt dagegen ein „mutual empowerment" (Turnbull & Turnbull III 1997, 36, 49) – und dies ganz im Interesse der Selbstbestimmung und Lebenszukunft (personal empowerment) betroffener Schülerinnen und Schüler.

Unzweifelhaft haben wir es hier mit einem sehr anspruchsvollen Programm zu tun, dem ein optimistisch gestricktes Menschenbild zugrunde liegt (vgl. Abbildung, S. 186). Die damit verknüpfte Abkehr von einer defizit- oder gar pädagogisch-nihilistisch orientierten Stigmatisierung geistig behinderter Schülerinnen und Schüler gilt unabhängig der Art oder Schwere einer Behinderung. Darüber hinaus verlangt das Programm eine neue Kultur der Erziehungs- und Unterrichtsarbeit. Aus dem Empowermentblickwinkel wird ein „Enabling-Model" (Dunst, Trivette & Deal 1995, 44; auch Coupe-O'Cane & Smith 1994) präferiert und traditionellen Denkfiguren in der Heil- oder Sonderpädagogik, z.B. dem „medizinisch-therapeutischen Modell", dem „diakonisch-caritativen Versorgungsmodell", dem „funktionalen Rehabilitationsmodell" oder der „heilpädagogischen Übungsbehandlung" als normsetzendes Anpassungs- und Fördermodell (Theunissen 1999a, 114ff.) kontrapunktisch gegenübergestellt.

Der Begriff „enabling" (Dunst, Trivette & Deal 1995, 44, 93) besagt, dass Lehrkräfte im Rahmen des Unterrichts genügend Möglichkeiten schaffen und absichern sollten, um Schülerinnen und Schüler zur Entfaltung ihrer Stärken und Entwicklung von Fähigkeiten und Kompetenzen, die für Empowerment nutzbar gemacht werden können, anzustiften und zu motivieren. Dementsprechend gilt eine Lehrkraft als „Enabler" (auch Parker 1994, 94). Die Lehrerrolle ist damit aber noch keineswegs erschöpft (hierzu auch McGee & Menolascino 1991, 148ff.). Unserer vierten Abbildung (siehe Anhang) sind eine Fülle an Aufgaben zu entnehmen, die wir an anderer Stelle als „assistierende Hilfen" ausgewiesen haben (Theunissen 1999a, 125ff.). Hervorheben möchten wir hier nur einige Beispiele, so die Rolle der Lehrkraft als Vertrauensperson – ein Aspekt, der insbesondere in der Arbeit mit geistig schwerst behinderten, sozial benachteiligten und verhaltensauffälligen Schülern beachtet werden muss. Ferner soll der Lehrer „Facilitator" sein (vgl. Coupe O'Kane, Porter & Taylor 1994, 16, 20), d.h. Lernsituationen arrangieren, durch die Schülerinnen und Schüler zu einem „signifikanten Lernen"[6] (Rogers) gelangen können. Zudem soll er als „Ressourceninformant", „Mentor" und „Berater" (consultant) z.B. bei schulischen und nachschulischen Laufbahnfragen, als „Vermittler" (mediator) oder „Moderator" in Konfliktfällen sowie als „einfühlsamer Zuhörer" (empathetic listener), „authentisch Lobender" und „Unterstützer" von Stärken und erfolgreichem Lernen fungieren (zur Rolle der Professionals siehe auch Kapitel 1). Darüber hinaus hat er eine „sozialintegrierende Assistenz" zur Förderung von Gruppenprozessen und -zusammenschlüssen sowie von gesellschaftlichen Partizipationsmöglichkeiten der Schülerinnen und Schüler wahrzunehmen, und er sollte nicht nur mit ihnen und ihren Eltern „kollaborieren" können sondern auch ein „Fürsprecher" (advocate) im Interesse betroffener Schülerinnen und Schüler (parteinehmend) im Hinblick auf politische und gesellschaftliche Angelegenheiten sein. Im Prinzip werden damit hohe Anforderungen an die Lehrerrolle gestellt, die im Unterschied zur traditionellen Rollenzuschreibung nicht mit Allmacht, Eindeutigkeit, Normensicherheit oder Herrschaftsausübung kompatibel sind; vielmehr sind sie auf Gegenseitigkeit, Flexibilität, Kreativität, Pluralität, Offenheit und ein „gemeinsames Lernen" (co-learning) hin ausgerichtet (Ward & Kohler 1996, 287). Dass „offene" Prozesse und Ergebnisse die Regel sind, kann

---

[6] „Signifikantes Lernen" steht im Sinne Rogers (1973, 274) für individuell bedeutsame Lernprozesse, die Verhaltens- und Einstellungsänderungen hervrufen sowie den Wachstumsprozess der Persönlichkeit befördern sollen.

eine verunsichernde Wirkung erzeugen, die pädagogischerseits ausgehalten werden muss. Umso wichtiger sind die Kollaboration wie auch kollegiale Diskurse und Zusammenschlüsse von Personen mit gleichgelagerten Anliegen, um „ventilatorische" und „valide" Unterstützung zu erfahren. Zu fragen gilt nun, wie auf der Basis dieser „neuen Rollenzuschreibung" (Coupe O'Kane, Porter & Taylor) Empowermentprozesse im Unterricht mit geistig behinderten Schülerinnen und Schülern konkret gefördert werden können.

Um Anhaltspunkte für ein geeignetes Vorgehen zu finden, macht es zunächst Sinn, für jede Schülerin und jeden Schüler ein „personal profile" im Hinblick auf „personale und soziale Empowerment-Fähigkeiten" zu erschließen und zu erstellen (hierzu auch Epstein 1999). Hilfreich kann hierzu eine Einschätzskala sein (vgl. Abbildungen, S. 188 ff.). Als diagnostische Methoden und Hilfsmittel sollten teilnehmende und nichtteilnehmende Beobachtungen, Schüler- und Elterngespräche, Schülerbefragungen bzw. -selbstbeurteilungen, ein Klassensoziogramm sowie tagebuchartige Aufzeichnungen in Betracht gezogen werden. Der individuellen Ausgangslage (personal profile) sind Stärken, kaum oder noch nicht entwickelte Fähigkeiten zu entnehmen, die im Hinblick auf die gegebenen Bedingungen im Unterricht reflektiert werden müssen. Im Rahmen dieser Prüfphase kommt es darauf an, unterrichtsrelevante Aspekte (Ziele, Inhalte/Themen, Fächer, Sozialformen, Unterrichtsführung, Lehrerpersönlichkeit, kollegiale Zusammenarbeit, Erziehungsstil, Zeitfaktoren, Therapieangebote, Klassenraumgestaltung, Medien/ Materialien, Klassengröße, Zusammensetzung der Schülerschaft, Sitzordnung, Lehrkräfte-Schüler-Beziehungen, Schüler-Schüler-Beziehungen) in ihrem entwicklungshemmenden oder -fördernden Charakter für jeden Betroffenen zu erfassen, um einen kontextuellen Veränderungsbedarf zu ermitteln. Dieser sollte dann in ein individualisiertes Empowerment-Curriculum einfließen, dem acht handlungsbestimmende Leitprinzipien zugrunde liegen.

Leitprinzipien

Vertrauensstiftende Vorgehensweise

Aus philosophisch-anthropologischer Sicht gilt die Du-Bezogenheit des Menschen, das Bedürfnis nach sozialer Kommunikation, als eine „fundamentale Tatsache menschlicher Existenz" (Buber). Viele Schülerinnen und Schüler mit schwerer geistiger Behinderung artikulieren ein solches Bedürfnis auf originelle Weise und auch leicht geistig oder lernbehinderte Heranwachsende aus sozial schwachen Verhältnissen wünschen sich nicht selten Geborgenheit und eine Vertrauensperson, wenngleich diese Sehnsucht oftmals im Verborgenen bleibt und mit Verhaltensweisen, die wir als auffällig erleben, überdeckt wird (Theunissen 2000a). Hinzu kommt, dass nicht nur aus anthropologischer Sicht sondern auch aus neurowissenschaftlicher ein auf Sympathiebeziehungen und Verlässlichkeit beruhendes pädagogisches Verhältnis für Lernprozesse besonders günstig ist (ebd.; Pickenhain 1998; Jantzen 2000, 52f.). Deswegen betrachten wir die Herstellung einer Vertrauensbasis und verlässlichen Beziehung (Hegar 1989, 379) als das Fundament einer emanzipatorischen Unterrichtspädagogik. Zudem ist sie das zentrale Paradigma einer Schule als „,Caring'-Community" (Opp 1997).

Subjektzentrierte Vorgehensweise

Jeder geistig behinderte Mensch ist als Person in seiner Subjekthaftigkeit zu erschließen. Somit darf er nicht zum bloßen Objekt pädagogischer oder therapeutischer Maßnahmen degradiert werden. Neben der Erschließung seiner Autonomiepotentiale, Bedürfnisse, Lerninteressen und Lernwege muss auch seine subjektive Befindlichkeit, vor allem seine psychosoziale Lage wahrgenommen werden, um sein Verhalten und Erleben besser zu verstehen. All diese Momente gilt es in einem individualisierten Konzept zu verschränken, das der „Einheit des Individuums" Rechnung zu tragen hat, indem emotionale, physische und kognitive Aspekte wie auch soziale, mitmenschliche Beziehungen und lebensweltliche Systeme reflektiert und beachtet werden müssen. So genügt es nicht, einen Schüler zu autonomen Entscheidungen oder zur selbstständigen Lösung eines Problems aufzufordern, wenn dies seine physische und psychische Befindlichkeit (Verkrampfung, muskuläre Panzerung, Ängste) nicht zulässt. Hier macht zunächst eher ein basales Kommunikationsangebot Sinn, um eine positive affektive Beteiligung und Offenheit für weitere Aktivitäten zu erreichen.

Autonomieorientierte Vorgehensweise

Jeder Mensch ist biologisch gesehen ein „autonomes System" (Maturana & Varela 1987), welches sich selbst organisiert und reguliert. Dieser Prozess vollzieht sich im Austausch und in der Auseinandersetzung mit der Umwelt. Dabei operiert der Mensch aber nicht als ein bloßes Input-Output-Modell, etwa wie ein Telefax, sondern er selektiert Informationen, bewertet und verarbeitet sie nach Maßgabe seines Systems und konstruiert auf diese Weise sein eigenes Bild von Welt (Piaget 1975). Folgerichtig kann es „den total autonomen Menschen [...] überhaupt nicht geben. Er steht immer nur in Interdependenz" (Speck 1999, 85), was ihn in Anbetracht seiner „biologischen Sonderstellung" zu sozial verantwortlichem Handeln (Moralität) verpflichtet (Portmann 1970; Theunissen 1999a, 88f.). Diese „relative Autonomie" (Portmann) zählt wesenhaft zum Menschsein und artikuliert sich als Willensbekundung (Entscheidungs- oder Bewusstseinsautonomie) und selbstbestimmtes Handeln (Handlungsautonomie). Die Beachtung dieser beiden Aspekte ist für uns von zentraler Bedeutung. Nehmen wir zwei Beispiele: Ein geistig schwerst- und mehrfachbehinderter Schüler ist motorisch so stark eingeschränkt, dass er kaum greifen, sich nicht ankleiden, nicht fortbewegen kann ... Wohl aber kann er durch Kopfnicken und Mimik seinen Willen zum Ausdruck bringen und signalisieren, welche Aktivitäten er mag, welche Lieder er hören möchte, wann er zur Toilette muss, wie viel und was er trinken möchte ... Ein anderer Schüler mit leichter geistiger Behinderung entscheidet sich im Werkunterricht für den Bau eines Vogelhauses, entwirft nach eigenen Vorstellungen eine Skizze und baut selbstständig das Häuschen. Beide Schüler demonstrieren Autonomie – jeder auf seinem Niveau (hierzu auch Wehmeyer 1992, 308). Pädagogisch gesehen kommt es somit darauf an, die einzelnen Schülerinnen und Schüler dort abzuholen, wo sie stehen und ihnen Gelegenheiten zur Entscheidungsautonomie (choice-making; decision-making) und zu selbstbestimmtem Handeln zu verschaffen sowie bei der Verwirklichung dieser Möglichkeiten behilflich zu sein (Smith 1994, 5ff.; auch Deci & Chandler 1986, 590f.; Wehmeyer, Agran & Hughes 1999, 112, 126ff.).

Identitätsstiftende Vorgehensweise

Ein Kernstück gelingender Empowerment-Prozesse ist eine „balancierte Identität". Sie setzt zum einen ein positives Selbstbild, Bewusstsein über eigene Stärken und Kompetenzen, Zutrauen in eigene Fähigkeiten und Ressourcen, Selbsterkenntnis und eine realistische Selbsteinschätzung voraus. Zum anderen verweist sie auf den Sozialbezug, auf die Antizipation von Erwartungen, die an die personale Identität des Betroffenen geknüpft werden (Goffman 1967, 10, 72ff.). Damit ist das Individuum zum „Rollenspiel" verpflichtet. Als „balancierte Identität" erscheint sodann die Leistung, sich auf der Grundlage eigener und sozialer Ansprüche darzustellen und zu behaupten. Viele Schülerinnen und Schüler mit geistiger Behinderung scheinen nur eine diffuse Selbstdarstellung und Identität entwickelt zu haben, was durch appellative Hilflosigkeit und Versorgungsbedürftigkeit, mangelndes Zutrauen in eigene Fähigkeiten, Infantilität, Bedürfnislosigkeit oder auch Risikovermeidung zum Ausdruck gebracht wird. Dies hängt unter anderem (vor allem) mit einer hohen Rate an Misserfolgen beim Lernen sowie auf handlungspraktischer Ebene zusammen (Deci & Chandler 1986, 590), weshalb eine an den Stärken ausgerichtete Praxis (Weick et al. 1989) um so wichtiger ist. Für einen am Empowermentansatz orientierten Unterricht ergibt sich somit die Notwendigkeit, Stärken und positive Botschaften aufzuspüren und wertzuschätzen, so dass der Einzelne durch Beachtung, Ermutigung und Lob Lebenszutrauen, einen positiven Sozialbezug und Lebenshaltungen für sich selbst erschließen kann.

Aktivitätsanregende Vorgehensweise

Eigene Tätigkeiten gelten als ein wichtiges Vehikel für menschliche Entwicklung (Piaget 1969). Menschen mit geistiger Behinderung wird häufig Passivität nachgesagt. Allein aus diesem Grunde bedarf es der Anstiftung zu Aktivitäten, so dass durch eigenes Tun Welt erfahren und angeeignet sowie Handlungskompetenzen aufgebaut werden können. Aus dem Empowerment-Blickwinkel ist es wichtig, den Einzelnen als „Akteur der eigenen Entwicklung" zu betrachten und ihn dementsprechend Gelegenheiten zu offerieren, die ihn zu Eigenaktivitäten herausfordern und zu Erfolgserlebnissen verhelfen (Sebba, Byers & Rose 1995, 32, 39, 44, 48). Solche positiven Erfahrungen tragen zu einem befriedigenden Gefühl und positiven Selbstbild bei, sie schaffen Lebenszutrauen und ebnen den Weg für ein intrinsisch motiviertes Lernen.

Sinnstiftende Vorgehensweise

Lern- und neuropsychologisch gesehen macht Lernen nur dann Sinn, wenn es subjektiv bedeutsam ist (Theunissen 2000a). Dementsprechend müssen Lernangebote für den Einzelnen sinnvoll und passend sein – d.h. zu seiner Daseinsgestaltung (Selbstverwirklichung) und Lebensbewältigung in größtmöglicher Autonomie beitragen. Kulturelle und familiäre Bräuche sowie vertraute Traditionen können in dem Falle zur Erschließung subjektiv bedeutsamer Lernangebote und individueller Stärken nützlich sein (Hegar 1989, 379; auch Lingg & Theunissen 2000, 184). Heilpädagogische und therapeutische Konzepte, die als ein „isoliertes Funktionstraining" konzipiert auf Verhaltensänderungen und Lernzuwachs hin ausgerichtet sind, verstoßen häufig gegen dieses Prinzip. Dadurch werden wohl kaum Schülerinnen und Schüler mit geistiger Behinderung „in sinnvolle Zusammenhänge des Lebens eingeführt und so zum Selbstdeuten der Wirklichkeit, zum sinnerfüllten Gebrauch (ihrer, G. T.) körperlich-geistig-seelischen Kräfte, zum ‚Gebrauch des Lebens' befähigt" (Klein 1982, 38f.). Dass funktionsorientierte Programme, wie sie oftmals in der Physio- oder Ergotherapie, nicht selten aber auch in der Montessori-Pädagogik angewandt werden, für eine Förderung von Empowerment kontraproduktiv sind, ist somit unschwer zu erkennen. Was nutzt es einem geistig behinderten Schüler, wenn er im „Lernbereich Kunsterziehung" das „Variieren des Farbauftrages" erlernt hat, aber nicht dazu befähigt wurde, bildnerische Aktivitäten (Vorbereitung der Situation, Planung ...) für sich selbst zu organisieren, so dass er in seiner Freizeit selbstbestimmt und selbstständig auf seine Kompetenzen des Malens zurückgreifen kann? Eine Förderung von Empowerment hat daher mit der „Vorbereitung einer Situation" zu beginnen und Schülerinnen und Schüler in ein sinnvolles Lernen einzuführen (auch Coupe O'Kane, Porter & Taylor 1994, 17f., 21).

Entwicklungsgemäße Vorgehensweise

Jede pädagogische Unterstützung hat sich am Verlauf und an den Gesetzmäßigkeiten der menschlichen Entwicklung zu orientieren. Dies betrifft unter anderem auch die Erkenntnis, dass es keine „endgültige Entwicklungsbeschränkung" gibt, sondern dass menschliche Entwicklung und menschliches Lernen in jedem Alter stattfinden kann. Diese prinzipielle Lern- und Entwicklungsfähigkeit gilt uneingeschränkt für alle Menschen mit geistiger Behinderung. Um entwicklungsgemäßes Lernen zu fördern, sollte die pädagogische Arbeit am aktuellen Entwicklungs- und Handlungsniveau anknüpfen (z.B. an den ermittelten Empowerment-Fähigkeiten) und sich im Horizont der „Zone der nächsten Entwicklung" (Wygotski) bewegen. Insofern dürfen die pädagogischen Angebote (Herausforderungen, Themen, Materialien) weder unter- noch überfordern, und das Arrangement der Lernsituationen muss für das personale System „passend" sein, so dass sich der Lernende mit seinen Interessen, seinem Autonomiebedürfnis und seinen Möglichkeiten darin wiederfinden und altersgemäße Entscheidungen treffen kann (Hegar 1989, 380; auch Deci & Chandler 1983, 590). Es hat den Anschein, dass es in der Arbeit mit geistig oder lernbehinderten Schülerinnen und Schülern (auch im sog. offenen Unterricht) mitunter Tendenzen gibt, zu lange auf einem „niedrigen" Anforderungsniveau zu verweilen, weil unter anderem den Betroffenen zu wenig zugetraut wird (Levin 1988, 21; Sebba, Byers & Rose 1995, 21; Bernard 1997, 174f.). Langeweile, Desinteresse, aber auch mangelnde Konzentration oder Verhaltensauffälligkeiten sind dann nicht selten die Folge. Entwicklungsgemäßes Lernen bedeutet, eher „hohe Anforderungen" (high expectations) nach dem Prinzip der „gemäßigten Neuartigkeit" (Ginsburg & Opper) zu stellen, so dass ein Betroffener die Aufgabe als eine für ihn interessante Herausforderung begreifen kann, deren Bewältigung gerade noch im Rahmen seiner Möglichkeiten liegt. Natürlich sollte in dem Falle die Lehrkraft als Berater und Unterstützer fungieren.

Sozialerzieherische Vorgehensweise

Unzweifelhaft genügt es nicht, nur „individuumbezogene" Leitprinzipien für Empowerment-Prozesse in den Blick zu nehmen, sondern ebenso wichtig ist die Beachtung und Förderung sozialer Lernerfahrungen. Hier hat die „sozialerzieherische" Unterstützungsform ihren Platz, die zu einem Sozialinteresse, Gemeinschaftsgefühl, zu sozialem Rollenhandeln, einem „Platz in der Gemeinschaft" sowie zu gesellschaftlicher Partizipation (citizenship) beitragen soll, so dass sich der Einzelne in Sozialbeziehungen (Gruppe, Klassenverband) und in gesellschaftlichen Lebensbereichen besser zurechtfinden, wohlfühlen, integriert erleben und kompetent einbringen kann (auch Winup 1994, 104). Wie schon bei der identitätsstiftenden Vorgehensweise angedeutet darf eine Empowerment-Förderung nicht bei einem „Selbstbezug" (personal empowerment) stehenbleiben, sondern sie muss sich auch dem Sozialbezug (social empowerment) annehmen. Dem Leitprinzip der sozialerzieherischen Vorgehensweise sollte freilich nicht das Ziel unterlegt werden, bestimmte sozial wünschenswerte Verhaltensweisen „eintrichtern" zu wollen. Vielmehr sollte sie – und dies gilt selbstverständlich auch für die anderen Leitprinzipien – als „unterirdische Dialogik" (Buber) verstanden und als ein „Werden in der Begegnung" (Simon) wirksam werden. Nur eine solche Kommunikationsweise ist in Form einer „assistierenden Hilfe" mit dem Empowerment-Gedanken als pädagogische Maxime kompatibel.

Diese acht Leitprinzipien haben die alltägliche Unterrichtsarbeit fühlbar zu durchdringen. Im Hinblick auf Empowerment lassen sich hierzu im Anschluss an Ward und Kohler (1996) vier Orientierungsgrundlagen unterscheiden, die durchaus miteinander verschränkt werden und sich in der Praxis überlappen können:

(1) Ein fähigkeitsorientiertes Curriculum (empowerment-skills curriculum)

(2) Ein mentor- und modellorientiertes Konzept (mentoring and modeling)

(3) Ein gesellschaftsorientiertes und gemeindeintegriertes Konzept (community-based program)

(4) Ein an der individuellen Zukunftsplanung (IEP; ITP) hin orientiertes Konzept[7] (futures planning and student involvement in planning)

Im Folgenden haben wir nun einige Beispiele herausgegriffen, die für ein Empowerment-Curriculum richtungsweisend sein können. Dabei handelt es sich zum Teil um eine „Neuauflage" altbekannter pädagogischer Arbeitsformen, was ein Beleg dafür ist, dass es keine speziellen Empowerment-Methoden gibt und dass es letztlich nur auf eine geschickte Auswahl geeigneter Angebote mit emanzipatorischem Anspruch ankommt. Alle Richtlinien oder Lehrpläne lassen im Prinzip eine solche Schwerpunktsetzung zu – Empowerment muss nur gewollt sein! Natürlich sollte in dem Zusammenhang nicht nur der Mikrobereich von Schule reflektiert werden, sondern ebenso wichtig ist die Auseinandersetzung mit dem Mesosystem (z.B. Verhältnis Schule-Elternhaus) und den makrosystemischen, den bildungspolitischen und gesellschaftlichen Einflüssen. Darauf können wir jedoch aus äußerlichen Gründen (Rahmen der Arbeit) nicht näher eingehen. Eine wichtige Orientierungshilfe bieten hierzu die Schriften von Klafki (1994). Die folgenden Ausführungen konzentrieren sich weithin auf Möglichkeiten für den unmittelbaren Unterricht.

Empowerment-Förderung als „unterrichtsintegriertes" Geschehen

Wie wir uns diese Möglichkeit vorstellen können, machen Sebba, Byers & Rose (1995, 34ff.) an einem Beispiel deutlich: „Stellen wir uns vor, dass ein Physiotherapeut für Jenny, einer schwerstbehinderten Schülerin, die Verbesserung ihrer Beweglichkeit durch Streckung der Arme als Lernbedürfnis definiert hat. Aus behavioristisch-methodologischer Sicht würde für Jenny folgende Lernaufgabe definiert: ‚Jenny soll ihre Arme für mindestens 45 Zentimeter nach vorne vor sich hin strecken, dies 10 Mal am Tag.' Unter einer behavioristischen Regie würde diese Aufgabe unter Anweisung oder Ermahnung ausgeführt: ‚Strecke aus, Jenny. Gutes Mädchen – ein bisschen weiter. Okay. Pause. Nun versuchen wir es noch mal. Versuch es Jenny – strecke.' Nach jedem erfolgreichen Strecken dürfte Jenny zur Belohnung 20 Sekunden lang ihre Lieblingsmusik hören, und nach jeder Sitzung dürfte sie sich in einer Hängematte entspannen ... Jennys Förderung würde als Einzelarbeit durchgeführt und sie würde für ihre erfolgreiche, harte Arbeit jeweils

---

[7] Diese Möglichkeit wurde bereits im ersten Teil des vorliegenden Kapitels angesprochen.

systematisch belohnt. Allmählich würde das Programm erweitert, indem Jenny als Nächstes ihre Arme für 60 Zentimeter strecken müsste. Einem solchen Programm haften einige Probleme an. Jenny arbeitet alleine, die Aktivitäten sind isoliert, es wird ein isoliertes Funktionstraining durchgeführt, welches keine Beziehung zu Jennys Erfahrungen als eine ‚ganze Person' hat, und es bietet auch nicht Jenny Gelegenheit, mit anderen Schülerinnen und Schülern zu kontakten. Die Aktivität ist nicht selbst-initiiert und fördert auch nicht eine intrinsische Motivation. Jennys Lehrer hat ihr nicht vermitteln können, warum sie ihre Arme strecken soll. Für sie bleiben die Aktivitäten unverstanden, und sie hat keine Beziehung zu diesem Funktionstraining entwickelt. Es gibt für sie keine Gelegenheit, die Aktivitäten für sich selbst zu nutzen. Es ist eine produktive Aktivität für die Lehrkraft, indem sie über Jennys Verhaltensänderung (Lernzuwachs) berichten kann, für Jenny bleibt die Aktivität jedoch bedeutungslos und langweilig.

Die Aktivität könnte jedoch verbessert werden. Der Lehrer könnte Jenny zu einer intrinsisch motivierten Streck-Aktion anstiften. Jenny könnte dazu angeregt werden, bei der Frühstückszeit nach ihrem Keks zu greifen. In ihrer Nähe könnte ein Kassettenrecorder platziert werden, so dass sie sich selbst durch Drücken der Taste mit ihrer Lieblingsmusik beglücken (verstärken) könnte. Jenny könnte dazu angeregt werden, die Nasen, das Haar oder das Ohr anderer Mitschülerinnen oder Schüler zu berühren, wenn es darum geht, Vorstellungen und Begriffe über den Körper zu erlernen. All diese Aktivitäten sind sinnvoll und fördern intrinsische Motivation. Sie sind interessanter und erfolgreicher als das trockene Strecken um des Streckens-Willen ...

Stellen wir uns nun einmal Jenny in der Kooperation mit anderen Schülerinnen und Schülern vor ... Es geht um ‚Mess-Aufgaben'. Die Schüler haben die Aufgabe, durch das Abstoßen kleiner Autos herauszufinden, welches am weitesten fährt. Auch hierbei kann Jenny mitmachen. Sie kann z.B. ihre Arme strecken, um ein Auto zu erreichen ...

Vielleicht, in einem anderen Falle, werden eine Anzahl verschiedener Kleintiere von den Schülern mit in den Unterricht gebracht, um die unterschiedlichen Größen der Tiere zu erfassen. Jenny wäre motiviert, ein Kaninchen zu streicheln, um das samtene Fell zu erfahren. Um das Tier zu erreichen, müsste sie mit ihrem Sitz- und Knautschkissen ein wenig herumrutschen ... Dies gelte auch für ihr Interesse, einer Schildkröte ein Stückchen Salat anzubieten ...

Alle diese Beispiele zeigen auf, dass Jenny im Gruppenverband integriert ist und an ‚regulären' Unterrichtsaktivitäten teilnimmt ... Dabei hat sie die

Chance, ihre eigenen Lernmöglichkeiten zu bestimmen und zu nutzen; ein Gefühl für bedeutungsvolle Aktivitäten zu gewinnen und erfolgreich zu lernen, wobei sie ein Kontrollbewusstsein entwickeln kann; Entdeckungen durch eigene explorative Tätigkeiten zu machen und Probleme selbstständig auf ihre Weise zu lösen.

Alle Beispiele tragen zur Verbesserung ihrer Armmotorik bei und auch in dem Falle hat die Lehrkraft die Möglichkeit, die Entwicklung zu beobachten und zu dokumentieren. Allerdings ist es diesmal Jenny, die die Aktivitäten in einem sinnvollen Kontext selbst initiiert ausführt. Jenny versteht jetzt den Zweck der Aktivitäten, das Strecken der Arme ist jetzt für sie subjektiv bedeutsam. Sie versteht die Aktivitäten und entwickelt eine intrinsische Motivation. Überdies entsteht ein Generalisierungseffekt, indem sie die Verbesserung ihrer Beweglichkeit in verschiedenen Situationen nutzt. Die Sterilität des eng gestrickten isolierten Funktionstrainings ist durch eine Serie an herausfordernden pädagogischen Aktivitäten ersetzt worden, die eine Fülle an Entwicklungsmöglichkeiten beinhalten" (zit. n. ebd.).

Eine Empowerment-Förderung in dem hier beschriebenen Sinne (ein ähnliches Beispiel ist in meiner Schrift „Wege aus der Hospitalisierung" nachzulesen) erweist sich als ein „methodisches Prinzip" zur Aneignung und Performation von Entscheidungs- und Handlungsautonomie (skills), das in jedem Lernbereich, in jeder Unterrichtsstunde und in jeder Klasse genutzt werden kann (auch Wehmeyer 1992, 303, 305; Westling & Fox 1995, 609). Man muss nur eine entsprechende Förderung wollen! (hierzu auch Smith 1994, 11). Bemerkenswert ist dem Zusammenhang eine Untersuchung von Houghton, Bronicki & Guess (1987), der zu entnehmen ist, dass Lehrkräfte positive Verhaltensäußerungen oder Initiativen im Unterricht, die unmittelbar von Schülerinnen und Schülern mit (schwerer) geistiger Behinderung ausgehen, kaum bzw. viel zu wenig Beachtung schenken. Gerade die Wahrnehmung, Wertschätzung und soziale Verstärkung intrinsisch motivierter Verhaltensweisen, insbesondere Äußerungen in Bezug auf Wünsche oder Lernbedürfnisse und Entscheidungen für Aktivitäten im Unterricht, sind aber wichtige Momente zur Förderung von Empowerment-Fähigkeiten. Dies wird im Prinzip auch von Peck (1985) bestätigt, dessen Untersuchung den Schluss zulässt, dass ein „facilitatorisches Unterrrichtsprogramm" (z.B. Freiraum oder Gelegenheiten für Wahlmöglichkeiten) mit entsprechenden Interventionen (positive Verstärkung selbst-initiierten und prosozialen Verhaltens) einem „directive style" in der Unterrichtsarbeit mit autistischen geistig behinderten wie auch mit geistig schwerbehinderten Schülerinnen und Schüler überlegen ist. Keineswegs genügt es, nur wünschenswertes, d.h.

lehr- und lernzielorientiertes Verhalten im Unterricht zu würdigen, sondern entscheidend(er) sind authentische Formen einer Anteilnahme und Bekräftigung selbst-initiierter Lernprozesse und Handlungen (Deci & Chandler 1986, 591; Houghton, Bronicki & Guess 1987, 26), durch die die betreffende Person (neue) Fähigkeiten erwerben und auch selbstgesetzte (Lern-)Ziele erreichen kann (Wehmeyer 1992, 309; auch Wehmeyer, Agran & Hughes 1999, 192ff.).

Förderung von Empowerment durch spezielle Maßnahmen

Diese zweite Möglichkeit bedarf der konkreten Planung einer langfristig und systematisch angelegten individualisierten Förderung. Um Missverständnissen vorzubeugen sei an dieser Stelle in Erinnerung gerufen, dass wir unter Förderung keine Erziehungs- und Bildungsarbeit verstehen, bei der es darum geht, aus den Schülerinnen und Schülern etwas zu machen, sondern einen Unterricht, der dazu beitragen soll, dass die Betroffenen aus sich selbst etwas machen können. Diese Unterscheidung zwischen einem „aufoktroyierten" Förderverständnis und einem „subjektzentrierten" wird in der heil- oder sonderpädagogischen Arbeit häufig missachtet. In welche Richtung sich der autonomiefördernde Unterricht bewegen sollte, hat schon das vorausgegangene Beispiel signalisiert. Daran anknüpfend möchten wir nun weitere Möglichkeiten insbesondere spezieller Programme vorstellen, so zum Beispiel das Angebot aktionsorientierter Aktivitäten im Rahmen des Lernbereichs „Ästhetische Erziehung" (Kunstunterricht).

- *Ausgangspunkt: subjektzentrierte aktionsorientierte Aktivitäten*

Ausgangspunkt unserer Überlegungen ist ein Schüler mit mangelnden Selbstvertrauen, starken Rückzugstendenzen, einem mangelnden Zutrauen in eigene Fähigkeiten, einem Selbst-Bild des Versagers ... Ein solcher Schüler braucht Erfolgserlebnisse beim Lernen, Angebote, denen er angstfrei begegnen kann und die ihn zu positiven Eigenaktivitäten herausfordern und ermutigen, Angebote, durch die er zu sich selbst finden kann und die ihn dazu verhelfen, ein Selbstwertgefühl, Spaß am Lernen und Zutrauen in eigene Leistungen zu entwickeln. Hierzu bieten sich am besten aktionsorientierte Arbeitsformen aus dem ästhetischen Bereich an. Ebenso denkbar wären „freie Spiele" z.B. im Rahmen von Freiarbeit oder auch „erlebnispädagogische" Sportstunden (hierzu Balz 1993, 15ff.; Köckenberger 1992; Theunissen 1997c). An anderer Stelle haben wir Unterrichtssequenzen einer aktionsorientierten Kunsterziehung vorgestellt (Buss &

Theunissen 1997; auch Wörner 1977), denen zu entnehmen ist, dass ein solches Angebot nicht nur in fachlicher Hinsicht (z.b. Vertrautwerden mit ästhetischen Mitteln; Entwicklung von Kreativität; Gewinnung ästhetischer Erfahrungen; Hinführung zur modernen Kunst) sondern auch unter pädagogisch-therapeutischen Gesichtspunkten bedeutsam ist. So kann z.B. ein geistig behinderter Schüler, der als gehemmt, passiv oder in-sich-zurückgezogen beschrieben wird, zu Aktivitäten animiert und ermutigt werden (exploratives Lernen), die ihm sichtlich Freude bereiten, Hemmungen lockern, Erfolgserlebnisse vermitteln und zu einem positiven Selbstbild verhelfen. „Positive emotionale Einstellungen, ein gesteigertes Selbstwertgefühl, dürften hier vor allem auf Erfolgserlebnisse zurückgeführt werden, die sich schon zu Beginn der Aktionen einstellen und den gesamten Arbeitsprozess begleiten. Erfolgserlebnisse wiederum wirken als Antrieb zu erneuten Aktivitäten" (Wörner 1977, 98). Aktionsorientierte Angebote zeichnen sich durch „künstlerische Offenheit" aus, weshalb sie sich für eine Anbahnung von Empowerment-Fähigkeiten besonders eignen. Wichtig ist dabei freilich die schon oben erwähnte Wertschätzung (Verstärkung) selbst-initiierter Handlungen. Dass der Lernbereich „Kunsterziehung" „in hohem Maße geeignet (ist, G.T.), Selbstvertrauen und Selbstwertgefühl zu vermitteln", wird u.a. auch im sächsischen Lehrplan für die Schule für Geistig Behinderte (1998, 201) betont. Allein von daher sollten entsprechende Gelegenheiten unbedingt genutzt werden.

- *Partnerarbeit*

In der Regel münden aktionsorientierte Einzelaktivitäten in interaktive oder kollaborative Unternehmungen; und wenn nicht, dann sollten assistierende Impulse für Sozialprozesse und Sozialerfahrungen gegeben werden. Dabei käme es zunächst auf positiv geprägte Interdependenzen, auf Momente an, die das Gefühl bewirken, vom anderen beachtet und wertgeschätzt, als Akteur origineller und stimulierender Aktivitäten angenommen, gewürdigt und bestätigt zu werden. Auch solche Erfahrungen lassen sich in ausgezeichneter Weise durch aktionsorientierte Aktivitäten gewinnen (Buss & Theunissen 1997; Wörner 1977), und sie sollten für ein Soziales Lernen durch Partnerarbeit nutzbar gemacht werden. Denn eine Partnerarbeit setzt die Wahrnehmung des anderen sowie die Vorstellung davon, wie sich positive Interdependenzen entwickeln, voraus (Sebba, Byers & Rose 1995, 48). Ohne Zweifel muss Partnerarbeit gelernt sein. Und die Chancen dafür stehen dann am besten, wenn sie auf Sympathiebeziehungen beruht und wenn keine „asymmetrische Interaktionen" stattgaben. Eine solche Gefahr besteht, wenn im Rahmen einer Partnerarbeit ein leistungsstarker Schüler „alles für seinen Partner" (ebd., 49) macht, der geistig schwerstbehindert ist. Dadurch werden interaktive Lernprozesse kaum gefördert. Wie eine gelingende Partnerarbeit zur Förderung von Empowerment aussehen kann, soll am folgenden Beispiel illustriert werden:

„Eine Klasse mit geistig und lernbehinderten Schülern im Alter von 11 bis 13 Jahren besuchte eine Ausbildungsstätte für Landwirtschaft und Viehzucht. Zwei Schüler machten sich zusammen mit ihrem Lehrer Gedanken darüber, wie sie sich am besten bei den Landwirtschaftsstudenten, die ihnen viel gezeigt hatten, bedanken sollten. Es entstand die Idee, ein Bild über den Besuch anzufertigen und den Studenten zuzuschicken. Die Schüler wurden dazu angeregt, kleine Spielzeugtiere aus Bauernhöfen zusammenzutragen und jene Tiere herauszusuchen, die sie auf der Farm gesehen hatten. Die Schüler taten dies gemeinsam, sortierten einige Tiere aus, die sie nicht auf der Farm gesehen hatten und behielten eine Gruppe an Tieren zurück, die sie vor sich auf den Tisch stellten. Der Lehrer schlug dann vor, dass einer der Schüler ein Bild mit den ausgewählten Tieren malen sollte, während der andere die Namen der Tiere auf Etiketten schreiben sollte, um damit später die Bilder zu beschriften. Die Schüler begannen ihre Arbeit und nach 15 Minuten hatte jeder seinen Teil der Aufgabe erfüllt. Die Schüler hatten jetzt ein Sortiment an Etiketten mit den Namen verschiedener Tiere wie Kuh, Schaf usw. und ein farbenprächtiges Bild, welches die gesehenen Tiere zeigte.

Dieses Bild war allerdings nur für den Schüler, der es gezeichnet hatte, verständlich und klar, während für die meisten anderen Beobachter es ausgesprochen schwierig war, die einzelnen Tiere zu unterscheiden. Daher schlug der Lehrer vor, dass die beiden Schüler über die geeigneteste Zuordnung und Platzierung der Etiketten diskutieren sollten. Dies veranlasste den einen Schüler die Etiketten dem anderen (der nicht lesen konnte) vorzulesen, der daraufhin die Zuordnung der einzelnen Tiere auf dem Bild angab. Als sich der Lehrer nach einer Weile den beiden wieder zuwandte, waren die Etiketten platziert und die beiden Schüler waren in der Lage, ihre Arbeit zu erklären" (zit. n. ebd., 49f.).

Dieses Beispiel einer Partnerarbeit zeigt die individuellen Fähigkeiten der beiden Schüler auf, die jeweils auf ihrem Stärken-Niveau interagieren. Die Schüler werden dazu angestiftet, bei der Herstellung eines gemeinsamen Produkts eine Arbeitsteilung vorzunehmen, zudem werden sie dazu angeregt, miteinander zu diskutieren und im Rahmen ihrer Verhandlungen zu einer eigenständig-verantwortlichen Problemlösung im Sinne der Zielsetzung zu gelangen (hierzu auch Kohn 1991, 501ff.; Wehmeyer 1992, 309). Die Rolle der Lehrkraft betrachten Sebba, Byers & Rose (1995, 50) als „Facilitator" für Soziales Lernen (Kollaboration). Wichtig sei es, die individuellen Fähigkeiten und Stärken zu kennen, um von hier aus den Schülerinnen und Schülern geeignete Gelegenheiten für eine Partnerarbeit zu geben.

- *Gruppenarbeit*

Die Erfahrungen, die durch eine wohlüberlegte Partnerarbeit gewonnen werden, lassen sich sodann auch für eine Gruppen- und Projektarbeit nutzbar machen. Zunächst einige Anmerkungen zur Gruppenarbeit: Wie bei der Partnerarbeit kommt es auch bei der Gruppenarbeit darauf an, die Kollaboration und erfolgreiche Interaktionen zwischen den Schülerinnen und Schülern als ein valides Ziel zur Förderung von Empowerment-Fähigkeiten zu betrachten (Sebba, Byers & Rose 1995, 39). Vor diesem Hintergrund sollte zwischen einer einfachen Gruppenbildung innerhalb einer Klasse (grouping) und einer strukturierten Gruppenarbeit als Vehikel für Soziales Lernen und Empowerment unterschieden werden (ebd., 40f.). Stehen bei der einfachen Gruppenbildung eher Sachanforderungen (sach- und fachbezogene Lernziele) im Vordergrund, so rücken bei der Gruppenarbeit Soziale Lernziele explizit in den Mittelpunkt, um Kollaboration, Verhandlungsfähigkeit, demokratisches Bewusstsein und Verhalten, Solidarität und Mitbestimmung zu fördern – Empowerment-Kompetenzen, die für ein selbstbestimmtes und „resilientes" Leben geistig behinderter Schülerinnen und Schüler nach Beendigung ihrer Schulzeit von zentraler Bedeutung sind. Diese Fokussierung gilt – so Sebba et al. – für alle Schülerinnen und Schüler mit geistiger Behinderung, also auch für jene mit schwersten Lernbeeinträchtigungen oder Verhaltensauffälligkeiten. Um eine dementsprechende Gruppenarbeit effektiv zu gestalten, bedarf es der Reflexion spezifischer Probleme, die bei einer ungünstigen Gruppenkonstellation bzw. Auswahl der Gruppenmitglieder auftreten können, so zum Beispiel durch autoritäres oder dominantes Verhalten, durch Isolierungstendenzen, heimliche Führerschaft oder übertriebene Neigung zum Helfen einzelner Schülerinnen oder Schüler (ebd., 43). In dem Falle müsste pädagogischerseits „gegengesteuert" werden, um jeder Schülerin oder jedem Schüler die Chance zu verschaffen, sich angemessen in eine Gruppe einbringen und soziale Fähigkeiten entwickeln zu können. Mögliche assistierende Hilfen wären auf der Basis einer vertrauensvollen Beziehung das direkte Ansprechen bestimmter Interaktionen oder Verhaltensweisen, kleine Hilfestellungen oder Übersetzungshilfen, eine Intervention durch eine Verpflichtung der Gruppenmitglieder auf eine kurze Reflexionszeit oder Zwischenevaluation, die Verbalisierung der Erlebnisinhalte, eine Widerspiegelung von Gefühlen, eine Intervention durch Signale oder auch eine Wahrnehmung einer Hilfs-Ich-Funktion für Schülerinnen oder Schüler mit schwach ausgeprägter Sozial-Performance (auch Kohn 1991, 503ff.). Eine zu starke pädagogische Fremdsteuerung sollte jedoch vermieden werden, denn die Rolle der Lehrkraft ist im Wesentlichen die eines Enablers, Facilitators, Beraters, Moderators oder Mediators. Am Besten ist es, wenn es der Lehrkraft gelingt, sich weitgehend überflüssig zu machen, indem die Gruppe durch Selbsterarbeitung von Regeln, Selbstentscheidungen, selbstorganisierter Kollaboration und Selbstverantwortung zu einem gemeinsam erstellten Arbeitsergebnis gelangt (ebd., 504).

Eine bemerkenswerte Methode zur Optimierung der Gruppenarbeit, insbesondere mit Blick auf geistig schwerst- und mehrfachbehinderte Schülerinnen oder Schüler, ist das „Jigsawing" (Puzzle-Verfahren). Diese Methode (Sebba, Byers & Rose 1995, 51ff.) sieht vor, dass eine Aktivität in verschiedene interdependente Teilaufgaben zerlegt wird, die zu den Fähigkeiten und Lernbedürfnissen der einzelnen Schülerinnen und Schüler in Beziehung gesetzt werden. Da jede Teilaufgabe wie ein Puzzlestück von den jeweils anderen Aufgaben abhängig ist, ergibt sich die Notwendigkeit der sozialen Abstimmung durch Kommunikation, Interaktion, Kooperation und Arbeitsteilung. Der Lehrkraft bietet das „Jigsawing" die Möglichkeit, „kompatible Gruppen" (ebd., 51) zusammenzustellen, deren Mitglieder zur Bewältigung bestimmter Teilaufgaben als besonders geeignet gelten können. Die Schüler wiederum können ein Bewusstsein entwickeln, dass jeder Einzelne auf seine Weise mit seinen individuellen Fähigkeiten zu einer Gemeinschaftsaufgabe beitragen kann. Leistungsstarke wie auch schwächere Schülerinnen und Schüler erfahren dadurch ihre Wertschätzung und Bestätigung. Außerdem kann die Entwicklung des Gefühls von „kollektiver Stärke" sowie des Vertrauens in die Ressource „Gruppe" nachhaltig befördert werden. Das folgende Unterrichtsbeispiel soll die Methode des „Jigsawing" verdeutlichen: Die Aufgabe der Schüler besteht darin, einen Fensterkasten zu präparieren. Der Lehrer diskutiert zusammen mit den Schülern das Vorhaben. Die Schüler entscheiden was zu tun ist und starten zeitgleich mit ihrer Arbeit: Gruppe 1, drei Schüler, säubern einen alten Pflanzenkasten, beseitigen Pflanzen- und Erdreste ...; Gruppe 2, zwei Schüler, mixen einen Kompost, berechnen dabei die Menge an Lehm und Dünger...; Gruppe 3, vier Schüler, wählen Pflanzen aus, beschneiden sie und präparieren sie soweit, dass sie gepflanzt werden können. Die gesamte Gruppe kommt zusammen und diskutiert darüber, was sie getan hat. Die Schüler diskutieren, wie die Anordnung der Pflanzen im Blumenkasten sein soll...; Dann wird die Parallelarbeit fortgesetzt: Gruppe 1, drei Schüler, entnehmen die ausgewählten Pflanzen von ihren Pflanzentöpfen; Gruppe 2, zwei Schüler, reinigen die übriggebliebenen Töpfe der Pflanzen; Gruppe 3, vier Schüler, pflanzen die ausgewählten Pflanzen in den Kasten. Die gesamte Gruppe kommt wiederum zusammen und evaluiert ihre Arbeit, bewässert noch die Pflanzen und fotografiert das Ergebnis (zit. n. ebd., 53).

- *Projektarbeit*

Die Methode des „Jigsawing" bietet zugleich einen Einstieg in die Projektarbeit. Sie nimmt im Vergleich zum „Jjigsawing" oder sog. Unterrichtsvorhaben einen längeren Zeitraum in Anspruch; außerdem verlangt sie einen höheren Grad an Selbstorganisation und Selbstverantwortung, indem die betreffenden Schülerinnen und Schüler sich selbst Ziele setzen, selbstverantwortlich planen, Teilaufgaben formulieren, eine Arbeitsteilung in selbstbestimmter Regie durchführen, die selbst festgelegten Aufgaben in sozialer Absprache erledigen, die Durchführung der Arbeitsschritte kontrollieren sowie das Endprodukt evaluieren müssen (Gudjons 1989). Weitere typische Merkmale für ein Projekt sind der Situations- und Lebensbezug, die Orientierung der Themen an den Interessen und Bedürfnissen der Betroffenen, die gesellschaftliche und praktische Relevanz der Inhalte sowie der Gebrauchswert der Resultate (ebd.). Gerade durch diese Hinwendung zur Lebenswelt, die durch entdeckendes, multisensorisches und handelndes Lernen erschlossen werden soll, kann die Projektarbeit auch für den Unterricht mit geistig behinderten Schülerinnen und Schülern als wertvoll eingeschätzt werden (Mühl 1979). Sie steht allerdings in der Gefahr, einzelne Schülerinnen und Schüler in kognitiver Hinsicht und in Bezug auf Ausdauer zu überfordern, da üblicherweise über einen längeren Zeitraum auf ein Endprodukt hingearbeitet werden muss. Von daher ergibt sich die Notwendigkeit einer pädagogischen Assistenz, und die Lehrkraft sollte gegebenenfalls die Leitung eines Projektes nicht aus den Händen geben und als Berater, Moderator und Mediator fungieren. Wichtig ist, dass ein Projekt für die betroffenen Schülerinnen und Schüler überschaubar bleibt. Im Interesse von Empowerment bietet es sich an, Projektthemen auszuwählen, die einen direkten Bezug zu diesem Leitgedanken haben, d.h. zu menschlicher und politischer Emanzipation beitragen können. Projektbeispiele zum „personalen und sozialen Empowerment" werden zum Schluss des vorliegenden Kapitels von M. Stichling vorgestellt. Das Anstiften zu „Selbstvertretungsgruppen" (self-advocacy), die Korrespondenz mit People First Gruppen, gesellschaftsbezogene und gemeindeintegrierte Gruppenaktivitäten (policy making) sowie die Förderung von Schülermitbestimmung und eines Schülerrats könnten als ein projektbezogener Beitrag für „social empowerment" betrachtet werden (Winup 1994; hierzu auch Kapitel 1).

- *Psychische, kommunikative und soziale Hilfen*
Den vorausgegangenen Ausführungen ist unschwer zu entnehmen, dass es ein Hauptanliegen eines am Empowerment-Gedanken orientierten Unterrichts ist, Schülerinnen und Schülern mit geistiger Behinderung vielfältige Gelegenheiten anzubieten, die zur Gewinnung von mehr Autonomie und sozialer Handlungskompetenz (skills) beitragen können. Dabei haben identitätsstiftende und sozialerzieherische (Lern-)Angebote einen herausragenden Stellenwert – soll doch die Identitäts- und Sozialbildung der betroffenen Schülerinnen und Schüler nicht „nebenbei" ablaufen, sondern im Rahmen eines „regulären" Unterrichts fokussiert werden. Die methodischen Angebote wie aktionsorientierter Unterricht oder Sozialformen wie Partner-, Gruppen- oder Projektarbeit reichen jedoch vielfach zu einer Förderung von personalen und sozialen Empowerment-Fähigkeiten nicht aus. Vor allem sind ihre Möglichkeiten begrenzt wenn es darum geht, auf augenblickhafte Gefühlslagen oder aktuelle soziale Konflikte angemessen einzugehen und als Grundlage für gelingende Empowerment-Prozesse psychische Gesundheit zu fördern. Daher sollten gleichrangig auch psychosoziale und kommunikative Hilfen angeboten werden. Das kann im Einzelfalle je nach subjektiver Befindlichkeit oder psychosozialer Belastung eine Einzelarbeit im Sinne einer unterrichtsflankierenden Maßnahme sein, z.B. in Form eines psychohygienischen Entlastungsangebots durch „therapeutisches Malen" (Konrath 1997); ebenso denkbar sind aber auch Angebote wie „Basale Kommunikation" (Mall 1990), motopädagogische, sportliche oder körperzentrierte Arbeitsformen zur physisch-psychischen Entspannung und Kompensation (hierzu die Übersicht in Theunissen 2000a) oder aber auch gezielte Hilfen einer Unterstützten Kommunikation (Braun 1994; Kristen 1994), wenn es zunächst sinnvoll erscheint, kommunikative Voraussetzungen zur Empowerment-Performance zu schaffen (hierzu Wehmeyer, Agran & Hughes 1999, 228ff.). Die Bedeutung Unterstützter Kommunikation kann im Interesse von Empowerment nicht hoch genug veranschlagt werden. Denn Partner-, Gruppen- und Projektarbeit können dann besonders erfolgreich verlaufen, wenn die Schülerinnen und Schüler fähig sind, sich angemessen mitzuteilen, sei es über Gebärden, Gestik, Mimik

oder über Bilder, Fotos oder elektronische Hilfsmittel. Natürlich kommt es auch auf den Umgang miteinander an, und dieser kann durch Arbeitsformen einer Sozialerziehung gezielt aufgegriffen und befördert werden. So geben zum Beispiel Puppenspiele Schülerinnen und Schülern die Chance, soziale Situationen oder Begebenheiten aus verschiedenen Bereichen des alltäglichen Zusammenlebens stellvertretend darzustellen und klärbar zu machen. Vor allem eignen sie sich besonders gut zur Darstellung sozialer Verhaltensweisen und sie sind insbesondere als vorstrukturierte oder gelenkte Spielformen hilfreich, wenn ein bestimmtes soziales Verhalten intendiert, aufgebaut und im Sinne des Modelllernens angenommen werden soll. Im Unterschied zum Puppenspiel erfordern Rollenspiele eine unmittelbare Auseinandersetzung mit sozialen Situationen und Interaktionen sowie eine direkte Konfrontation mit anderen Personen. Rollenspiele bieten die Chance, soziale Situationen konkret durchzuspielen, sich in die Lage anderer hineinzuversetzen, Selbstinstruktionen und neue Verhaltensweisen einzuüben (auch Wehmeyer 1992, 309; Agran, Salzberg & Stowitschek 1987). Soziales Lernen durch Rollenspiele (Wehmeyer, Agran & Hughes 1999, 224f.) wird vor allem dann gefördert, wenn während oder im Anschluss des Spiels Reflexionsgespräche (z.B. Videomonitoring) statt haben (hierzu auch Ward & Kohler 1996, 282). Regelspiele haben zumeist einen Konkurrenzcharakter, indem sie so angelegt sind, dass es Verlierer und Gewinner gibt. Dies aber kann nicht Ziel einer Sozialerziehung im Sinne von Empowerment sein. Sie macht Regelspiele notwendig, die „weniger konkurrenzbetont, mehr darauf angelegt sind, das Zusammenspiel zu fördern, und so verschieden und offen sind, dass sie allen Kindern immer wieder und stets auf andere Weise Chancen für Aktivität und Interaktionen bieten" (Daublebsky 1977, 13). Wichtig sind damit das Einüben, Praktizieren und Wahrnehmen sowie die Entwicklung einer Wertschätzung kooperativer Verhaltensweisen. Des Weiteren bieten sich Arbeitsformen aus der ästhetischen Erziehung an, so z.B. Unterrichtsvorhaben, bei denen Bilder oder Bildfolgen wahrgenommen, betrachtet, gespielt, gestaltet und reflektiert werden sollen (Konrath 1977). Die (sozialen) Lehr- und Lernziele des Wahrnehmens bzw. Diskriminationslernens nonverbaler Mitteilungen wie Mimik, Gestik, Körperhaltung oder auch Berührung sowie das Erfassen und Verstehenlernen sozialer Situationen können hier eingeordnet werden.

- *Mentoring und Modeling*

Dieser Ansatz wird von Ward und Kohler (1996, 280ff.) beschrieben und hat sich nach ihrer Aussage insbesondere bei sog. Risiko-Gruppen (z.B. intellektuell behinderten Kindern mit Verhaltensauffälligkeiten) etabliert. Mentoren werden verschiedene Rollen zugeschrieben, so zum Beispiel die Rolle als „coach", positives Identifikationsmodell, Talentförderer, Animateur, „Beschützer" oder auch Sponsor (ebd.). Das prominente Ziel des „mentoring" besteht darin, Betroffene im Zusammensein mit einem persönlichen Mentor zu einem positiven Selbstbild und Selbstwertgefühl, zu einem Vertrauen in eigene Stärken sowie zu einer Entwicklung von Selbstbestimmungsfähigkeiten (self-determination skills) zu verhelfen. Darüber hinaus sollen durch das „mentoring" Kenntnisse und Erfahrungen weitergegeben werden, die für eine personale und soziale Empowerment-Performance sowie für den zukünftigen Lebensweg im Erwachsenenalter nutzbar gemacht werden können. In allen Fällen dient ein Mentor, der eine vertrauenswürdige Lehrkraft, eine ehrenamtliche Vertrauensperson, ein Freund bzw. eine Freundin oder auch eine behinderte Person (z.B. Mitschüler), die bereits über Empowerment-Fähigkeiten verfügt, sein kann, als Rollenmodell und Fürsprecher (advocate) und Promotor für die Entwicklung von Selbstbestimmungs- und Selbstvertretungsfähigkeiten (ebd., 281; auch Hegar 1989, 379). Hierzu werden fünf Strategien unterschieden: „matched pairs, mentor forums, modeling self-determined behavior, role playing, and videotaped feedback" (281).

Unter „matched pairs" wird eine Vorgehensweise gefasst, bei der ein Betroffener gemeinsam mit seinem Mentor an Workshops, Seminaren oder Gruppenaktivitäten, die Lernbereiche eines „gesellschaftlichen Lebens" betreffen (z.B. Wohnen, Haushaltsführung, Nutzung öffentlicher Verkehrsmittel, Freizeit, Arbeit, Vertrautwerden mit Behörden und sozialen Diensten, Umgang mit Medien [Internet]) partizipiert und im Rahmen der Aktivitäten speziell im Hinblick auf Aneignung von Wissen und Fähigkeiten, die der Selbstbestimmung zugute kommen sollen, gefördert wird. Im Prinzip geht es hierbei um eine Form von Assistenz, die wir an anderer Stelle als „dialogisch-konsultative" ausgewiesen haben (Theunissen 1999a, 127ff.). Den einschlägigen Untersuchungen zufolge ist diese Vorgehensweise erfolgreich (Ward & Kohler 1996, 286), wenngleich sie mit Schwierigkeiten verbunden ist, geeignete Mentoren zu finden, die neben einem originären Interesse am Anderen auch über genügend Zeit verfügen (ebd., 281). „Mentor Forums" beziehen sich auf (informelle) Zusammenkünfte von behinderten Personen oder Gruppen mit gleichgelagerten Interessen und Anliegen. Im Vordergrund steht hier ein Informations- und Erfahrungsaustausch, der insbesondere für individuelle Zukunftsplanungen und ein „social empowerment" anregend sein soll. Bei der dritten Strategie des

„modeling self-determined behavior" sollen Lehrkräfte, MitschülerInnen oder Erwachsene mit Behinderungen als Rollenmodell zur Förderung eines selbstbestimmten Handelns dienen. Sie wird in erster Linie im Klassenraum verortet und gilt als eine unterrichtsbegleitende subjektzentrierte Hilfe (ebd., 282). Rollenspiele und das Videomonitoring wurden bereits im vorausgegangenen Abschnitt erwähnt. Ihre herausragende Bedeutung im Hinblick auf Modelllernen, vor allem in Bezug auf Erprobung und Einübung personaler und sozialer Empowerment-Fähigkeiten, ist unstrittig. Darüber hinaus weisen Ward und Kohler (1996, 282) auch auf Möglichkeiten hin, Videobänder und -aufzeichnungen als Mittel für Öffentlichkeitsarbeit zu nutzen. Um zum Beispiel das öffentliche Bewusstsein für Rechte und Interessen behinderter Menschen zu sensibilisieren, wurde in einem Projekt ein Videoband über Self-Advocacy und individuelle Zukunftsplanung speziell für die Verbreitung im Kabelfernsehen produziert.

- *Community-based Activities*

Neben den Arbeitsformen zum Erwerb von Empowerment-Fähigkeiten (skills) und dem Konzept des „Mentoring und Modeling" stellen Ward und Kohler (1996, 282ff.) als dritte Orientierungsgrundlage sog. gesellschaftsbezogene und gemeindeintegrierte (community-based) Programme heraus. Hierbei geht es um eine breite Palette an Aktivitäten, die außerhalb von Schule, also unmittelbar im gesellschaftlichen Lebensbereich verortet sind und (intellektuell) behinderten Schülerinnen und Schülern Gelegenheiten bieten sollen, Informationen und Erfahrungen über die Arbeitswelt und das Erwachsenenleben zu sammeln, um zu realistischen und realisierbaren Zukunftsplanungen (futures planning) zu gelangen; ferner bieten sie die Chance, Interessen und Fähigkeiten in realen Lebenssituationen zu erproben sowie „Träume" (ebd., 282), Vorstellungen, Zukunftspläne oder -ziele an der Realität zu prüfen, und sie tragen dazu bei, dass die nichtbehinderte Bevölkerung für Belange, Wünsche, Zukunftsplanungen, Entscheidungen, Stärken, Fähigkeiten und das Selbstbestimmungsrecht behinderter Menschen sensibilisiert wird. Gerade diese Bedeutung sollte nicht unterschätzt werden, im Gegenteil: die hier und auch an anderen Stellen unseres Beitrags dokumentierte Lebensweltorientierung der amerikanischen Sonderpädagogik (Curricula) dürfte im Vereine mit der gezielten Nutzung der Kommunikationsmedien (Kabelfernsehen, Film, Internet) mit ein Grund dafür sein, dass nach repräsentativen Untersuchungen aus dem Jahre 1991 die überwiegende Mehrheit der amerikanischen Bevölkerung Menschen mit Behinderungen für „wertvolle Mitglieder der Gesellschaft" (Jülich 1996, 283) hält und einer Integration in allen Lebensbereichen sehr aufgeschlossen gegenüber steht. „Nur 22% [repräsentativ ausgewählter Amerikaner und Amerikanerinnen] befürworteten [in Befragungen] die separate Förderung in Sonderschulen" (ebd., 283). Die entsprechenden Angebote eines gesellschaftsbezogenen und gemeindeintegrierten Programms reichen von Kultur- und Kunstfestivals, Kunstausstellungen, Theateraufführungen oder Performance-Projekten in Kollaboration mit öffentlichen Kulturstätten, Kunstschulen, Künstler-, Freizeit- oder Bildungshäusern und -vereinen, über Besuche und Hospitationen in unterschiedlichsten Arbeitsfeldern (z.b. Flughafen, Hotel, Industriebetriebe, Zeitungsverlag und Druckhaus, Fernsehstudio), in Selbsthilfe-Zentren (z.b. der Independent Living oder People First Bewegungen), in Ämtern oder öffentlichen Agenturen (für Rehabilitation, Beschäftigungsangebote, Weiterbildung, Jobvermittlung) bis hin zur Erwachsenenbildung, zu einem Arbeitstraining, zu mehrwöchigen Praktika, Sommer-Jobs und zur freiwilligen Mithilfe in Betrieben oder im Dienstleistungsbereich. Erwähnenswert ist, dass in dem Zusammenhang Partnerschaften zwischen Schule und den Dienstleistungsanbietern, Betrieben oder der Geschäftswelt angestrebt werden, so dass ein reger Informations- und Erfahrungsaustausch stattfinden kann; dazu zählen auch Besuche von Repräsentanten der Unternehmen in der Schule bzw. im Unterricht. Abschließend sei erwähnt, dass die außerschulischen Angebote eine neue oder veränderte Rolle sowohl für Eltern als auch für Lehrkräfte verlangen, die vor allem als Berater und Unterstützer und nicht mehr als Bestimmer und Fürsorger fungieren sollen (ebd., 283). Daher wenden sich die gemeindeintegrierten Programme nicht nur an Schülerinnen und Schüler mit Behinderungen, sondern ebenso an ihre Eltern, so zum Beispiel mit Workshops, die zum einen zu einer positiven Grundeinstellung und aufgeschlossenen Haltung gegenüber dem Selbstbestimmungsgedanken und zu verbesserter Handlungskompetenz zur Unterstützung und Förderung von Empowerment-Fähigkeiten ihrer Kinder anstiften und zum anderen auch als „Enabling Niches" (Taylor; hierzu Lingg & Theunissen 2000, 169ff.) zur Bewältigung von Stress, Erziehungs- oder Ablösungskrisen, zur persönlichen Stabilisierung und Salutogenese (Antonovsky) beitragen sollen.

Projektbeispiele[8]

Projekt „Ich bin Ich"

Zielstellung

„Ich bin ich" ist ein Projekt, das die Förderung personorientierter Empowerment-Fähigkeiten zum Hauptanliegen des Unterrichts mit geistig behinderten Kindern macht. Alle Lernprozesse, die in diesem Projekt initiiert werden, dienen der Ich-Findung des Kindes.

Um die Selbstfindung des Kindes anzuregen, zu fördern und zu stützen, wird das Augenmerk vornehmlich auf solche personorientierte Empowerment-Fähigkeiten gerichtet, aus denen ein positives Selbstbild erwachsen und sich ein stabiles Ich-Bewusstsein in der sozialen Beziehung entfalten kann: Selbstvertrauen und Zutrauen in die eigenen Fähigkeiten, Selbstakzeptanz, Bewusstsein von den eigenen Stärken, realistische Selbsteinschätzung (vgl. Abbildung, S. 188).

Davon ausgehend, dass sich die Ich-Findung des Kindes nur als „Werden in der Begegnung" gestalten kann, bilden sozialorientierte Empowerment-Fähigkeiten im Projekt gleichsam das didaktisch-methodische Instrumentarium, welches dem Kinde helfen soll, sein „Ich" im „Wir" zu finden und zu stabilisieren. Besondere Aufmerksamkeit gilt deshalb gemeinsamen Lernsituationen, die das Kind im Projektverlauf dazu ermutigen, sozialorientierte Fähigkeiten einzubringen: auf andere zugehen, eigene Wünsche in die Gruppe einbringen, um Hilfe bitten, Bedürfnisse, Wünsche und Interessen anderer wahrnehmen, Gefühle äußern, sich in andere einfühlen (vgl. Abbildung, S. 189 f.). Wichtig ist hierbei, das Kind darin zu unterstützen, zunehmend eigenmotiviert und kompetenzorientiert in den Dialog einzutreten, in ihm selbstbestimmt zu handeln und dabei die Erfahrung zu machen, angenommen und integriert zu sein.

Der Kernpunkt des Projekts „Ich bin ich" liegt in dem Anspruch, die individuelle Lern- und Lebenssituation des geistig behinderten Kindes aus der Stärkenperspektive wie auch in der subjektiv erlebten Problemhaftigkeit zum Gegenstand des Unterrichts zu machen und Lernprozesse zu aktivieren, die das kindliche „Ich" umgreifen und individuelle Hilfen zur psychosozialen Stabilisierung und Möglichkeiten zur Identitätsentwicklung anbieten.

---

[8] Von Melitta Stichling

Projektbeispiele

Das Projekt wurde in der Schule „Am Lebensbaum" in Halle (a. d. Saale) mit Schülerinnen und Schülern der Unter- und Mittelstufe durchgeführt und hat seit seiner Veröffentlichung als Planungsbeispiel (in der Zeitschrift „Lernen konkret", Heft 3/1994) großen Zuspruch unter der Lehrerschaft gefunden und an Aktualität nichts eingebüßt.

Zur Aktualität des Projekts

Wenn in der aktuellen Diskussion der Geistigbehindertenpädagogik der Frage nachgegangen wird, wie Empowerment-Prozesse im Unterricht mit geistig behinderten Schülerinnen und Schülern konkret gefördert werden können, bilden die „Empfehlungen zum Förderschwerpunkt geistige Entwicklung" (Beschluss der Kultusministerkonferenz vom 26.6.1998) eine entscheidende Orientierungsgrundlage. Die pädagogische Förderung, jegliches Lernen von Kindern und Jugendlichen, die als geistig behindert gelten, wird dem Leitziel „aktive Lebensbewältigung in sozialer Integration und [...] Leben in größtmöglicher Selbstständigkeit und Selbstbestimmung" verpflichtet (Empfehlungen 1998, 61).
Wo dieser Auftrag aus einem defizitorientierten Blickwinkel auf „den geistig Behinderten" in Grenzen gedacht und seine „Realisierbarkeit" im Rahmen von Schule und Unterricht in Zweifel gezogen wird, bleiben Chancen für autonomieförderndes Lehren und Lernen vielfach ungenutzt. Aus der Empowerment-Perspektive wird dagegen ein Unterrichtsansatz fokussiert, der auf ein breites Angebot an Lernmöglichkeiten zur Entfaltung von Stärken, Potentialen und Kompetenzen setzt. Identitätsstiftende Anregungen und Hilfen sind hierbei ein tragendes Element. Auch die KMK-Empfehlungen formulieren als Ziele sonderpädagogischer Förderung, Kindern und Jugendlichen mit einer geistigen Behinderung „besondere Hilfen [...] bei der Findung [...] der Persönlichkeit" zu geben (ebd., 61) und ihnen dazu zu verhelfen, „zu einem positiven Selbstwerterleben (zu) gelangen" (ebd., 62). Was als Gesamtauftrag für 12 Schuljahre gilt, sollte nicht nur Bestandteil oder gar Anhängsel von Unterrichtsstunden oder Projekten, sondern auch Gegenstand eigenständiger Projekte sein. Das Projekt „Ich bin ich" ist hierfür ein Beispiel.
Wir wollen an diesem Projektbeispiel einerseits transparent machen, dass es wichtig und notwendig ist, Probleme und Anliegen der Identitätsfindung und Entwicklung von Ich-Bewusstsein im Unterricht mit geistig behinderten Kindern und Jugendlichen gezielt und direkt aufzugreifen und anzugehen. Andererseits wollen wir mit diesem Projekt ein Beispiel dafür geben, dass es möglich ist, den Projektverlauf als einen Lernprozess zu strukturie-

ren, der Identitätsfindung und Ich-Bewusstsein in der sozialen Beziehung bewusst zielorientiert in sich aufnimmt und vergegenständlicht. Die Auswahl der Teilvorhaben und der inhaltlichen und handlungsspezifischen Schwerpunkte für die entsprechenden Handlungssituationen sind direkt aus dem Richtziel der Ich-Findung abgeleitet. Das Richtziel wird damit strukturbestimmend für das Projekt insgesamt; der Projektverlauf gestaltet sich für die Kinder als ein Selbstfindungsprozess.

Mit dem Anliegen, geistig behinderte Kinder bei der Ich-Findung und – Stärkung zu unterstützen, verortet sich dieses Projekt in humanen Bildungskonzepten der Zeit, die jedem Menschen, unabhängig von Art und Schwere der Behinderung, das Recht und die Möglichkeit zuschreiben, zu Selbstbestimmungsfähigkeit in sozialer Bezogenheit zu gelangen (Klafki 1994). Dass es wichtig und richtig ist, gesellschaftliche Benachteiligungen, die diesem Anspruch zuwiderlaufen, langfristig durch integratives schulisches Lernen abbauen oder aufheben zu wollen, steht außer Frage. Doch so lange auf die schulorganisatorische Etikettierung von Kindern und Jugendlichen als „geistig behindert" nicht verzichtet werden kann und im gegliederten Schulsystem die Ausbildung „humaner Fähigkeitsdimensionen" vernachlässigt wird (hierzu ebd., 40), müssen sich sonderpädagogische Bemühungen an Schulen für Geistigbehinderte wesentlich auch darauf richten, die Kinder und Jugendlichen mit einem Stärkenpotential im Umgang mit jedweder Form von Benachteiligung und Stigmatisierung auszurüsten. Das Projekt „Ich bin ich" will dafür einen möglichen Weg aufzeigen, indem es emotionale Stabilität, Ich-Bewusstsein, Selbstwertgefühl und Ich-Stärke als ein solches Rüstzeug begreift, zur tragenden Zielkomponente der Unterrichtsarbeit macht und pädagogisch bewusst und unmittelbar in Lernprozesse umsetzt.

Unser Projekt versteht sich damit auch als Plädoyer dafür, die vielfältigen Formen von Benachteiligung und Stigmatisierung und die differenzierten individuellen Verarbeitungsmöglichkeiten bei den betroffenen Kindern und Jugendlichen stärker ins pädagogische Bewusstsein zu rücken. Wenn in der modernen Bildungsdiskussion auf epochaltypische Schlüsselprobleme (ebd., 63) aufmerksam gemacht wird, die Grundfragen der Gesellschaft und der Menschen betreffen, so sind Sonderpädagogen gefordert, darüber nachzudenken,

- ob zum Beispiel Verunsicherung, Angst, mangelndes Zutrauen in die eigenen Fähigkeiten... nicht eigentlich zu den epochaltypischen Schlüsselproblemen behinderter und benachteiligter Kinder und Jugendlicher zu rechnen sind und

- gerade dort, wo psycho-soziale Belastungen und individuelle Lern- und Lebensbeeinträchtigungen den Erwerb von Schlüsselqualifikationen behindern oder erschweren, Ich-Identität und Ich-Stärke zu einem Schlüsselthema gemacht werden müssen.

Das sonderpädagogische Anliegen des Projekts „Ich bin ich" ist dementsprechend positioniert: Es sieht in der Ich-Findung und Ich-Stärkung ein aktuelles und betroffenenorientiertes Schlüsselthema und ein unterrichtliches Aufgabenfeld, in dem geistig behinderten Kindern Lern- und Sozialisationsfelder für die Bewältigung von Lebenssituationen in größtmöglicher Selbstständigkeit und Selbstbestimmung erschlossen werden können.

In diesem Aufgabenfeld liegt zugleich der intentionale Anspruch begründet, reale Lebenssituationen der Kinder zu einem integrierten Bestimmungsmoment des Unterrichts zu machen. Der „Situationsansatz" (Mühl 1979) ist ein tragfähiger didaktischer Ansatz, um den Unterricht auf die Lebenswirklichkeit der Schülerinnen und Schüler auszurichten. Lebenssituationen, die der Alltag in Familie, Freizeit und Schule mit sich bringt, brauchen vom Lehrer nur wahrgenommen, aufgegriffen und zu Lernsituationen gestaltet werden. Das Projekt „Ich bin ich" gibt hierfür ein Beispiel.

An der Entstehung der Projektidee soll verdeutlicht werden, welche (Schlüssel-)Rolle problemhaft erlebte Situationen im Leben eines (geistig behinderten) Kindes einnehmen können und dass es sinnvoll und wichtig ist, die augenblickliche Lebenssituation eines Kindes zum Ausgangspunkt von Lernprozessen zu machen und Entscheidungen für handlungsbezogene Unterrichtsthemen bzw. Lerninhalte herbeizuführen.

Von einer realen Lebenssituation zur Projektidee

Eine Lehrerin ist mit ihrer Klasse geistig behinderter Kinder unterwegs zum Schuster. Alle sind fröhlich, bis sich ihnen auf dem Fußweg eine Gruppe ballspielender Kinder nähert. Da ist eines der Mädchen der Klasse keinen Schritt weiter zu bringen; Angst und Zorn spiegeln sich auf seinem Gesicht. Die Lehrerin nimmt es an die Hand, redet ihm gut zu und will es behutsam weiterführen. Aber das gelingt erst, als die Gruppe der anderen Kinder an ihnen vorbei ist.

Die Lehrerin weiß, dass dieses Mädchen nachmittags auf dem Spielplatz vor dem Haus schon öfter schlechte Erfahrungen gemacht hat. Es wird gehänselt, ausgelacht, keiner will mit ihm spielen. Dabei ist es ein liebenswürdiges Mädchen, man muss es nur richtig kennen.

Die Lehrerin fragt sich, warum geistig behinderte Kinder oft so wenig Selbstvertrauen haben, warum sie vielfach nur als Kinder gelten, die „anders" sind, obwohl doch jedes einzelne von ihnen seine eigene Identität, seine persönliche Ausstrahlung, seine Stärken und Schwächen hat genau wie jedes andere Kind. Sie fasst den Entschluss, die Kinder ihrer Klasse wichtige Erfahrungen machen zu lassen: Wer bin ich? Was kann ich? Wobei benötige ich Hilfe? So entstand die Idee für ein Projekt, das die Bezeichnung „Ich bin ich" erhielt.

Ausgangspunkt der Projektplanung wurde folgende Aufgabenstellung: „Der eigentliche Kern des kindlichen Wesens, seine Individualität, sein menschliches ‚Ich' soll in rehabilitationspädagogischer Arbeit mit Hilfe dieses Projekts in einem Selbstwertgefühl und Selbstvertrauen des Kindes ‚freigelegt' werden, damit es sich in der Gemeinschaft als etwas Wichtiges, Besonderes, Einmaliges erkennt und anerkennt" (Elster, Nake & Stichling 1994, 6).

In diese Aufgabenstellung gingen Überlegungen ein, die auf verschiedene Fragen reflektieren, die sich aus der Empowerment-Idee für die Unterrichtsgestaltung mit geistig behinderten Schülern stellen:

Das Empowerment-Konzept meint mit selbstbestimmter Gestaltung des eigenen Lebens, seine Angelegenheiten selbst in die Hand zu nehmen, sich der eigenen Fähigkeiten bewusst zu werden, eigene Kräfte zu entwickeln und dabei soziale Ressourcen zu nutzen. Fragen, die sich daraus für den Unterricht mit geistig behinderten Schülern ableiten, werden im Projekt „Ich bin ich" als Fragen gesehen, die nicht aus dem Blickwinkel einer „Andersartigkeit" geistig behinderter Menschen beantwortet werden können: „Es muss uns vielmehr darauf ankommen, das Menschliche zu finden, das sich nicht in einem Respektieren der Andersartigkeit [...] erschöpft, sondern sich im Bemühen äußert, nach innen zu sehen und zu erkennen, dass das Ich, welches das Wesen des Menschen ausmacht, auch im geistig behinderten Kinde wohnt. Nur so können wir [...] falsch verstandene Hilfe vermeiden lernen [...], wenn geistig behinderte Kinder ein Selbstwertgefühl zu entwickeln beginnen, dieses nach außen umsetzen wollen und darin akzeptiert werden möchten" (ebd., 7).

Die Projektidee knüpft da an, wo der Mensch in Lebenssituationen, die scheinbar an die Grenze seiner Leistungsfähigkeit und -bereitschaft heranreichen, seine eigene Identität hinterfragen muss (Wer bin ich? Wie bin ich? Was kann ich?). Er braucht Selbstvertrauen, um diese Fragen überhaupt an sich zu stellen und muss auch akzeptieren lernen, nicht alles zu können und nicht immer so gut wie andere zu sein. Dass der Mensch seine

Stärken und Schwächen kennen muss, um Misserfolge, aber auch Fehleinschätzungen anderer leichter verkraften zu können, gilt für den behinderten Menschen ebenso oder vielleicht erst recht. Für ihn eröffnen sich im Prozess der Selbstfindung zusätzliche Problemlagen, er muss öfter Fehlschläge, fremde Vorurteile, unangebrachte Hilfen oder mangelnde Achtung seiner vielleicht gering erscheinenden Leistungen verarbeiten (vgl. ebd., 6).

Das Projekt „Ich bin ich" zeigt Wege auf, den Prozess der Selbstfindung geistig behinderter Schüler günstig gestalten zu helfen:
Der Schüler erhält im Projektverlauf vielfältige Gelegenheiten,
- sich zu fragen, „Wer bin ich?" und „Wie bin ich?", wodurch wir ihm helfen, die eigene Person zu erfahren;
- sich zu fragen, „Was kann ich?", wodurch wir ihn anregen, zwar die Grenzen seiner Leistungsfähigkeit einzuschätzen, aber sich vor allem auf seine Leistungsmöglichkeiten zu besinnen;
- zu erleben und bestätigt zu bekommen, dass er etwas Bestimmtes (besonders) gut kann und seine (auch noch so kleine) Leistung im Gesamtvorhaben wichtig ist, wodurch wir sein Selbstwertgefühl und Selbstvertrauen stärken;
- seine Stimmungen und Gefühlsregungen zu äußern, wodurch wir seine Erlebnisfähigkeit wecken, welche ihm schließlich helfen kann, sich als Teil einer Gemeinschaft zu fühlen, die sein „Ich" beachtet;
- danach zu fragen, „Wie ist der andere?", „Was kann er besonders gut?", „Wobei benötigt er Hilfe?", wodurch er das „Ich" des anderen akzeptieren lernt.

Didaktische Struktur des Projekts

Im Folgenden wird der Teil der Projektplanung der Autoren wiedergegeben, der sich auf die Auswahl und Strukturierung von Teilvorhaben bezieht (vgl. ebd., 7f.):
Einen inhaltlichen Leitfaden für das Projekt bildet das Kinderbuch von Mira Lobe „Das kleine Ich bin ich" (1986). Das Buch beschreibt den Weg eines kleinen Tierchens, der auf Probleme und Elemente der Ich-Findung eines Kindes übertragen werden kann. In Orientierung an der Handlungsabfolge des Kinderbuches, in der sich ein Selbstfindungsprozess der Titelfigur (das kleine Tierchen) abzeichnet, werden Teilvorhaben für das Projekt gewonnen.
Das Projekt besteht aus acht komplexen Teilvorhaben:

I.	Was will ich?
II.	Ich will fröhlich sein
III.	Wer bin ich?
IV.	Wie bin ich?
	Was kann ich?
V.	Wer bist du?
	Was kannst du?
VI.	Ich bin traurig
VII.	Ich bin ich
VIII.	Ich gehe auf dich zu

In der Aufeinanderfolge dieser acht Teilvorhaben soll im Projektverlauf ein systematisch pädagogisch geführter Lernprozess die Selbstfindung der geistig behinderten Schüler initiierten bzw. unterstützen. Die folgende Übersicht zeigt, auf welche Weise der Selbstfindungsprozess des kleinen Tierchens aus der Kinderbuchgeschichte in Selbstfindungsprozesse der geistig behinderten Schüler übertragen wurde:

Der Weg des kleinen Tierchens im Kinderbuch	Nr.	Teilvorhaben: Thema und Aufgabenstellung
Das kleine Tierchen Der Weg beginnt auf einer Sommerwiese, auf der das Tierchen fröhlich spaziert	I.	Die Titelfigur wird in die Realität geholt. **Was will ich?** – Ich will auch so ein Tierchen haben (basteln). Kinderbuchsituation „Fröhliche Stimmung auf der Sommerwiese real werden lassen"
	II.	**Ich will fröhlich sein**
Das Tierchen weiß nicht, wer es ist. Auf der Suche nach seiner Identität trifft es verschiedene andere Tiere, mit denen es sich vergleicht.	III.	**Wer bin ich?** – Diese Frage wird vom Schüler für sich selbst übernommen
Im Vergleich mit jedem anderen Tier lernt es ein Stück von sich erkennen	IV.	**Wie bin ich?** **Was kann ich?** – Diese Fragen werden vom Schüler an sich selbst gerichtet und in vielfältigem Tun „beantwortet". Selbsttun-Selbsterfahrung-Selbstbestätigung

und von dem, was es von anderen unterscheidet.	V.	**Wer bist du? Was kannst du?** – als Fragen an den Mitschüler im gemeinsamen Tun
Es kann kein Tier finden, das ihm völlig gleicht. Es ist doch immer anders als sie. Das kleine Tierchen ist traurig darüber, dass es anders ist als andere.	VI.	**Ich bin traurig** – In dieser Frage die Stimmung des Traurigseins (und seiner Ursachen) erkennen lassen, die in konkreten problemhaften Lebenssituationen auftreten kann – dabei aber: Verstärkung von Lebensfreude und -zutrauen, die im Selbstfindungsprozess zunehmend stimuliert werden.
Dann erwacht aber doch die Freude über seine eigene einzigartige Identität.	VII.	**Ich bin ich** – Zusammenfassung der Etappen des Weges zum eigenen Ich: So bin ich. Das kann ich. Ich bin ich.
	VIII.	**Ich gehe auf dich zu** – Gestaltung sozialer Beziehungen initiieren, in denen die eigene Identität und die des anderen zusammengeführt werden

Im Projektverlauf beginnen die einzelnen Teilvorhaben mit einer Analyse der jeweiligen Kinderbuchsituation. Diese wird auf die reale Lebenssituation der geistig behinderten Schüler übertragen und dann zu Erweiterungen und Verallgemeinerungen im Lebensumfeld der Schüler geführt. Dabei ist wichtig, dass die Schüler am „Ich" zum „Wir" finden und dass das Ich-Bewusstsein in sozialen Beziehungen wächst.

Der interessierte Leser kann die konkreten Planungsteile für das Projekt der o.g. Zeitschrift entnehmen. Im Rahmen dieses Beitrages kam es uns vordergründig darauf an, ein Beispiel dafür zu geben, dass in sachgebundenen Strukturen von Projektverläufen Selbstfindungsprozesse geistig behinderter Schüler systematisch geführt werden können. Das original veröffentlichte didaktische Konzept des Projekts enthält darüber hinaus detaillierte Hinweise

- zum Projektverlauf in der Orientierung an den klassischen Projektphasen,
- zur selbstständigen Planungstätigkeit der Schülerinnen und Schüler innerhalb der einzelnen Teilvorhaben,
- zur Produktorientiertheit und lebenspraktischen Relevanz der Lernvorhaben und -situationen,
- zur handlungsorientierten Realisierung des Unterrichts,

worin sich Grundzüge des projektorientierten Lernens widerspiegeln. Korrespondenz mit Anliegen des Projektunterrichts erlangt das Beispiel aber vor allem durch die Hinwendung zur Lebenswelt: Sie kann sich den Kindern durch die Akzentuierung von Lernzielen, die im Spannungsfeld von Identitätsfindung, Entstehung von Ich-Bewusstsein und Beziehung des Individuums zu Anderen angesiedelt sind, in „realisierbaren" Bewältigungsformen sinnstiftend und autonomiefördernd erschließen.

Schlussfolgerungen für empowerment-orientiertes Lernen

Das Hallesche Projekt hat versucht, Ziele und Ansprüche, die das Empowerment-Konzept formuliert, unterrichtspraktisch umzusetzen. Dabei zeigte sich, wie eng das Erwachen von Selbstwertgefühl an Lerngelegenheiten gebunden ist, in denen die Kinder positive Erfahrungen an sich selbst sammeln können. Die positive Selbsterfahrung hat die Kinder im Projektverlauf immer wieder neu dazu ermutigt, aus der Stärkenperspektive zu handeln. Dabei wurde auch offenbar, dass Grenzen eigenen Tuns und Könnens (Lernhindernisse, -beeinträchtigungen) in den Hintergrund des Bewusstseins treten, wenn das Kind seine Stärken, Potentiale erlebt und bestätigt bekommt. An eben diesem aus sich selbst wachsenden Stärkenpotential orientiert sich der Empowermentansatz, wenn er alle in der pädagogischen Arbeit mit geistig behinderten Kindern und Jugendlichen Tätigen dazu auffordert, konsequent auf autonomieförderndes und selbstbestimmtes Lernen zu setzen.

Was hier in einem geschlossenen Projekt im Sinne der Identitätsfindung und -entwicklung initiiert wurde, kann zum Grundprinzip des Lehrens und Lernens bei geistig behinderten Schülerinnen und Schülern werden, wenn die vielen sich bietenden Lerngelegenheiten und -situationen entsprechend genutzt werden. Dass dies nicht immer und überall der Fall ist, resultiert oft aus mangelndem Zutrauen in die Fähigkeiten und Stärken geistig behinderter Kinder und Jugendlicher und aus falsch verstandener Hilfe. Einige karikaturistisch dargestellte Situationen aus der Feder eines Halleschen Studenten der Geistigbehindertenpädagogik (Nicky Kwincinski) sollen deshalb darauf aufmerksam machen, dass die Suche nach Orientierungspunkten für autonomieförderndes Lernen damit beginnen muss, sich ehrlich und kritisch mit jedweder Form von unangebrachter oder falsch verstandener sonderpädagogischer Hilfe im Schulalltag auseinander zu setzen.

Abbildung: Ich mache das selbst!

Abbildung: Ich weiß selbst, was ich will!

Empowerment ist darauf angelegt, Vertrauen und Respekt in die selbstgewollte Aktivität zu legen. Wo der Wille nach Selbstverantwortung verletzt oder behindert wird, können sich Selbstbestimmung und Selbstständigkeit nicht entfalten. Deshalb ist es wichtig, Willensbekundungen uneingeschränkt ernst zu nehmen und die Selbstverantwortung nicht zu stören, sondern respektvoll zu behandeln und in ihrem Wachstum zu unterstützen. Das setzt Vertrauen in die Sinnhaftigkeit des Handelns des geistig behinderten Kindes voraus und fordert vom Pädagogen ein gewisses Maß an Toleranz und die grundsätzliche Bereitschaft, selbstbestimmte Entscheidungen des Kindes zu akzeptieren und auszuhalten. Da der Umgang mit Autonomie nur individuell von innen heraus erlernt werden kann, ist es notwendig, auch Fehler zuzulassen und „kalkulierte Risiken" einzugehen. Ein Selbstwertgefühl vom Kinde her kann nur entstehen, wenn ihm die Freiheit eingeräumt wird, selbst zu entscheiden, wann es Hilfe benötigt. Viel zu oft wird das Bedürfnis nach Hilfe beim geistig behinderten Kind einfach vorausgesetzt, anstatt ihm Vertrauen, Geduld und Zeit entgegen zu bringen, die Aufgabe selbst zu lösen. Nur so kann das Kind darin unterstützt werden, seine Fähigkeiten und Ressourcen zu erkennen. Nur so entsteht die Ich-Stärke, die das Kind benötigt, damit es nicht von Angst beherrscht wird, an neuen Aufgaben zu versagen, sondern von dem Reiz, sich ihnen zu stellen.

Abbildung: Ich weiß am besten, was ich kann!

KAPITEL 3: KONSEQUENZEN FÜR SCHULE UND UNTERRICHT

Abbildung: Ich bin doch kein kleines Kind mehr!

Das schließt natürlich die Akzeptanz eigenbestimmter „Grenzen" des Kindes ein und verbietet ein pädagogisches Handeln, welches das Kind ungeachtet seiner subjektiven Befindlichkeit und Selbsteinschätzung zu selbstverantwortlicher Bewältigung von Aufgaben drängt, die es überfordern. Selbstbestimmtes Handeln kann nicht von außen verordnet werden, sondern muss sich von innen heraus entwickeln – und dazu sollten wir motivieren und anstiften.
Ebenso behindern Geringschätzung der Potentiale und Unterforderung die Entwicklung von Autonomie und Kompetenz. Immer noch begegnen wir pä-

dagogischen Praktiken, denen die Auffassung zugrunde liegt, dass vom Schweregrad der geistigen Behinderung auf ein niedriges Entwicklungsalter geschlossen werden müsse und das Lebensalter der betroffenen Kinder und Jugendlichen kaum eine Rolle spiele. Wo nicht altersgemäß unterrichtet wird, werden individuelle Möglichkeiten zur Entfaltung von Selbstbestimmung und verantwortlichem Handeln der Schülerinnen und Schüler erheblich erschwert.

Abbildung: Mich interessiert etwas anderes!

Viel mehr muss das Augenmerk darauf gerichtet werden, Interessen und Wünsche ernst zu nehmen, die die Kinder und Jugendlichen artikulieren, und ihnen in offener Lernprozessgestaltung Gelegenheit zu geben, diese auszuleben und zu stabilisieren. Die Identitätsentwicklung der geistig behinderten Schülerinnen und Schüler ist in entscheidendem Masse davon abhängig, ob es dem Lehrer gelingt, sich so weit von fach- bzw. themenorientierten Lernzielsetzungen zu lösen, dass für situatives und interessengebundenes Lernen genügend Entscheidungs- und Handlungsfreiräume zur Verfügung stehen.

Erfahrungen aus dem Projekt befestigen insgesamt unseren Standpunkt, dass
- die entscheidenden Orientierungspunkte für autonomieförderndes Lernen in dem zu finden sind, was vom „Ich" des (geistig behinderten) Kindes und Jugendlichen ausgeht, und
- das Fähigkeitspotential der Kinder und Jugendlichen in identitätsfördernden Lernprozessen freigelegt werden und sich selbstbestimmt und autonomiefördernd entfalten kann.

Dies ermutigt uns zu der Aufforderung an die Unterrichtspraxis mit geistig behinderten Schülerinnen und Schülern, in den tragenden Fragen des Projekts: „Was will ich? Wer bin ich? Was kann ich? Wobei benötige ich Hilfe? Ich bin ich!" einen Leitfaden für die Entwicklung personorientierter Empowerment-Fähigkeiten zu sehen.

Projekt „Schülerausschuss"

Ein zweites Beispiel, das im Folgenden kurz vorgestellt werden soll, stammt von K. Winup (1994). Es handelt sich um das Projekt eines „Schülerausschusses" (student committee), das mit dem Ziel durchgeführt wurde, jugendliche Schülerinnen und Schüler (16 Jahre und älter) mit Lern- und geistiger Behinderung im Sinne von Empowerment auf das Erwachsenenleben vorzubereiten.

Anlass
Ausgangspunkt der Projektidee war die Erfahrung, dass viele der Jugendlichen, die als lern- oder geistig behindert etikettiert wurden, ein negatives Selbstbild haben. Das negative Selbstbild kann den Prozess des Erwachsenwerdens wesentlich behindern, wenn es dazu führt, dass sich Stigmatisierungen durch die Gesellschaft verstärken und dass die individuellen Möglichkeiten der betroffenen Jugendlichen zu Interaktionen und gleichberechtigter Teilhabe am gesellschaftlichen Leben eingeschränkt werden. Für die Vorbereitung der lern- und geistig behinderten Jugendlichen auf das Erwachsenenleben stehen Schule und Unterricht deshalb in der Verantwortung, die Entwicklung und Entfaltung eines positiven Selbstbildes und Selbstkonzept bei den betroffenen Schülerinnen und Schülern zu unterstützen.
Die grundlegende Zielstellung des Projekts wurde dementsprechend darauf gerichtet, die Autonomie und Selbstbehauptung der Jugendlichen zu fördern. Um ihnen zu mehr Unabhängigkeit zu verhelfen und sie darin zu „un-

terstützen, selbstständiger zu werden, häufiger selbst auszuwählen sowie mehr Kontrolle auf die Umwelt auszuüben" (ebd., 104), bot sich für Winup die Bildung eines „Schülerausschusses" an. Ein solcher Ausschuss erschien ihm „als geeignetes Medium, durch das Selbstvertretung (self-advocacy) praktiziert werden kann" (104). Winup ging dabei von folgender Überlegung aus: Self-Advocacy „dient der Entwicklung und Festigung dieser Fähigkeiten in Vorbereitung auf das wahre Leben. Ihre Wichtigkeit zeigt sich im Anbieten von verschiedenen Auswahl- und Entscheidungsmöglichkeiten und im Erzielen von Veränderungen. Selbstvertretung ist kein weiteres Unterrichtsfach; sie muss sich in täglichen Unterrichtsaktivitäten widerspiegeln" (ebd.). Demgemäß sah er den Schülerausschuss als Möglichkeit und Forum für die Schülerinnen und Schüler, eigene Meinungen zu äußern, Ideen zu entwickeln und Initiative wie auch Gefühle zu zeigen (ebd.,104). Außerdem betrachtete er die Gründung des Schülerausschusses als „eine altersgemäße Aktivität, die ein Training und Erfahrungen im Treffen von Entscheidungen (decision making) unter Gleichaltrigen bietet, wodurch ein Erreichen des Erwachsenenstatus erkennbar wird" (ebd.).

Zur Durchführung
Durchgeführt wurde das Projekt mit 22 Schülerinnen und Schülern mit schweren und mittleren Lernbehinderungen.[9] In der Anfangsphase machten sich die Jugendlichen mit den Themen „Bürgerschaft" und „Wahlen" vertraut. Dann wurden die Wahlen für den Schülerausschuss abgehalten. Dabei zeigte sich, dass einige Schüler nicht aufgrund bestimmter Qualitäten für spezielle Tätigkeiten im Schülerausschuss gewählt wurden, sondern dass bei ihrer Wahl personenbezogene Kriterien die entscheidende Rolle spielten (der enge Freund, ein beliebter Schüler, Schüler mit großem Einfluss in der Gruppe). Es schien also wichtig zu sein, die Rolle des Ausschusses eingehender zu hinterfragen, den Schülerinnen und Schülern die erforderlichen Schlüsselqualitäten eines Ausschussmitgliedes nahe zu bringen und die Bedeutung persönlicher Qualitäten verständlich und einsichtig zu machen. Diskussionen auf der Suche nach Qualitätsmerkmalen eines Ausschussmitgliedes, Gespräche zur Verständigung über die Rolle bestimmter Qualitäten und ihre Umsetzung in Rollenspielen dienten diesem Anliegen. In Vorbereitung auf eine Neuwahl, für die die Schülerinnen und Schüler 14 Nominierungen abgegeben hatten, wurden darüber hinaus Videoaufzeichnungen gemacht, in denen

---

[9] Schwere Lernbehinderungen entsprechen hier leichten bis mittleren Formen geistiger Behinderung im Sinne der deutschsprachigen Terminologie.

alle Kandidaten ihre persönlichen Erklärungen zur Wahl als Ausschussmitglied vorstellten, um sie dann vor der Gruppe zu erläutern (vgl. ebd., 106). Schließlich wurde neu gewählt. Nun ließen sich die Wähler bei ihren Entscheidungen stärker von den persönlichen Qualitäten der Kandidaten leiten und stimmten begründet zugunsten bestimmter, für die Ausschusstätigkeit wichtiger Qualitätsmerkmale. Ein hoher Prozentsatz der Schülerinnen und Schüler wählte jetzt nicht mehr die engen Freunde; und für zwei Schüler, die Druck und Einfluss in der Gruppe ausübten, wurde keine Stimme abgegeben.

Die sechs gewählten Ausschussmitglieder hatten im Folgenden zunächst die Aufgabe, zusammen mit einem Advisor[10] (beratender Lehrer) einen funktionsfähigen Ausschuss zu bilden (ebd., 108f.). Dazu gehörten die Festlegung der Rolle der verschiedenen Amtsinhaber (Vorsitzender: Treffen eröffnen, demokratisch leiten, durch Abstimmung Entscheidungen herbeiführen; Sekretärin: Protokoll führen; Schatzmeister: Bankkonto eröffnen und betreuen, Rechenschaft über Gelder ablegen) und ihre Wahl. Die Amtszeit des Ausschusses war auf ein Jahr befristet.

Die Schwerpunkte der Arbeit bezogen sich darauf, Ideen und Vorschläge für Gruppenaktivitäten sowie Beschwerden der Mitschüler entgegen zu nehmen, im Ausschuss zu diskutieren, konstruktive Gruppenlösungen zu finden und diese zur Geltung zu bringen.

Die Aktivitäten, die zum Teil umfangreiche Organisationen erforderten, sorgten im Ausschuss und in der Gruppe für eine breite Palette an Lernsituationen und Erfahrungen. So wurde zum Beispiel die Idee eines – noch wenig selbstsicheren – Ausschussmitgliedes, eine Wohltätigkeitsveranstaltung zu organisieren, zu einer unvergleichlichen Erfahrung (vgl. ebd., 114f.). Die Schülerin selbst erlebte nicht nur die Verwirklichung ihrer Idee sondern gewann auch ein wichtiges Stück an Selbstvertrauen; die Vorbereitung und Durchführung der Veranstaltung erforderte das Aushandeln der Arbeitsteilung zwischen den Ausschussmitgliedern und Mitschülern, die Übernahme besonderer Verantwortung durch einzelne und das Einbringen zahlreicher Fähigkeiten (Organisationsfähigkeiten, Herstellen von Kontakt

---

[10] Die Aufgabe des Advisors bestand im Wesentlichen darin, die Aufgaben der Ämter und die Verfahrensweise des Ausschusses zu vermitteln, Wegweiser bei den Treffen zu sein, bei Bedarf Unterstützung und Beratung anzubieten, den Ausschuss darin zu unterstützen, realistische und erreichbare Ziele zu wählen und die realisierbaren Ideen zu fördern. Zudem repräsentierte er vor dem Ausschuss die Interessen von Schülern mit schweren Lernbehinderungen in der Rolle eines „Zivil-Rechtsanwalts" (advocate).

zu Außendienststellen für die Benutzung des Geländes, Terminentscheidungen, Weitergabe von Informationen an Schüler, Lehrer und Eltern, Herstellen von Flugblättern und Plakaten, Sponsor finden, Geld sammeln und verwalten, Vorbereitung von Erfrischungen ...). Dass bei der Auswertung der Projektinitiative „Schülerausschuss" von der Gruppe beschlossen wurde, den Ausschuss an der Schule fortzuführen (ebd., 109f.), war das Resultat vielfältiger sichtbarer Veränderungen im Schulleben und der individuellen und kollektiven Erfahrung, als Betroffene(r) reale Möglichkeiten zu haben, sich mit eigenen Gedanken und Ideen einzubringen, in Entscheidungsprozessen ernst genommen zu werden und an den Veränderungen mitbestimmend und mitgestaltend beteiligt zu sein. Was seit Gründung des Schülerausschusses erreicht worden war (zum Beispiel: die Einführung von Aktivitäten zur Mittagszeit; Pläne für die Benutzung der Billardtische und Computer; Aufbringen von Geldern über gesponserte Ereignisse; Kauf neuer Ausstattungsgegenstände für den Gemeinschaftsraum; Eröffnung eines Süßwarenladens), beflügelte die Jugendlichen, derartige Initiativen voranzutreiben und ihre Selbstvertretung an der Schule und im schulischen Umfeld weiter auszubauen.

Resümee
Insgesamt hat sich der Einsatz des Schülerausschusses nach Ansicht von Winup als produktive Methode erwiesen, um lern- und geistig behinderte Jugendliche in Vorbereitung auf ihr Erwachsenenleben darin zu unterstützen, Self-Advocacy zu entwickeln und in sozialen Beziehungen zu erfahren (vgl. ebd., 115). Vor dem Hintergrund der Erfolge des Projekts wurde offenbar, dass von einem Schülerausschuss vielfältige Impulse und Anregungen ausgehen können, die das „natürliche" Streben Jugendlicher nach Autonomie und Selbstbehauptung aktivieren und sinngebend entfalten helfen.
Für den Einsatz eines Schülerausschusses wurde von Winup zusammenfassend empfohlen:
- die Selbstvertretung lern- und geistig behinderter Schülerinnen und Schüler klassenübergreifend an der ganzen Schule zu verankern (109);
- mit Self-Advocacy nicht erst im Jugendalter, sondern so früh wie möglich zu beginnen (110);
- die Ausschussarbeit auch außerhalb der Schule schrittweise auszubauen und Kontakt zu anderen Ausschüssen herzustellen (110f.);
- den Ausschuss als wertvolles Medium zu betrachten, um Fähigkeiten des Treffens von Entscheidungen (decision making) anwenden zu können (111);

- zu beachten, dass in frühen Phasen des Ausschusses Jugendliche mit einem „extrovertierten" Verhalten dazu tendieren, die Kontrolle zu übernehmen (111);
- „Fehler" der Schüler zuzulassen und die Übernahme von (Selbst-)Verantwortung zu fördern (111);
- Ideen, Entscheidungen und Problemlösungen austesten zu lassen (112);
- „Partnerschaften" und „kollaborative Interaktionen" zwischen Schülern, Lehrern und Eltern herzustellen (114) und
- das Selbstbild der einzelnen Ausschussmitglieder aufzuwerten (114).

SCHLUSSBEMERKUNG

Ausgangspunkt unseres Themas war die Frage nach der Bedeutung des Empowermentansatzes für die Schule. Drei Aspekte wurden hierbei herausgestellt und diskutiert: Die Rolle der betroffenen Eltern, die Funktion von Bildung und Fragen der Förderung von Empowerment im Unterricht. Weitere Überlegungen zu schulischen Reformen, z.b. das an anderer Stelle genannte Konzept einer Schule als „protective environment" (Theunissen 2000b), sowie methodisch-didaktische Fragen konnten hingegen aus äußeren Gründen nicht berücksichtigt werden, sie wurden aber auch bewusst zurückgestellt, weil es aus der Empowerment-Perspektive keine Alternative zu den bekannten Grundsätzen einer modernen Unterrichtspädagogik gibt (Subjektzentrierung; Schülerorientierung; innere Differenzierung im Bereich der Lernziele und Lerninhalte; exemplarisches Lernen; handelndes Lernen; soziales Lernen; Lernen in der „Zone der nächsten Entwicklung"; „herausforderndes" Lernen [high expectations]; „strukturierter Klassenraum"; Projektarbeit; Partner- oder Gruppenarbeit; Schülergespräche u.s.w.). Dass ein weithin auf Befehl, Anweisung, Lernziel- oder Soll-Verhalten-Programmierung, Anpassung oder Fremdinteressen hin orientierter (Frontal-)Unterricht für ein „emanzipatorisches" Lernen oder eine „Selbstbildung" (Humboldt) kontraproduktiv ist, wird wohl kaum einer bestreiten. Dies gilt im übrigen auch für einen ausschließlich auf Token-Systeme aufbauenden Unterricht, den Kohn (1991, 500) zu Recht als „Bestechung" bezeichnet und der wohl kaum zu einem selbstverantwortlichen Handeln, geschweige denn zu einer intrinsischen Lernmotivation, beträgt. Denn entscheidend ist, dass ein Schüler nicht nur auf Wunsch seines Lehrers oder der Belohnung wegen etwas abgibt (z.B. einen Schokoladenriegel teilt), sondern für das „was er tut, Verantwortung trägt" (ebd., 501). Die schulische Förderung von Empowerment-Kompetenzen oder Emanzipation darf freilich nicht losgelöst vom pädagogischen Bezug und der Kultur des Helfens betrachtet werden (ebd., 497, 505), die im Sinne von Empowerment „dialogisch-assistierend", facilitatorisch, einfühlend-verstehend, wertschätzend, authentisch, konsultativ, unterstützend und advokatorisch sein sollte (Theunissen 1999a, 135ff.; Sebba, Byers & Rose 1995). Auch die Bedeutung dieser Beziehungsaspekte wurde nicht vertieft, wohl aber stets mitgedacht. Zu guter Letzt gilt daher die Einsicht, dass es letztlich immer auch auf diejenigen ankommt, die eine gut gemeinte Innovation mit Leben füllen müssen. Die Notwendigkeit einer kontinuierlichen Reflexion des eigenen Tuns und „Selbsterziehung" – und dies nicht vorrangig im Sinne einer psychologischen Selbsterkenntnis sondern eines „kritischen Bewusstseins" (Kondrat 1995, 421) – sollte bei aller Reformfreudigkeit nie in Vergessenheit geraten.

ANHANG KAPITEL 3

Abbildung: Lernbereiche im amerikanischen Curriculum für geistig behinderte Schülerinnen und Schüler

Kommunikation
bezogen auf die Fähigkeit, durch symbolische, verbale oder non-verbale Kommunikation (Worte, Schrift, graphische Symbole und Zeichensprache; Mimik, Gestik, Körperbewegungen, Berührungen) Informationen aufzunehmen oder mitzuteilen;

Selbstversorgung
bezogen auf grundlegende lebenspraktische Fähigkeiten (Anziehen, Körperpflege und -hygiene, Benutzung der Toilette, Essen u. dgl.);

Wohnen
bezogen auf alltägliche hauswirtschaftliche Tätigkeiten, Hausarbeiten und ein Haushalten, auf Wohnvorstellungen und -bedürfnisse, Wohnraumgestaltung; auf Fähigkeiten wie: sich im eigenen Zuhause und in der Nachbarschaft zurechtzufinden;

Sozialverhalten
bezogen auf soziale Kompetenzen und soziale Beziehungen (z.B. Freundschaften schließen);

Benutzung der Infrastruktur
bezogen auf Nutzung öffentlicher Einrichtungen, Verkehrsmittel und der Infrastruktur einer Gemeinde;

KAPITEL 3: KONSEQUENZEN FÜR SCHULE UND UNTERRICHT

Selbstbestimmung
bezogen auf Fähigkeiten, eigene Wünsche oder Interessen artikulieren und Entscheidungen treffen zu können; auf die eigenständig-verantwortliche Durchführung von Aufgaben; auf Hilfe zur Selbst-Hilfe (um Hilfe zu bitten, wenn man sie braucht); auf Fähigkeiten, Schwierigkeiten in vertrauten und neuen Situationen bewältigen zu können; auf Fähigkeiten, für sich selbst einzutreten; u.ä.m.;

Gesundheit und Sicherheit
bezogen auf Fähigkeiten, für das eigene (gesundheitliche) Wohlergehen zu sorgen (z.B. Zusammenstellung eines ausgewogenen Essensplanes; gesundheitliche Vorsorge; einfache Handgriffe der Ersten Hilfe; Befolgung von Sicherheitsvorschriften);

Lebensbedeutsame Schulbildung
bezogen auf kognitive Fähigkeiten und Fertigkeiten (z.B. Kulturtechniken; Umgang mit Geld) und auf Kenntnisse, die für ein selbstständiges, autonomes Leben hilfreich sein können (z.B. Medienkompetenz);

Freizeit
bezogen auf Freizeitkompetenzen und eine selbstbestimmte, interessenbezogene und selbstständige Partizipation an Freizeitangeboten;

Arbeit
bezogen auf Arbeitskompetenzen und Ausübung von Arbeitstätigkeiten innerhalb der Gemeinde (einschl. der selbstständigen Bewältigung des Weges zur Arbeitsstätte)

Abbildung: Lernbereiche aus dem Lehrplan der Schule für geistig Behinderte in Sachsen (1998)

Lernbereiche des grundlegenden Unterrichts	Lernbereiche des fachorientierten Unterrichts
Wahrnehmung und Denken	Ethik / Religion
Kommunikation und Lautsprache	Werken – Textilarbeit
Lesen und Schreiben	Hauswirtschaft
Mathematik	Sport
Soziale Beziehungen	Musik – Tanz – Rhythmik
Liebe – Freundschaft – Sexualität	Kunsterziehung
Natur und Umwelt	Arbeit und Beruf
Heimat und Verhalten im Straßenverkehr	
Selbstversorgung – Wohnen	
Technik	

Abbildung: Bild vom (geistig) behinderten Menschen

Traditionelle Sicht	Empowerment-Perspektive
pessimistisches Menschenbild	optimistisches Menschenbild
Betreuungsobjekt	Subjekt
passiv-abhängige Rolle	aktive Rolle
lebenslange Hilfebedürftigkeit	partielle Hilfebedürftigkeit
bildungsunfähig	bildungsfähig
begrenzt lern- und entwicklungsfähig	prinzipielle Lern- und Entwicklungsfähigkeit
Entscheidungsempfänger	Entscheidungsträger
untergeordnet	gleichberechtigt
minderwertig	gleichwertig
unfähig	fähig
Defizit-Wesen	Mensch mit Stärken
Mängel-Wesen	kompetentes Individuum
belieferungsbedürftig	unterstützungsbedürftig
anleitungsbedürftig	Akteur der eigenen Entwicklung
führungsbedürftig	Mensch mit Assistenzbedarf in verschiedenen Lebensbereichen
Patient	Klient, Kunde, Dienstleistungsnutzer

Anhang Kapitel 3

Abbildung: Lehrer- und Helferrolle

Traditionelle Sicht	Empowerment-Perspektive
Autoritätsperson	Vertrauensperson
Experte	einfühlsamer Zuhörer u. dialogischer Partner
Betreuer	Begleiter
Fürsorger	Assistent
Versorger	Unterstützer
Kontrolleur, Aufseher	Mentor, teilnehmender Beobachter, Ansprechpartner
Alleswisser	(Co-)Lernender
Bestimmer	Berater, Ressourceninformant
Normen- und Regelsetzer	Normenkritiker und Normenvermittler
Planer	Mitplaner
Verkünder von Wahrheit	Mitkonstrukteur von Wirklichkeit
Macher	Enabler
Führer, Lenker	Facilitator
Befehlsempfänger und -exekutor	Auftragnehmer, Mitbestimmer und Moderator
Agent sozialer Kontrolle	Advokat, Dolmetscher, Vermittler
unantastbare Autorität	Selbstkritiker
autokratischer Führungsstil	demokratisches, kollaboratives Handeln
unnahbar	menschlich, authentisch
desintegrierend	sozial integrierend
selbstbezüglich	empathisch-verstehend
unentbehrlich	sich überflüssig machend

Abbildung: Personorientierte Empowerment-Fähigkeiten

Empowerment-Fähigkeiten	0	1	2	3	4	5
Selbstvertrauen und Zutrauen in eigene Fähigkeiten						
Selbstakzeptanz und positives Selbstbild						
Bewusstsein von eigenen Stärken						
Selbsterkenntnis und realistische Selbsteinschätzung						
Positive Selbstdarstellung						
Eigene Bedürfnisse, Wünsche u. Interessen erkennen						
Eigene Bedürfnisse, Wünsche u. Interessen äußern						
Wahlmöglichkeiten treffen						
Entscheidungen treffen						
Für sich selbst sprechen						
Sich verständlich ausdrücken						
Sich selbst Ziele setzen						
Probleme eigenständig lösen						
Unbekannte Situationen bewältigen						
Eigenständigkeit						
Selbstsicherheit						
Selbstbeobachtung						
Initiative entwickeln						
Selbstbehauptung						

Legende: Die Werte von 0 – 5 sollen den Ausprägungsgrad verdeutlichen:
0 = nicht erkennbar; 1 = sehr gering ausgeprägt ... 5 = stark ausgeprägt

Abbildung: Sozialorientierte Empowerment-Fähigkeiten

Empowerment-Fähigkeiten	0	1	2	3	4	5
Auf andere zugehen						
Eigene Wünsche in einer Gruppe einbringen						
Verhandeln						
Sich vor anderen selbstbewusst, autoritätsunabhängig darstellen						
Zuhören						
Meinung anderer respektieren						
Eigene Meinung vor anderen vertreten						
Eigene Meinung auch gegen die Meinung anderer vertreten						
Frustrationen aushalten						
Rechte kennen						
Kritik ertragen						
Pflichten kennen und respektieren						
Demokratische Gruppenregeln kennen						
Demokratische Gruppenregeln nutzen						
Kompromissbereitschaft zeigen						
Normen kritisch reflektieren						
Kollaborieren						
Mehrheitsbeschluss akzeptieren						
Für andere sprechen						
Andere um Hilfe bitten						
Gemeinsam Interessen durchsetzen						
Hilfsbereit sein						
Mitbestimmen						
Eine Gruppe leiten						

Empowerment-Fähigkeiten	0	1	2	3	4	5
In einer Gruppe Aufgaben übernehmen						
Ideen mit anderen teilen						
Nachfragen						
Gefühle äußern						
Gemeinsam planen und organisieren						
Sich gemeinsam politisch einmischen						
Sich gemeinsam für eigene Rechte einsetzen						
Sich gemeinsam gegen Benachteiligung oder Diskriminierung wenden						
Andere als gleichwertige Partner respektieren						
Konflikte mit anderen konstruktiv lösen						
Sich in andere einfühlen						
Bedürfnisse, Wünsche und Interessen anderer wahrnehmen						
Solidarität zeigen						
Von sich selbst absehen (eigene Bedürfnisse zurückstellen)						

Kapitel 4: Konsequenzen für die Erwachsenenbildung und den Lebensbereich der Freizeit[1]

> Viele Jahrzehnte war die Erwachsenenbildung für Menschen mit geistiger Behinderung Stiefkind der Heilpädagogik. Wenngleich heute ihre Notwendigkeit erkannt worden ist, fehlen vielerorts Angebote; und dort, wo sie offeriert wird, dominieren Kurse aus dem sog. „musischen" Bereich. Erwachsenengemäße Angebote, denen es explizit um Empowermentprozesse und Emanzipation zu tun ist, müssen daher mit Nachdruck eingefordert werden.
> Ausgehend von der Allgemeinbildung im Sinne W. Klafkis werden didaktisch-methodische Grundzüge einer am Empowerment-Konzept orientierten Erwachsenenbildung skizziert und praxisbezogen dargestellt. Der zweite Teil des vierten Kapitels befasst sich mit dem Lebensbereich der Freizeit, der ebenfalls noch nicht in seiner prominenten Bedeutung für Integrations- und Empowermentprozesse hinreichend erschlossen worden ist.

Zur Situation der Erwachsenenbildung für Menschen mit geistiger Behinderung im deutschsprachigen Raum

Eine am Empowerment-Konzept orientierte Behindertenarbeit knüpft hohe Erwartungen an die Erwachsenenbildung. Dieser Arbeitsbereich war bislang das Stiefkind der Heilpädagogik – hatte sie doch jahrzehntelang den Wert der Erwachsenenbildung bei Menschen mit geistiger Behinderung völlig verkannt. Dies lag im Wesentlichen an der Psychiatrisierung des Faches. So wurde zum Beispiel das von der Medizin weit verbreitete „defektorientierte Entwicklungsmodell" bei Menschen mit geistiger Behinderung unhinterfragt übernommen, welches eine „bestimmt geartete, pathologische Persönlichkeitsentwicklung" sowie eine „im Ganzen endgültige Entwicklungsbeschränkung" (Lutz 1961, 156) im Erwachsenenalter annahm. Überdies wurden Erwachsene mit geistiger Behinderung als „ewige Kinder" infantilisiert und weithin als „bildungsunfähig" betrachtet und behandelt. Dies bedeutete Beschränkungen in der Persönlichkeitsentwicklung

---

[1] Von Claudia Hoffmann und Georg Theunissen.

durch ständige Beaufsichtigung, Kontrolle und Reglementierung, eine pflegerisch überdimensionierte Rundumversorgung, Fremdsteuerung und Fremdbestimmung. Die Vorstellung, dass auch ein Mensch mit geistiger Behinderung wie jede andere Person darauf angelegt sein könnte, erwachsen zu werden und sich als Erwachsener in seiner Persönlichkeit zu entfalten, war der Heilpädagogik fremd. Folglich konnte sich unter anderem auch aufgrund des damit einhergehenden mangelnden gesellschaftlichen Interesses für Lern- und (Weiter-)Bildungsbedürfnisse geistig behinderter Menschen im Erwachsenenalter eine Erwachsenenbildung für diesen Personenkreis lange Zeit nicht etablieren.

Erst seit wenigen Jahren findet diesbezüglich ein Umdenken statt. Inzwischen ist es – zumindest in der Fachwelt – weitgehend anerkannt, dass Menschen mit geistiger Behinderung Möglichkeiten und Anspruch auf Bildung im Erwachsenenalter haben.[2] Die Lern- und Entwicklungsfähigkeit geistig behinderter Menschen im Erwachsenenalter steht heute außer Zweifel (Theunissen 2002, 53 ff.). Dies wird zum Beispiel daran deutlich, dass mittlerweile in vielen Wohneinrichtungen oder Werkstätten für Behinderte Erwachsenenbildungsangebote bestehen, dass Fortbildungsinstitute von Fachverbänden für Menschen mit geistiger Behinderung Kursangebote unterbreiten, dass sich seit etwa zehn Jahren ein spezieller Verein[3] für die Bildungsinteressen geistig behinderter Erwachsener engagiert und sich verstärkt auch um einschlägige Zusatzausbildungen (Erwachsenenbildner für die Arbeit mit geistig behinderten Menschen) bemüht (auch Lindmeier 1998) und dass es sogar eigens für geistig und lernbehinderte Erwachsene eingerichtete Bildungsstätten (z.B. Theodor-Heckel-Bildungswerk München; Bildungsclub Zürich) gibt (Speck 1982).

Allerdings partizipieren geistig behinderte Menschen erst ansatzweise an Angeboten der Allgemeinen Erwachsenenbildung, obwohl es den Grundsätzen der Normalisierung und Integration entsprechen würde, Erwachsenenbildungskurse für Menschen mit Behinderungen innerhalb der allgemeinen Bildungseinrichtungen (z.B. VHS[4]) anzubieten. Die meisten Kurse für Erwach-

---

[2] Als Begründungen werden dafür häufig die Anwendung der Lernfähigkeit in der Auseinandersetzung mit der Umwelt, die Notwendigkeit der Sicherung und Erweiterung des Gelernten, die Auseinandersetzung mit der Erwachsenenrolle wie auch die Anpassung und Auseinandersetzung mit den sich ständig verändernden Lebensbedingungen genannt (Carroll 1998, 293).

[3] Anfangs „Gesellschaft zur Förderung der Erwachsenenbildung für Menschen mit geistiger Behinderung e.V.", heute umbenannt als „Gesellschaft Erwachsenenbildung und Behinderung e. V."

sene mit geistiger Behinderung finden in Werkstätten oder Wohneinrichtungen statt, d.h. an den Orten, wo die Betroffenen leben, arbeiten und ihre Freizeit verbringen. Es sei dahin gestellt, ob dies aufgrund fehlender VHS-Angebote geschieht oder ob aufgrund bestehender Angebote in den Behinderteneinrichtungen die Nachfrage bei den Volkshochschulen so gering ist, dass diese geistig behinderte Erwachsene als Zielgruppe für ihre Angebote noch nicht ausreichend wahrgenommen haben oder den höheren personellen, finanziellen und organisatorischen Aufwand scheuen. So bieten beispielsweise nur ca. 10 bis 15% der Volkshochschulen in der Bundesrepublik (nicht selten in Kooperation mit Behinderteneinrichtungen) Kurse für geistig behinderte Menschen an (Hoffmann, Kulig & Theunissen 2000).[5] Inhaltlich dominieren dabei sowohl an Volkshochschulen als auch bei der von der Behindertenhilfe organisierten Erwachsenenbildung (vgl. ebd.; Theunissen u.a. 2000b)[6] Angebote aus dem musisch-kreativen Bereich (z.B. Töpfern, Malen,

---

[4] Um so bemerkenswerter ist, dass in diesem Bereich einige vielversprechende und erfolgreiche Projekte publik geworden sind (z.B. VHS Oldenburg, Kreisvolkshochschule Friesland, VHS München). Obwohl mit diesen Modellprojekten gezeigt werden konnte, dass es möglich ist, Fort- und Weiterbildungsprogramme für Erwachsene mit geistiger Behinderung anzubieten, die der Persönlichkeitsentfaltung und der Vermittlung von Hilfen zur Bewältigung des Alltags dienen, sind es vor allem der höhere Kosten,- Personal-, und Organisationsaufwand der Träger der Allgemeinen Erwachsenenbildung, der bei der Unterbreitung von Angeboten für diese Zielgruppe eher Zurückhaltung üben lässt.

[5] Demzufolge kann davon ausgegangen werden, dass die Möglichkeit, sich im Erwachsenenalter zu bilden, für Betroffene, die noch zu Hause bei ihren Eltern oder bei Angehörigen leben, erheblich eingeschränkt ist. Dies betrifft ca. 60% aller Erwachsenen mit geistiger Behinderung. Dieser Personenkreis wird offensichtlich weder durch Volkshochschulen noch durch Bildungsangebote der Behindertenhilfe in angemessener Weise erreicht. Zwar gibt es im Rahmen der sog. offenen Hilfen Bildungskurse (Theunissen u.a. 2000b), doch davon profitieren in erster Linie institutionalisierte Menschen (z.B. Wohnheimbewohner); und das gilt ebenso für die Erwachsenenbildung in großen Behinderteneinrichtungen, in denen ca. 35% aller Betroffenen leben; sie wird weithin nur für die dort lebenden Menschen mit (leichter) geistiger Behinderung organisiert.

[6] Wir beziehen uns hier auf eine Erhebung, die bundesweit in Bezug auf Lebenshilfe-Einrichtungen durchgeführt wurde. Es wurden über eine Fragebogenaktion Freizeit- und Bildungsangebote erfasst. Wenngleich diese Untersuchung nur für die Lebenshilfe-Einrichtungen repräsentativ ist, dürfen wir annehmen, dass das Angebot anderer Träger, denen es um die Eingliederungshilfe geistig behinderter Menschen zu tun ist, ähnliche Tendenzen aufweist. Dies lässt sich leicht an den Programmen belegen (ebd.).

Zeichnen, Theater, Tanz) sowie Angebote zur Kommunikationsförderung (z.B. Alphabetisierung, Rhetorik). Den geringsten Anteil machen dagegen bei allen Anbietern Kursangebote aus, die sich explizit auf Erwachsensein, Sexualität, Freundschaft oder Partnerschaft sowie auf eine autonome Lebensführung, Selbstbestimmung, Selbstdarstellung, Selbstdurchsetzung oder Selbstvertretung (Self-Advocacy) beziehen. Demnach ist nicht auszuschließen, dass in der Erwachsenenarbeit mit geistig behinderten Menschen die Notwendigkeit einer auf den Selbstbezug des Erwachsenseins, auf individuelle Lebensziele, Selbstverwirklichung in partnerschaftlicher Beziehung, Selbstbestimmung im Sinne von Empowerment und auch auf eine psychosoziale „Lebenshilfe" hin angelegten Bildung noch nicht hinreichend erkannt worden ist. Es ist aber auch denkbar, dass sehr wohl eine Aufgeschlossenheit gegenüber derlei Angeboten besteht, dass allerdings angesichts eines mangelnden Vertrauens in die eigenen Ressourcen oder einer gewissen Tabuisierung (beispielsweise des Themas der Sexualität) die Bereitschaft zur Durchführung entsprechender Kurse recht gering ist.

Gerade hier sollte eine dem Empowerment-Gedanken verpflichtete Erwachsenenbildung und Behindertenarbeit verstärkt anknüpfen. Dazu gehört, dass bereits bei der Organisation, der Auswahl sowie der Durchführung von Erwachsenenbildungskursen den Prinzipien des Empowerment-Konzeptes Rechnung getragen wird (dazu Kapitel 1). Geistig behinderte Menschen haben zum Beispiel ein Recht darauf, selbst auszuwählen, ob sie und welche Kurse der Erwachsenenbildung sie besuchen möchten. Dazu bedarf es eines thematisch vielfältigen Angebots, das den Interessen und Bedürfnissen der Adressaten entsprechen muss; und am besten ist es, schon bei der Erstellung der Themenpalette und eines Programms den Betroffenen Mitspracherecht einzuräumen. Dies ist bereits eine Komponente von „Erwachsenenbildung".

ERWACHSENENBILDUNG

Unter „Erwachsenenbildung"[7] werden in der Regel nach Abschluss der Schulzeit organisierte, zielgerichtete, „didaktisierte" Lernprozesse und Bildungsangebote verstanden (auch Schwarte 1992; Carroll 1998), durch die assistierende Hilfen zur (Selbst-)Bildung[8] und auch zur beruflichen Fortbildung oder Umschulung gegeben werden (Wirth 1978, 195). Zentrale Leitprinzipien der Erwachsenenbildung sind Freiwilligkeit, persönliche Auswahl der Themen,[9] erwachsenengemäße Ansprache und Gestaltung der

Lernprozesse sowie Eigenverantwortlichkeit. Darüber hinaus gelten Subjektzentrierung, Individualisierung, lebensweltliche und lebensgeschichtliche Verankerung und die Beachtung der dialogischen Dimension (Jakobs 1997, 8) als wichtige Voraussetzungen für das Gelingen einer am Empowerment-Gedanken orientierten Erwachsenenbildung, deren Ziel neben der Vermittlung bzw. Aneignung von Fähigkeiten, Fertigkeiten, Wissen und Kenntnissen (enger Begriff von Erwachsenenbildung) auch die Persönlichkeitsbildung, das Erwerben von Erfahrungen über sich selbst und die eigenen Lebenssituation (weiter Begriff von Erwachsenenbildung) ist (ebd. 1997, 9).

Grundlegend für unser Verständnis von Erwachsenenbildung sind die bereits im dritten Kapitel des Buches ausgeführten Überlegungen zu W. Klafkis Konzept der Allgemeinbildung, das mit der Empowerment-Philosophie weithin korrespondiert.

Demnach gilt Bildung – auch Erwachsenenbildung – als „Möglichkeit und Anspruch aller Menschen" (Klafki 1985, 17) – und zwar unabhängig des Alters, der Art oder der Schwere einer Behinderung, so dass folglich kein Personenkreis von Erwachsenenbildung ausgeschlossen werden darf. Damit erteilen wir zugleich der Gepflogenheit einiger Behinderteneinrichtungen (Großanstalten) eine unmissverständliche Absage, die zwischen einer Erwachsenenbildung für sog. werkstattfähige Menschen mit geistiger Behinderung und einer „lebenslangen" heilpädagogischen Förderung oder „Übungsbehandlung" für geistig schwerst behinderte Personen differenzieren. Diese

---

[7] Der Begriff „Erwachsenenbildung" wird unterschiedlich definiert, so bezeichnet er „einmal die Wissenschaft vom (institutionalisierten) Lernen Erwachsener ..., dann die entsprechende soziale Realität, in deren Mittelpunkt das Praxisfeld für Erwachsenenbildner liegt, und schließlich das darauf bezogene universitäre Studium" (Kade, Nittel & Seitter 1999, 9). Wir beschränken uns dabei auf den Aspekt der sozialen Realität. Eine ältere Definition stammt vom Deutschen Bildungsrat (1970, 197), der Erwachsenenbildung als Weiterbildung im Sinne einer „Fortsetzung oder Wiederaufnahme organisierten Lernens nach Abschluss einer unterschiedlich ausgedehnten ersten Bildungsphase" ausweist. Dies schließt nicht aus, dass auch Jugendliche im Zuge des Erwachsenwerdens oder Menschen, die nicht die Möglichkeit zum Schulbesuch hatten, Angebote der Erwachsenenbildung wahrnehmen können.

[8] vgl. dazu ausführlich Kapitel 3

[9] Die Inhalte der Erwachsenenbildung einschl. Weiterbildung können sehr vielschichtig sein. So konstatiert der Deutsche Bildungsrat (1970, 53): „Der Themenkatalog der Weiterbildung reicht von lebenspraktischen Notwendigkeiten bis zu religiösen Fragen."

Unterscheidung signalisiert ein Theoriedefizit, wie es für die traditionelle Heilpädagogik charakteristisch ist. Sie fußt nämlich auf einem vagen, ja unreflektierten Verständnis von Bildung, indem (Allgemein-)Bildung mit Elitebildung oder „höherer Bildung" gleichgesetzt oder verwechselt und somit irrtümlich angenommen wird, bei Bildung handle es „sich um einen idealisierend-überhöhenden Begriff" (ebd. 1985, 12). In weithin allen „klassischen" Bildungstheorien (Humboldt, Herder, Schiller, Fichte, Schleiermacher ...) wurde dagegen Bildung ursprünglich als eine gesellschaftskritische und zugleich identitätsstiftende (persönlichkeits- und autonomiefördernde) Kategorie verstanden (Klafki 1986; 1994). Dieses Bildungsverständnis wurde allerdings in der Folgezeit pervertiert und verstümmelt, indem die implizite „allseitige Entfaltung der Persönlichkeit" *absolut* gesetzt wurde. Die Dialektik von Selbstbestimmung und Demokratisierung wurde ignoriert und in ausdrücklicher Distanz zur gesellschaftlichen Realität wurde ein vermeintlicher „Freiraum" für Persönlichkeitsbildung geschaffen. In dessen Zentrum rückte die Beschäftigung mit bloßer Geisteskultur, die den Rückzug in die Innerlichkeit und Welt des „schönen Scheins" beförderte. Dies alles geschah auf Initiative eines aufstrebenden Bürgertums, welches sich mit den politisch einflussreichen alten Mächten arrangiert hatte. Bildung wurde damit zu einem unpolitischen Phänomen, das sich von der ursprünglichen Idee immer mehr entfernte: „Bildung wurde zum Privileg der Wohlhabenden, sich dem restaurierten Obrigkeitsstaat anpassenden oder durch ihn profitierenden Gesellschaftsschichten, im Sinne jener Ehe von ‚Besitz und Bildung'" (ebd. 1985, 15). Ein Bildungsverständnis, das von dieser „Verfallsgeschichte der klassischen Bildungsidee" (ebd.) geprägt ist, tendiert dazu, soziale Ungleichheit und Missstände zu verschleiern und zu stabilisieren. Unzulänglich ist dieser Bildungsbegriff aber auch deshalb, weil von einem „bestimmten Kanon von ‚zeitlosen' verbindlichen Inhalten ausgegangen wird, der die ‚Gebildetheit' eines Menschen ausmachen soll" (Blankertz 1986, 42). Dieses Konzept hat sich angesichts des raschen gesellschaftlichen Wandels als ein Trugschluss erwiesen. Eher befördert es die Gefahr, dass das „gebildete" Subjekt den Bezug zur Wirklichkeit verliert und gesellschaftlichen Entwicklungen nahezu hilflos ausgeliefert bleibt. Angesichts dieser „Verfallsgeschichte der klassischen Bildungsidee" (Klafki 1985, 15), die nach Adorno (1972) eine „Halbbildung" hervorgebracht hat, stellt sich in der Tat die Frage, ob am Bildungsbegriff festgehalten werden sollte. Ob aber Begriffe wie Förderung oder „lebenslanges Lernen" geeigneter sind, ist allerdings noch zweifelhafter. Sie begünstigen nämlich „ein unverbundenes Nebeneinander oder gar Gegeneinander von zahllosen Einzelaktivitäten" (Klafki 1985, 13) und lassen eine übergeordnete pädagogische Zielperspektive vermissen. Dies kann im Einzelfall bedeuten, dass es den (heil-)pädagogischen Maßnahmen um Selbstbestimmung oder Emanzipation (geistig-)behinderter Menschen gar nicht zu tun ist. Genau das lässt sich durch den Begriff der Bildung vermeiden, insofern er in seiner ursprünglichen Bedeutung, d.h. in der Dialektik von individueller Selbstbestimmung und Humanisierung von Lebensbedingungen, kurzum: als Kategorie zur Gewinnung von mehr Menschlichkeit (Emanzipation) begriffen wird. In diesem Sinne muss auch Erwachsenenbildung – wie Bildung überhaupt – „zentral als Selbstbestimmungs- und Mitbestimmungsfähigkeit des Einzelnen und als Solidaritätsfähigkeit verstanden werden" (ebd., 18); und demzufolge soll sie ebenfalls „‚Schlüsselprobleme' unserer Gegenwart und der vor uns liegenden Zukunft" (ebd., 20) aufgreifen, um hierdurch mehr Menschlichkeit sowie eine „emanzipierte Beteiligung" (Gieseke) zu befördern. Anstelle eines festen Kanons „traditionell geheiligter Güter" (Pöggeler 1970, 3) sollen lebensrelevante und individuell frei gewählte „aktuelle Sorgethemen" (Siebert) aufbereitet werden, so dass jeder Teilnehmer eines Bildungskurses zu verbesserter Realitätskontrolle, zu gesteigerter Entscheidungs- und Handlungsautonomie bei der Bewältigung individueller und gesellschaftlicher Lebensaufgaben gelangen kann. Denn: „eine demokratische Gesellschaft erfordert Bürger, die zu einer weitgehenden Selbstbestimmung bereit und fähig sind und die aufgrund von Selbstkompetenz, Sachkompetenz und sozialer Kompetenz an politischen, kulturellen und ökonomischen Prozessen teilhaben können" (Siebert 1974, 276).

Auch dieses zweite Bestimmungsmoment einer Allgemeinbildung gilt uneingeschränkt für Erwachsene mit geistiger Behinderung. Eine dem Empowermentgedanken verpflichtete Bildung muss allerdings klären, welchen „Schlüsselfragen" für Menschen mit geistiger Behinderung besondere Bedeutung zukommt. Die Auswahl relevanter Themen darf freilich nicht einzig und allein in der Hand von Helfern liegen, sondern Betroffene sollten soweit wie möglich daran beteiligt werden. Mit Blick auf individuelle Ausgangsbedingungen, Interessen, Lernbedürfnisse oder Wünsche ist daher die Palette möglicher Schlüsselthemen breit: Kommunikationsformen und -techniken wie Gebärdensprache, Bildsymbolsysteme oder EDV-gestützte Programme für gehörlose, sprach- oder mehrfachbehinderte Mitmenschen und Bezugspersonen, autonomes Wohnen, traditionelle und alternative Wohnformen, Mitwirkungs- oder Mitbestimmungsmöglichkeiten im Heim oder am Arbeitsplatz, kulturelle Partizipation, Behinderte und Nichtbehinderte, Ablösung vom Elternhaus, Partnerschaft und Sexualität, Lebensstil und Zukunftsplanung, Hilfen zur Selbsthilfe, Alltagsprobleme (z.b. Alkohol, Umgang mit Geld, Haushaltsführung, Umgang mit Behörden, Verhältnis zu Arbeitskollegen, Arbeits- oder Wohnungssuche), Gesundheit und gesundheitliche Vorsorge, Gefahren und Sicherheitsverhalten (safety skills), Selbstbestimmung (choice and decision making), Selbsterfahrung, Selbstfindung und Umgang mit der eigenen Behinderung, Selbstvertretung und -organisation (self-advocacy) behinderter Menschen. Wenngleich die Auseinandersetzung mit derartigen Themen vor allem „kognitive" Potentiale zu einer Empowerment-Performance freisetzt, wäre es allerdings eine Blickverengung, Empowerment nur auf dieser Ebene zu verorten. Zudem würde es der Idee der Allgemeinbildung widersprechen, wenn „das Insgesamt der menschlichen Möglichkeiten" (Klafki 1985, 18) der kognitiven Dimension geopfert würde.

Daher kommt drittens dem Bereich des Ästhetischen eine wichtige Rolle in der Erwachsenenbildung geistig behinderter Menschen zu. Schillers „Briefe über die ästhetische Erziehung des Menschen" (1795) lenken den Blick auf eine „Theorie allgemeiner Bildung", der es um die „allseitige Entfaltung der Persönlichkeit" zu tun ist. Die ästhetische Dimension verweist auf die Entwicklung der Phantasie, des Ausdrucks- und Darstellungsvermögens, des Gemeinschaftssinns, der Verfeinerung des ästhetischen Sinns und der ästhetischen Urteilskraft, des Gemüts, und des Geschmacks; damit soll sie den Weg zum sittlich-politischen Denken und Handeln (emanzipierte Beteiligung) vorbereiten (Noetzel 1992; Theunissen 1997a).

Wie wichtig gerade eine „ästhetische Nische" im Kontext einer Allgemeinbildungskonzeption ist, wird uns vor allem an der Situation von Erwachsenen deutlich, die als geistig schwer- oder mehrfachbehindert gelten. Hier würde ein bloß kognitiv dimensionierter Bildungsbegriff die Möglichkeit menschlicher Verwirklichung völlig verfehlen. Überdies würde die „Kopflastigkeit" von Bildung die Selektion, Ausgrenzung und soziale Isolation dieses Personenkreises sowie seinen Ausschluss von Bildungsangeboten geradezu bestätigen, verfestigen und perpetuieren. Dies aber kann und darf nicht Ziel einer Erwachsenenbildung für alle sein.

Folglich stellen Angebote aus dem ästhetischen Bereich eine inhaltliche Ergänzung zu den sog. Schlüsselthemen dar, da sie nicht nur die Lebensqualität verbessern, der Sinnerschließung oder ästhetisch-kreativen Lebensverwirklichung dienen, sondern weil sie insbesondere auch autonome Handlungs- und Entscheidungsprozesse unterstützen helfen, d.h. zur Entwicklung von Selbstbestimmungs-, Mitbestimmungs- und Solidaritätsfähigkeit sowie zur Humanisierung gesellschaftlicher Bedingungen beitragen.[10] Allerdings bedarf die ästhetische Bildung der interdependenten Vernetzung mit den anderen Zielen innerhalb des Gesamtkonzeptes, damit sie nicht zum bloßen Selbstzweck gerinnt. So kann die ästhetische Praxis als Erwachsenenbildung (Bildnereien behinderter Menschen; Theateraufführungen, Strassen- und Kulturfestivals u. dgl.) als ein integratives Medium im gesellschaftlichen Raum fungieren (Schuchardt 1987; Theunissen 1997b). Zudem bietet die ästhetische Praxis Methoden oder Arbeitsformen an, die bei der Aufbereitung der aktuellen Fragen genutzt werden sollten, da sie den Lernmöglichkeiten, Bedürfnissen, Kompetenzen und Ressourcen geistig behinderter Menschen sehr entgegen kommen. Dadurch kann zugleich der augenfälligen Gefahr einer kognitiven Überforderung bei der Auseinandersetzung mit den Schlüsselthemen begegnet und ein „allseitiges Lernen" in der realen Lebenswelt ermöglicht werden. Diese Lebensweltorientierung spielt in der Bildungsarbeit mit geistig behinderten Menschen eine zentrale Rolle. Zum einen resultiert ihre Notwendigkeit aus dem Lernverhalten Betroffener (z.b. erschwerter Transfer). So weiß man, dass „künstlich" aufbereitete Bildungsangebote fernab von der konkreten Situation in der Regel weniger effektiv sind als lebensweltintegrierte Lernfelder (Theunissen 2000a, 245f.). Zum anderen fordert die Lebensweltorientierung zur Zusammenarbeit mit den Bezugspersonen und den lebensweltlichen Systemen heraus, deren Einfluss auf die Autonomie (Entwicklung) geistig behinderter Menschen erheblich ist. Denn Erwachsenenbildung für Menschen mit geistiger Behinderung kann letztlich nur unter Bedingungen gedeihen, die eine emanzipatorische Bildungsarbeit wirklich zulassen. Lern- und Entwicklungsfortschritte zur Selbstbestimmung können am ehesten dann erreicht werden, wenn die Bildung in Kooperation mit den relevanten Bezugspersonen erfolgt, die ihrerseits der Leitidee aufgeschlossen gegenüberstehen und gegebenenfalls bereit sein müssen, sich selbst mit zu verändern. Ein in einer Bildungseinrichtung organisierter Kochkurs nutzt wenig, wenn der geistig behinderte Mensch in seiner alltäglichen Lebenswelt keine Möglichkeit hat, das Gelernte umzusetzen (Linden & Schwarte 1985, 174). Ein noch so gut gemeintes Bildungsangebot bleibt letztendlich ineffektiv, wenn der behinderte Mensch seine unmittelbare Lebenssituation außerhalb der Erwachsenenbildung (weiterhin) als bedrohlich erlebt und seine Ängste nicht im Alltag bewältigen kann. Insofern kann in der Erwachsenenbildung für Menschen mit geistiger Behinderung „auf den reflektierenden Bezug zum situativen Umfeld des Lernenden nicht ver-

---

[10] Gerade darin unterscheidet sich der hier anskizzierte Entwurf einer ästhetischen Bildung (auch Theunissen 1998c) von einer „musischen Bildung", die dem gesellschaftlichen Bezugsfeld „antithetisch" gegenübersteht (Theunissen 1980, 156ff.).

zichtet werden" (Schwarte 1994, 154). Damit ist die Erwachsenenbildung immer auch eine lebensweltkritische Kategorie, der es um die Überwindung von Bedingungen zu tun sein muss, die eine Autonomieentwicklung in sozialer Bezogenheit hemmen. Hierzu sind in enger Kooperation mit relevanten Bezugspersonen Handlungsfelder abzustecken, die einen systematischen Abbau isolierender Bedingungen und eine kontinuierliche Erschließung und Ausdehnung von Lern- und Erfahrungsräumen für Erwachsene mit geistiger Behinderung möglich machen. Dadurch erhalten die Betroffenen Gelegenheit, „sich selbst besser kennen zu lernen, sich auszudrücken und äußern zu lernen, ihre Wahrnehmung für sich und andere zu sensibilisieren, ihnen kritisches Betrachten ihrer Umweltbedingungen zu ermöglichen und ihre Selbstbehauptungstendenzen zu stärken" (Badelt 1992, 6). Durch diese Ausbildung von Identität können sie zu sich selbst finden und „hinter ihren Masken hervortreten, die sie zum Schutz vor angsterzeugenden, bedrückenden, undurchsichtigen oder unberechenbaren Lebenssituationen angelegt haben" (ebd., 5).

In dieser Hinsicht leistet eine Allgemeinbildung zugleich eine wichtige Auseinandersetzung und Verarbeitung von Erfahrungen, die zu einem zwanghaften, ritualisierten und fremdbestimmten Anpassungsverhalten geführt haben. Dabei kann sie durchaus therapeutisch wirksam sein, und in der Tat sind die Übergänge zwischen Bildungsarbeit und (pädagogisch-psychologischer) Therapie fließend. Dies zeigt sich auch daran, dass durch ästhetische Bildungsangebote Schwächen oder Irregularitäten in der sensorischen, motorischen und kognitiven Entwicklung oder auch Auffälligkeiten im Sozialverhalten und Erleben kompensiert werden können. Die Affinität zur Therapie ergibt sich insbesondere dort, wo in der Bildungsarbeit auf heilpädagogische oder therapeutische Arbeitsformen (z.B. basale Stimulation, Heilpädagogische Rhythmik, Psychomotorisches Trainingsverfahren, Übungen zur Wahrnehmungsförderung, Sensorische Integration, therapeutisches Gestalten, Musik-Malen, verhaltenssteuerndes Selbstbehauptungstraining)[11] zurückgegriffen wird. Insofern ist es wichtig, eine Unterscheidung zwischen Bildung und Therapie zu treffen. Bereits Georgens und Deinhardt (1861; 1863), die „Väter" der Heilpädagogik, fordern, dass eine „heilende ästhetische Erziehung" nie der Idee der „allgemeinen ästhetischen Bildung" widersprechen dürfe. Dies bedeutet, dass der Einsatz

---

[11] Einen synoptischen Überblick von Verfahren, die in der Arbeit mit geistig behinderten Menschen einen wichtigen Stellenwert haben, bietet die Schrift „Pädagogik bei geistiger Behinderung und Verhaltensauffälligkeiten" (Theunissen 2000a).

spezieller therapeutischer Verfahren in der Erwachsenenbildung für Menschen mit geistiger Behinderung nur dann legitim ist, wenn dieser der Entwicklung von Selbstbestimmungs-, Mitbestimmungs- und Solidaritätsfähigkeit nicht entgegensteht. Ein reines Funktionstraining oder eine heilpädagogische Übungsbehandlung, die den geistig behinderten Menschen zu einem Anpassungsverhalten dressiert, hat folgerichtig mit Bildung nichts zu tun. Gleichermaßen kritisch müssen Lernsituationen gesehen werden, in denen fast ausschließlich das therapeutische Interesse dominiert und das Bildungsziel nur nachrangig wertgeschätzt, begründet und angestrebt wird. In letzter Zeit wird gerne insbesondere in der Arbeit mit geistig schwer behinderten Erwachsenen der Begriff der „Förderung" für therapeutische und heilpädagogische Maßnahmen benutzt. Wie schon eingangs erwähnt, ist der damit verknüpfte Verzicht auf den Bildungsbegriff problematisch. Dies gilt vor allem für das unreflektierte Förderverständnis vieler Heilpädagogen, die mit funktionalistischen Verfahren planmäßig aus einem behinderten Menschen etwas herausholen, ja „machen" wollen. Dieser traditionelle heilpädagogische Übungsansatz (kritisch hierzu Theunissen 1999a, 114ff.) ist einzig und allein auf das Nichtkönnen, auf Defizite oder Verhaltensauffälligkeiten gerichtet. Hat er in der Erwachsenenbildung handlungsorientierende Funktion, geht es fast ausschließlich nur um ein Eintrainieren von Verhaltensweisen. Der geistig behinderte Mensch ist dabei Objekt einer Behandlung und hat keine Chancen, sich selbst zu bilden. Folglich ist der Gebrauch des Begriffs der Förderung nur dann legitim, wenn dem übergreifenden emanzipatorischen Bildungsinteresse Rechnung getragen wird. Und das bedeutet, dass Förderung als eine Form der Vermittlung von Bildung jeden geistig behinderten Menschen dazu befähigen soll, sein Leben sinnvoll und möglichst autonom zu gestalten und zu bewältigen. Förderung ist damit eine assistierende, therapeutisch orientierte Hilfe, die sich im Bildungsprozess soweit wie möglich überflüssig machen muss.

FOLGERUNGEN FÜR DIE DIDAKTIK

Unsere vorausgegangenen Ausführungen lassen unschwer erkennen, dass das Konzept der Allgemeinbildung nach W. Klafki auch für eine am Empowermentansatz orientierte Erwachsenenbildung konstitutive Bedeutung hat. Deshalb brauchen wir weder eine spezielle heilpädagogische Bildungstheorie noch eine Sonderdidaktik, wohl aber müssen wir mit Blick auf unsere Zielgruppe das Allgemeinbildungskonzept derart umstrukturieren, dass Empowermentprozesse für Menschen mit geistiger Behinderung Realität werden können. Unsere Vorschläge zu einer Didaktik der Erwachsenenbildung laufen darauf hinaus, sog. aktuelle Themen mit ästhetischen Angeboten derart zu verschränken, dass sowohl Lern- und Emanzipationshilfe geleistet als auch Gelegenheit für Sinnerschließung und ästhetisch-erfüllendes Erleben gegeben werden kann. Diese bereits im Konzept der Allgemeinbildung angelegten Chancen und Möglichkeiten, die über ein bloßes (kritisches) Lernangebot hinausgehen, gilt es in der Erwachsenenbildung für Menschen mit geistiger Behinderung voll zu nutzen. Dazu müssen auf der Basis des allgemeinen Bildungskonzepts Curricula erstellt werden, die geeignet sind, diejenigen Kompetenzen und Bewältigungsmuster heranzubilden, die ein geistig behinderter Mensch zu seiner selbstbestimmten und eigenverantwortlichen Realitätsbewältigung und Daseinsgestaltung benötigt. Insofern geht es nicht darum, die allgemeine Didaktik der Erwachsenenbildung undifferenziert zu übernehmen, sondern mit Blick auf unsere Zielgruppe subjektrelevante „rehabilitative" Intentionen zu reflektieren und mit den allgemeinen Zielsetzungen zu verknüpfen, so dass Empowermentprozesse angeregt werden können. Die allgemeinen und „rehabilitativen" Ziele dürfen nicht einfach nebeneinander stehen, sondern müssen aufeinander bezogen werden: Die speziellen, individualisierten Zielsetzungen dürfen den allgemeinen nicht widersprechen, diese wiederum haben den „rehabilitativen" Zielen gegenüber eine kritisch-reflexive Funktion zu erfüllen.

Zu den Zielen

Klafki (1985, 58) nennt als wichtigste Aufgabe der Didaktik, „Aufklärung über und Hilfen zur Entwicklung von Selbstbestimmungs-, Mitbestimmungs- und Solidaritätsfähigkeit zu leisten." Hierzu hat sie einerseits Bedingungen und Voraussetzungen zu untersuchen, die dem obersten Ziel der Emanzipation entgegenstehen, und andererseits hat sie Möglichkeiten und Situationen zu schaffen, unter denen Bildungsprozesse im Sinne der Generalintention stattfinden können. Für eine dem Empowerment-Gedanken verpflichtete Erwachsenenbildung bedeutet dies, Rahmenbedingungen zu schaffen, in denen Menschen mit geistiger Behinderung „sich austauschen, sich gegenseitig beraten und stärken können, um dann, mehr und mehr ermächtigt, ihre Interessen selbst zu vertreten und Selbstbestimmung zu realisieren" (Niehoff 1994, 194). Folgende Schlüsselqualifikationen[12] sollten als Ziele formuliert, eine auf Emanzipation hin angelegte Erwachsenenbildung für Menschen mit geistiger Behinderung bestimmen: Selbstannahme, Akzeptanz der eigenen Behinderung; Fähigkeit, mit der Behinderung zu leben; Empathie; Ambiguitätstoleranz; Rollenflexibilität und Rollendistanz; Selbstbewusstsein und Ich-Stärke; Selbstkontrolle und -reflexion; Selbststeuerung; Kritikfähigkeit (einschließlich der Fähigkeit zur Selbstkritik); Entscheidungsfähigkeit; Kompetenzen zur Bewältigung von Alltag und Umwelt (soziale und lebenspraktische Fähigkeiten); Artikulationsfähigkeit, z.b. die Fähigkeit, eigene Wünsche oder gemeinsame Forderungen zu entwickeln und vorzutragen; Durchsetzungsfähigkeit; realistische Selbsteinschätzung; Fähigkeit, gemeinsam mit anderen Strategien zur Durchsetzung von Gruppeninteressen zu entwickeln; Fähigkeit, in unvertrauten Situationen sich selbst zu helfen (Hilfe zur Selbsthilfe); Fähigkeit, Ängste eigenständig-kompetent zu bewältigen; Fähigkeit, gemeinsam mit anderen Gruppeninteressen zu entwickeln und für eigene Belange (Rechte) einzutreten; Fähigkeit, mit anderen gemeinsam eine eigene Interessenvertretung aufzubauen.

Selbstverständlich handelt es sich hier nur um eine Auswahl von Fähigkeiten, die sich zwar wechselseitig bedingen, sich aber nicht aus dem obersten Ziel ableiten lassen. Vielmehr resultieren sie aus der „rehabilitativen Notwendigkeit" und sind an den Möglichkeiten, Bedürfnissen und Wünschen der geistig behinderten Menschen orientiert. Die leitende Fragestellung hierbei lautet: Welcher Kompetenzen, Kenntnisse, Orientierungen und Bewältigungsstrategien bedarf ein geistig behinderter Mensch, um angesichts seiner Möglichkeiten Autonomie-, Mitbestimmungs- und Solidaritätsfähigkeit entwickeln zu können? So muss zum Beispiel das Entscheidenkönnen (decision making) gelernt sein, wenn ein selbstbestimmtes Leben verwirklicht werden soll. Selbstständiges Handeln ist dagegen keine notwendige Voraussetzung für Selbstbestimmung. Viele geistig behinderte Menschen bleiben ihr Leben lang abhängig von Hilfestellungen, jedoch schließt dieser Grad an Unselbstständigkeit Selbstbestimmung nicht aus. Wenn ein geistig behinderter Mensch zum Beispiel seinem Helfer gegenüber seinen Willen bekundet und ihn auffordert, dementsprechend zu handeln, kann er über ein hohes Maß an Entscheidungsautonomie verfügen. Ein weiteres Beispiel: Ein Ziel von Empowerment ist, analog zum Bildungsideal, die selbstbestimmte Lebensführung und damit auch die größtmöglichste Kontrolle über die Dienstleistungssysteme durch die behinderten Menschen selbst. Erster Schritt hierzu wäre zum Beispiel die Berufung geistig behin-

---

[12] Praxisrelevante Anregungen zum Erwerb von Schlüsselqualifikation zur Performance von Selbstbestimmung enthält die Schrift „Teaching Self-Determination to Students with Disabilities" von Wehmeyer, Agran & Hughes (1999).

derter Menschen in Vorstände der jeweiligen Wohlfahrtsverbände oder Organisationen. Die Realisierbarkeit dieses Gedankens wird allerdings von vielen bezweifelt. In der Tat handelt es sich um ein höchst anspruchsvolles Ziel, welches mehrere der oben genannten Qualifikationen voraussetzt. Menschen mit leichter geistiger Behinderung sind aber sehr wohl in der Lage, diese zu erlernen (vgl. auch Breuer & Piatke 1992). Über ein Projekt, in dem geistig behinderte Menschen mit ihren Assistenten Einfluss auf die eigenen und kollektiven Lebensbedingungen nehmen konnten, berichtet die AG Freizeit e.V. Marburg (1993). Hier war die Artikulationsfähigkeit der behinderten Menschen Voraussetzung dafür, dass diskriminierende Alltagserfahrungen und Forderungen nach einem Antidiskriminierungsgesetz vorgetragen werden konnten. Zusammengefasst können wir somit feststellen, dass die „rehabilitativen" Zielsetzungen dadurch begründet und gerechtfertigt werden müssen, dass sie das oberste Bildungsziel fördern können. In der Erwachsenenbildung sollten diese Ziele möglichst mit jedem einzelnen behinderten Menschen gemeinsam abgesteckt werden, um ihn in seiner Subjekthaftigkeit nicht zu verfehlen. Jeder Erwachsenenbildner sollte in der Lage sein, in einem gemeinsamen Bildungsprozess diejenigen Kompetenzen zu entwickeln und zu fördern, die benötigt werden, um das Leben möglichst autonom und sozial kompetent führen zu können, d.h. erfolgreich für individuelle und gemeinsame Interessen (personal and social empowerment) eintreten zu können.

Fassen wir die bisherige Diskussion der Ziele der Erwachsenenbildung zusammen, so kann als oberste Zielebene die Entwicklung von Selbstbestimmungs-, Mitbestimmungs- und Solidaritätsfähigkeit festgehalten werden. Eine Parallelbezeichnung wäre Emanzipation, die Überwindung von überflüssiger Herrschaft und unnötiger Abhängigkeit (Fremdbestimmung) zugunsten von individueller und kollektiver Autonomie. Diese Generalintention hat das traditionellere Bildungsziel der „Mündigkeit" abgelöst, welches dem Empowerment-Konzept nicht entspricht, da es die sozialen Faktoren (Chancenungleichheit; Diskriminierung; Isolation; Aussonderung) nicht reflektiert.

Andererseits haben wir einige Grundqualifikationen sozialen Handelns angesprochen, die dem obersten Ziel untergeordnet wurden. Diese zweite Lernzielebene beinhaltet jene Qualifikationen, die für die Generalintention grundlegend sind, sich aber noch nicht auf einzelne Inhalte oder Lernbereiche beziehen. Sie besitzen allgemeinen Charakter und müssen noch konkretisiert werden.

Folgerungen für die Didaktik

Eine solche Ziel-Inhalt-Verknüpfung findet auf einer dritten Lernzielebene statt, die wir im Anschluss an Klafki (1985, 219f.) die „bereichsspezifische" nennen. Hier werden im Sinne der obersten Zielsetzung die bereits oben genannten Schlüsselprobleme als relevante Themen bzw. Lernbereiche ausgewählt. „Relevant" bedeutet zum einen, dass die Themen aus der Lebenswelt der behinderten Menschen entstammen, ihren Bedürfnissen, Wünschen und Möglichkeiten entsprechen, zum anderen dürfen sie dem emanzipatorischen Vorhaben nicht widersprechen, weswegen sie ideologiekritisch zu hinterfragen sind. Zum Beispiel würde die Aufbereitung des Lernbereichs „Wohnen" zu kurz greifen, wenn eine kritische Auseinandersetzung mit verschiedenen Wohnformen ausbliebe. Wichtig wäre ebenso die Reflexion von Wohngruppenkonzepten, um Formen überflüssiger Kontrolle und Fremdbestimmung aufzuspüren und Chancen für mehr Autonomie zu erkennen. Auch Themen wie der „Intimbereich" und die „Heimmitwirkung" sind dem Lernbereich Wohnen zu zuordnen, der angesichts seiner Komplexität als Lehrgang, als Abfolge von aufeinander aufbauenden Niveaus mit wachsenden Schwierigkeitsgraden konzipiert werden müsste: unterschiedliche Räume kennen lernen und benennen; das typische Mobiliar einzelner Räume kennen lernen und diesen zuordnen; die Funktionen verschiedener Räume einer Wohnung kennen lernen; erkennen, dass sich Wohnungen unterscheiden, die eigene Wohnung visualisieren oder materialisieren; individuelle und kollektive Bedeutung des Wohnens benennen, beschreiben und erkennen; verschiedene Wohnformen, Wohnlagen, Häuser und Gebäude sowie unterschiedliche Wohngruppenkonzepte kennen lernen, beschreiben und im Hinblick auf eigene Wohnbedürfnisse beurteilen und dabei Formen überflüssiger Versorgung und Fremdbestimmung erkennen; Wohnalternativen für ein selbstbestimmtes Leben erarbeiten, die Rechte-Perspektive und Mitbestimmungsmöglichkeiten zur Schaffung und Sicherung autonomer Lebensräume kennen lernen ... Bereits diese knappen Hinweise zeigen: Sämtliche Inhalte unterliegen stets konkurrierenden Ansprüchen einflussreicher Mächte (Einrichtungsbetreiber; Wohlfahrtsverbände; Staat; Kirche; Fachdisziplin; Wissenschaft), denen nicht fraglos entsprochen werden darf, sondern die nur in differenzierter Form übernommen werden können, sofern sie zur Freisetzung von Fähigkeiten und Möglichkeiten für mehr Entscheidungs- und Handlungsautonomie beitragen.

Nun könnte uns spätestens an dieser Stelle der Vorwurf einer Indoktrination durch eine „normative Erwachsenenbildung" gemacht werden, da stets von verbindlichen (kritischen) Zielvorgaben die Rede sei. Dieser Vorwurf lässt sich mit Blick auf unsere wissenschaftliche Position (Kapitel 2) leicht zu-

rückweisen. Zunächst einmal ist mit dem hier formulierten Bildungsbegriff ein Interesse verbunden (Emanzipation), das anthropologisch durch das originäre Streben eines jeden Menschen nach Verfügung über die eigenen Lebensumstände und einer sinnerfüllten Daseinsgestaltung begründbar ist. Damit wird die Verwirklichung der im Menschen angelegten Möglichkeiten zur leitenden Maxime erkoren und es werden gerade keine Interessen oder Ansprüche gesellschaftlich einflussreicher Mächte zu verbindlichen Lernzielen deklariert. Der Dogmatismus normativer Konzepte dagegen ist gerade daran erkennbar, dass hier das Subjekt mit seinen Möglichkeiten meistens ignoriert wird. Normative Bildungskonzepte beinhalten deshalb häufig klare Handlungsanweisungen, die von der obersten Sinn-Norm abgeleitet wurden. Diese jedoch bleiben in der Praxis nicht nur häufig wirkungslos (Blankertz 1986, 20ff.); aus der Arbeit mit geistig behinderten Menschen wissen wir, dass zum Beispiel Lerntherapien oder heilpädagogische Übungsbehandlungen, deren Ziel es ist „unauffällig soziale Anpassung" (Levinson & Sagi) zu befördern, in der Regel den subjektiven Interessen und originären Bedürfnissen entgegenstehen, weswegen solche, häufig als Spiel getarnte heilpädagogische Maßnahmen an der Zielgruppe scheitern. Auf der anderen Seite gibt es normative Bildungskonzepte, deren oberste Sinn-Normen und handlungsorientierende Leitprinzipien derart vage, unspezifisch und hochtrabend sind, dass sie kaum eine didaktische Reflexion zulassen und sich einer Qualitätssicherung weitgehend entziehen. Dies ist zum Beispiel das Dilemma der musischen Bildung oder anthroposophischen Heilpädagogik, deren Dogmen der Parteinahme für das Eigenrecht, für die Autonomie behinderter Menschen entgegen stehen. Auch diese Ansätze brechen nicht mit auf Herrschaft, Kontrolle und Fremdbestimmung tendierenden Ansprüchen und tragen damit zur Besonderung, Aussonderung und Isolation behinderter Menschen bei.
Emanzipation als kritische und handlungsorientierende Zielkategorie impliziert und befördert dagegen ein Umdenken in der Behindertenarbeit: In erster Linie ist nicht der Adressat behindert, sondern vielmehr behindert die Gesellschaft den Prozess seiner Persönlichkeitsentwicklung und sein Recht, ein selbstbestimmtes (normales) Leben zu führen. In dieser Hinsicht fällt der Erwachsenenbildung für geistig behinderte Menschen die Aufgabe zu, für diese Zielsetzung einzutreten und bei der Auswahl und Aufbereitung von Inhalten das Recht auf Selbstsein und Autonomie als Basisnorm zu verankern. Erwachsenenbildung für geistig behinderte Menschen ist damit kein Vollzugsorgan der Instanzen sozialer Kontrolle oder gesellschaftlicher Mächte (Heim, Verbände, Kostenträger), sondern Anwalt von Personen in marginalisierter Position. Das schließt nicht aus, dass in die Ziel-Inhalt-Verknüpfung gewisse

Ansprüche der Gesellschaft einfließen, da ein menschliches Zusammenleben stets Anpassungsleistungen und soziale Verpflichtungen eines jeden erfordert. Die Dialektik von Anpassung des Menschen an die Gesellschaft und Anpassung der Gesellschaft an die Bedürfnisse des einzelnen ist somit alles andere als aufgehoben. Deshalb nennt Klafki die Selbstbestimmungsfähigkeit stets in Verbindung mit der Mitbestimmungs- und Solidaritätsfähigkeit; und deshalb nimmt die Befähigung zum sozialen Handeln, welches spezifische Tugenden wie Hilfsbereitschaft, Anteilnahme, Rücksichtnahme, Zuhören können usw. einschließt, im Empowerment-Konzept der Erwachsenenbildung breiten Raum ein.

Daneben sind allerdings weitere Fähigkeiten, die sog. Basisfertigkeiten nützlich, ja konstitutiv für „selbstbestimmte Anpassungsleistungen". Der Grad der Handlungsautonomie wächst mit der Aneignung von lebenspraktischen Kompetenzen. Dies führt zu einer vierten Lernzielebene, auf der wir instrumentelle Lernziele ansiedeln möchten. Im Wesentlichen geht es hier um das Erlernen von Techniken, die emanzipatorisches Handeln befördern können. Beinhaltet die dritte Lernzielebene die sog. Schlüsselprobleme, so rücken nun Lernbereiche in den Vordergrund, die fachspezifischeren Charakter haben und nicht mit der allgemeinen (kritischen) Zielsetzung (Lernzielebene zwei) verschränkt sein müssen. Wir denken hier zum Beispiel an das Erlernen von Kulturtechniken, Verkehrserziehung, bildnerisches Gestalten, Werken, Sportaktivitäten, Selbstversorgung, Umgang mit Geld, Sicherheitsverhalten (safety skills) usw. Zum Beispiel beim Thema „Kochen" geht es um das Erlernen instrumenteller Fertigkeiten, während auf der dritten Ebene die Urteils- oder Kritikfähigkeit etwa in Bezug auf Dosenkost und frischer Nahrung, gesunde oder weniger gesunde Gerichte, Sonderangebote, Fast-food-Restaurants sowie die Auszahlung von und der (selbst)verwaltete Umgang mit Essensgeldern im Mittelpunkt steht. Bei ein und demselben Thema sollten die verschiedenen Lernzielebenen miteinander verschränkt und gemeinsam im Niveau gesteigert werden. Damit kann zugleich sichergestellt werden, dass die Inhalte nicht losgelöst vom kritisch-emanzipatorischen Anliegen angeeignet werden.

Die verschiedenen Lernzielebenen unterliegen keiner stringenten Deduktion, sondern sie stehen eher in einem interdependenten Verhältnis zueinander. Dies gilt insbesondere auch für die fünfte Lernzielebene, die wir als „basale" bezeichnen möchten. Sie erstreckt sich auf basale Fähigkeiten, die den instrumentellen vorausgehen und ebenfalls in die Selbstbestimmungsfähigkeit einfließen. Hier findet im Wesentlichen „basales Lernen" statt, das vor allem in der Bildungsarbeit mit geistig schwer behinderten Menschen eine zentrale Rolle spielt. Darüber hinaus ist der „basale Charakter" generell eine wichtige Eigenschaft jeder ästhetischen Bildung (Theunissen 1997a). Schon vor Jahren formulierte H. von Hentig (1970, 93) als Ziel ästhetischer Praxis, „den Menschen von klein auf die Gestaltbarkeit der Welt erfahren zu lassen, ihn anzuhalten, mit der Mächtigkeit der ästhetischen Wirkungen zu experimentieren und die unendliche Variation nicht nur der Ausdrucksmöglichkeiten, sondern gerade auch der Aufnahme- und Genussmöglichkeiten zu erkennen." Ästhetische Bildung versteht sich hier als Entwicklungsaufgabe. Zugleich sichert sie sich aber auch einen Raum für (verlorengegangene) Primärerfahrungen, für sinnerfüllende Eigentätigkeiten, Selbsterfahrung und Selbstbildung. In dieser Hinsicht kann die fünfte Lernzielebene als korrektiv gegenüber den kritisch-emanzipatorischen und pragmatischen Zielsetzungen begriffen werden. Für die Bildungsarbeit mit geistig (schwer) behinderten Menschen ist sie dreifach bedeutsam (Theunissen 1997a, 140f.):

Erstens kommt ihr eine aufbauende-entwicklungsfördernde Funktion zu, indem sie durch Initiierung basal-ästhetischer (Lern-)Prozesse eine generelle Aktivierung des Individuums zum Ziel hat. Dies gilt in erster Linie für geistig behinderte Menschen, die sich auf einem sehr frühen Niveau der menschlichen Entwicklung bewegen, deren Lernbasis in fast allen Entwicklungsbereichen als „extrem reduziert" bezeichnet werden könnte.

Zweitens nimmt die ästhetische Bildung eine therapeutisch-intervenierende Funktion wahr, wenn sie partielle Lernausfälle und Störungen in der Wahrnehmung, Irregularitäten oder Diskrepanzen in der sensorischen oder sensomotorischen Entwicklung durch basal-ästhetische Stimulation aufzuheben oder auszugleichen versucht. Um nicht durch eine Funktionalisierung ästhetischer Mittel die Idee der ästhetischen Bildung zu verfehlen, muss die therapeutische Intervention genügend Raum lassen für ästhetisches Erleben und Erfahrungen augenblickhafter Erfüllung.

Drittens lässt sich eine psychohygienisch-kompensatorische Funktion ausmachen. Sie knüpft unmittelbar an Ausdrucksformen, Visualisierungen, Spiel- oder Gestaltungsprozessen an, die „regressive Tendenzen" aufweisen, d.h. nicht dem tatsächlichen Alter der geistig behinderten Menschen entsprechen, sondern weit in ihre ontogenetische Vergangenheit zurückreichen (Richter 1977). Unbewältigte psychosoziale Probleme oder psychische Krisen können mittels basal-ästhetischer Operationen und Materialien (z.B. Matschen mit Wasser und Sand; Fingermalen) ausgeglichen und aufgearbeitet werden.

Die Gemeinsamkeit dieser drei Möglichkeiten basalen Arbeitens besteht zum einen darin, dass die „Offenheit" ästhetischer Materialien voll genutzt wird. So erlaubt der Umgang mit ästhetischen Materialien unterschiedlichste basale Aktivitäten (z.b. Farben und Papier: malen, spritzen, kleben, reiben, pusten, drücken, verschmieren, zerknüllen, zerreißen, collagieren etc.), ohne dass „zwingende Problemlösungsschritte beachtet werden müssten" (Richter 1984, 84). Derartige Operationen kommen den Lernbedürfnissen, Voraussetzungen und der Problemlage von Menschen mit (schwerer) geistiger Behinderung (und Verhaltensauffälligkeiten) sehr entgegen. Zum anderen wird dem Prinzip der Entwicklungsgemäßheit entsprochen. Das besagt, dass sich die Bildungsarbeit im ästhetischen Bereich am Verlauf und an den Gesetzmäßigkeiten der menschlichen Entwicklung zu orientieren hat (Theunissen 1999a, 143, 247ff.).

Die fünfte Lernzielebene begründet sich somit insbesondere aus den spezifischen Lernmöglichkeiten und Problemlagen geistig behinderter Menschen. Allerdings darf die ästhetische Bildung wie schon eingangs erwähnt nicht zum Selbstzweck gerinnen und so zu einem Verzicht auf den allgemeinen Bildungsauftrag führen; auch sie bedarf deshalb der Verknüpfung mit den anderen Zielen innerhalb eines Gesamtkonzepts.

Abbildung: Modell einer Didaktik für die Erwachsenenbildung geistig behinderter Menschen

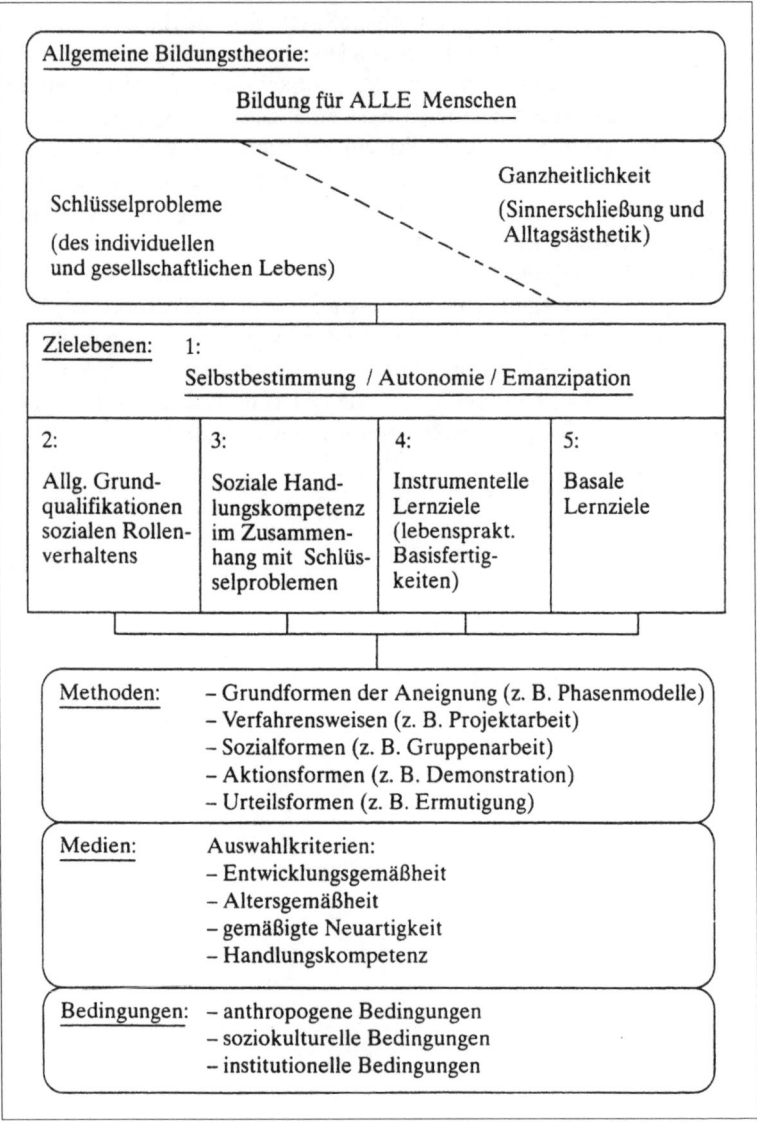

Zu den Methoden

Die Entscheidungen über Methoden müssen prinzipiell aus dem obersten Bildungsziel sowie den inhaltlichen Zielsetzungen begründbar sein, die stets „von, mit der und für die Person" (Theunissen 1999a), d.h. subjektzentiert, kollaborativ und antizipatorisch zu entwickeln sind. Aber nicht nur diese inhaltlichen Zielsetzungen, sondern auch die anthropogenen (individuellen) Voraussetzungen der Lernenden, die sozio-kulturellen Voraussetzungen (Heterogenität der Zielgruppe, soziale Beziehungen, lebensweltliche Bezugssysteme) sowie institutionelle und organisatorische Rahmenbedingungen (Lernort, Raumfrage, Zeit) müssen reflektiert werden, bevor eine Methodenauswahl getroffen werden kann.

Auch bei den Methoden sollten verschiedene Ebenen unterschieden werden. Als erstes wären Grundformen oder Phasen der Aneignung zu nennen. In der Bildungsarbeit mit geistig behinderten Erwachsenen wird gerne auf das Konzept des „handelnden Lernens" nach Galperin (1972) zurückgegriffen. Es unterscheidet fünf Phasen: eine Motivierungsphase, bei der es um Interessenweckung und Motivauswahl geht; eine Orientierungsphase zur Bestimmung des Handlungsziels, der Einschätzung der Situation, der Ermittlung der Merkmale des Lernstoffes sowie der Auswahl und Bereitstellung von Materialien; ihr folgt die Durchführung, die eine Phase der materiellen Handlung (zum Teil mit sprachlicher Begleitung) und eine Phase der materialisierten Handlung (z.B. Erarbeitung eines Modells oder einer Kopie) umfasst; danach kommt die Phase der sprachlichen Darstellung der Handlung ohne Durchführung und schließlich die fünfte Phase des gedanklichen Arbeitens ohne Verbalisierung. Damit ist die Handlung Bestandteil des Denkprozesses geworden. Um sicher zu gehen, dass alle Menschen mit geistiger Behinderung von diesem Prozess geistiger Aneignung profitieren, bietet es sich in der Arbeit mit intensivbehinderten Personen an, Piagets Phasen der sensomotorischen Entwicklung in Galperins Ansatz einzuarbeiten bzw. das sensomotorische Entwicklungsmodell als eine „verfeinerte" Strukturierung von Lernprozessen grundzulegen. Weitere methodische Gestaltungsmomente sind (grobmaschige) Phasenmodelle (wie etwa die Phase der Aufgabenentwicklung oder des Einstiegs, der Erarbeitung oder des Aufbaus, der Stabilisierung oder der Wiederholung, der Anwendung und des Transfer sowie der Differenzierung von Verhalten), das (Lern)Prinzip der „kleinen Schritte", das Prinzip „vom Leichten zum Schweren" oder das der „gemäßigten Neuartigkeit" (Ginsburg & Opper), welches besagt, dass erfolgreiches Lernen stattfinden kann, wenn die Inhalte/Angebote/Materi-

alien weder über- noch unterfordern sowie in die Zone der nächst höheren Entwicklung führen.
Eine zweite Ebene bilden die sog. Verfahrensweisen. Hier hat die Projektarbeit eine herausragende Bedeutung (hierzu Kapitel 3). Sie ermöglicht ein gemeinsames und zugleich individualisiertes (entwicklungsgemäßes) Lernen (innere Differenzierung) an einem gemeinsamen Gegenstand, lässt allseitiges Lernen zu, fördert Eigenentscheidungen und selbstbestimmtes, kooperatives und solidarisches Handeln, spricht die Ressourcen und Kompetenzen an und trägt zu ihrer Steigerung bei. Sie bietet Anreize und positive, ich-aufbauende und -stabilisierende Erfahrungen für jeden Kursteilnehmer, ermöglicht die Ausbildung neuer Fähigkeiten und vermeidet Ausgrenzung, Isolation und eine defizitorientierte Praxis. Sämtliche Lernzielebenen lassen sich in der Projektarbeit hervorragend integrieren. Neben diesem komplexen Angebot gibt es freilich auch eng umschriebene Arbeitsformen oder sachimmanente Verfahren, die einer bestimmten (oft festgelegten) methodischen Strukturierung oder Vorgehensweise bedürfen (Musik-Malen, druckgrafische Verfahren, Plastisches Gestalten, Selbstbehauptungstraining, Basale Kommunikation, Integrative Körpertherapie ...).
Die dritte Ebene betrifft die sog. Sozialformen, zum Beispiel Gruppen-, Partner- oder Einzelarbeit. Außerdem zählen hierzu das pädagogische Verhältnis, die Häufigkeit der Interaktionen zwischen Erwachsenenbildner und Kursteilnehmer, Fragen nach der Kooperation, Art und Intensität assistierender Hilfestellungen (z.B. Vormachen, gemeinsames Tun).
Auf der vierten Ebene werden von Schulz (1972) Aktionsformen genannt, etwa das Gespräch, motivationsstiftende oder anregende Fragen, Vortrag oder Demonstration. Der Erwachsenenbildner kann aber auch indirekt agieren und auf den Bildungsprozess Einfluss nehmen, so zum Beispiel durch Gewähren- oder Probierenlassen, durch gemeinsames Beraten, durch Experimente oder über Arbeitsanweisungen oder reformierte Materialien.
Schließlich gibt es fünftens noch sog. Urteilsformen, die in Abgrenzung zu den Sozial- und Aktionsformen Einstellungsmuster und Bewertungsmaßstäbe betreffen (soziale Verstärkung, Zustimmung). Die sog. Nutzerkontrolle ließe sich hierunter subsumieren.
Die methodische Strukturierung der Erwachsenenbildung verlangt die kritische Reflexion aller fünf Ebenen, zwischen denen wechselseitige Abhängigkeiten bestehen. Denn es muss sicher gestellt sein, dass die ausgewählten Methoden Empowermentprozesse befördern können. Dies ist zum Beispiel im Falle von heilpädagogischen Übungsprogrammen, die eine dominierende Haltung des Pädagogen vorsehen und sich durch Verhaltensweisen wie

Belehren, Befehlen, Programmieren oder Anweisen auszeichnen, die sich „vornehmlich bei Erwachsenen ... als unzweckmäßig" erwiesen haben (Bach 1987, 29), kaum zu erwarten.

Anders ist dagegen die Themenzentrierte Interaktion (Cohn 1975) einzuschätzen, eine Lehr- und Lern-Methode für ein „lebendiges Lernen" in Gruppen, die vor dem Hintergrund des Menschenbildes der humanistischen Psychologie (Rogers), Stofflernen und Persönlichkeitsentwicklung miteinander zu verbinden verspricht und zur Förderung von Empowermentprozessen durch Erwachsenenbildung als besonders geeignet erscheint. Daher lohnt sich an dieser Stelle ein kurzer Blick auf die Grundzüge dieses Ansatzes. Themenzentrierte Interaktion bedeutet, dass sich mehrere Personen um ein Thema, ein Anliegen, eine Sache herum (themen-zentriert) „treffen" und dass dabei zwischen ihnen Interaktion (Beziehung und Austausch) geschieht (Klein 1992, 87). Zum theoretischen Rahmen dieses Konzeptes gehören drei Axiome (Grundsätze) und zwei Postulate (Forderungen), die dem Empowerment-Konzept entgegen kommen und für die Erwachsenenbildung mit geistig behinderten Menschen grundlegend sind. Cohn (1975, 120) unterscheidet ein anthropologisches,[13] ethisches[14] und pragmatisch-politisches[15] Axiom, aus dem jeweils Forderungen (Postulate) an den Einzelnen und an die ganze Gruppe abgeleitet werden (ebd. 1975, 120f.):
Sei deine eigene Chairperson, d.h. „Sei dir deiner inneren Gegebenheiten und deiner Umwelt bewusst" und „Nimm jede Situation als Angebot für deine Entscheidung. Nimm und gib wie du es verantwortlich für dich selbst und andere willst."
„Beachte Hindernisse auf deinem Weg, deine eigenen und die von anderen. Störungen haben Vorrang (ohne ihre Lösung wird Wachstum erschwert oder verhindert)."
Themenzentrierte Interaktion setzt also darauf, dass der Mensch seinem Wesen nach sowohl autonom (einzigartig; selbstbestimmend) als auch interdependent (ökosozial verbunden) ist. Dementsprechend gelte es auf

---

[13] „Der Mensch ist eine psycho-biologische Einheit. Er ist auch Teil des Universums. Er ist darum autonom und interdependent. Autonomie (Eigenständigkeit) wächst mit dem Bewusstsein der Interdependenz (Allverbundenheit)."
[14] „Ehrfurcht gebührt allem Lebendigen und seinem Wachstum. Respekt vor dem Wachstum. Respekt vor dem Wachstum bedingt bewertende Entscheidungen. Das Humane ist wertvoll; Inhumanes ist wertbedrohend."
[15] „Freie Entscheidung geschieht innerhalb bedingender innerer und äußerer Grenzen. Erweiterung dieser Grenzen ist möglich ... Bewusstsein unserer universellen Interdependenz ist die Grundlage humaner Verantwortung."

handlungspraktischer Ebene vier gleichwertige Faktoren zu berücksichtigen und stets in einem dynamischen Gleichgewicht auszubalancieren: das „Ich" („jede Einzelperson mit ihren leib-seelischen Bedürfnissen, ihrer Art und Weise, die Welt wahrzunehmen und zu interpretieren, ihren Motivationen, Möglichkeiten und Begrenzungen" (Trost 1998, 65)), das „Wir" (die Beziehung untereinander), das „Es" (das Sachanliegen, die Aufgabe, der Arbeitsgegenstand) und den „Globe" (den Kontext, die Umwelt, die Einflussfaktoren). Wie wir uns eine entsprechende Bildungsarbeit vorzustellen haben, soll am Thema „Wie können wir selbstbestimmt wohnen?" angedeutet werden. Zu den Sachanliegen (Es) gehören zum Beispiel das Verständnis von Wohnen und Selbstbestimmung, das Kennen lernen verschiedener Wohnformen, Selbstbestimmung versus Selbstständigkeit, Reflexion von Wohngruppenkonzepten, Assistenzmöglichkeiten. Ich-Aspekte (bezogen auf jedes einzelne Gruppenmitglied) könnten sein: wie wohne ich jetzt, wie möchte ich wohnen, was bedeutet Wohnen und was Selbstbestimmung für mich, meine Erfahrungen mit Selbstbestimmung sowie meine persönlichen Wünsche und Bedürfnisse in der Gruppe (z.B. Anerkennung erfahren, mich durchsetzen, Freunde finden). Wir-Faktoren lassen sich beispielsweise durch folgende Fragestellungen ausmachen: Wie gehen die Gruppenmitglieder miteinander um, wie sind die sozialen Beziehungen untereinander, wie reden sie miteinander, wie hören sie einander zu, wer und was ärgert mich, wie wird mit Konflikten umgegangen. Darüber hinaus gilt es den sog. Globe zu beachten, d.h. unter welchen Bedingungen findet die Veranstaltung statt (räumliche und zeitliche Aspekte, sozialer und ökonomischer Kontext). Dies bedeutet zwar nicht, dass all die hier aufgeschlüsselten Aspekte thematisiert werden müssen, dennoch ist es wichtig darum zu wissen, um ihnen gegebenenfalls zum geeigneten Zeitpunkt Raum zu geben (vgl. dazu auch Klein 1992, 98ff.). Dafür sind sowohl der Kursleiter als auch die anderen Gruppenmitglieder (mit-)verantwortlich.

Neben der sachlichen Auseinandersetzung mit einem Thema geht es auch um persönliche (eigene Gefühle, Gedanken, Erfahrungen und Erlebnisse) und zwischenmenschliche Aspekte (Gruppenprozess). Dadurch erfahren die Gruppenmitglieder, dass sie als „ganze Person" mit ihren Erfahrungen, Gedanken und Gefühlen gemeint sind, ernst genommen und wertgeschätzt werden, wodurch ihr Selbstbewusstsein und Vertrauen in die eigenen Ressourcen wächst. Darüber hinaus entwickelt sich ein Verständnis für soziale Prozesse und effektives Arbeiten miteinander. „Personen, die sich ihrer selbst gewiss sind, die in geklärten Beziehungen zu ihren Partnern stehen und die ihr eigenes Interesse und Anliegen an einer Sache entdeckt haben, arbeiten gezielter, ausdauernder und kreativer, weil ihre Kräfte und Energien frei sind" (Klein 1992, 101f.). Die Themenzentrierte Interaktion erweist sich somit als ein erwachsenengemäßes didaktisches Konzept, das sich vor allem durch die Gleichgestelltheit der Teilnehmer, durch die Formen partnerschaftlicher Zusammenarbeit, durch die Gleichrangigkeit von Gedanken und Gefühlen (Ganzheitlichkeit) sowie durch die Beachtung der Umfeldbedingungen und von Störungen für das Anstiften, Erleben und Erfahren von Empowermentprozessen eignet. So dürfte sie auch für die Arbeit von Interessenvertretungen in WfB oder Heimbeiräten sowie Selbsthilfe-, Selbstbestimmungs- und Selbstvertretungsgruppen (Göbel 1997) geeignet sein, die von geistig behinderten Menschen selbst oder unter Einbezug von Assistenten/Unterstützern organisiert und durchgeführt werden.

Zu den Arbeitsmitteln

Ein Entscheidungsfeld, das von der methodischen Gestaltung nicht losgelöst betrachtet werden kann, sind die Bildungsmittel (Medien, Materialien). Ihre Auswahl richtet sich nach den gleichen Faktoren wie bei der Methodik, besonders herauszuheben sind jedoch die anthropogenen Voraussetzungen, die im Falle der Erwachsenenbildung für geistig behinderte Menschen einer tiefgreifenden Reflexion bedürfen. Denn hierbei steht der Erwachsenenbildner vor der Frage, ob die Medien- und Materialauswahl sich eher nach dem tatsächlichen Alter (Prinzip der Erwachsenengemäßheit) oder nach der aktuellen Handlungskompetenz (Prinzip der Entwicklungsgemäßheit) der geistig behinderten Menschen richten sollte. Gilt das Primat des entwicklungsgemäßen (basalen) Lernens, ist die Gefahr einer infantilisierenden Bildungsarbeit nicht von der Hand zu weisen (z.B. beim Einsatz von Kleinkinderspielzeug, Bauklötzen, Kinderbilderbücher, heilpädagogischer Rhythmik-, Montessori- oder Fröbelmaterialien). Andererseits kann ein alters- bzw. erwachsenengemäßes Angebot (Stadtplan, Sachbuch, sog. gute Literatur oder schöne Kunst, Gebrauchsanweisung, Kinofilm, Theaterstück) zu Unverständnis führen, überfordern und Lern- und Entwicklungsprozesse hemmen. Die pädagogische Kunst besteht darin, Medien oder Materialien einzusetzen, die beide Anforderungen erfüllen, zum Beispiel ästhetische Mittel zum Werken, bildnerischen oder plastischen Gestalten, Naturmaterialien zur ästhetischen Verarbeitung, Medien wie Fernsehen, Video, Kassettenrecorder, CD-Player, Radio, Foto oder auch selbst hergestellte Lehr- oder Lernmittel (Arbeitsblätter, Vorlagen, Modelle).

Kapitel 4: Konsequenzen für die Erwachsenenbildung und Freizeit

Zu den Bedingungen

Zwei weitere Momente, die eine Didaktik der Erwachsenenbildung für geistig behinderte Menschen berücksichtigen muss, sind die schon mehrfach genannten anthropogenen (personenbezogenen), soziokulturellen und institutionellen Bedingungen. Aus Platzgründen kann hier keine ausführliche Auseinandersetzung stattfinden, es können nur stichwortartige Hinweise gegeben werden: Um die Kursteilnehmer zu verstehen, muss im Einzellfalle neben einer Interessenermittlung, Verhaltens- und Entwicklungsanalyse eine Biographie- und Sozialisationsforschung (Reflexion der Lebenswelt) betrieben werden. Die Reflexion der gesellschaftlichen Ansprüche und Analyse der institutionellen und organisatorischen Voraussetzungen ist wichtig, um den Veränderungsbedarf zu ermitteln und um zu einer realistischen Einschätzung der Möglichkeiten einer Erwachsenenbildung für geistig behinderte Menschen zu gelangen (vgl. auch Linden & Schwarte 1985). Diese Momente führen uns zu den Handlungsebenen der Erwachsenenbildung.

Zu den Handlungsebenen

Es entspricht einer am Empowerment-Konzept orientierten Erwachsenenbildung, die „Dialektik von Selbstbestimmung und Anpassung" (Jakobs 1997, 7) zu berücksichtigen. Damit zielt sie auf die „Befähigung zur Befreiung von Abhängigkeiten, genauer: von asymmetrischen und von restriktiven Abhängigkeiten, von Abhängigkeiten also, die nicht wechselseitig und der Tendenz nach gleichberechtigt sind, sondern zu sozialen Ungleichheiten führen, den Betroffenen die Teilhabe an zentralen Lebensbereichen erschweren oder verunmöglichen und sie tendenziell fremd bestimmen, von ihrer Biographie entfremden und sozial isolieren" (Rohrmann & Rosenkötter 1996, 106). Zugleich muss sie aber auch die Einbindung des Einzelnen in soziale Zusammenhänge berücksichtigen und zur kollektiven und demokratischen Partizipation befähigen.

Als handlungsbezogene Orientierungshilfe können dafür die vier Ebenen des Empowerment-Konzeptes gesehen werden (vgl. Kapitel 1), die sich gegenseitig durchdringen und voneinander abhängig sind.

Auf der subjektzentrierten Ebene geht es vor allem um die (Wieder-)Entdeckung und (Wieder-)Gewinnung individueller Stärken und Selbstvertrauen sowie um die Zuversicht und Überzeugung, eigene Angelegenheiten selbst (ggf. mit selbstgewählter Unterstützung) regeln zu können. Die freiwillige,

FOLGERUNGEN FÜR DIE DIDAKTIK

eigenverantwortliche Entscheidung für einen Kurs der Erwachsenenbildung oder das Anregen und Einfordern eines Kurses entsprechend den eigenen Interessen kann hierbei als wichtiger Schritt zur bzw. der Selbstermächtigung gesehen werden. Erwachsenenbildner haben derlei Prozesse sowohl im Vorfeld als auch im Rahmen eines Kurses zu unterstützen. Nicht selten müssen sie aber erst dazu anstiften, da viele Betroffene in ihrer Entscheidungsautonomie und sozialen Kommunikation „blockiert" erscheinen. Die Gründe dafür sind in der Regel sozialisationsbedingt.

Neben Lernbedürfnissen sind insbesondere auch psychosoziale Interessen wie zum Beispiel das Zusammentreffen mit anderen, das Bedürfnis nach Annahme und Anerkennung oder das Kennen lernen von anderen Menschen zu berücksichtigen. Daher spielt die gruppenbezogene Ebene eine wichtige Rolle. Sie bietet ein Forum für gegenseitiges Kennen lernen, das Erfahren von Gemeinsamkeiten und Unterschieden, das Knüpfen von Kontakten (die gegebenenfalls auch über die Erwachsenenbildungsveranstaltungen hinaus bestehen), den Austausch von Erfahrungen, Vorstellungen, Wünschen, Lebensplänen etc. Bedeutsam ist in diesem Zusammenhang die gemeinsame Auseinandersetzung mit unterschiedlichen Biographien und Lebenssituationen. Darüber hinaus hat Erwachsenenbildung auf Gruppenebene natürlich auch das Fördern und Unterstützen von kollektiven Empowermentprozessen sowie den Aufbau von Selbstvertretungsgruppen im Blick.

Auf der institutionellen Ebene stehen Planung und Organisation von Erwachsenenbildung im Mittelpunkt (dazu auch Theunissen 1993, 83ff.; Linden & Schwarte 1985, 178ff.), in die die Adressaten soweit wie möglich einbezogen werden sollten. Dies gilt neben der inhaltlichen Gestaltung auch für die (Mit-)Entscheidung bei der Auswahl des Veranstaltungsortes und der Kursleiter. Die Institutionalisierung einer Erwachsenenbildung für geistig behinderte Menschen ist aber keineswegs nur Sache der Professionals. So gibt es in einigen westlichen Ländern (USA; Kanada; skandinavische Länder) schon seit einigen Jahren auch Initiativen einer selbstorganisierten Bildung durch Self-Advocacy Gruppen, hierzulande stehen wir erst am Anfang einer solchen Entwicklung (vgl. auch Kapitel 1).

Wenngleich eine emanzipatorische Erwachsenenbildung für Menschen mit geistiger Behinderung in erster Linie zielgruppenbezogene Arbeit ist, sollten auch integrative Bildungsangebote organisiert werden (Lindmeier 1998), um gesellschaftliche Integration und Inclusion zu fördern. Dies entspricht unter anderem auch dem Wunsch vieler Betroffener (Theunissen u.a. 2000b).[16] In dem Zusammenhang muss auf das unzureichende Angebot[17] der Allgemeinen Erwachsenenbildung (VHS) für geistig behinderte Menschen aufmerksam gemacht werden, und Professionals und Betroffene sollten sich gemeinsam verstärkt für integrative Angebote und für Bildungsangebote innerhalb der allgemeinen Bildungseinrichtungen einsetzen. Dieser Aspekt führt uns zur sozialpolitischen und gesellschaftlichen Ebene. Betrachtet man Erwachsenenbildung für Menschen mit geistiger Behinderung nicht als originäre Aufgabe von Einrichtungen der Behindertenhilfe, so muss das Recht Betroffener auf Erwachsenenbildung mit Nachdruck öffentlich verdeutlicht und eingefordert werden; denn es ist bislang noch keineswegs selbstverständlich. Dass zeigt sich nicht nur an den geringen Partizipationsmöglichkeiten geistig behinderter Menschen an der Allgemeinen Erwachsenenbildung, sondern auch an den weithin unzureichenden Finanzierungsmöglichkeiten wie auch an uneinheitlichen, nicht selten restriktiven Regelungen bezüglich des Rechts auf Bildungsurlaub in Werkstätten für Behinderte.

Erwachsene mit geistiger Behinderung für das Einklagen ihrer Rechte stark zu machen, sie dabei zu unterstützen, Zusammenschlüsse (z.b. Selbsthilfe- oder Selbstvertretungsgruppen) anzuregen und für eine effektive Lobbyarbeit zu befähigen, kann somit auch als politische Aufgabe von Erwachsenenbildung betrachtet werden. Demnach ist es ihr auf sozialpolitischer Ebene um die Gewinnung eines kritischen (Kontroll-)Bewusstseins der eigenen sozialen und politischen Situation wie auch um „policy-making" zu tun. Die sich in den USA bewährten sog. Empowerment-Curricula der Self-Advocacy Gruppen (Miller & Keys 1996) haben hier ihren Platz.

Erwachsenenbildung für Menschen mit geistiger Behinderung stellt sich damit aus der Empowerment-Perspektive als ein umfangreiches Unternehmen dar, das neben den Betroffenen auch das soziale Umfeld im Blick haben muss. Ein solches Programm lässt sich nur dann realisieren, wenn Bezugspersonen (Eltern) und in der Erwachsenenbildung Tätige (Kursleiter) den Grundideen des Empowerment aufgeschlossen gegenüberstehen und

---

[16] Solche integrativen Kurse können allerdings nur dann als tragfähig betrachtet werden, wenn Betroffene im Zusammensein mit nichtbehinderten Menschen ein „Gefühl der Zugehörigkeit" entwickeln und Wertschätzung erfahren können. Darauf legen Betroffene größten Wert, wenn sie zu ihren Meinungen über Integration oder Inclusion befragt werden (Mactavish, Mahon & Lutfiyya 2000, 216).

[17] So lässt sich unserer Untersuchung entnehmen, dass 1998 nur ca. 50 VHS-Kurse für geistig behinderte und nichtbehinderte Menschen in der Bundesrepublik existierten; dies entspricht einem Anteil von 7,7% an der Gesamtzahl der VHS-Kurse für Personen mit geistiger Behinderung (Hoffmann, Kulig & Theunissen 2000).

das Recht auf Selbstbestimmung geistig behinderter Menschen weithin im Sinne der Empowerment-Philosophie unterstützen. Daher müssen auch Möglichkeiten der Erwachsenenbildung für Bezugspersonen erschlossen und Gelegenheiten offeriert werden, in denen sie sich in möglichst angstfreier Atmosphäre mit Themen wie Selbstbestimmung und Selbstvertretung geistig behinderter Menschen wie aber auch mit ihrem Verständnis von Behinderung und ihrer eigenen Rolle im System der Behindertenhilfe auseinander setzen und so zu einem wichtigen Kooperationspartner geistig behinderter Menschen werden können. Solche Angebote sollten nicht nur separat, sondern auch als gemeinsame Unternehmungen, zum Beispiel als ein Bildungskurs für Betroffene, Eltern und Mitarbeiter, organisiert werden. Über ein solches mit Erfolg und breiter Zustimmung durchgeführtes Programm berichtet Zirpoli (1993; siehe auch Kapitel 6 „Partners in Policymaking"). Ferner sollte das von der Lebenshilfe Salzburg konzipierte sexualpädagogische Begleitprogramm „Special LoveTalks" als Bildungsangebot für Eltern, behinderte Menschen und Mitarbeiter nicht unerwähnt bleiben (Plaute 1998; Plaute u.a. 1999).

Zusammenfassend ist festzuhalten, dass eine auf Empowerment abzielende Erwachsenenbildung ein sehr anspruchsvolles Unternehmen ist, das sich als kritisches, geplantes und zeitlich begrenztes Angebot von einer bloßen heilpädagogischen Erwachsenenarbeit (Förderung) oder Freizeitgestaltung erheblich unterscheidet. Die Anforderungen an die Erwachsenenbildner (Pädagogen) sind hoch, denn aus einer gut begründeten Theorie folgt nicht zwangsläufig eine qualifizierte Praxis. Kein „neues Bildungskonzept" kann besser sein als die Konstrukteure oder Anbieter selbst. So kommt es letztlich auf die Erwachsenenbildner an, welche die Idee des Empowerment in der Bildungsarbeit mit Leben füllen müssen. Nicht das Konzept allein, sondern auch die persönliche Kompetenz nimmt Einfluss auf die Autonomieentwicklung behinderter Menschen.

Im Folgenden sollen nun die theoretischen Überlegungen durch das Aufzeigen von praktischen Möglichkeiten ergänzt werden.

BEISPIELE AUS DER PRAXIS

Das erste Beispiel stammt aus der Kunstschule von Lange-Krijtenburg (1991). Dort werden unter anderem Kurse für geistig schwer- und mehrfachbehinderte Erwachsene und ihren Eltern durchgeführt, bei denen neben sozialen Prozessen (gemeinsames Tun und Erleben) in erster Linie sinnliche, spielerische und lustbetonte Materialerfahrungen im Mittelpunkt stehen, um Sinne zu sensibilisieren und motorische Verkrampfungen zu lösen. Hatten die Betroffenen zu Beginn der Kurse noch Schwierigkeiten, selbst Ideen zu entwickeln, so lernten sie auf Dauer Farben und Material selbst auszuwählen und einfache Techniken (z.b. Spurenziehen in nasser Farbe mit einem Kamm, Malen mit dicken Pinseln und kleinen Schwämmchen; Handabdrucke; Klecksographie; Blasen, Tropfen ... von Farbe) anzuwenden. „Die Freude am Experimentieren mit Farbe, Wasser, beim Strukturieren ohne Leistungs- und Konkurrenzdruck bedeutete auch für die Eltern eine neue Erfahrung. Es entstanden beispielsweise abstrakte Malereien und Objekte, deren Sinn ... vor allem im Erlebnis des Schaffens lag" (25). Ähnliche Erfahrungen wurden auch beim plastischen Gestalten gemacht. Dieses Beispiel zeigt, dass auf dem Hintergrund eines „basalen Lernens" auch geistig schwer behinderte Erwachsene befähigt werden können und in der Lage sind, Mitteilungen zu machen, Entscheidungen zu treffen, auszuwählen und einfache Formen einer Selbst- und Mitbestimmung zu zeigen.

Bei einem zweiten Beispiel geht es um „Soziales Lernen", zum Beispiel um das Erlernen demokratischer Kommunikations- und Interaktionsformen, so dass Mitverantwortung, Mitwirkungs- und Mitbestimmungsmöglichkeiten besser wahrgenommen werden können. Über eine entsprechende Fortbildungsmaßnahme berichtet Kief (1994). Die erste Einheit dieses Projektes stand ganz im Zeichen des Kennenlernens (über ästhetische Aktivitäten). In der zweiten Einheit wurde „mit einem Rollenspiel begonnen, das Möglichkeiten der Durchsetzung von Wünschen aufzeigen sollte. Um einen Sitzplatz sollten jeweils zwei Leute streiten oder diskutieren. Von körperlicher Gewalt über die Mitleidsmasche bis hin zu überzeugenden Argumenten reichte die Palette der möglichen Strategien" (ebd. 22). Die dritte Phase galt dem Thema der Selbsterfahrung und Fremdwahrnehmung, der Sensibilisierung für Probleme anderer. Danach folgte in einem vierten Abschnitt das Erlernen „demokratischer Kommunikation". Die Teilnehmer hatten hierzu die Aufgabe, sich auf eine Deutung zu einer Klecksographie zu einigen. „Es zeigte sich, wie Argumente hilfreich eingesetzt werden können, aber auch, welche anderen Faktoren den Entscheidungsprozess beeinflussen (Macht, Position, Sturheit bzw. Beharrlichkeit) ... Da es wegen der Mehrdeutigkeit des Kleckses keine richtige Lösung gab, blieb am Ende nur die Abstimmung und damit der Mehrheitsentscheid. Hierbei war zu lernen, dass die Minderheit den Entschluss mittragen muss, und dass nur selten einhellige Zustimmung zu einem Vorschlag zu erwarten ist" (23). In der letzten Einheit wurde die Alltagsarbeit von Heimbeirat und Beschäftigtenvertretung thematisiert.

Insgesamt betrachtet gehen derartige Projekte wie aber auch Selbsterfahrungsgruppen (Badelt 1984) in die richtige Richtung. Die Themen, die bearbeitet werden können, erstrecken sich auf eine weite Bandbreite: von Selbst- und Fremdwahrnehmung, der Auseinandersetzung mit der eigenen Behinderung über Abbau von Ängsten oder Unsicherheiten, Selbstbehauptung, Formen des Auftretens, Ausdruck eigener Meinungen, Situation in der Öffentlichkeit, Sexualität und Partnerschaft bis hin zur Organisation der persönlichen Assistenz oder zum Aufbau einer Selbstvertretungsgruppe oder eines „eigenen" Interessenvereins. Hierüber berichtet Kok (1994). Im Folgenden haben wir aus seiner „Darstellung des Interessenvereins ‚untereinander stark'" zitiert (69ff.):

„Wir wollen mit diesem Papier deutlich machen, was wir mit diesem Verein beabsichtigen. Das Wichtigste, an dem wir als Verein arbeiten wollen, ist, selbst mehr Einfluss auf unsere Wohn-, Arbeits- und Freizeitsituation zu bekommen ... Wir wollen nicht mehr, dass nur über unsere Köpfe hinweg beschlossen wird, sondern zusammen mit uns ... Wir vom Vorstand laden darum alle Menschen mit einer geistigen Behinderung ein, wenn sie unsere Ideen sympathisch finden, Mitglied zu werden oder anderswo selbst einen solchen Verein aufzubauen. Wir wollen gerne dabei helfen ..."

1. Die Vorgeschichte
Ein Mitarbeiter der Stiftung für sonderpädagogische Berufsbildung in Rotterdam kam über seinen alten Arbeitgeber „Stiftung Familien ersetzende Heime Schouwen-Duiveland" in Kontakt mit der englischen „People First"-Bewegung in London. Der Vorsitzende dieser Bewegung, Garry Bourlet, begeisterte ihn, dafür auch in den Niederlanden zusammen mit Menschen mit einer geistigen Behinderung etwas Ähnliches aufzubauen ...

2. Einsicht des Vereins
Unser Verein will ein Interessenverein sein, in dem Menschen lernen, für ihre eigenen Interessen selbst einzutreten ... Wir brauchen nicht beschützt zu werden, sondern man soll uns normal begegnen. Damit wollen wir nicht sagen, dass wir in bestimmten Bereichen keine Unterstützung von anderen nötig haben (denken sie an unsere Berater), aber wer hat keine anderen Menschen nötig? ... Als Verein wollen wir im Erreichen dieser Forderungen eine aktive Rolle spielen, statt der Haltung „lassen wir über uns kommen", was andere gut für uns finden. Natürlich müssen wir uns selbst noch in Schulen bilden oder trainieren. Wir haben als Verein den Eindruck, dass Eltern, HelferInnen, Behörden, BeamtInnen, Regierungen noch bessere Arbeit verrichten können, wenn sie uns erst zuhören würden. ...

3. Die Ziele des Vereins

...
einander helfen
lernen, für sich selbst aufzukommen
neue Fähigkeiten lernen
aufkommen für normale Rechte
versuchen, in der Gesellschaft einen Begriff und Respekt für unser Menschsein zu bekommen.

4. Wie wir arbeiten

... (Es finden regelmäßige Mitgliederversammlungen statt, es werden gemeinsame Gespräche über bestimmte Themen geführt, Diskussions- oder Filmabende organisiert, Bildungsaktivitäten angeboten, BeraterInnen konsultiert, Vorträge gehalten, Aktivitäten angeboten, Öffentlichkeitsarbeit betrieben und mit Elternvereinigungen, Arbeits- oder Wohnstätten sowie Ämtern zusammen gearbeitet, die Autoren).

5. Die Organisation

... (Es wurde die Vereinsform gewählt, damit jeder mitbestimmen kann, die Autoren) ... Der Vorstand des Vereins kann „coaches" und Berater ernennen/ wählen ... BeraterInnen können Hilfestellungen im allgemeinen Sinn an den ganzen Vorstand oder Verein geben. Zusätzlich fragen wir natürlich auch andere Gruppen und Gruppierungen um Rat. Es muss aber gesagt werden, dass wir selbst beschließen, ob wir diesen Ratschlägen folgen oder nicht ...

6. Zum Schluss

Wir hoffen als Vorstand, dass wir mit dieser Aufzeichnung verdeutlichen konnten, wie unsere Gedanken, Ziele und Arbeitsweisen aussehen. Hoffentlich kann unser Verein dazu beitragen, dass Menschen mit einer geistigen Behinderung selbst mehr Initiative ergreifen, um für ihre eigenen Interessen einzustehen und sie durchzusetzen. Wir sind in erster Linie ‚normale Menschen' und hoffen, dies in verschiedenen Situationen stärker im Alltag zu erleben."

Freizeit im Lichte von Empowerment

Einleitende Bemerkungen

Eng verknüpft mit der Erwachsenenbildung ist der Lebensbereich der Freizeit. Nicht selten wird zwischen beiden Bereichen kaum differenziert, was aber leicht zur Entwertung des einen oder anderen Angebots führen und auch Missverständnisse befördern kann. Denn die Erwachsenenbildung priorisiert Lern- und Handlungsziele in einem zeitlich begrenzten, didaktisch-methodisch aufbereiteten Setting, während der Freizeitbereich sich primär den Gesetzen der Spontaneität, Freiheit, Zufälligkeit, Offenheit und auch des Unorganisierten verschrieben hat. Zudem scheint er prädestiniert zu sein für Selbstbestimmung und Empowerment – wird Freizeit doch meist als die Zeit verstanden, die im Gegensatz zu (bzw. nach) einer weitgehend fremdbestimmten beruflichen Arbeitszeit, zur freien, selbstbestimmten Gestaltung zur Verfügung steht (Feierabend, Wochenende, Urlaub).

Dieses Verständnis von Arbeit und Freizeit reicht jedoch für eine differenzierte, die gesellschaftlichen Bedingungen und die Situation geistig behinderter Menschen berücksichtigende Betrachtungsweise nicht aus.

Freizeit als „Restzeit", als nach der Arbeit übrig gebliebene Zeit zu betrachten, die im Wesentlichen der Erholung von beruflicher Arbeit, der Reproduktion der Arbeitskraft gilt, schließt nämlich Menschen, die keiner Erwerbsarbeit nachgehen (können), so zum Beispiel viele Personen mit schwerster geistiger und mehrfacher Behinderung wie aber auch ältere Menschen, aus. Diesem „negativen Freizeitbegriff" – Freizeit als Freiheit von beruflicher Arbeit – stellt Opaschowski (1996, 85ff.) einen „positiven Freizeitbegriff" gegenüber, der Freizeit nicht mehr in Abhängigkeit zur Arbeit definiert, sondern als „‚freie Zeit', die durch freie Wahlmöglichkeiten, bewusste Eigenentscheidung und soziales Handeln charakterisiert ist" (ebd., 85.). Dieses „positive" Verständnis von Freizeit gilt für alle Bevölkerungsgruppen (ebd., 86) und somit auch für alle Menschen, die als geistig behindert bezeichnet werden. Statt der Begriffspolarität „Arbeit und Freizeit" bevorzugt Opaschowski den Einheitsbegriff der „Lebenszeit, die durch mehr oder minder große Dispositionsfreiheit und Entscheidungskompetenz charakterisiert ist. Je nach vorhandenem Grad an freier Verfügbarkeit über Zeit und entsprechender Wahl-, Entscheidungs- und Handlungsfreiheit lässt sich die gesamte Lebenszeit als Einheit von drei Zeitabschnitten kennzeichnen" (86). Dabei handelt es sich erstens um die frei verfügbare, selbstbestimmbare Dispositionszeit, die sog. „freie Zeit", deren Hauptkennzeichen die Selbstbestimmung ist, zweitens um die Obligationszeit, die sog. „gebundene Zeit", die gekennzeichnet ist durch Zweckbestimmung (d.h. das Individuum fühlt sich subjektiv zu einer Tätigkeit verpflichtet oder ist „objektiv aus beruflichen, familiären, sozialen, gesellschaftlichen u.a. Gründen an die Tätigkeit gebunden" [86], wenngleich es auch bezüglich der Art [Methode, Technik und Zeit] [mit-]bestimmen kann) und drittens um die festgelegte, abhängige Determinationszeit, die sog. „abhängige Zeit", die durch Fremdbestimmung gekennzeichnet ist.

Versucht man Tätigkeiten diesen Zeitabschnitten zuzuordnen, ist nicht nur die Frage „was einer tut, sondern warum und wie er es tut, aus welchen Beweggründen, mit welcher Zielsetzung und inneren Anteilnahme" (87) von zentraler Bedeutung. So kann eine Freizeitaktivität durchaus auch Zwangscharakter besitzen, wenn der Einzelne sich zum Ausüben derselben genötigt sieht (z.B. Fernsehen müssen, weil beengte Wohnverhältnisse ein Ausweichen nicht ermöglichen; verpflichtende Teilnahme an Freizeitaktivitäten einer Wohngruppe); und der Lebensbereich der Arbeit oder Erwachsenenbildung kann sehr wohl auch Aspekte von Selbstbestimmung aufweisen und Selbstverwirklichung bedeuten. Insofern kommt es nicht nur darauf an, dass der Mensch freie Zeit zur Selbstverwirklichung zur Verfügung hat, sondern dass er die ihm zur Verfügung stehende freie Zeit auch tatsächlich zu nutzen versteht.[18]

Wofür diese freie Zeit genutzt wird, ist jeweils von eigenen Wünschen und Bedürfnissen abhängig. Opaschowski (1996, 90ff.) unterscheidet acht Freizeitbedürfnisse, die auf alle Menschen zutreffen, jedoch schicht-, alters-, geschlechts- und regionalspezifisch unterschiedlich zur Geltung kommen. Dies sind:

- Rekreation (Bedürfnis nach Erholung, Entspannung, Wohlbefinden, Gesundheit)
- Kompensation (Bedürfnis nach Ausgleich, Zerstreuung, Vergnügen)
- Edukation (Bedürfnis nach Kennen lernen, Weiter- und Umlernen in verschiedenen sachlichen und sozialen Handlungsebenen)
- Kontemplation (Bedürfnis nach Ruhe, Muße, Selbstbesinnung)

---

[18] Opaschowski (1996, 89f.) verwendet dafür in Anlehnung an Dahrendorfs „assertorischen Freiheitsbegriff" den assertorischen Freizeitbegriff, wobei assertorisch die Feststellung der Tatsächlichkeit meint und „,Freie Zeit' eine zeitbezogene bzw. zeitbegrenzte Konkretisierung der Handlungsdimension ‚Freiheit' darstellt."

- Kommunikation (Bedürfnis nach Mitteilung, Kontakt, Geselligkeit)
- Integration (Bedürfnis nach Zusammensein, Gemeinschaftsbezug, Gruppenbildung)
- Partizipation (Bedürfnis nach Beteiligung, Engagement, sozialer Selbstdarstellung)
- Enkulturation (Bedürfnis nach kreativer Entfaltung, produktiver Tätigkeit, Teilnahme am kulturellen Leben).

Während die ersten vier Bedürfnisse stark „individuumorientiert" sind, handelt es sich bei den anderen vorrangig um gesellschaftsorientierte Freizeitbedürfnisse (Markowetz 2000, 12.). Welche Bedürfnisse jeweils im Vordergrund stehen, kann situationsspezifisch variieren und ist von gesellschaftlichen Einflüssen und Lebenswelten (z.B. Werbung, Freizeit- und Tourismusindustrie, Wohn- und Arbeitssituation, Bezugspersonen) abhängig.

Zur Freizeitsituation geistig behinderter Menschen

Betrachten wir die gegenwärtige Freizeitsituation von Menschen mit geistiger Behinderung wird deutlich, dass der Freizeitbereich den Lebensbereichen Arbeit und Wohnen zumeist nachgeordnet ist. Dies zeigt sich beispielsweise daran, dass kein Rechtsanspruch auf finanzielle Unterstützung von Freizeitmaßnahmen als Eingliederungshilfe besteht (im Gegensatz zu Finanzierungsregelungen für Wohnen und Arbeit im BSHG) und dass die berufliche Anerkennung für Mitarbeiter im Freizeitbereich geringer ist (Niehoff 1996). Wenngleich eine breite Wertschätzung und Etablierung des Freizeitbereichs als Vehikel für personale, soziale und gesellschaftliche Integration vielerorts noch aussteht (Theunissen u.a. 2000b), lassen sich aber schon eine Vielzahl von (integrativen) Freizeitprojekten ausmachen sowie eine zunehmende Partizipation geistig behinderter Menschen an kulturellen und sportlichen Freizeitangeboten beobachten, deren Bedeutung nicht hoch genug eingeschätzt werden kann (Markowetz & Cloerkes 2000). Menschen mit geistiger Behinderung, vor allem jene, die in starkem Maße auf Pflege und Unterstützung angewiesen sind, sind bei der Befriedigung ihrer Freizeitbedürfnisse benachteiligt (ausführlich Markowetz 2000, 12ff.). Aufgrund von Traditionen im Anstaltswesen, mangelndem Zutrauen in die Ressourcen geistig behinderter Menschen, distanzierenden und ausgrenzenden Reaktionen der Umwelt sowie einer repressiven Kontrollpädagogik und klinisch organisierten Regelung (Versorgung) des gesamten Alltags wurde ihnen jahrzehntelang eine sinnerfüllte, selbstbestimmte und selbstgestaltete Freizeit verwehrt. So ist es nicht verwunderlich, dass viele – insbesondere (ehemals) institutionalisierte – Menschen mit geistiger Behinderung mit ihrer Freizeit (scheinbar) nichts anfangen können.[19] Das Nichtwahrnehmen von Bedürfnisäußerungen und die noch immer existierende Überzeugung von Mitarbeitern in der Behindertenarbeit wie auch von Angehörigen, dass bestimmte Freizeitbedürfnisse bei geistig behinderten Menschen aufgrund ihrer Behinderung nicht existieren, z.b. weil sie weder geäußert noch eingefordert werden, „bestimmen nicht nur das Maß an Unterstützung zur Befriedigung von Bedürfnissen, das man ihnen zubilligt, sondern steuern auch Art, Umfang und Qualität der Freizeitangebote für behinderte Menschen" (ebd., 12).

Genau an dieser Stelle sollte eine am Empowerment-Konzept orientierte (Freizeit-)Pädagogik ansetzen. Dazu gehört auf Seiten der Angehörigen und Mitarbeiter eine Sensibilisierung für die Thematik, die Bewusstmachung der Bedeutsamkeit von Freizeit für geistig behinderte Menschen sowie das Gewähren von Assistenz zur Realisierung von Freizeitbedürfnissen.

Rastetter (1998, 47f.) weist in ihrer Analyse zur Freizeit von Frauen und Männern darauf hin, dass Freizeit „eine unmissverständliche Machtkomponente in sich (trägt, d. A.): Wer über seine Zeit frei verfügen kann, wer kommen und gehen darf, wann und wohin er will, wer keine festen (Arbeits-)Zeiten (bzw. Determinationszeit, d.A.) hat, der hat in der Regel mehr Macht und mehr Verfügungsgewalt über andere". Umgekehrt bedeutet dies, dass jemand, der über seine Zeit nicht frei verfügen kann, dessen Zeit reglementiert und fremdbestimmt ist, in der Regel wenig Macht hat.

---

[19] Befragungen zur Freizeitsituation und zum Freizeitverhalten geistig behinderter Menschen zeigen auf, dass BewohnerInnen von traditionellen Großeinrichtungen im Unterschied zu behinderten Menschen aus Wohnheimen oder Familien ein weitaus schmaleres Spektrum an Freizeitaktivitäten realisieren, ein geringeres Maß an speziellen Kompetenzen und Kenntnissen zur autonomen Freizeitgestaltung aufweisen, in ihrer Freizeit stärker durch Brauchtum geregelt werden und deutlich weniger an externen bzw. öffentlichen kulturellen Veranstaltungen oder auch an einem Vereinsleben partizipieren (Huslisti & Huslisti 1994, 174, 183, 196; Kreuzer 2000). Dafür sind vermutlich eine mangelhafte Förderung von Freizeitkompetenzen wie auch eine unzureichenden Öffnung der Anstalten nach außen verantwortlich, denn vielen Befragten waren Möglichkeiten einer Freizeitgestaltung außerhalb ihrer unmittelbaren Lebenswelt gar nicht bekannt. „Wer in seinem Leben wenig Chancen hat, Interessen zu bilden und selbst zu entscheiden, wird dies auch nicht können oder wollen, wenn er/sie es in der freien Zeit soll" (Kreuzer 2000, 160).

Die Verfügbarkeit über eigene Zeit ist daher für geistig behinderte Menschen gerade unter dem Blickwinkel von Empowerment ein entscheidender Faktor, bedeutet dies doch Macht zu haben und entscheiden zu können, was sie in dieser Zeit tun wollen. „Selbst der passive Freizeitkonsum der Freizeitindustrie verlangt noch Aktivität und Entscheidungen, nämlich die Wahl zwischen Angeboten, welche die eigenen Wünsche und Interessen fühlbar und erfüllbar machen" (ebd., 48).

Um tatsächlich über eigene Zeit verfügen zu können, um Freizeit auch aktiv zu gestalten, sind neben einem umfangreichen Freizeitangebot, das Wahlmöglichkeiten bietet, vor allem auch assistierende Hilfen, eine weitgehend behindertengerechte Umwelt und nicht zuletzt ausreichende finanzielle Mittel unabdingbar. Es gilt also darum Bedingungen, die eine Benachteiligung geistig behinderter Menschen in der Freizeit manifestieren, zu verändern und Rahmenbedingungen zu schaffen, welche die Entwicklung von Interessen, Hobbys, Freizeitgewohnheiten und Freizeitkompetenzen unterstützen und ein sog. least restrictive environment (Nischen für autonome Daseinsgestaltung und -verwirklichung) wie auch Integration und Inclusion in gesellschaftlich-kulturellen Lebensräumen ermöglichen. Mit Freizeitkompetenzen[20] meinen wir hier die Fähigkeiten und Fertigkeiten einer Person zu einem selbstbestimmten, sinnerfüllten Freizeitleben in einem anregenden, unterstützenden und entwicklungsfördernden Milieu.

Ein Bildungsprogramm zur Förderung von Freizeitkompetenzen

Angebote der Erwachsenenbildung können in diesem Zusammenhang dienlich sein, um Wissen, Fähigkeiten, Interessen oder Neigungen zu erweitern und auszubilden. Dazu zählt zum Beispiel auch ein individualisiertes Curriculum zur Förderung von Freizeitkompetenzen. Oberstes Ziel eines solchen Curriculums, das auch im Rahmen von Schule (IEP) realisiert werden kann (Kapitel 3), ist die (Selbst-)Befähigung geistig behinderter Menschen, Freizeit als freie, selbstbestimmte Zeit zur Daseinsverwirklichung zu nutzen und zu erleben (im Sinne des assertorischen Freizeitbegriffs). Ein breites Spektrum an Freizeitfertigkeiten stellt hierzu eine wesentliche Bereicherung dar, die insbesondere vor dem Hintergrund von Hospitalisierung, Institutionalisierung oder individuellen Beeinträchtigun-

---

[20] Nahrstedt betrachtet Freizeitkompetenz als „eine Form der Zeitkompetenz" (1990, 140), wobei diese „die Fähigkeit jedes einzelnen über seine eigene Zeit selbstbestimmt entscheiden zu können" (141) meint.

gen im Einzelfalle erlernt werden müssen. Entscheidend ist dabei die Aneignung „ganzer" Aktivitäten und nicht nur der Erwerb von Techniken (skills). Dies bedeutet, dass Vor- und Nachbereitungsprozesse (Organisation, Besorgen von Material, Aufräumen etc.) stets mitbedacht werden müssen, um eigenständiges Handeln zu realisieren zu können.
Freilich muss es sich bei den assistierenden Bildungsprogrammen nicht nur um stringente, verhaltenssteuernde Lehrgänge handeln, ebenso denkbar ist eine Unterstützung und soziale Bekräftigung eines „aktiven Lernens" in Alltagssituationen, um Freizeitkompetenzen (einschließlich Entscheidungs- und Handlungsautonomie) zu fördern.
Im Folgenden haben wir nun (zit. n. Theunissen 2000f) die wichtigsten Schritte und Bausteine eines individualisierten Curriculums zur Förderung und Sicherung von Freizeitkompetenzen zusammengestellt. Wichtig hierbei ist, dass die Betroffenen nach Möglichkeit von Anfang an in die Überlegungen und Planung einbezogen werden.

1. Schritt: Bildung einer Arbeitsgruppe

- Personenkreis bestimmen, der an der Konzeptentwicklung und Planung beteiligt werden soll (Mitarbeiterinnen und Mitarbeiter eines Gruppenteams, Betroffene, gegebenenfalls mit persönlichem Assistenten, Fachdienste, Mitglieder des Heimbeirats);

2. Schritt: Bestimmung allgemeiner Lernziele

- Erweiterung des Repertoires an Freizeitfertigkeiten (Handlungskompetenz);
- Entwicklung der Selbstbestimmungsfähigkeit (Selbstentscheidung);
- Entwicklung eines Freizeitbewusstseins (Freizeit als frei zu gestaltender Raum);
- Entwicklung des Bewusstwerdens eigener Bedürfnisse, Wünsche, Stärken und Potentiale;
- Entwicklung der Fähigkeit, Bedürfnisse, Interessen oder Wünsche zu äußern;
- Entwicklung sozialer Kompetenzen (Kooperationsfähigkeit);
- Entwicklung von Realitätskontrolle und -bewältigung;

3. Schritt: Entwicklung eines „Personal Profile"

- Erfassung von Fähigkeiten, Stärken und Wünschen des Betroffenen;
- Erfassung von Informationen über Aktivitätswünsche und Lernstrategien;
- Herausfinden, was der Einzelne mit Dingen tun kann, was er in Interaktion mit anderen tun kann, was er gerade im Begriff ist zu lernen, welche Dinge bzw. Aktivitäten er am liebsten mag, wo und wann er am liebsten diese Dinge tut, welche Umgebungsstimuli sein Interesse am stärksten fördern, welche Emotionen ausgelöst werden;

4. Schritt: Beschreibung des Tages- und Wochenablaufs

- Für jeden Wochentag den konkreten Ablauf in chronologischer Reihenfolge (von morgens bis abends) mit den realen Aktivitäten der Person erfassen;
- Jene Zeit fokussieren, die der Person zur freien Verfügung steht;
- Aktivitäten erfassen, die der Person zur freien Wahl als Einzel- oder auch Gruppenangebot offeriert werden;
- Erfassen, was die Person in ihrer Freizeit tut, wo sie sich überwiegend aufhält, wie lange sie Aktivitäten durchführt;
- Soziale Kommunikationen, Interaktionen mit Bezugspersonen, pädagogische Einstellungen, Wahrnehmungen oder Prognosen erfassen und beschreiben;

5. Schritt: Vergleichende Analyse der realen Aktivitäten mit dem Personal Profile

- Überprüfen, inwieweit der Tages- oder Wochenplan mit dem persönlichen Interessenprofil übereinstimmt (was würde die Person am liebsten tun und was tut sie stattdessen?);
- Situationen erfassen, die entwicklungshemmend oder -fördernd sind;

6. Schritt: Entwurf eines Programms zur selbstbestimmten Freizeitgestaltung

- Vor dem Hintergrund des Personal Profile Aktivitäten bestimmen, die die Person in ihrer freien Zeit realisieren möchte bzw. könnte;
- Anzahl der Aktivitäten festlegen;

- Rahmenbedingungen abstecken, die zur Sicherung und Realisierung der freien Zeit erforderlich sind;
- Unterstützungsbedarf ermitteln, der im Rahmen der freien Zeit notwendig ist und der als zeitlich befristetes additives Bildungsprogramm aufbereitet werden muss;
- Bezugsperson bestimmen, die sich zur Unterstützung des Konzepts verantwortlich zeichnet;

7. Schritt: Entwurf eines speziellen individualisierten Bildungsprogramms
- Verhaltensweisen bestimmen und hierarchisieren, die zu erlernen bzw. zu unterstützen sind;
- Materialien/Medien bestimmen, an denen aktives Lernen statt haben kann;
- Methoden bestimmen, die zum Aufbau, zur Stabilisierung und Differenzierung der erwünschten Verhaltensweisen als sinnvoll erachtet werden;
- Zeit der Förderung bestimmen;
- Raumfrage klären (Wohngruppe, Förderstätte, Therapieraum);
- Person bestimmen, die den Bildungskurs durchführt;

8. Schritt: Evaluation und Programmabsicherung
- Evaluationskriterien festlegen (Zunahme der Selbstbestimmungsfähigkeit, Freizeitkompetenz, soziale Interaktionen, Sicherung der freien Dispositionszeit);
- Zeitpunkte der Programmüberprüfung bestimmen;
- Kriterien einer jährlichen Programmüberprüfung festlegen (was hat sich nach einem Jahr in Bezug auf die Interessenlage des behinderten Menschen, seine Bezugspersonen, Gruppenzusammensetzung, institutionelle Rahmenbedingungen verändert?).

Mit diesem curricularen Angebot, welches nicht als Freizeitaktivität ausgelegt werden darf sondern als Wegbereiter für eine größtmögliche autonome Freizeitgestaltung und -verwirklichung betrachtet werden muss, wird ein Ansatz verfolgt, nach dem Freizeit auf Freiwilligkeit und Freiheit beruht und nichts mit permanenten pädagogischen Anforderungen oder auch Abhängigkeiten zu tun hat. Es bietet dem Einzelnen sowohl die Möglichkeit Freizeitkompetenzen zu erwerben, um zukünftig Freizeit – aber auch andere Zeiten – selbstbestimmt bzw. selbstbestimmter als zuvor gestalten zu können als auch zu erleben, dass er mit Wünschen, Bedürfnissen, Vorstellungen ernst- und wichtig genommen wird, sich selbst einbringen kann und aktiv an seiner persönlichen Entwicklung und der Gestaltung seiner Lebenszeit beteiligt ist. Dazu bedarf es einer subjekzentrierten und dialogisch-kooperativen Vorgehensweise, wie wir sie an anderer Stelle beispielhaft herausgearbeitet haben (Theunissen 1999a, 211ff.).

Resümee

Natürlich muss trotz eines solchen systematischen Vorgehens noch genügend „freie Zeit" bleiben, die nicht unter dem Einfluss von Pflege, Versorgung, Pädagogik oder Förderung stehen darf, sondern der Befriedigung der Bedürfnisse nach Entspannung, psychisch-physischem Wohlbefinden, Muße, Unterhaltung, Selbstverwirklichung im zweckfreien (ästhetischen) Tun und sozialer Kommunikation zu dienen hat. Professionelle wie auch ehrenamtliche Helfer[21] sollten daher für geistig behinderte Menschen auch als dialogische Partner und Vertrauenspersonen präsent sein und gegebenenfalls die Freizeitgestaltung des Einzelnen begleiten, indem sie zum Beispiel mit dem Betroffenen – entsprechend seinen Wünschen – spazieren gehen, Ausflüge unternehmen, kulturelle Veranstaltungen besuchen, Sport treiben, spielen u.a.m., so dass eine gemeinsam inniglich erlebte Du-Erfahrung statt haben kann.

Die pädagogische Kunst dieser Begleitung besteht im Wesentlichen darin, eine „unterirdische Dialogik" (Buber) zu realisieren, die den Menschen dort abholt, wo er gerade steht und die keinen Druck oder Zwang erzeugt, aus dem der Betreffende nicht ausbrechen kann.

Das Prinzip, für den Betroffenen in seiner Freizeit präsent zu sein, bezieht sich nicht nur auf den Begegnungsaspekt, sondern auch auf Anregungen und Unterstützung in Bezug auf eine sinnerfüllte und bedürfnisorientierte Freizeitgestaltung. Die Orientierung am Normalisierungs- und Integrati-

---

[21] Zur Unterstützung der Freizeitarbeit wurde hierfür in den Niederlanden das Amt eines sog. „Freizeit- und Bildungskonsulenten" (Reijnders & Havemann 1999, 162) als „ein integraler Bestandteil der ambulanten familienentlastenden Dienste" geschaffen. Zentrale Aufgaben für Freizeitkonsulenten sind: das Initiieren neuer Freizeitangebote, die Unterstützung von Organisationen, ehrenamtlichen Helfern und Betroffenen bei der Durchführung von Aktivitäten, das Informieren und Beraten von behinderten Menschen sowie die Begleitung von Aktivitäten (ebd., 163).

onsprinzip kann dabei eine wesentliche Rolle spielen, da geistig behinderte Menschen den gleichen Anspruch auf eine Teilnahme am sozialen und kulturellen Leben haben wie alle anderen Personen. Eingliederung in (Sport-) Vereine, Partizipation an kulturellen Freizeitangeboten, (integrative) Ferienfreizeiten, Freizeitclubs, Café- oder Teestuben als Treffpunkte leisten hierzu einen wichtigen Beitrag. Dennoch muss bei der Orientierung an diesen Prinzipien stets die Selbstbestimmung Priorität haben. Die im Normalisierungsprinzip enthaltene Forderung nach Trennung der Lebensbereiche Wohnen, Arbeit und Freizeit kann durchaus sinnvoll sein, wenngleich auch im Wohnbereich Freizeit(-gestaltung) möglich sein muss, zumal die „Freizeit zu Hause" zunimmt. Kreuzer (2000, 164f.) weist darauf hin, dass „die Gestaltung der freien Zeit [...] ihr Zentrum im unmittelbaren Wohnumfeld" hat. „Das Aufsuchen von (besonderen) Freizeitorten beginnt im eigenen Wohnbereich, wird dort geplant, unterstützt oder behindert; und Freizeit findet in der Rückkehr von einer Veranstaltung, einem Kurs oder einer Reise nach Hause nicht sein natürliches Ende, sondern geht dann zu Hause normalerweise solange weiter, bis eine Ruhephase eingelegt oder die Erwerbsarbeit [oder eine andere Tätigkeit im Rahmen von Obligations- oder Determinationszeit; d. A.] wieder aufgegriffen wird". Mitarbeitern kommt in dem Falle die Aufgabe zu, Freizeitangebote bekannt zu machen, als Ansprechpartner bei der (Mit-)Organisation zu fungieren, zu assistieren wie auch Eigeninitiative und Aktivitäten anzuregen, zu fördern und zu unterstützen, Kontakte zu Freizeiteinrichtungen und Vereinen zu ermöglichen etc. Erforderlich ist somit neben der „informativen Beratung" (z.B. Information über Freizeitangebote, Anregung zur Reflexion über Freizeitbedürfnisse und Freizeitverhalten) und „kommunikativen Animation" (z.B. Motivierung zur Wahrnehmung von Freizeitangeboten) vor allem die „partizipative Planung" (Opaschowski 1996, 192ff.). „Die partizipative Planung will Teilnahme- und Mitbestimmungsmöglichkeiten im Freizeitbereich erleichtern und fördern. Durch vorsorgende Planung sollen Voraussetzungen für die aktive Mitwirkung von Einzelnen und/oder Gruppen geschaffen werden" (ebd., 197). Dadurch können wichtige Weichen für eine selbstbestimmte Freizeit und im Weiteren auch für ein möglichst selbstbestimmtes Leben gestellt werden. Zudem können durch das Erleben von Wahl- und Handlungsmöglichkeiten in der „freien Zeit" das Sozialinteresse wie auch soziale Kompetenzen zu Mit- und Selbstbestimmung in anderen Lebensbereichen angeregt werden.

Nicht immer und nicht von jedem ist nach einer (vielleicht anstrengenden) Erwerbsarbeit (oder einer anderen Tätigkeit im Rahmen von Obligations-

oder Determinationszeit) eine aktive Freizeitgestaltung gewünscht. Zunehmend mehr lässt sich in der Bevölkerung eine „passiv-rezeptive Freizeitnutzung" ausmachen (Kreuzer 2000, 162ff.). Warum sollten daher Mitarbeiter im Wohnbereich „strengere Maßstäbe" anlegen und nicht akzeptieren können, wenn auch geistig behinderte Menschen „nur" fernsehen, Musik hören oder faulenzen wollen? Natürlich muss dabei die Möglichkeit zur Wahrnehmung von Freizeitangeboten bestehen bleiben, damit das passiv-rezeptive Verhalten nicht nur aufgrund fehlender Angebote oder Langeweile geschieht, sondern eine tatsächliche Wahl darstellt.

Freizeitsituationen zeichnen sich durch Offenheit aus, womit „räumliche, zeitliche, soziale, inhaltliche Offenheit" wie auch „Beziehungsoffenheit" gemeint sind (Nahrstedt 1990, 179). Daher ist es nicht nur von Bedeutung, was jemand in seiner Freizeit tun möchte und wo er es tun will, sondern vor allem auch mit wem er seine Freizeit verbringen möchte. Dieser Aspekt scheint in der Praxis noch zu wenig Berücksichtigung zu finden, wenn Freizeit innerhalb der Wohngruppe bzw. mit den in der Regel nicht selbst gewählten Personen (MitbewohnerInnen und MitarbeiterInnen) verbracht werden muss, sei es aufgrund eingeschränkter Mobilität, organisatorischen Gründen (unzureichende Anzahl von Assistenten) oder aufgrund einer nicht behindertengerechten oder behindertenfeindlichen Umwelt. Damit sind nicht nur gewalttätige (körperliche und verbale) Übergriffe auf geistig behinderte Menschen gemeint, sondern alle Frei-Raum und Frei-Zeit einschränkenden Bedingungen. Dazu zählen auch Normen und Dienstpläne, die es zum Beispiel geistig behinderten Erwachsenen selten gestatten, sich nach 20.00 bzw. 22.00 Uhr im Freien aufzuhalten, so dass die Freiheit in der Freizeit eingeschränkt ist.[22]

Freizeit selbstbestimmt zu leben und zu gestalten, bedeutet die weitgehende Offenheit von Freizeitsituationen wahrnehmen zu können, wozu entsprechende äußere Bedingungen und Freizeitkompetenzen erforderlich sind. Dies ist jedoch nur möglich, wenn Selbst- und Mitbestimmung auch in anderen Lebensbereichen gefragt sind, denn „die Möglichkeiten der Mitgestaltung oder Selbstgestaltung der individuellen Wohn- und Lebenssituation sind Quellen und Ausgangspunkt der Entwicklung von Freizeitinteressen" (Kreuzer 2000, 160).

---

[22] Es stellt sich die (hier nicht weiter verfolgbare) Frage, ob bei einer derartigen Einschränkung der freien Zeit (hinsichtlich Zeit, Ort, Beziehung etc.) noch von Freizeit als „selbstbestimmt", „frei von Zwängen", „freie Wahl der Aktivitäten" (Opaschowski) gesprochen werden kann.

Freie Zeit zu haben, bietet für geistig behinderte Menschen auch die Möglichkeit, sich mit anderen in Selbstvertretungsgruppen (People First) zusammenzuschließen, um gemeinsam eigene Interessen zu vertreten (dazu Kapitel 1). Freizeit ist also eine wichtige Basis für Empowerment. Sich der eigenen Kraft, Stärke und Ressourcen bewusst zu werden, eigene Interessen zu entwickeln und zu vertreten, setzt Zeit voraus, die frei ist von anderen Verpflichtungen. Gleichzeitig bedeutet über freie Zeit verfügen zu können auch Macht zu haben, nicht ohnmächtig zu sein, Kontrolle über die (Mit-)Gestaltung eines Lebensbereiches zu besitzen. Dies wiederum wirkt sich auch auf die anderen Lebensbereiche aus. Menschen, die erfahren haben, welche Möglichkeiten ihnen Selbst- und Mitbestimmung eröffnen, die sich dadurch selbst als machtvoll erleben, deren Wünsche und Bedürfnisse wahrgenommen werden, deren Engagement wertgeschätzt wird, können sich auch im Wohn- und Arbeitsbereich stärker für ihre Belange einsetzen, Wünsche und Bedürfnisse äußern und somit an der Gestaltung ihres Lebens aktiv beteiligen.

Kapitel 5: Konsequenzen für die Arbeit mit Eltern und Familien

In der Vergangenheit war es Gepflogenheit, Eltern behinderter Kinder weithin nur im Lichte von Hilflosigkeit, Schwächen, Anweisungs- und Behandlungsbedürftigkeit zu betrachten. Dass Eltern „Experten in eigener Sache" sein können, war für die traditionelle Behindertenhilfe kaum vorstellbar. Der Empowermentansatz geht dagegen von einer anderen Prämisse aus, indem er betroffenen Eltern Stärken und Kompetenzen zuschreibt. Diese Sicht ist längst noch nicht selbstverständlich. Daher werden zunächst zwei Empowermentgeschichten von betroffenen Eltern vorgestellt, um den Blick für Stärken und Kompetenzen zu schärfen. Diesen Ausführungen folgt eine Diskussion der Stärken-Perspektive, die zu dem von uns favorisierten „Empowered Family Model" überleitet.

EINLEITENDE BEMERKUNGEN

Der vorliegende Beitrag wendet sich gegen die immer noch verbreitete Tendenz, Eltern behinderter Kinder vorrangig im Lichte von Problemen, Hilfebedürftigkeit, Ohnmacht, Mängeln, Schwächen und Inkompetenz wahrzunehmen oder gar zu „pathologisieren" (Wunderlich 1972; Balzer & Rolli 1975; Kluge 1981; Graf 1987; Biene 1988; kritisch Weick & Saleebey 1995, 144; Turnbull & Turnbull III 1997, 4f.). Etikettierungen wie „Sonderfamilie", „behinderte Familie" oder „gefährdete Familie" sowie Zuschreibungen erzieherischer Inkompetenz und eines „pathologischen Auftretens" stehen für diese ausgesprochen einseitige Sicht, die zu einem Paternalismus und zu einer Bevormundung verleitet (auch Aubrecht, Oberndorfer & Schönwiese 1999, 44; Dunst, Trivette & Deal 1995, 36).
Neben den „traditionellen Helfer-Modellen" (hierzu Kapitel 1; auch Nelson, Howard & Mc'Laughlin 1993, 68; Dunst, Trivette & Deal 1995, 40ff.) werden im deutschsprachigen Raum zwei weitere genannt, die bis vor kurzem in der Arbeit mit Eltern behinderter Kinder (Frühförderung; Heil- oder Sonderpädagogik) bestimmend waren. Zum einen stoßen wir auf ein sog. Laienmodell, welches Ratsuchende (Eltern) als unwissend und inkompetent betrachtet und damit unterstellt, dass professionelle Helfer (Berater;

Sonderpädagogen; Therapeuten) über profundes Fachwissen verfügen und daher besser als Betroffene Bescheid wissen, was „richtig" und was „falsch" ist, was „gut" tut und was nicht (kritisch hierzu Speck 1983; 1984; Schlack 1987b; Weiß 1991). Zum anderen handelt es sich um ein sog. Co-Therapeutenmodell, welches betroffene Eltern in die Rolle sog. Co-Therapeuten drängt und dabei ihre originäre Rolle als pädagogische Bezugspersonen weithin unberücksichtigt lässt (Weiß 1989b, 86ff.; auch Konstantareas 1990, 65). Dies wird insbesondere dann zum Problem, wenn betroffene Eltern kaum in die Planung von Fördermaßnahmen mit einbezogen werden sowie als „Vollzugsgehilfen" therapeutischer oder pädagogischer Kräfte (z.B. Frühförderer) deren Anweisungen oder Anforderungen nicht erfüllen können und mit Insuffizienz- oder Schuldgefühlen reagieren (Nelson, Howard & Mc'Laughlin 1993, 65). Beide Modelle sind eine Einbahnstraße, die von Ratsuchenden (Eltern) verlangt, vorgegebene Lösungswege oder Ratschläge anzunehmen und auszuführen und sich von Professionals belehren und führen zu lassen. Beispielhaft hierzu ist die folgende Aussage betroffener Eltern: „Als Eltern von behinderten Kindern sind wir immer auf die Hilfe von Fachleuten angewiesen. Diese sagen uns, was wir zu tun haben. In der anfänglichen Unsicherheit haben wir alle Ratschläge befolgt und damit gegen unser eigenes Gefühl gehandelt. Inzwischen haben wir erfahren, dass wir unser eigenes Kind am besten kennen und dass wir auch das Recht haben, vorgeschlagene Therapien anzunehmen oder abzulehnen. Manchmal müssen wir das Kind und uns selbst vor zuviel therapeutischen Aktivitäten schützen. Ein anderes Mal ist es notwendig, dass wir eine Therapie selbst suchen und dafür kämpfen, dass sie uns bewilligt wird" (Elterngruppe Freiburg u.a. 1992, 24). Somit besteht die Gefahr, dass Eltern, die sich von Instruktionen oder Empfehlungen professioneller Helfer abhängig machen, sich in schweren Gewissenskonflikten verfangen und zusätzlich belastet, ja sogar „psychotherapiebedürftig" gemacht werden. Dies muss sich nicht nur auf die vorgeschriebenen Therapiemaßnahmen beziehen, sondern das alltägliche Zusammenleben und Spielen mit dem behinderten Kind kann schon „ständig unter dem Gebot der Förderung stehen" (Weiß 1991, 202, 206 f.) und auf subtile Weise Druck und Erfolgszwang erzeugen (auch Niedecken 1989). Suggerieren dann noch professionelle Helfer Eltern das Gefühl, minderwertig, zum Beispiel eine „schlechte Mutter" oder ein „inkompetenter Vater" zu sein, kommt es zu Abwehrformen, die von einer sozialen Isolation (familialer Rückzug) über „pädopathologische" Beziehungsmuster bis hin zu Beschuldigungen, Kompetenzkonflikten und Machtkämpfen mit Professionals reichen können (Pinderhughes 1993,

316f.). In der Regel eskalieren die Probleme derart, dass gegenseitige Vorbehalte, Anschuldigungen, Diskriminierungen oder ein wachsendes Misstrauen keine fruchtbare Zusammenarbeit mehr zulassen. Leidtragender ist dabei häufig das behinderte Kind, welches sich weder dem Zwang durch heilpädagogische Übungsbehandlungen oder Therapien noch dem elterlichen Druck als Symptom mangelnder Kollaboration mit den Professionals entziehen kann.

Derlei Probleme sind in den letzten Jahren deutlich erkannt worden. Zudem wird heute die systemische Erkenntnis ernst genommen, dass (gut gemeinte) Ratschläge nicht so einfach exekutiert werden (Goldstein 1990, 272; Speck 1999, 314f.; Lingg & Theunissen 2000, 179). Daher wird mittlerweile ein partnerschaftliches Kooperations- und Konsultationsmodell favorisiert (Speck 1999, 312ff.; Lingg & Theunissen 2000, 199ff.), dem als das „Empowered Family Model" (Mc'Callion & Toseland) die Idee zugrunde liegt, die Unterstützung oder Hilfe auf Stärken und Kompetenzen der Betroffenen aufzubauen (Dunst & Trivette 1987; Trivette et al. 1990; Dunst, Trivette & Deal 1995; Turnbull & Turnbull III 1997). Dabei wird davon ausgegangen, dass Eltern, die sich ihrer Stärken und Kompetenzen bewusst sind und diese zur Verbesserung der Lebensbedingungen nutzen, auch ihrem behinderten Kind bei der Entwicklung und Verwirklichung von Autonomie im Sinne von Empowerment behilflich sein können. Eine solche Stärkenorientierung ist bekanntlich im Empowermentansatz angelegt (Saleebey 1997; Lingg & Theunissen 2000, 180ff.), dessen Menschenbild auf Annahmen gründet, dass alle Personen wie auch Familien (Dunst, Trivette & Deal 1995, 27; Turnbull & Turnbull 1997, 60) „eine Vielzahl von Talenten, Fähigkeiten, Kapazitäten, Fertigkeiten und auch Sehnsüchte" haben (Weick et al. 1989, 352f.; Weick & Saleebey 1995, 148; Lingg & Theunissen 2000, 184), dass jeder eine innere Kraft besitzt, die als „regenerative oder heilende Lebenskraft" bezeichnet werden kann (Weick 1992, 24), dass diese Lebensenergie „eine kraftvolle Ressource von Wissen ist, die personale und soziale Transformation anleiten kann" (ebd.), und dass „Menschen in ihrem Handeln immer dann, wenn ihre positiven Fähigkeiten unterstützt werden, auf ihre Stärken zurückgreifen" (ebd.). Eng verschränkt mit der Stärken-Perspektive ist die Kompetenzzuschreibung (Nelson, Howard & Mc'Laughlin 1993, 63). Unter Kompetenz verstehen wir die Fähigkeit eines Individuums, individuelle und soziale Ressourcen so zu nutzen, dass eine gegebene Situation möglichst autonom bewältigt werden und ein soziales und sinnerfülltes Leben aufrecht erhalten und weiterentwickelt werden kann (Theunissen 2000a, 27). Dabei haben wir es mit einem Bündel an spezifischen Fähigkeiten zu tun, zum Beispiel mit einer (psychischen) Bewältigungskompetenz (coping), mit einer (lebenspraktischen) Alltagskompetenz, mit einer Appraisal-Kompetenz (Selbstvertrauen), mit kognitiven, fachlichen, sozialen oder auch pädagogischen Kompetenzen, die sich für betroffene Eltern als individuelle Möglichkeiten niederschlagen, gegebene Situationen im Sinne der eigenen Ziele wie auch im Interesse ihres behinderten Kindes zu meistern. Da sich der Kompetenzbegriff nicht allein aus Personmerkmalen, sondern aus der Wechselwirkung zwischen den Potentialen des Individuums und den Umweltmerkmalen und -anforderungen konstituiert, wird er als ein transaktionales Phänomen beschrieben (Lazarus, 1990 205; Olbrich 1992, 54), das sowohl Verhaltens- als auch Umweltveränderungen beinhalten kann, um eine möglichst günstige Abstimmung der eigenen Potentiale mit den Umweltvariablen (person-environment-fit) zu erzielen. Mit Blick auf Eltern oder Familien mit einem behinderten Kind könnte hier in Anlehnung an Dunst, Trivette und Deal (1995, 26) auch von einem „family functioning style" gesprochen werden – ein Begriff, durch den sowohl Formen zur Bewältigung von Stress oder „kritischen" Lebensereignissen (coping) als auch Prozesse der Weiterentwicklung erfasst und reflektiert werden sollen (auch Trivette et al. 1990).

In diesem Sinne sollen nun Eltern und Familien mit einem behinderten Kind durch Konsultation und Kollaboration (Turnbull & Turnbull 1997) angeregt, befähigt und unterstützt werden (Mc'Callion & Toseland 1993, 579; Dunst, Trivette & Deal 1995), ihre Angelegenheiten selbst in die Hand zu nehmen, sich eigener Fähigkeiten bewusst zu werden, eigene Kräfte zu entwickeln und soziale Ressourcen zu nutzen. Leitperspektive ist dabei die individuelle Kontrolle über die eigenen und gemeinsamen Lebensumstände sowie die selbstbestimmte, sozialverantwortliche Bewältigung und Gestaltung des eigenen Lebens, die zugleich als eine wesentliche Voraussetzung für psychische Gesundheit erachtet wird. Empowermentprozesse betroffener Eltern vollziehen sich dabei nicht ausschließlich auf privater Ebene, sondern sie sind zumeist auch kollektive Unternehmungen, die auf Veränderung gesellschaftlicher Bedingungen zielen, um ein Mehr an sozialer Gerechtigkeit, Chancengleichheit (Integration), Mitmenschlichkeit und Lebensqualität für ihre behinderten Kinder zu erreichen. Empowerment von Eltern ist somit zugleich „der Schlüssel zur Sicherung der Erziehungs- und Lebensqualität von Kindern mit Behinderungen. [...] Eltern werden verschiedene Stufen bei der Anwaltschaft ihrer Kinder beschreiten so wie sie sich selbst durch Wissen, Zusammenarbeit und Erfahrungen ermächtigen" (Nelson, Howard & Mc'Laughlin 1993, 70). Ähnlich äußern sich auch

Einleitende Bemerkungen

Mc'Callion und Toseland (1993, 579): „Familien spielen die entscheidende Rolle bei der Unterstützung von Menschen mit Behinderungen für ein unabhängiges Leben". Alles in allem machen diese Aussagen Mut und bestärken uns in der Auffassung, dass betroffene Eltern Experten in eigener Sache sind – ein Empowerment-Zeugnis, das sie sich in den letzten Jahrzehnten mühevoll erkämpft haben (Turnbull & Turnbull III 1997, 2ff.).

Anfänge einer Bewegung von Eltern behinderter Kinder reichen zurück in die frühen 50er Jahre, als angesichts fehlender Hilfen und Angebote (Frühförderung; familienentlastende Dienste; Kindertagesstätten; Schulunterricht; Arbeit; Wohnen), einer gesellschaftlichen Diskriminierung sowie eines politischen Desinteresses in vielen westlichen Ländern Elternzusammenschlüsse entstanden (z.B. in Österreich und Deutschland die Lebenshilfe), um als Betroffene eigene Angelegenheiten besser vertreten zu können (Johansson 1996, 60f.; Bersani 1996, 260). Anfang der 60er Jahre kam es zur weltweiten Vernetzung zahlreicher Elternvereinigungen, die zur Gründung der Internationalen Liga der Vereinigungen für geistig behinderte Menschen (ILSMH) führte (Dybwad 1985, 23). „Wenn man von Tendenzen spricht, ist es bemerkenswert, dass die Eltern im Stande waren, sich auf internationaler Ebene wirkungsvoll zusammenzuschließen, noch bevor eine entsprechende Organisation von Fachleuten oder Wissenschaftlern existierte. In den folgenden Jahren wurde die Liga bei den Vereinten Nationen (ECOSOC), der ILO, der UNESCO und der Weltgesundheitsorganisation akkreditiert und bekam damit auf internationaler Ebene eine einflussreiche Stimme in Fragen, die geistig behinderte Menschen betrafen" (ebd., 23). Das Engagement der ILSMH konzentrierte sich vor allem auf Menschenrechtsfragen und Rechtsansprüche für geistig behinderte Menschen und ihre Familien, auf die Verabschiedung von Deklarationen der Rechte geistig behinderter Menschen, zum Beispiel bezüglich des Rechts auf frühe Hilfen und Schulbildung, auf berufliche Förderung und Arbeit, auf freie Wahl des Wohnorts, auf menschenwürdige Behandlung sowie auf kulturelle Partizipation und Integration (ebd., 35ff.). Bis heute hat die Liga einen beachtlichen politischen Einfluss, und die Tatsache, dass sie sich mittlerweile als „Inclusion International" umbenannt hat, ist ein Beweis ihrer Fortschrittlichkeit und Offenheit gegenüber Neuem oder zeitgemäßen Entwicklungen. So haben inzwischen Menschen mit geistiger (intellektueller) Behinderung eine wichtige Stimme innerhalb der Liga (Dybwad 1996, 14f.), der es zur Zeit insbesondere um das Recht auf Inclusion (Nicht-Aussonderung), Empowerment und Self-Advocacy geistig behinderter Menschen zu tun ist. Eine herausragende Bedeutung hatte darüber hinaus die US-amerikanische NARC (National Association for Retarded Children/Citizens [heute The Arc]), die der Fachwelt (Sonderpädagogik; Psychiatrie/Medizin; Sozialarbeit) vor Augen führte, dass nicht allein Professionelle, sondern auch betroffene Eltern sachkompetent und Experten sind, ja sogar die „leaders in the field" (Bersani 1996, 261) seien.[1] Einige renommierte Fachwissenschaftler (z.B. G. Dybwad; W. Wolfensberger; B. Blatt) schlossen sich damals dieser Position an, so dass alsbald in den USA eine „kooperative Allianz" mit einer kraftvollen politischen Stimme (powerful voice) entstand, deren Liste an Errungenschaften lang ist (z.b. Einführung der Schulpflicht [PL 94-142]; Frühförderung; Familienhilfe [Individualized Family Service Plan; Family Support]; [integrierte] Arbeitsangebote; gemeindeintegriertes Wohnen; Unterstützung der Antidiskriminierungsgesetze). An der Progressivität dieser Vereinigung, die Empowerment repräsentiert, hat sich bis heute nichts geändert – zählt sie doch zum Kreis der Verfechter von Inclusion und der Unterstützer der Self-Advocacy Movement von Menschen mit Lernschwierigkeiten (auch Turnbull & Turnbull 1997, 140f.). Nur wenige Elternvereinigungen sind diesem Weg nicht gefolgt (z.B. „The Voice of the Retarded") oder tun sich bis heute auf dem Gebiete der (schulischen) Integration und/oder in Bezug auf Empowerment und Selbstvertretung geistig behinderter Menschen schwer (Bersani 1996, 264). Manche, insbesondere in der BRD, arrangierten sich auch mit den traditionellen Wohlfahrtsverbänden sowie mit politisch konservativen Kräften, weshalb vor etwa 20 Jahren neue Elterninitiativen („Eltern gegen Aussonderung"; „Gemeinsam Leben und Lernen") entstanden, die im Unterschied zu einigen der in den 50er oder 60er Jahren gegründeten Elternverbänden mehr politische Courage im Sinne von Empowerment an den Tag legten und damit auch ihren Erfolg hatten (z.B. in Bezug auf vorschulische Integration und integrative Schulversuche).

Die Würdigung dieser progressiven Entwicklung scheint allerdings ebenso wie die Wertschätzung elterlicher Kompetenzen längst noch nicht im Lager der Behindertenhilfe, Heil- oder Sonderpädagogik selbstverständlich zu sein. Zumindest im deutschsprachigen Raum steht die Diskussion über Eltern-Empowerment erst in den Anfängen. Daher halten wir es für wichtig quasi kontrapunktisch zur traditionellen Elternsicht Empowermentgeschichten vorzustellen, die den Blick für Stärken und Kompetenzen von Eltern behinderter Kinder schärfen sollen.[2] Dies soll an zwei Beispielen demonstriert werden.

---

[1] Der Vollständigkeit halber sei erwähnt, dass manche der betroffenen Eltern heute als renommierte Fachwissenschaftler oder professionelle Experten bekannt sind (z.B. die Turnbulls).

Zwei Beispiele im Lichte von Empowerment[3]

Im Rahmen einer der Ethnomethodologie verpflichteten qualitativen Pilot-Studie (hierzu Kapitel 2) wurden 1997 zwei Familien aus den neuen Bundesländern, eine seit sechs Jahren alleinerziehende Mutter (Frau F.) einer 14jährigen Tochter mit Down-Syndrom (Lena) und einem 10jährigen Sohn sowie die Eltern (Frau u. Herr M.) einer 13 Jahre alten körper- und geistig behinderten Tochter (Anna) interviewt. Die Gespräche (auf der Basis eines offenen Leitfadeninterviews), die jeweils drei Stunden dauerten, wurden auf Tonband aufgezeichnet und transkripiert.[4] Den Eltern, die nach einer unverbindlichen Anfrage in einer Elterngruppe mit einem Interview einverstanden waren, hatten wir unser Anliegen, Stärken und Kompetenzen zu eruieren, mitgeteilt. Zugleich hatten wir dabei auch auf die Chance einer Lebensrückschau verwiesen, die dazu dienen kann, sich dem bisherigen Lebensmanagement bewusst zu werden, das eigene Leben mit seinen Tiefen und Höhen zu akzeptieren sowie Antworten auf die Frage zu finden, „wie man das alles so geschafft hat".

Frau F. (Kurze Zusammenfassung des Interviews)

Als Frau F. am zweiten Tag nach der Geburt (Frühgeburt) ihrer Tochter Lena erfuhr, dass ihr Kind Down-Syndrom habe und wahrscheinlich geistig behindert werde, war sie zunächst „total verzweifelt" und hatte das Gefühl, ihr Leben sei zu Ende; und sie wusste nicht mehr weiter. Eine psychische Stützung durch ihre Familie (Eltern) und den Vater des Kindes hatte sie damals bis auf ihre Schwiegermutter und jüngere Schwester kaum gespürt. Ebenso wenig erfuhr sie eine angemessene fachliche Unterstützung (z.B. konkrete Informationen über Down-Syndrom): „Anleitung oder Unterstützung hatte ich nicht". Alles in allem spürte sie, dass sie sich weithin nur selbst helfen konnte. Also stellte sie sich auf die Situation ein („es ist so... unabänderlich") und

---

[2] Mehrere Beispiele über Empowermentgeschichten oder „kompetente Familien" werden auch von Dunst, Trivette und Deal (1995, 104ff.) vorgestellt. Dieser Stärkenblick hat in den USA schon seit etwa 15 Jahren Tradition. Verdienstvoll sind in dem Zusammenhang neben den Forschungsarbeiten von C. Dunst die Schriften von A. und H. Turnbull.

[3] In Zusammenarbeit mit Birgit Garlipp.

[4] Die Auswertung erfolgte als „qualitative Inhaltsanalyse", bei der von einem bereits bestehenden theoretischen Ansatz (Kompetenzmodell) ausgegangen wurde (Mayring 1997, 89; Flick 1996). Ziel war nicht die Generierung einer Theorie.

betrachtete ihr weiteres Leben mit einem behinderten Kind als Herausforderung („den Alltag zu organisieren..., sich soweit wie möglich mit dem Kind zu beschäftigen...; und ich habe versucht, meinen Weg zu finden"). Sie ergriff zahlreiche Initiativen, informierte sich z.b. in einer Bibliothek über Down-Syndrom und geistige Behinderung, beendete erfolgreich ihr Pädagogik-Studium, heiratete den Vater des Kindes, wurde als Heimleiterin berufstätig und organisierte für ihre Tochter einen Tageskrippenplatz. Die Hauptarbeit in den Bereichen des alltäglichen Lebens (Familienplanung und -organisation) lag fast ausschließlich bei ihr, sie musste „alles managen", und darüber hinaus war sie stets die zentrale Erziehungsperson, da ihr Mann von Anfang an wenig mit der Tochter anzufangen wusste. Anders war seine Beziehung zu Lenas nichtbehinderten, sechs Jahre jüngeren Bruder, den er als sein „Wunschkind" betrachtete. Frau F. war dagegen um „Ausgleich" und „Gerechtigkeit" bemüht. Allerdings fühlte sie sich dabei emotional einsam und nie richtig angenommen. Mit ihrem zeitweiligen Gefühl, „eine nicht so glückliche Mutti" zu sein, hatte sie im Prinzip immer alleine fertig werden müssen. Resigniert hatte sie aber nicht. Im Gegenteil: Als sie eines Tages den Eindruck hatte, dass die pädagogische Arbeit in einer Fördereinrichtung, die Lena betreute, unzureichend war, ergriff sie engagiert Partei für ihre Tochter, deren Entwicklung sie stets aufmerksam-reflexiv beobachtet und eine Zeitlang auch dokumentiert hatte, und scheute dabei nicht den Konflikt mit den Professionals, die damals zu DDR-Zeiten noch am Dogma der „Schulbildungsunfähigkeit" festhielten. In dem Zusammenhang initiierte und leitete sie eine Selbsthilfegruppe betroffener Eltern, die nicht nur dem Einzelnen psychosozialen Halt bot, sondern die auch politisch erfolgreich war, indem sie schon unmittelbar nach der „Wende" eine Schule für Geistigbehinderte durchsetzen konnte. Dieses Engagement hatte Frau F. viel Zeit und Lebenskraft abverlangt, und da sie dabei von ihrem Mann kaum Unterstützung erfuhr, kriselte es in der Ehe; später war es dann zur Trennung gekommen. Während dieser schwierigen Phase war die Elterngruppe für Frau F. die wichtigste soziale Ressource: „Für mich war es [wichtig, d. A.] zu sehen, dass mein Denken, mein Fühlen Anerkennung fand, dass man sagte, das ist legitim, bestimmte Dinge zu fühlen, zu sagen, auch zu kämpfen, durchzusetzen, und ich war da eben Feuer und Flamme." Inzwischen lebt Frau F. mit ihren beiden Kindern alleinerziehend in einem eigenen Haus und schaut optimistisch in die eigene Zukunft sowie in die ihrer beiden Kinder.

Familie M. (Kurze Zusammenfassung des Interviews)

Anna ist Anfang der 80er Jahre in einer ostdeutschen Stadt (DDR) geboren. Unmittelbar nach der Geburt, die wie der Geburtsverlauf komplikationsfrei war, erfuhr Frau M., dass ihre Tochter eine körperliche Missbildung (Deformation der Beine und Hüftgelenke) habe (eine genaue Diagnose gab es nicht) und daher in einer orthopädischen Kinderklinik behandelt werden müsse. Frau M. war zunächst niedergeschlagen und hatte sich gefragt „warum gerade ich?"; andererseits hatte sie dies schon erahnt („innere Stimme"). Alles in allem sei die Annahme des Kindes aber „kein Problem" gewesen. In dem folgenden Jahr musste Anna mehrmals für drei bis vier Wochen stationär behandelt werden, da sie immer wieder neue Gipsschalen erhielt. Infolgedessen war der Hilfebedarf und Pflegeaufwand sehr groß. Die alltäglichen Hilfen und Unterstützungsleistungen (viele Fahrten zum Krankenhaus) lagen fast ausschließlich in der Hand der Mutter. Psychisch unterstützt und ermutigt wurde sie während dieser Zeit sowohl von den behandelnden Ärzten, einer Physiotherapeutin als auch von ihrer Mutter und Schwester. Vom Vater des Kindes fühlte sie sich dagegen im Stich gelassen („die [alltäglichen] Wege in die Orthopädie bin ich mit Anna immer alleine gefahren"). Ein Jahr später kam es dann zur Trennung, und Frau M. war zu ihrer Mutter gezogen. Wenngleich Anna mit 1¼ Jahren keine Schalen mehr benötigte, war sie weiterhin motorisch beeinträchtigt, weshalb sie einen Krippenplatz in einer Einrichtung für körperbehinderte Kinder erhielt. Frau M. war nun wieder berufstätig. Trotzdem habe sie sehr viel mit Anna gespielt. In den nachfolgenden zwei Jahren wurden neben der körperlichen Beeinträchtigung aber auch geistige Entwicklungsauffälligkeiten und -rückschritte beobachtet, die nach einer medizinischen Untersuchung als Zeichen einer geistigen Behinderung bewertet und mit dem Prader-Willi-Syndrom in Verbindung gebracht wurden. Eine zusätzliche geistige Behinderung ihrer Tochter wollte Frau M. zunächst nicht wahrhaben, dank ihrer Mutter, mit der sie sich darüber austauschen konnte und die ihr Mut gemacht habe („das werden wir schon irgendwie hinkriegen"), sei es dann aber nach einigen Monaten zur Annahme des geistigen Handicaps gekommen. Genaue fachliche Informationen und entwicklungsfördernde Anregungen habe sie in Bezug auf das klinische Bild nicht erhalten, wenngleich der Kontakt zu den Ärzten und Krippenbetreuern sehr gut gewesen sei. In der Krippe habe man sich um eine bestmögliche Förderung des Kindes bemüht. Während dieser Zeit hatte Frau M. einen neuen Partner gefunden, mit dem sie bis heute zusammenlebt. Als Anna vier Jahre alt war, sei es zu einer neuen Familiengründung gekommen, die mit einem Umzug in eine eigene Wohnung verbunden war. Anna habe ihren neuen Vater von Beginn an akzeptiert, und auch Herr M. habe sich ganz auf die behinderte Tochter einstellen können. So seien von nun an die Erziehung und Aktivitäten in den Bereichen des alltäglichen Lebens nicht mehr ausschließlich von Frau M., sondern von beiden ausgegangen. Zusammen hätten sie sich viel mit Anna beschäftigt (gemeinsames Spielen, betrachten und lesen von Bilderbüchern) und ihre Entwicklung genau beobachtet und begleitet. Da für sie die Diagnose „Prader-Willi-Syndrom" unklar gewesen sei, hätten sie sich auch mit Freunden zusammengesetzt und „Bücher gewälzt", um mehr über die Behinderung zu erfahren. Probleme seien häufig beim Essen aufgetreten (Dranghaftigkeit), und außerdem sei es zu einer Fixierung auf Nahrungsmittel gekommen, worauf man bis heute achten müsse. Insgesamt haben die Eltern die Entwicklung positiv wahrgenommen, wenngleich sie manchmal einen vorübergehenden Stillstand mit einem gewissen Maß an Monotonie und Stereotypie erlebten. Unmittelbar nach der „Wende" wurde dann Anna gegen den Willen ihrer Eltern, die eine Überforderung des Kindes befürchteten, in eine Schule für Lernbehinderte eingeschult; tatsächlich war Anna von Anfang an überfordert, so dass sie ein halbes Jahr später in eine Schule für Geistigbehinderte überwiesen wurde. Dort fühlte sie sich in ihrer Klasse sehr wohl, und auch die Eltern waren mit dem Unterricht ausgesprochen zufrieden. Herr M. engagierte sich als Elternvertreter, und es bestand ein gutes Verhältnis zu den Lehrkräften. Nach zwei Jahren kam es jedoch zu einem von der Schulleitung angeordneten Lehrerwechsel, den sich sowohl die Elternschaft als auch die bisherige Klassenlehrerin nicht gewünscht hatten. Die Gründe für den Austausch waren rein äußerlich („jede Lehrkraft müsse mal wechseln"). Leider hätten sich seitdem der Unterricht wie auch die Beziehung zwischen der Elternschaft und den Lehrkräften erheblich verschlechtert. So würden die neuen Lehrerinnen kaum auf die Wünsche oder Vorschläge der Eltern wie auch auf die Bedürfnisse der Kinder eingehen, sich wenig kooperativ zeigen, nur selten das Gespräch mit den Eltern suchen, einen eher konservativen und undurchsichtigen, nicht auf die Lebenszukunft der Schüler hin ausgerichteten Unterricht praktizieren und sich hinter einer engmaschigen Auslegung der Richtlinien verschanzen. Zum Beispiel käme der curricular vorgesehene Bereich der Selbstversorgung viel zu kurz, und außerdem würden häusliche Erfahrungen weder wertgeschätzt noch pädagogisch aufgegriffen und beachtet (so hätte Anna beispielsweise zu Hause Interesse am Computer gefunden, der für sie eine große Hilfe sei, einfache Wörter in Großformat zu lesen und zu schreiben; vonseiten der Lehrkräfte käme diesbezüglich „keine Reaktion"). Daher seien sie als Eltern mit der derzeitigen schulischen Situation sehr unzufrieden, und sie würden auf eine baldige Veränderung im Interesse der betroffenen Schülerinnen und Schüler hoffen.

Zu den Stärken und Kompetenzen

Bewältigungskompetenzen

Beginnen wir mit Frau F.: Ihre Selbstaussagen zu ihrer Ausgangssituation dokumentieren Gefühle tiefster Verzweiflung, Ohnmacht, Niedergeschlagenheit und Hoffnungslosigkeit. Wenngleich derlei „biographische Nullpunkt-Erfahrungen" (Herriger 1997, 52f.) nicht selten den Ausgangspunkt des Entstehens psychopathologischer Symptome (z.B. Depression) bilden, dürfen sie nicht von vornherein Eltern (Mütter) behinderter Kinder unterstellt werden. Dies macht unser Beispiel deutlich. Es steht für einen gelungenen Empowermentprozess, da es Frau F. aus eigener Kraft („Anleitung oder Unterstützung hatte ich nicht") gelingt, ihre Nullpunkt-Erfahrungen wie auch das anfängliche „Nicht-Wahr-Haben-Wollen" der Behinderung zu verarbeiten und zu überwinden (in Form eines Sich-Abfindens „es ist so"), sich auf zukünftige Lebensaufgaben einzustellen und „neue" Lebenskräfte anzueignen sowie Alltagssituationen und -belastungen erfolgreich zu bewältigen. Damit ist sie ihrer (Problem-)Lage nicht hilflos-passiv ausgeliefert, sondern sie tritt als kompetente Akteurin in eigener Angelegenheit auf. Das zeigt sich über die gesamten Zeitetappen hinweg, denn immer wieder gelingt es ihr, „kritische" Lebensmomente (z.B. Ehekrise; Konflikte mit Mitarbeitern) durchzustehen und ihren optimistisch geprägten „Lebensrealismus" zu wahren. Ohne individuelle und soziale Schutzfaktoren wäre dies alles wohl kaum zu bewerkstelligen gewesen. Als schützende Faktoren gelten zum Beispiel:

- körperliche Gesundheit und Widerstandskraft (constitutional strengths; physical resistance);
- Beharrlichkeit, Ausdauer (persistence) und Energie (energy);
- Vertrauen in eigene Ressourcen, auch Lebenskrisen oder Belastungen bewältigen zu können (internal sense of control);
- finanzielle und materielle Absicherungen;
- Verfügbarkeit von Vertrauenspersonen (z.b. Freunde, Verwandte, Nachbarn) für emotionale Unterstützung;
- Verfügbarkeit gemeindenaher psychosozialer Angebote (z.B. Beratungsdienste; Sozialstationen; Selbsthilfe-Kontaktstelle);

- „gesunder" Optimismus, Hoffnung und Realismus (Lebenszuversicht; sense of meaningfulness);
- positives Selbstwertgefühl und Selbst-Konzept (self-esteem; commitment to self);
- Selbstsicherheit (self-efficacy);
- Bereitschaft, sich „kritischen Lebensereignissen" zu stellen und aktive Auseinandersetzung mit Lebensproblemen (vigorousness toward the environment; activity);
- flexible Anpassung an Umbrüche, einschneidende Veränderungen des Lebens oder kritische Situationen (change as challenge).

Für Antonovsky (1987, 19; 1991, 127; 1997, 47ff.) stellt dabei das „Gefühl der Kohärenz" (sense of coherence) die wichtigste (individuelle) Widerstandsressource dar, in der sich mehrere der genannten Schutzfaktoren bündeln lassen. Der Kohärenzsinn drückt als eine „Grundorientierung... das Ausmaß eines umfassenden, dauerhaften und gleichzeitig dynamischen Vertrauens darin aus [...], dass

1. die Stimuli [besser gesagt Stressoren, d. A.] aus der äußeren und inneren Umgebung im Laufe des Lebens strukturiert, vorhersagbar und erklärbar sind;

2. die Ressourcen verfügbar sind, um den durch die Stimuli gestellten Anforderungen gerecht zu werden; und

3. diese Anforderungen Herausforderungen sind, für die es sich lohnt, sich zu engagieren" (ebd.).

Kobasa und Puccetti (1983, 840f.) favorisieren als übergreifende Resistenzressource hardiness (Widerstandsfähigkeit; Ausdauer; Zähigkeit), der drei personale Schutzfaktoren zugrunde liegen: Glaube an die Sinnhaftigkeit des eigenen Lebens (commitment), internale Kontrollüberzeugung (control) und die Kompetenz, Stressoren als Herausforderung (unter Nutzung aller verfügbaren personalen und sozialen Ressourcen [ebd., 843]) für persönliches Wachstum (challenge) wahrzunehmen. Bei Frau F. dürften diese Widerstandskraft sowie einige der individuellen und sozialen Schutzfaktoren (physische Gesundheit; internale Kontrollüberzeugung; positives Selbst-Konzept und Lebenszuversicht; Aktivität; finanzielle Absicherung; Selbsthilfe-Gruppe) den fühlbaren Hintergrund ihres erfolgreichen Problemmanagements im Sinne eines mütterlichen (selbstbezüglichen) Bewältigungsverhaltens bilden. Damit sind zugleich günstige Voraussetzungen (geringere Stressbelastung) für die Entwicklung ihrer Tochter gegeben (Frey et al.

1989; Dunst et al. 1990). Empirischen Studien zufolge darf allerdings nicht unmittelbar von einem elterlichen Bewältigungsverhalten auf eine positive Entwicklung behinderter Kinder geschlossen werden (Krause 1997, 280, 286, 297); diese hängt insbesondere von einem kindzentrierten Bewältigungsverhalten (tatsächliche Beschäftigung [Spiel] mit dem Kind) ab, das unsere Berichte weithin durchschimmern lassen.
Auch Frau M. zeigt sich widerstandsfähig und profitiert von dieser Stärke. Sehr rasch gelingt es ihr, sich auf die Körperbehinderung ihrer Tochter sowie auf die impliziten Komplikationen einzustellen, zudem ist sie davon überzeugt, Lebensprobleme eigenständig-verantwortlich zu meistern. Daher kann sie sich ebenso mit der zusätzlichen geistigen Behinderung ihrer Tochter rasch abfinden und die Diagnose „Prader-Willi-Syndrom" als eine weitere Herausforderung betrachten. Neben ihrer Lebenszuversicht, physischen Stärke und ihrem Vertrauen in eigene Kompetenzen geben ihr auch soziale Beziehungen (ihre Mutter, später Herr M., Freundeskreis) als Ressourcen Halt. In Zeiten starker Belastung hat sie stets ihren Mann oder Familienverband (Mutter) hinter sich.

Alltagskompetenzen

Eng verknüpft mit der Bewältigungskompetenz ist die Alltagskompetenz, die vor allem dort in Erscheinung tritt, wo es um die alltägliche Bewältigung von Lebensaufgaben, um häusliche Zeitplanungen und um die gesamte Familienorganisation geht. Sowohl Frau F. als auch Frau M. verstehen es, den Alltag mit seinen spezifischen Zeitstrukturen souverän zu managen, so dass ein „geordnetes", geregeltes und sinnerfülltes Leben statt hat. Für beide Frauen scheint die tägliche Bewältigung von Lebensaufgaben etwas Selbstverständliches zu sein. Allerdings werden seit der Familiengründung die Alltagsaufgaben (z.B. auch Erziehung) von Frau M. und Herrn M. gemeinsam wahrgenommen, während Frau F. all die Jahre die „Hauptarbeit" trägt und dabei ein hohes Maß an Organisationskompetenz zeigt.

Kognitive und fachliche Kompetenzen

Beide Beispiele demonstrieren uns auch kognitive und fachliche Kompetenz der betroffenen Eltern. So begnügen sich Frau und Herr M. beispielsweise nicht mit vagen Informationen oder unsicheren Diagnosen über „Prader-Willi-Syndrom" und „geistige Behinderung", sondern sie setzen sich mit Freunden zusammen, wälzen Bücher und eignen sich selbst (autodidaktisch) Kenntnisse an. Ebenso ist Frau F. bestrebt, durch Selbst-Aneignung von

Fachwissen über Down-Syndrom und geistige Behinderung ihrer Tochter eine bestmöglichste Unterstützung zu bieten. Die fachlichen Kenntnisse beider Eltern werden später von pädagogischen Fachkräften kaum gewürdigt, geschweige denn sinnvoll aufgegriffen (z.b. Computererfahrung von Anna). Vielmehr geraten beide Eltern als Experten in eigener Sache mit den Professionals in Konflikt, die anscheinend mit dem traditionellen (heilpädagogischen) Rollenverständnis von Helfer und Klient (z.b. als Laie oder Co-Therapeut) noch zu sehr verhaftet waren (sind).

Soziale Kompetenzen

Ein weiteres herausragendes Merkmal beider Eltern ist die soziale Kompetenz. Zum Beispiel nutzen Frau und Herr M. die Möglichkeit des Gesprächs und fachlichen Austausches mit Freunden, Ärzten und professionellen Helfern; außerdem engagiert sich Herr M. als Elternsprecher. Beide Eltern sind bestrebt, soziale Kontakte außerhalb ihres vertrauten Lebensmilieus aufrechtzuerhalten und zu pflegen. Frau F. ergreift die Initiative, eine Betroffenengruppe aufzubauen, deren Vorsitz sie für mehrere Jahre innehat. Damit leistet sie ein wichtiges Stück an Netzwerkarbeit und befördert kollektive Prozesse des Empowerment. Gruppen, in denen Menschen mit gleichgelagerten Betroffenheiten und Belangen zusammenkommen, haben einerseits für den einzelnen eine wichtige identitätsstabilisierende Funktion (bei Frau F. befördernd für ihren „Lebensoptimismus" und psychisch stützend unter anderem auch im Zusammenhang mit der „Ehekrise"), andererseits zeigt sich immer wieder, dass wünschenswerte Entwicklungen oder Veränderungen (z.b. Gründung einer Schule für Geistigbehinderte) am ehesten in gemeinschaftlicher Aktion durchgesetzt werden können.

Appraisal-Kompetenzen

Das Selbstwertgefühl in den genannten Prozessen aufrechtzuerhalten und die Bewältigungsformen im Blick zu haben, signalisiert die Appraisal-Kompetenz (Olbrich 1992, 56). Sie kommt bei Frau und Herrn M. dort zum Ausdruck, wo die kritischen Lebensereignisse oder belastenden Situationen ohne Tragik beschrieben und als „lösbare" Lebensaufgaben (Herausforderungen) wahrgenommen werden. Auch Frau F. durchlebt kritische Momente ohne Aufgabe ihres Selbstwertgefühls. Im Endeffekt ist sie trotz anfänglicher Verzweiflung von ihren Coping-Fähigkeiten (Bewältigungskompetenz) überzeugt; und es gelingt ihr, Kontrolle über ihr Verhalten und ihre Situation aufrechtzuerhalten, was sich auf ihr Selbstbewusstsein, Wohlbe-

finden und öffentliches Auftreten wie auch auf die gesamte Entwicklung
ihres behinderten Kindes positiv auswirkt (dazu auch Dunst et al. 1990).
Zugleich schöpft sie aus diesem Stück Selbsterfahrung ihres eigenen Könnens (z.b. Bewältigung der „Doppelbelastung" Studium [später Beruf] und
behindertes Kind [sowie Haushalt]) wie auch durch den Appraisal-Effekt
im Gruppenverband Kraft für einen optimistischen Blick in die familiale
Lebenszukunft, der im Prinzip auch für Familie M. gilt.

Pädagogische Stärken und Kompetenzen

Beide Beispiele lassen eine liebevolle, einfühlsame und sichere Mutter-Kind-
Beziehung vermuten, was für die Entwicklung von Resilienz (Widerstandskraft) und sozialer Kompetenz der betroffenen Kinder grundlegend ist (Rutter 1987, 321, 327; Peters 1988, 13; Werner 1990; 1997, 196). Darüber hinaus werden spezifische pädagogisch relevante Stärken und Kompetenzen
sichtbar, so zum Beispiel das Verantwortungsbewusstsein beider Eltern
(Mütter) gegenüber ihren behinderten Töchtern, ferner ihr Bemühen um Vertrauen und Verlässlichkeit in der Erziehung, ihre Empathie und Einstellungen
den Kindern gegenüber, ihre Vorstellungen über „kritische" Erziehungspraktiken[5] (z.B. „Direktivität" [hierzu Krause 1997, 55, 63ff, 282]), ihre genauen
Beobachtungen der Entwicklung ihrer Kinder, ihre Fähigkeiten, Interessen
und Lernbedürfnisse der Kinder aufzugreifen und zu unterstützen (z.b. Arbeit mit dem Computer), ihr Blick für eine Autonomieentwicklung (Selbstständigkeit), Frau F.'s Bemühen um ein gutes Geschwisterverhältnis sowie
das öffentliche Engagement beider Eltern für das Wohl ihrer und anderer
Kinder mit geistiger Behinderung. Dass beide Eltern dabei den Konflikt mit
pädagogischen Fachkräften nicht scheuen, ist ebenfalls ein Ausdruck von
Stärke und erzieherisch kompetenter Parteinahme und nicht etwa – wie es
helfende Berufe mitunter einseitig auszulegen versuchen – nur ein Hinweis
auf unbewältigte psychische Probleme (Verletzungen) oder Durchsetzung
von Eigeninteressen.

Da Erziehungsstile, pädagogische Einstellungen, kindzentrierte Bewältigungsformen, Mikroprozesse und dialogische Verhältnisse in unseren beiden Interviews nur am Rande angesprochen wurden, möchten wir zum
Schluss noch auf Momente und Zusammenhänge aufmerksam machen, die
angesichts einer zu starken Konzentration auf Probleme nicht selten als
„pädagogische Kompetenzen" von Müttern behinderter Kinder übersehen

---

[5] Dies geht aus dem vollständigen Interview mit Frau F. hervor.

oder als selbstverständlich betrachtet in ihrer Bedeutung vernachlässigt werden (hierzu auch Krause 1997, 30ff., 54ff.). Viele betroffene Mütter scheinen zum Beispiel davon überzeugt zu sein, dass bei ihrem behinderten Kind sozio-emotionale, kommunikative Kompetenzen, d.h. Fähigkeiten, auf soziale Interaktionen zu reagieren, naturhaft mitgegeben und damit grundsätzlich vorhanden sind (Grond 1985, 148). Vor diesem Hintergrund versuchen sie von Beginn an die affektiven und sozialen Signale ihres Kindes aufzuspüren, zu entziffern und zu erwidern, sich ganz auf dessen Verhaltens- und Erlebensweisen einzustellen, mitzuempfinden, auf Mimik oder Laute einfühlsam zu reagieren, Blickkontakt herzustellen, expressive Verhaltensweisen auszutauschen, „face – to – face" Interaktionen affektiv betont herzustellen, Aufmerksamkeit des Kindes auf sich zu lenken u.a.m., um im Rahmen eines innigen dialogischen Wechselspiels (interplay) ihrem behinderten Kind viel Liebe, Zärtlichkeit und Fürsorge zukommen zu lassen, Urvertrauen, Lebensfreude und Sinnorientierung zu stiften sowie dessen gesamte Entwicklung anzuregen. Dieser frühe Dialog (mothering) ist aber auch aus einem anderen Grunde bedeutsam, insofern er die sog. coenästhetische Wahrnehmung (Spitz 1973, 44ff.) befördert, d.h. die Aufnahme und Verarbeitung spezifischer sensorischer Phänomene wie „Gleichgewicht, Spannungen (der Muskulatur und anderer Organe), Körperhaltung, Temperatur, Vibration, Haut- und Körperkontakt, Rhythmus, Tempo, Tonskala, Nuancen der Töne, Klangfarbe und wahrscheinlich noch viele andere, die der Erwachsene wohl kaum wahrnimmt", intuitiv entwicklungsfördernd unterstützt. Allein im Rahmen dieser intensiven Kommunikation und des alltäglichen Zusammenseins erwerben Mütter als zentrale Bezugspersonen vielseitige Kompetenzen und Kenntnisse über ihr behindertes Kind (z.B. über Schlaf-, Essgewohnheiten, Reaktionen auf Geräusche, Gefühle, Neigungen, [Wieder-]Erkennen von Personen, Stimmungen u.a. m.), die sie als Experten in eigener Sache (expert knowledge) auszeichnen (vgl. Cunningham 1983, 59; Mittler & Mittler 1983, 39). Dies gilt im Übrigen auch für die alltägliche Pflege oder Versorgung, bei der sie ebenfalls Kompetenzen entwickeln (care knowledge).

Zusammenfassende Beurteilung

Unseren Beispielen ist zu entnehmen, dass es beiden Müttern gelungen ist, in eigener Regie psychische Krisen zu bewältigen, Lebenszutrauen zu gewinnen und neue Lebenschancen zu nutzen. Hierzu haben sie keine psychotherapeutische Hilfe benötigt, wohl aber soziale Unterstützung erfahren, die jedoch in erster Linie Laienhilfe war. Insofern könnte man vor dem Hintergrund der beiden Empowermentgeschichten schlussfolgern, dass es auch „ohne professionelle Helfer geht". Dieser Eindruck darf jedoch keineswegs verallgemeinert werden. Denn es war uns nicht um Repräsentativität zu tun, sondern es ging uns lediglich um die Sensibilisierung für einen „anderen" Blick – und dies quasi kontrapunktisch zur herkömmlichen Einschätzung der Situation und Kompetenzen betroffener Eltern, um zu einer „ganzen" und „gerechteren" Sicht als Vehikel für eine „verstehende" Kultur des Helfens zu gelangen. Im übrigen hatte sich Frau F. professionelle Beratung und psychosoziale Stützung durchaus gewünscht, aber nicht in angemessener Weise (z.b. in Form eines Kompetenzdialogs [Herriger]) erfahren (auch Krause 1997, 48f.). Eine konsultative professionelle Hilfe (Voss & Werning 1989) sowie ein allgemeiner Informationsaustausch (Theunissen et al. 1997, 121ff.; Plaute & Westling 1996) entsprechen darüber hinaus dem Wunsch vieler betroffener Eltern, und sie sind nicht selten im Vereine mit praktischen Hilfen (z.b. Fertigkeits- oder Verhaltenstraining) für gelingende Entwicklungsprozesse betroffener Kinder unabdingbar (auch Krause 1997, 138f., 143). Ein gewisses Maß an Beistand erhielt Frau F. zunächst von ihrer Schwiegermutter und jüngeren Schwester, in den späteren Jahren war es dann die Elterngruppe, die ihr als soziale Ressource Unterstützung bot. Bei Frau M. war es ihre Mutter, die ihr zunächst Halt gab, hinzu kamen dann später ihr zweiter Mann und ein Freundeskreis. Insofern spielen in beiden Beispielen soziale Netzwerke eine wichtige Rolle, deren (positive) Bedeutung auch im Hinblick auf Entwicklungsprozesse der betroffenen Kinder gesehen werden muss (Dunst, Trivette & Cross 1986; Krause 1997, 136f.). Allerdings sind solche Netze oder „extrafamiliale Ressourcen" (Dunst, Trivette & Deal 1995, 28) nicht per se „schützend" (Kobasa & Puccetti 1983, 847f.) oder entwicklungsbefördernd, zum Beispiel können sehr enge Familienstrukturen sogar „eine Quelle von zusätzlichen Belastungen sein" (Schröder & Schmitt 1988, 152). Vor allem „gut gemeinte" Ratschläge, Formen einer übermäßigen Hilfe oder Übernahme von Verantwortung sind oftmals kontraproduktiv, indem sie die betroffene Person dazu verleiten, an der eigenen Kompetenz zu zweifeln und Vertrauen in persönliche Bewältigungsressourcen aufzugeben (ebd., 155). Erweist sich die emotionale Unterstützung dagegen für den Betroffenen als „ventilatorisch" (durch freie Aussprache und Zulassen von Gefühlen) und „valide" (Bestätigung eigener Gefühle), können resiliente Effekte erwartet werden. Insofern kommt es stets auf das subjektive Erleben und auf die persönliche Einschätzung an, ob Netzwerke – wie in unseren Beispielen – als sozialer Schutzfaktor tragfähig sein können. In dem Zusammenhang scheint sogar die subjektive Gewissheit, in kritischen Situationen auf Unterstützung rechnen zu können, ein „besserer Indikator für emotionales Wohlbefinden [zu sein, d. A.] als tatsächlich erhaltende Hilfe oder Netzwerkgröße" (Krause 1997, 133, 105).

Beide Familien haben sich all die Jahre ein Erfahrungs- und Handlungswissen angeeignet, das sie als Experten in eigener Sache ausweist und das von Professionals unbedingt wertgeschätzt werden sollte. Hierzu wollen wir abschließend aus den beiden Empowermentgeschichten schöpfen und einige Aspekte stichwortartig nennen, die wir als besonders wichtig erachten:

- die herausragende Bedeutung sog. Widerstandsressourcen, die unter anderem auch bei Menschen mit geistiger Behinderung als Schutzfaktoren eine wesentliche Rolle spielen dürften; daher sollte die Spurensuche nach schützenden Faktoren in der psychosozialen Praxis die Regel sein;
- die Problematik von Etikettierungen, entwertenden Fachurteilen oder negativen Prognosen, die grundsätzlich vermieden werden sollten und im Empowerment-Konzept durch systemische Beschreibungen ersetzt werden; auch andere Hilfe-Konzepte sollten sich dem anschließen;
- die prominente Funktion sozialer Netzwerke in psychosozialer, fachlicher und sozialpolitischer Hinsicht; ihre Förderung und Unterstützung ist im Empowermentansatz festgeschrieben; andere soziale Praxiskonzepte sollten dem folgen;
- die Erkenntnis, dass Betroffene ein feines Gespür dafür haben, ob Anteilnahme und Wertschätzung von Profis ernst gemeint oder nur aufgesetzt ist; daraus ergibt sich die Notwendigkeit, authentische Kommunikationen und Konsultationen zu pflegen;
- die Bedeutsamkeit eines individuellen Zutrauens, eines Vertrauens in eigene Kompetenzen sowie eines Lebensoptimismus, den es zu unterstützen gilt;
- die unbedingte Annahme des Anderen und Respekt vor seinem Eigen-Sinn, seinen selbstentworfenen Lebenswegen und Lebensperspektiven auch wenn sie unkonventionell sein sollten; (dies schließt andere fachliche Ansichten natürlich nicht aus, die jedoch nicht zum Dogma erklärt werden dürfen);
- die Orientierung an der Rechte-Perspektive, die professionelles Handeln als politisches Engagement begreift.

STÄRKEN-PERSPEKTIVE UND PROBLEMSICHT

Ohne Zweifel sind die vorausgegangenen Ausführungen wegweisend für eine Eltern- oder Familienarbeit im Sinne von Empowerment (Mc'Callion & Toseland 1993; Dunst, Trivette & Deal 1995; Turnbull & Turnbull III 1997). Daher sollte die Stärken-Perspektive (Weick & Saleebey 1995; Saleebey 1996; 1997) unbedingt im Zentrum der Kultur des Helfens stehen – zumal Professionals aus „kleinen Erfolgsgeschichten" und Formen gelingender Lebensbewältigung lernen können, „wie ein mögliches Spektrum von Lösungen aussieht und daraufhin sozialpolitische Maßnahmen [z.B. auch Beratung, d. A.] fördern, die es noch mehr Menschen ermöglichen, ihre eigenen Lösungen zu finden" (Weiß 1987, 161; auch Weick & Saleebey 1995, 145).

Nichtsdestotrotz bietet die Stärken-Perspektive auch Anlass zu Kritik, weshalb wir uns einer kritisch-konstruktiven Diskussion nicht verschließen sollten.

Ein zentraler Einwand bezieht zum Beispiel auf die implizite Bagatellisierung „real existierender" Belastungsmomente, die in die alltäglichen Interaktionen und Fürsorge eingehen (hierzu Finger 1995). So besteht für betroffene Eltern ohne Zweifel ein hoher Grad der Belastung (Turnbull & Turnbull III 1997, 137), wenn behinderte Kinder „kritische" Lebensereignisse durchlaufen (z.B. Frühgeborenenstation; längerer Krankenhausaufenthalt) und damit vulnerabler sind. Aber auch hier muss eine verstehende Sicht (positive view) statt haben: Eltern, insbesondere Mütter behinderter Kinder sind sich über einige der damit verknüpften Risiken für die weitere Entwicklung (mangelnde emotionale „Nestwärme", fehlende emotionale Gratifikationen, sensorische Deprivation u.a. m.) häufig bewusst, zumindest aber erahnen sie derlei Probleme, weswegen sie zusätzliche und verstärkte Anstrengungen unternehmen, um früheste Hospitalisierungseffekte auf emotionaler, sozialer, sensorischer und motorischer Ebene bestmöglichst zu kompensieren (auch Schmidt-Dender & Linde 1992). Dennoch gibt es Situationen, in denen sie das Gefühl haben und immer wieder die Erfahrung machen, dass sich ihr behindertes Kind nicht aus sich heraus entwickelt, z.B. kaum auf Liebkosungen reagiert, wenig Spontanreaktionen zeigt, die nachgeahmt werden können, oder wenig Rückmeldungen gibt, so dass Unklarheiten bestehen, ob ihr Verhalten überhaupt angenommen wird (Finger 1995, 48ff.). Wiederum sind es betroffene Mütter, die solche Kommunikations- und Interaktionsschwierigkeiten am ehesten wahrnehmen und spüren sowie in der Rolle eines aufmerksamen, aber sehr besorgten Beobachters bemüht sind, ihrem behinderten Kind soweit wie möglich Wärme, Zuwendung oder Schutz zukommen zu lassen. Die oft bei Kindern mit Down-Syndrom oder auch schwerer geistiger Behinderung beobachtbare bzw. nachgesagte Passivität (Sarimski 1989, 52) wird dabei womöglich zum Problem, wenn Eltern verstärkt die Initiative ergreifen und allein Anzeichen von Spontanaktivitäten ihres Kindes erst gar nicht aufkommen lassen. Dadurch können wichtige Momente oder Chancen für die Entwicklung gemeinsamer Aktivitäten und für den Autonomieprozess des betreffenden Kindes ungenutzt bleiben. „Die größere Direktivität der Eltern ist als Anpassung an die Passivität und die geringere Klarheit der kommunikativen Verhaltensweisen der Kinder zunächst verständlich. Eine sekundäre Entwicklungshemmung bedeutet für sie aber dann, wenn sich die Einstellung verfestigt, dass das behinderte Kind ständiger Anregung bedarf, und Eigenständigkeit wie kommunikative Kompetenz gar nicht mehr erwartet und beachtet werden. Wenn die Kinder merken, dass ihre Handlungsinitiative und ihr Bemühen um eine Präzisierung der Verstärkung nicht aufgegriffen werden, so stellen sie künftig ihre Versuche ein; es entwickelt sich eine ‚gelernte Inkompetenz'" (ebd., 60; vgl. auch 1983, 173). Noch schwieriger wird es, wenn ein behinderter Säugling schon kurz nach seiner Geburt durch Verhaltensweisen auffällt, die von seinen unmittelbaren Bezugspersonen als unverständlich oder auch unangenehm wahrgenommen werden, so z.B. Weigerung, feste Nahrung aufzunehmen, Versteifen des Körpers und Abwehr bei Körperkontakt (Konstantereas 1990, 62). Solche Verhaltensweisen und Gefühlsäußerungen sind schwer zu dechiffrieren, uneindeutig und kaum einzuordnen, und daher verlangen sie ein hohes Maß an Einfühlung, viel Kraft, Geduld und Zeit – wiederum Momente, die die Bezugspersonen aufbringen und durchhalten müssen. Aber auch dadurch zeichnen sich viele betroffene Mütter aus, denen es gelingt, trotz solcher Probleme eine Beziehung zu ihrem behinderten Kind aufzubauen. Trotzdem bleiben Unsicherheit, Ratlosigkeit, Zweifel an den eigenen Fähigkeiten, Gefühl der Inkompetenz wie auch oftmals Resignation, weswegen es wichtig ist, dass sie über Selbst-Hilfe Gruppen oder systemische Konsultation Unterstützung und Hilfe erfahren.

Ein Missverständnis wäre es, wenn nun derlei Probleme durch die Stärken- oder Kompetenzsicht ausgeblendet würden. Denn familiale Resilienz, elterliche Widerstandskraft oder Stärke, wie sie in unseren Beispielen durchschimmert, bedeutet nicht, „problem-frei" zu sein (Weick & Saleebey 1995, 145). Vielmehr zeigen uns die Stärken und Widerstandskräfte, dass und wie betroffene Eltern und Familien Stress bewältigen oder sich „regenerieren" können (ebd.). Eine Elternarbeit ausgehend von der Stärken-Perspektive darf daher Schwierigkeiten, die Betroffene haben, nicht einfach ignorieren (Mc'Callion & Toseland 1993, 580; Saleebey 1996, 227). Anfängliche psychische Krisen, die von Schock, Gefühlen der Niedergeschlagenheit oder Aktivitätslähmung, über Ängste, Schuldgefühle, Selbstzweifel, Enttäuschung bis hin zu Depressionen oder Abwehrformen wie Verleugnung, Projektion, Überkompensation oder gar zu Feindseligkeit reichen, Beziehungs-, Erziehungs- und Entwicklungsprobleme befördern können, wie aber eine langjährige häusliche Überbeanspruchung (Dauerstress) vieler betroffener Mütter, die in der Regel die Hauptlast der Pflege und Erziehung tragen, sind real (Petcrander u.a. 1992, 422; auch Hinze 1991; 1992; Cloerkes 1997, 250ff.). Dass sie dafür häufig (auch von ihrem Ehepartner) wenig Anerkennung und sowieso zu wenig Unterstützung erfahren, ist real (Steinebach 1995, 131f.; Krause 1997, 77). Und daher hat Finger (1992, 90) recht, wenn sie schreibt: „Eine Partnerschaft kann an der Aufgabe, ein behindertes Kind zu erziehen, zerbrechen oder daran wachsen. Beides ist möglich." Sogenannte Wachstumspotentiale können darin bestehen, dass Eltern zu einem gemeinsamen, eigenverantwortlichen, sinnerfüllten Handeln und zu einer inneren Verbundenheit wie auch zu einem kritischen Bewusstsein und sozialpolitischen Engagement (auch Selbst-Hilfe) gelangen. Genau dazu soll die Stärken-Perspektive als Wegweiser des „Empowered Family Model" (Mc Callion & Toseland) beitragen. Im Unterschied zu den traditionellen Helfer-Modellen geht sie davon aus, dass es mehr Sinn macht, an dem anzuknüpfen, was eine Person oder Familie kann, als ihnen ständig Fehler, Schwächen oder persönliches Versagen vor Augen zu führen (auch Pommer-Irmisch 2000, 26). Somit ist es ihr nicht um die therapeutische Fokussierung von Problemen oder Belastungen zu tun, wohl aber um die Schaffung eines Bezugsrahmens, der zu neuen Wahrnehmungs- und Handlungsmöglichkeiten führen soll, und das vor allem durch die Erschließung erfolgreicher Bewältigungsstrategien oder durch die Konzentration auf Situationen oder Verhaltensweisen, die unproblematisch sind und Anhaltspunkte für Anknüpfungen im Sinne von Empowerment bieten (Lingg & Theunissen 2000, 190f.; auch De Jong & Miller 1995; Saleebey 1996; Herriger 1997, 82f., 97). Das kann zum Beispiel im Falle von frühen Interaktionsstörungen bedeuten, dass Eltern zu einer „verfeinerten Fortführung" ihres bisherigen kompetenten Erziehungsverhaltens ermutigt und dazu angeregt werden, ihre Signale (Blickkontakt, Laute, Gestik, körperliche Berührung ...) für eine wesentlich längere Zeitspanne beharrlich anzubieten, als dies bei Interaktionen mit nichtbehinderten Kleinkindern üblich ist (Cunningham 1983, 100; Schlack 1987a; auch Weiß 1989a, 77; Fröhlich 1992, 56ff.).

Hinzu kommt die gesellschaftliche Reaktion auf Eltern (Familien) mit einem behinderten Kind, die im Falle von Diskriminierung, Schuldzuschreibung und Ablehnung das familiale Leben zusätzlich belastet, indem betroffene Eltern an Selbstwertgefühl verlieren und weitere Kräfte (Abwehr- und Bewältigungsformen) mobilisieren müssen, um sich individuell, familiär und gesellschaftlich zu behaupten. Insofern eignet ihnen auch aus dieser Perspektive eine erhöhte Vulnerabilität und Krisenanfälligkeit, die als besonders kritisch einzuschätzen ist, wenn keine soziale Unterstützung und Solidarität statt hat. Aus der Perspektive betroffener Eltern kann ein sozialer Rückzug in die familiale Innerlichkeit (sozio-emotionaler Kokon) häufig die einzig sinnvolle Antwort auf eine außerfamiliäre Belastung sein. Dadurch aber wird der gesellschaftliche Druck womöglich nur im Augenblick entschärft, langfristig könnte er Eltern um die Chance bringen, soziale Außenkontakte zu knüpfen und Unterstützung bei der Bewältigung ihrer überdurchschnittlichen alltäglichen Lebensbelastungen zu erfahren. Auch solchen Problemen nimmt sich die Stärken-Perspektive im Sinne des Empowerment an (Pinderhughes 1993, 336f.), indem sie zum Beispiel in „kollaborativer Allianz" auf das Verstehen von „kritischen" Lebenssituationen sowie auf die Auflösung problematischer Bewältigungsformen durch Lieferung von Informationen über soziale Ressourcen, Enabling Niches ([unter-]stützende und entwicklungsfördernde Nischen oder Netzwerke [hierzu Lingg & Theunissen 2000, 169ff.] oder Umfeldstärken zielt (Weick & Saleebey 1995, 148).

Darüber hinaus wird immer wieder die Erfahrung gemacht, dass Eltern in einer Phase der Hoffnungslosigkeit, Orientierungslosigkeit und Resignation bereit zu sein scheinen, sich den professionellen Helfern blindlings anzuvertrauen. Deswegen überrascht es uns nicht, wenn Eltern von Professionellen in Frühfördereinrichtungen häufig als „Mitklienten" und seltener als „Experten" wahrgenommen werden (Engelbert 1995, 177). Geradezu kontraproduktiv wäre es jedoch, Eltern in dieser Situation (Verzweiflung) zu belassen, um als professioneller Helfer womöglich eigene Vorstellungen oder Anweisungen besser durchsetzen zu können. Anstatt Unterwürfigkeit und Abhängigkeiten zu perpetuieren – wie es die traditionellen Helfer-Modelle nahe legen – müssten Stärken und Kompetenzen wiederentdeckt und revitalisiert werden – und dazu kann der „Kompetenzdialog" (Herriger) als biographische Methode des Empowerment-Konzepts bestens weiterhelfen.

Zum Schluss seien noch jene Schwierigkeiten genannt, die wir bereits an anderer Stelle (Kapitel 3) erwähnt haben. Vielen betroffenen Eltern (in den USA) und insbesondere sog. „Risikofamilien" in sozial schwacher und benachteiligter Position scheinen das Bewusstsein, Grundkenntnisse wie auch Motivation oder Interesse für Rechte, Belange und Möglichkeiten der Einflussnahme auf sonderpädagogische Förderung oder Hilfen ihrer behinderten Kinder weithin zu fehlen (Nelson, Howard & Mc'Laughlin 1993,

64). Zudem fühlen sich viele der Betroffenen anscheinend bei der Erstellung des IEP überfordert (ebd., 66) oder aber auch angesichts mangelnder Kollaborationsbereitschaft oder -fähigkeit der Professionals „disempowered" (Turnbull & Turnbull III 1997, 231). Auch in dem Falle dürfen wir Eltern nicht als „inkompetent" oder anweisungsbedürftig denunzieren. Diese Überheblichkeit haftet den traditionellen Helfer-Modellen an, nicht aber dem „Empowered Family Model", das auf dem unbedingten Vertrauen in individuelle Stärken und Fähigkeiten gründet und im Falle fehlender Präsenz elterlicher Kompetenzen diese Grundüberzeugung nicht anzweifelt, sondern sich zur Aufgabe macht, vorhandene (womöglich durch Probleme verdeckte) Ressourcen zu eruieren und durch Informationen, Enablingprogramme, Unterstützung oder „life skills training" im Sinne von Empowerment anzureichern, so dass Lebenssouveränität, Entscheidungs- und Handlungsautonomie, Kontrollbewusstsein, Kontrolle und Advocacy über die eigenen Angelegenheiten (wieder-)gewonnen werden kann (Kirkham & Schilling II 1990; Nelson, Howard & Mc'Laughlin 1993; Dunst, Trivette & Deal 1995). Außerdem wird eine entsprechende Schulung der Professionals stets mitgedacht. Bemerkenswert sind in dem Zusammenhang Programme mit Eltern, Professionals und geistig behinderten Menschen (Partners in Policymaking; hierzu Kapitel 6), um Formen der Zusammenarbeit (collaboration) und Möglichkeiten der Selbstvertretung (advocacy) zu verbessern (Zirpoli 1993; Turnbull & Turnbull III 1997, 298). Mit dieser Anmerkung möchten wir die Diskussion beenden und hoffen sichtbar gemacht zu haben, dass der Vorwurf der Vernachlässigung „real existierender Probleme" gegenüber der Stärken-Perspektive haltlos ist (so auch Saleebey 1996; Lingg & Theunissen 2000, 188ff.). Im Folgenden sollen nun Grundzüge und Prinzipien der Eltern- oder Familienarbeit im Lichte von Empowerment skizziert werden. Unsere Anregungen beziehen sich dabei auf alle relevanten Bereiche, insbesondere auf die Arbeit mit Eltern und Familien in der Frühförderung, in vorschulischen Einrichtungen, in der Schule oder in Wohneinrichtungen wie aber auch auf spezielle Fragen, zum Beispiel in Bezug auf Ablösung vom Elternhaus, Übergang ins Erwachsenenalter, Erziehung, Sexualität, Partnerschaft oder Heirat, Arbeit, Selbstbestimmung, autonomes Wohnen ...

THE EMPOWERED FAMILY MODEL

Über alle Differenzierungen hinweg lassen sich aus der einschlägigen Literatur übereinstimmende Gesichtspunkte zusammentragen, die als Wegweiser und Bausteine einer am Empowerment-Konzept orientierten Eltern- und Familienarbeit gelten. Grundlegende Bedeutung haben neben der Stärken- und Kompetenzorientierung Leitprinzipien wie

- Kollaboration
- vertrauensvolle und zuverlässige Partnerschaft
- verständliche und positive Kommunikation
- Respekt vor der Entscheidungs- und Handlungsautonomie (decision making) aller Familienmitglieder und der Gesamtfamilie
- Lebensweltbezug (Betrachtung der Familie als „kulturelles" System im gesellschaftlichen Kontext)
- Orientierung an den (Grund-)Bedürfnissen, (behinderungsbezogenen) Wünschen und Zukunftsplänen aller Familienmitglieder
- Respektierung der „eigenen Zeit" familialer Entwicklungsprozesse im Sinne von Empowerment, um etwaige Überforderung durch zu hohe Erwartungen an die Leistungsfähigkeit Betroffener zu vermeiden
- Orientierung an der Rechte-Perspektive betroffener Familien und Kinder
- Orientierung am Selbsthilfe- und Selbstvertretungsgedanken (advocacy) sowie
- Hilfen zur Entwicklung von Enabling Niches (Weick & Saleebey 1995, 148; Dunst, Trivette & Deal 1995, 5ff.; Turnbull & Turnbull III 1997).

Diese Prinzipien sind zum Teil durch konkrete Tipps und ausführliche Leitfäden für professionelles Handeln angereichert worden. Außerdem spielt die Leitidee einer „starken Familie" (Dunst, Trivette & Deal 1995, 25f.) eine prominente Rolle, die aus Empowermentgeschichten betroffener Eltern und Familien erschlossen worden ist; hierunter fasst das Autorenteam eine Kombination von 12 Qualitätsmerkmalen:

„1. der Glaube und das Gefühl von Verpflichtung (commitment) gegenüber allen Familienmitgliedern, ein individuelles Wohlbefinden zu erzielen und eine zufriedene Einheit zu schaffen

2. Würdigung (appreciation) sowohl kleiner als auch großer Dinge, die einzelne Familienmitglieder leisten und Ermutigung zu weiteren Leistungen

3. konzentrierte Bemühungen, Zeit zusammen zu verbringen (spend time) und Dinge gemeinsam zu tun [...]

4. ein Gefühl von Entschlusskraft, Zuversicht und Zielorientierung (sense of purpose), welches die Basis für den Zusammenhalt in guten wie auch schlechten Zeiten darstellt

5. ein Gefühl für Übereinstimmung (sense of congruence) zwischen den Familienmitgliedern bezüglich Werte und Bedeutung von Zeit und Energie zur Befriedigung von Bedürfnissen

6. die Fähigkeit zur Kommunikation (ability to communicate) miteinander, so dass positive Interaktionen befördert werden

7. ein festes Set familialer Rollen, Werte und Überzeugungen (rules, values and beliefs), die auf Erwartungen bezüglich gegenseitiger Achtung und wünschenswerter Verhaltensweisen gründen

8. ein breites Repertoire an Coping-Strategien zur Bewältigung von (kritischen) Lebensereignissen (coping strategies)

9. die Fähigkeit, Probleme zu lösen (problem-solving activities), Bedürfnisse zu befriedigen und neue Ressourcen zu erschließen

10. die Fähigkeit positiv zu denken und Positives aus allen Aspekten des Lebens zu erschließen und die Fähigkeit, Krisen und Probleme als Chance zu begreifen, mit ihnen und an ihnen zu wachsen (ability to be positive)

11. Rollenflexibilität und Anpassungsbereitschaft (flexibility and adaptability), die notwendig sind, um Ressourcen zur Befriedigung von Bedürfnissen wahrzunehmen

12. eine Balance (balance) zwischen internalen und externalen familialen Ressourcen zur Bewältigung von (kritischen) Lebensereignissen und zur Planung der Lebenszukunft",

die als Prüfsteine für die Funktionsfähigkeit familialer Systeme im Rahmen der Eltern- und Familienarbeit reflektiert werden sollten.

Vor dem Hintergrund dieser Wegmarkierungen kommt die Arbeit mit Eltern und Familien auf vier Ebenen zum Tragen:

Zur subjektzentrierten Ebene

Ein zentrales Angebot auf der subjektzentrierten Ebene ist die soziale Einzelhilfe, die insbesondere bei Lebenskrisen indiziert ist und in deren Zentrum Formen einer systemischen Konsultation (lösungsorientierte Beratung) stehen (hierzu Voss & Werning 1989; Lingg & Theunissen 2000, 200ff.). Ein wichtiges methodisches Werkzeug des Empowerment-Konzepts ist dabei der von Herriger (1997, 113ff.) beschriebene Kompetenzdialog, der vor dem Hintergrund einer biographischen Rückschau weniger die Schattenseiten des Lebens (Nullpunkt-Erfahrungen) bilanziert, sondern „kleine Erfolgsgeschichten" (positive Seiten) zur Sprache bringt und damit sowohl zur Wahrnehmung der eigenen Situation als auch zum Wiederentdecken von Erfahrungen der Stärke und Kompetenzen anstiften soll. Diese

Entdeckungsreise soll in Aktivitäten münden, die auf die Verbesserung der Lebenssituation zielen. Des Weiteren bezieht sich die subjektzentrierte Ebene auf Elterngespräche, die als Informationsvermittlung und -austausch oder aber auch als Unterstützungsangebot und Problemlösungshilfe angesagt sind, wenn Fragen in Bezug auf Erziehung, Pflege, Fördermaßnahmen, Therapie, Aufnahme in Regel- oder Sondereinrichtungen, Bildung, Schule, berufliche Eingliederung, Wohnen, Ablösung, Rechte, Dienstleistungssysteme (Transport), Lebenszukunft etc. anstehen, wenn familiale Kräfte und Leistungen, elterliche Kompetenzen und pädagogisches Bemühen gestärkt werden sollen, wenn die Wahrnehmung von Interessen und Mitbestimmungsmöglichkeiten (IEP) oder auch die Zusammenarbeit zwischen Eltern und professionellen Systemen (Helfern) verbessert werden soll oder wenn Interessen und Bedürfnisse von Eltern, betroffenen behinderten Menschen und helfenden Berufen konfligieren. Als vermittelnde Brückeninstanzen bieten sich hierzu der Kooperationsdiskurs (Theunissen 1998b) oder auch das von Hasemann (1999) vorgestellte K.R.E.I.S.-Verfahren an.

Zur lebensweltlichen (Mikro-)Ebene

Elternarbeit im Sinne von Empowerment darf freilich nicht auf der subjektzentrierten (Konsultations-)Ebene stehen bleiben; sie muss auch „feldorientiert" sein, d.h. die konkrete Lebenssituation, Milieuaspekte, sozio-kulturelle Bedingungen und kollektive Ressourcen beachten. Daraus ergeben sich zum Beispiel Konsequenzen für die Frühförderung, die einerseits als „mobile Hilfe" (Geh-Struktur) den „natürlichen" Lebensraum als Ort des Lernens im Blick haben muss. Um die elterlichen Kompetenzen zu unterstützen, müssen die soziale Situation und die reale Lebenswelt der Familie erfasst und verstanden werden. Elternarbeit im „natürlichen" Lebensraum bedeutet, die Interaktionen zwischen Kind und Bezugspersonen (Eltern, Geschwister) im häuslichen Milieu entwicklungsfördernd aufzubereiten (beobachten, analysieren, verfeinern, modifizieren, unterstützen ...). Wie dabei im Einzelnen vorgegangen werden kann, demonstrieren uns unter anderem Sarimski (1989, 66 f.), Milani-Comparetti (1981) sowie Kautter und Mitarbeiter (1982). Nach Ansicht von Milani-Ccomparetti sei es zur Förderung eines motorisch beeinträchtigten, behinderten Kindes fast immer möglich, im alltäglichen Spiel, im Alltag oder in realen Lebenssituationen ein „therapeutisches Potential" zu erspüren und zu nutzen, d.h. „Gelegenheiten zu finden, die die Wiederholung einer gewünschten Bewegung begünstigen, so dass auch Übung in der Erfahrung und durch Handeln in der Normalität in allen Bereichen möglich ist, in denen es notwendig wird,

Schwierigkeiten zu kompensieren oder Alternativen zu erarbeiten" (1981, 20). Entsteht dabei keine Therapeutisierung oder (Über-)Pädagogisierung der frühen Kindheit, ist gegen diese basale und „natürliche" Form einer „Entwicklungsanregung" nichts einzuwenden. Im Gegenteil: Diese Form der Unterstützung scheint technokratisch-funktionalistischen Lerntherapien oder den sog. heilpädagogischen Übungsbehandlungen (Bierbach & Steinebach 1992) überlegen zu sein, da sie das Kind als Akteur der eigenen Entwicklung begreift (Kautter u.a. 1982). Damit respektiert sie auf der Basis einer positiven zwischenmenschlichen Begegnung die Selbstgestaltungsmöglichkeiten eines behinderten Kindes und fördert zugleich dessen Autonomie. Konkrete Anregungen für Eltern zur Förderung von Autonomieprozessen (geistig) behinderter Kinder bieten zudem Wehmeyer, Agran und Hughes (1999, 300f.) mit „ten steps to self-determination in the home".
Des Weiteren können je nach individueller Situation der Familien oder Eltern neben konkreten kompetenzfördernden Programmen (life-skills training; praktische Übungen zur Aneignung spezifischer Fertigkeiten [z.B. Pflegetechniken]; Stressmanagement-Training; psychoedukative Trainingsprogramme) auch milieuzentrierte Alltagshilfen (z.b. Unterstützung bei Haushaltsplanungen oder -tätigkeiten; Strukturierung des Tagesablaufs) durch familienentlastende Dienste (family support) notwendig sein, die ebenfalls nur auf der Basis von Kooperation und einer Ressourcenorientierung, „verstehenden" Sicht, personalen Wertschätzung und respektvollen Haltung den Betroffenen gegenüber mit dem Empowerment-Konzept kompatibel sind (Turnbull & Turnbull III 1997, 190). Adressaten milieuzentrierter Angebote sind insbesondere Eltern oder (alleinerziehende) Mütter, die sich unter „kritischen" Lebensbedingungen (Obdachlosigkeit; Armut; broken-home-Situationen; beengte Wohnverhältnisse; Arbeitslosigkeit; Ehezerrüttung) zurechtfinden müssen und/oder aus eigener Kraft spezifischen Anforderungen (noch) nicht nachkommen können (Dunst, Trivette & Deal 1995, 1; auch Turnbull & Turnbull III 1997, 92f., 252ff.). Im Sinne von Empowerment dürfen auch milieuspezifische Unterstützungsformen nicht vorgeschrieben werden, sondern sie sollten stets mit den Betroffenen gemeinsam erarbeitet und verwirklicht werden. Dieser Anspruch ist im Falle sog. broken-home-Verhältnisse sehr hoch und mitunter schwer einzulösen, dennoch sollte er auch bei fehlendem familialen Engagement oder schwer erkennbaren elterlichen Ressourcen nicht leichtfertig verspielt werden. Auch die „sozialpädagogische Familienhilfe" (KJHG), auf die hierzulande gerne verwiesen wird und die mit der Behindertenarbeit (z.B. Frühförderung) unbedingt verzahnt sein sollte, kann durchaus Empowermentprozesse (Hilfe zur Selbsthilfe) beför-

dern, wenn sie individuelle Kompetenzen aufzuspüren und zu unterstützen versucht und sich nicht – wie schon in Kapitel 3 erwähnt – bloß auf Bevormundung oder eine Übernahme von Haushaltstätigkeiten beschränkt. Eltern- und Familienarbeit im Sinne von Empowerment würde auch dann scheitern, „wollte diese von anderen Normen und Werten ausgehen, als der häusliche Rahmen repräsentiert. Helfendes Bemühen darf nicht familiale Aktivitäten an Mittelschichtnormen anpassen" (Klein 1979,152f.).

Zur Gruppenebene

Hier geht es zunächst einmal um die (Wieder-)Herstellung von tragfähigen Beziehungen und Verbindungen privater Netzwerke (Familien-, Freundes-, Nachbarschaftssysteme), so dass soziale Ressourcen im vertrauten Nahbereich verfügbar sein können (Weick & Saleebey 1995, 146); darüber hinaus zielt die gruppenbezogene Elternarbeit auf die Stärkung gemeinsamer Kräfte sowie auf das Anstiften zu und die Entwicklung und Unterstützung von Selbsthilfe-Initiativen und Advocacy-Gruppen (z.B. Intitiativen wie „Eltern gegen Aussonderung"; „Gemeinsames leben und lernen"; Eltern Integration: Österreich) sowie auf ihre Vernetzung auf überregionaler Ebene, um Eltern mit gleichgelagerten Anliegen und Interessen zusammenzubringen. In dem Zusammenhang sind auch Projekte wie „Eltern beraten Eltern" (Aubrecht, Oberndorfer & Schönwiese 1999) zu fördern, die Betroffene zum Peer Counseling oder Peer Support wie auch zur Parent Advocacy befähigen und dazu beitragen, dass sie ihre Sprache finden, Schuldgefühle ablegen und die „traditionelle Almosen- und Bittstellerrolle zugunsten einer gleichwertigen Zusammenarbeit" mit Professionals und Behördenvertretern finden (ebd., 43; Turnbull & Turnbull III 1997, 180ff.). Neben dem Unterstützungsmanagement von Selbstvertretungsgruppen zählen freilich auch konkrete soziale Gruppenangebote zum Bestandteil der Eltern- und Familienarbeit (Gesprächsrunden, Elternseminare, Elternabende, Exkursionen, Selbsterfahrungsgruppen, Eltern-Kind-Gruppen, Familienfreizeiten, strukturierte Eltern-Trainingsprogramme zur Förderung interpersoneller Kommunikation, Müttergruppen, „Familienkonferenz" u.a.m.). Erwähnenswert ist das von Kirkham und Schilling II (1990) beschriebene und evaluierte „Life Skills Training", das neben dem Erwerb von Strategien zur Bewältigung von Stress (coping resources) explizit auf die Aneigung von Empowerment-Fähigkeiten (communication skills; decision making; problem-solving; peer leadership; advocacy) zielt. Ein solches Programm hat sich bei Eltern, die sich in diesem Sinne konkrete Unterstützung wünschen, als besonders effektiv erwiesen (ebd., 83). Bei Betroffenen, die zu depressiven Reaktionen neigen oder sich unter „kritischen" Lebensereignissen zurecht finden müssen, sollten dagegen zunächst andere (psychosoziale) Hilfen in den Blick genommen werden (z.b. systemische Beratung). Das gilt ebenso für „Hochrisikofamilien" (Pommer-Irmisch) aus sozialen Brennpunkten, die zum Beispiel über ein spezielles Tagesstättenangebot für betroffene Mütter und (Klein-)Kinder, das auf psychischen Halt und psychosoziale Stabilisierung, auf die Wiedergewinnung von Lebenszutrauen und Lebensenergie, auf die Mobilisierung verschütteter Ressourcen und den Erwerb neuer (pädagogischer) Kompetenzen zielt, wirksame Unterstützung erfahren können (ebd. 2000).

Zur strukturellen und sozialpolitischen Ebene

Viertens ist die Unterstützung im gesellschaftspolitischen Bereich aufgegeben, um beispielsweise Eltern behinderter Kinder mehr Mitsprache- und Mitgestaltungsmöglichkeiten im Bereich der Behindertenhilfe zu eröffnen (Nelson, Howard & Mc'Laughlin 1993; Dunst, Trivette & Deal 1995, 93f.). Empowerment steht hier unter anderem für Adressatenbeteiligung (z.b. Elternmitentscheidung bei sonderpädagogischen Angebots- und Platzierungsfragen [hierzu auch Kapitel 3]). Gerade davon sind wir im deutschsprachigen Raum noch weit entfernt. Im Unterschied zu vielen anderen westlichen Ländern (insbesondere zur USA) ist bei uns von einer Teilhabe und Mitbestimmung von Eltern und betroffenen behinderten Menschen an Entscheidungsprozessen ihrer Lebenswirklichkeit wenig, ja zum Teil nichts zu spüren. Daher besteht hier aus der Empowermentperspektive ein hoher Handlungsbedarf für die Zukunft. Des Weiteren haben (kooperativ initiierte) Selbsthilfe-, Stadtteil- oder Siedlungsprojekte (z.B. Spielstube; Kontaktstelle; Spielplatzgestaltung; Elterntreff in einem sozial schwachen Wohnmilieu) oder auch Schulsozialarbeitsprogramme („school-linked comprehensive services" [Turnbull & Turnbull III 1997, 252ff.]) auf der strukturellen Ebene ihren Platz. In Anbetracht hoher Arbeitslosigkeit bei Eltern, deren Kinder als lernbehindert und sozial benachteiligt gelten, haben solche Initiativen und Angebote einen wichtigen „kompensatorischen" Stellenwert (auch Iben 1970; 1971; Theunissen 1983; Weiß 1989b, 91ff.).

Insgesamt gesehen ist das „Empowered Family Model" eine vielversprechende Angelegenheit, die auf einer veränderten Sichtweise in Bezug auf Eltern und Familien mit einem behinderten Kind basiert:

- Eltern werden nicht mehr als ein Teil der Probleme ihres Kindes betrachtet, sondern als kooperative Partner, die die Herausforderung einer außergewöhnlichen Lebenssituation meistern

- Eltern werden nicht mehr in einer passiven Rolle gesehen, sondern sie werden als aktiv, kompetent und kooperativ wertgeschätzt
- Familien werden nicht mehr durch die Mutter-Kind-Beziehung definiert, sondern es werden die Wünsche und Bedürfnisse aller Familienmitglieder berücksichtigt
- Auf familiale Bedürfnisse wird nicht mehr in einer generalisierten Form reagiert, sondern es wird die Individualität der Familie als Ganzes und jedes einzelnen Familienmitgliedes fokussiert (nach Turnbull & Turnbull III 1997, 12).

Zweifellos hat der professionelle Helfer in dem darauf abgestimmten Arbeitskonzept das neue Rollenverständnis (Enabler, Consultant, Mobilizer, Advocate, Mediator, Facilitator) zu beweisen (Dunst, Trivette & Deal 1995, 91ff.; auch Kapitel 1). Nicht mehr im Belehren und Beharren auf fachlichen oder eigenen Standpunkten wie auch im Besserwissen liegt seine Arbeit. Er hat vielmehr Verhaltensweisen wie Beobachten, Einfühlen, Zuhören, Explorieren, Mitsuchen, Erraten, Motivieren und Ermutigen zu kultivieren, er soll Flexibilität, Neugierde und Kreativität an den Tag legen und sich nicht unter Erfolgszwang oder Leistungsdruck setzen. Vor allem aber muss er authentisch sein, d.h. Schwächen und eigene Hilflosigkeit eingestehen können, mit der er häufig in der Arbeit mit geistig schwer und mehrfachbehinderten Kindern konfrontiert wird (auch Laube u.a. 1992, 75). Hinzu kommt die Auseinandersetzung mit negativen Gefühlen, die, wenn sie unbeachtet bleiben, sowohl die Förderung bzw. Entwicklung des behinderten Kindes als auch die gesamte Eltern- und Familienarbeit (Beratung) erheblich beeinträchtigen. Außerdem muss er das sog. „Helfer-Syndrom" (Schmidbauer 1977) sowie die damit verknüpfte Gefahr einer „professionellen Überfürsorglichkeit" vor dem Hintergrund elterlicher Sorgen, Rat- oder Hilflosigkeit selbstkritisch reflektieren.

Neben der fachlichen Kompetenz kommt es aber auch auf die Persönlichkeit des einzelnen Helfers an, deren Anteil auf die Effektivität von Beratungs- oder Förderangeboten hoch eingeschätzt wird (Berger 1989, 163). Nur vor dem Hintergrund eines empathisch-teilnehmenden Verstehens und Engagements erleben sich Ratsuchende als kompetente Personen ernstgenommen und nicht durch professionelle Helfer „entmündigt". Diese Form der Assistenz schließt nicht aus, dass sich Helfer spezifischer Hilfsmittel (assessment scales) zur Erfassung von Bedürfnissen, individueller, familialer und umweltbezogener Ressourcen und Stärken, Unterstützungsleistungen durch Netzwerke, der professionellen Dienste und des „family functioning style" (Dunst, Trivette & Deal 1995) oder auch der speziellen Methodik des „systemischen Fragens" bedienen können, wenn zum Beispiel zum Nachdenken angeregt oder zu neuen Wahrnehmungsmustern oder Problemlösungen angestiftet werden soll (hierzu Lingg & Theunissen 2000, 194f., 209f.). Die Kunst besteht letztlich darin, Eltern zu mehr Autonomie, zu Handlungssicherheit und Souveränität sowie zu einer neuen Lebenskraft zu verhelfen, auf ihrem Lebensweg zu stärken und zu eigenen Problemlösungen hinzuführen. In Bezug Elternarbeit im Rahmen von Frühförderung heißt dies zum Beispiel, „nicht so sehr auf die Behinderung des Kindes zu starren und zu deren Überwindung die Familie einzuspannen, sondern zu fragen, welche Wege die Familie bisher für den Umgang mit dem Kind gefunden hat und wie diese Wege weiter ausgebaut werden können. Als Ergebnis können dann recht ungewöhnliche Problemlösungen auftauchen, da es die von Experten [Professionellen, d. A.] festgelegte einzigartige Lösung nicht mehr gibt" (Finger 1992, 85). Zum Schluss sollte jedoch nicht unerwähnt bleiben, dass auch im Empowered Family Model der Hintergrund der Partner höchst unterschiedlich ist. Professionelle Helfer, die sich einschlägige Kenntnisse angeeignet haben, befinden sich in aller Regel in einer Ausnahmesituation, die nicht mit der elterlichen bzw. familialen Situation vergleichbar ist. Sie können auch unbefangener mit dem behinderten Kind umgehen, da ihr Wirken stets zeitlich befristet ist. Andererseits gibt es immer Bereiche, in denen Eltern „kompetenter sind als Fachleute. Wer kennt schließlich das Kind am besten, wer hat eine zutreffende Vorstellung von den täglichen Schwierigkeiten, von der Realisierbarkeit therapeutischer Aufgaben, von den inneren und äußeren Belastungen, wenn nicht sie, die Eltern?" (Schlack 1991, 219 f.). Allein deshalb ist professionelle Bescheidenheit und Behutsamkeit angezeigt, denn: Fruchtbar ist nicht die fachliche Absicht, sondern die respektvolle, konsultative Begegnung (Buber 1969, 85).

Kapitel 6: Konsequenzen für das Wohnen in Einrichtungen der Behindertenhilfe

> In diesem Kapitel wird der Lebensbereich Wohnen aus verschiedenen Blickwinkeln beleuchtet. Im Mittelpunkt steht das Wohnkonzept der Lebenshilfe Salzburg, dem es im Lichte von Empowerment um Lebensqualität von Menschen mit geistiger Behinderung zu tun ist. Besondere Bedeutung kommt dabei Fragen zur Umsetzung der Interessen und Rechte Betroffener zu.

EINLEITENDE BEMERKUNGEN

Ein Lebensbereich, der als „normal" erachtet wird und für uns „Nichtbehinderte" so selbstverständlich erscheint, dass er kaum reflektiert wird, ist das Wohnen – ein Ort, an dem sich der Mensch „zuhause", heimisch oder zugehörig fühlen möchte, der Sicherheit, Wärme, Schutz oder Geborgenheit, das Bedürfnis nach Beständigkeit und Vertrautheit, die Sehnsucht nach Selbstverwirklichung, den Wunsch nach Intimität und Sexualität sowie das Bedürfnis nach Kommunikation, Zuwendung, Wertschätzung und Anerkennung ermöglichen soll (Andritzky & Selle 1987, 106). Diese Momente bedeuten Lebensqualität und sind für ein menschenwürdiges Wohnen unabdingbar. Lebensqualität fußt auf der Möglichkeit zur individuellen Lebensgestaltung, auf den Möglichkeiten einer aktiven Teilnahme am Leben und auf einer eigenständig-verantwortlichen Bewältigung des Alltagslebens. Für viele Menschen mit geistiger Behinderung scheinen solche Wohn- und Lebensmöglichkeiten als anzustrebendes und zugleich konstituierendes Moment von Empowerment bis heute kaum gesichert und „normal" zu sein. Hier gilt Wohnen als „Ort zu leben" noch nicht als selbstverständlich, ferner wird erst ansatzweise in Betracht gezogen, dass Erwachsene mit geistiger Behinderung die gleichen Wohnbedürfnisse wie andere Mitbürger haben könnten (Speck 1987). Vielmehr werden nach wie vor sehr viele Menschen mit geistiger Behinderung – häufig gegen ihren Willen – in großen Einrichtungen oder gar Pflegeheimen untergebracht und zentral versorgt. Diese Praxis steht zwischenzeitlich im Zeichen heftiger Kritik und Auseinandersetzung – gilt sie doch als Anachronismus, der der „Nor-

malisierung" deutlich widerspricht (Lingg & Theunissen 2000, 158ff.; auch Kapitel 1).
Allerdings reicht die Orientierung am Normalisierungsprinzip noch nicht aus. Ebenso bedeutsam sind der Integrationsgedanke sowie Lebens- und Beziehungsmodelle, bei denen „die geistige Behinderung [...] nicht mehr von Bedeutung" ist (Appel & Schaars 1997, 23), „Menschen mit geistiger Behinderung und andere [...] gleichberechtigt" sind und sich in der Beziehung mit anderen selbstbestimmt entwickeln können (ebd.). Dies führt uns zur Frage eines „zeitgemäßen" Wohnens im Sinne von Empowerment.

WOHNEN IM WOHNVERBUND

Wohnen bedeutet für den Durchschnittsbürger in unserer Gesellschaft ein Leben in einem eigenen Haushalt, in einem eigenen „Zuhause" (Miete oder Eigentum); die Anzahl der Personen, mit denen man zusammenlebt, orientiert sich dabei im überwiegenden Ausmaß an der durchschnittlichen Familiengröße, die bei ca. vier Personen liegt.

Die meisten Menschen mit Behinderungen (vor allem mit geistiger Behinderung) leben dagegen in Großeinrichtungen. Folgt man internationalen Fachpositionen (Hoffmann 1999a; Dalferth 1999) sowie der Betroffenenperspektive (Martin 1996; Johansson 1996, 61) sind Institutionen, die mit ihren Wohnplätzen die Orientierung an der „normalen" Familie und ihren Lebensstandards bei weitem überschreiten, „Großeinrichtungen". Favorisiert werden Wohnformen, die sich in der Größe und der Ausstattung an einem mitteleuropäischen Durchschnittshaushalt orientieren. Dem Wohnen in sog. traditionellen Großeinrichtungen (Anstalten) oder auch Förder- und Pflegeheimen werden heute Konzepte gegenübergestellt, die ein dezentrales, gemeindeintegriertes Wohnen aller Menschen mit Behinderungen vorsehen (Seifert 1998). Es darf dabei nicht übersehen werden, dass Menschen mit geistiger und mehrfacher Behinderung häufig spezielle Adaptierungen in ihrem Wohnbereich brauchen, die sich aufgrund der Art und des Grades der Behinderung ergeben (z.B. Pflegehilfen). Um daher kleine, aber auf die besonderen Bedürfnisse der Menschen eingehende Wohnformen anzubieten, werden sogenannte Wohnverbundsysteme entwickelt, denen gute Chancen eingeräumt werden, die traditionellen Großeinrichtungen abzulösen (Theunissen 2000a, 114ff.). Im Folgenden soll daher beispielhaft aus den „Wohnkonzepten" der Lebenshilfe Salzburg (Plaute 1997b) ein solches zeitgemäßes Programm skizziert werden:

Wohnangebote

Die Lebenshilfe Salzburg bietet verschiedene Formen von „Wohnbetreuung" an. Diese werden in Form eines vernetzten Wohnsystems (Wohnverbund) realisiert. Der Wohnverbund geht dabei von folgender Struktur aus, für die eine Mischform aus einem Wohnhaus und angegliederten Wohneinheiten (z.B. Betreutes Wohnen) vorgesehen ist (vgl. Abb. Wohnverbund):

Abbildung: Wohnverbund

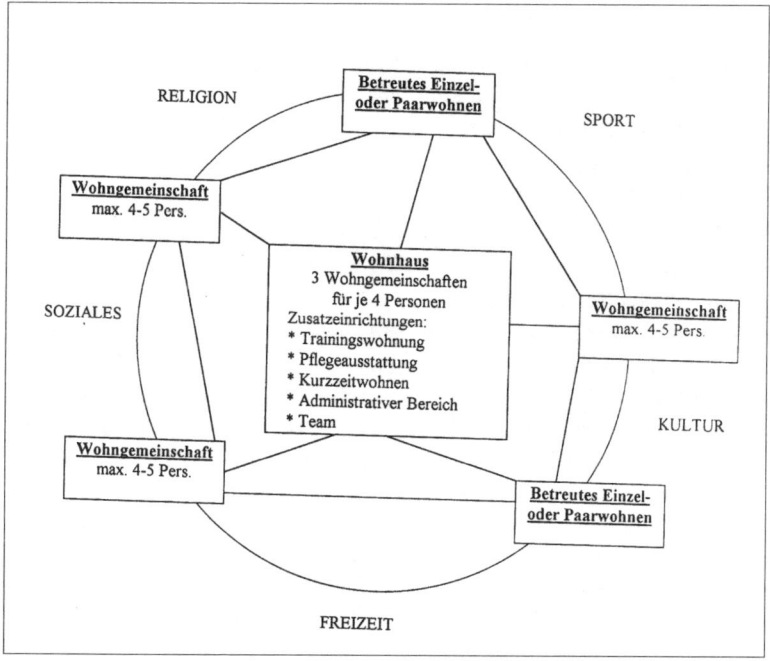

Unter der Führung einer leitenden Person ist für den gesamten Wohnverbund ein gemeinsames Team verantwortlich, wobei eine klare Zuordnung der Mitarbeiter zu den einzelnen Wohngemeinschaften erfolgt. Im Bereich „Wohnen" (Haushaltsführung, persönlicher Bereich, Intimbereich ...) steht die einzelne Wohngemeinschaft im Mittelpunkt, für den „Freizeitbereich" (Sport, Kultur, Religion ...) sollen übergreifende Angebote für die Bewohner zur Verfügung stehen.

Wesentliche Vorteile des Wohnverbundes sind die gemeinsame Nutzung von Infrastruktur (z.b. Busse, Medien) und die größere Sicherheit in Notfällen (z.b. Notfallmanagement, Personalersatz).
Die im nächsten Abschnitt beschriebenen Wohnformen werden allesamt von der Lebenshilfe Salzburg angeboten. Als Grundform wird dabei von einer Wohngemeinschaft von ca. 4-5 Personen (für alle Menschen unabhängig von Art und Grad der Behinderung) ausgegangen (außer bei Einzel- oder Paarwohnung). Durch eine spezifische Aufgabenstellung bzw. die Kombination von mehreren Wohngemeinschaften ergibt sich die jeweilige Form des Wohnens:

- Einzel- oder Paarwohnungen mit mobiler Assistenz;
- Wohngemeinschaften nach dem Konzept „Betreutes Wohnen" (für ca. 4-5 Bewohner), die in Einfamilienhäusern, Reihenhäusern oder Wohnungen eingerichtet werden können;
- Trainingswohnungen in einem Wohnhaus oder an ein Wohnhaus angeschlossen für ca. 4-5 Personen (zeitlich limitierter Aufenthalt);
- Wohnhaus mit drei Wohngemeinschaften (für insgesamt ca. 12 Bewohner) mit oder ohne Zusatz- oder Spezialdienste (z.B. Pflege, Kranken- und Altendienste, Kurzzeitbett);
- Kurzzeitwohnen: für einen beträchtlichen Teil geistig behinderter Menschen, die noch bei ihren Eltern leben, besteht der Wunsch oder auch die Notwendigkeit einer zeitweisen Unterbringung in einem Wohnbereich. Um diese Möglichkeit in ausreichendem Maß anbieten zu können, müssen im Sinne der Familien- und Gemeindenähe 1-2 Wohnplätze in den bestehenden und noch zu schaffenden Wohneinrichtungen für Kurzzeitwohnen freigehalten werden oder andere Alternativen geschaffen werden (z.B. Kurzzeit-Wohngemeinschaften).

Definition „Wohnhaus"

Ein Wohnhaus unterscheidet sich äußerlich nicht von den anderen Wohnformen der Lebenshilfe Salzburg. Dabei wird von familiären Wohngrößen (Wohngemeinschaft für ca. 4-5 Personen) ausgegangen. Um diese Wohngröße auch für Bewohner mit höherem Betreuungsbedarf (z.B. aufgrund von Pflegebedarf, Verhaltensauffälligkeiten) anbieten zu können, bilden im Wohnhaus immer drei Wohnungen eine Einheit. In diesem Wohnhaus können auch spezielle Dienstleistungen angeboten werden: Pflegebetten, Trainingsgruppe und Kurzzeitwohnen.

Grundsätzliche Merkmale eines „Wohnhauses":
- Jedes Wohnhaus besteht aus 3 Wohngemeinschaften à 4-5 Personen:
  - Jede(r) BewohnerIn hat ein eigenes Zimmer (ca. 15 m²) mit eigener kleiner Nasszelle (Bad und Toilette – ca. 4 m²).
  - Die vier Bewohner teilen sich eine gemeinsame Wohnküche (ca. 40m²).
  - Pro Wohngemeinschaft steht ein gemeinsames Pflegebad (z.T. mit Hubbadewanne) zur Verfügung (ca. 15m²).
- Die Wohnbereiche müssen in einer Wohngemeinde liegen.
- Die gesellschaftlichen Kontakte zwischen den Wohnbereichen müssen sich in beiden Richtungen frei entfalten können.
- Wohnen und Arbeiten sollten nach Möglichkeit voneinander getrennt sein.
- Der Betroffene bestimmt seine Freizeitbeschäftigung nach Ort, Jahreszeit und Geselligkeitsbedürfnis mit.
- Der Betroffene kann Freunde oder Bekannte bei sich oder anderweitig treffen.
- Grundsätzlich werden die Wohngemeinschaften geschlechtlich gemischt zusammengesetzt. Dies betrifft sowohl die Bewohner als auch die Mitarbeiter.

Definition „Betreutes Wohnen"

Unter „Betreutem Wohnen" wird eine Wohngemeinschaft für ca. 4-5 Personen verstanden, in der die Bewohner weitgehend selbstbestimmt und unter möglichst geringer Kontrolle leben können. Unter Selbstbestimmung verstehen wir die höchstmögliche persönliche Freiheit zu bestimmen, wie die einzelnen Teile des täglichen Lebens gestaltet werden sollen. Das Ausmaß der Hilfe und Kontrolle hängt dabei von zwei Faktoren ab:

(1) der Selbstständigkeit des betreffenden Menschen und
(2) dem eigenen Wunsch.

In Zusammenarbeit mit den Bewohnern ist daher festzulegen, welche Hilfe und Kontrolle von Mitarbeitern der Lebenshilfe übernommen werden soll. Die Form des „Betreuten Wohnens" soll im Rahmen eines „Wohnverbundes" realisiert werden.

Definition „Mobile Begleitung"

„Mobile Begleitung" kann in drei Modellen angeboten werden. Voraussetzung für eine mobile Begleitung ist ein wöchentliches Stundenausmaß von max. 10 Stunden Assistenz pro BewohnerIn (Beispiel: in einer WG wohnen zwei Personen, sie können daher bis zu 20 Wochenstunden begleitet werden). Mit diesem Modell wird eine zentrale Forderung aus dem „Supported Living" für Menschen mit geistiger Behinderung umgesetzt (Karan & Bothwell 1997; Krüger 2000):
Trennung von Wohnen und Hilfeleistung: der Anbieter, der die Hilfeleistung erbringt oder koordiniert, ist nicht gleichzeitig der Wohnungsgeber.

Folgende Modelle werden von der Lebenshilfe Salzburg derzeit angeboten:

Modell I: 10 Wochenstunden Begleitung für

Zielgruppe: Menschen mit Behinderung, die ein „normales" Einkommen haben (z.B. Geschützter Arbeitsplatz), sich daher eine kleine Wohnung mieten und ihren täglichen Unterhalt selbst bestreiten können, aber aus sozialen oder behinderungsspezifischen Gründen eine zeitweise Unterstützung brauchen.

Modell II: 10 Wochenstunden Begleitung für

Zielgruppe: Menschen mit Behinderung, die in einer eigenen Wohnung leben können (z.B. Erbschaft oder Eltern stellen eine Wohnung zur Verfügung), aber über kein ausreichendes Einkommen verfügen, um ihren täglichen Unterhalt zu bestreiten, und die aus sozialen oder behinderungsspezifischen Gründen eine zeitweise Unterstützung brauchen.

Modell III: 10 Wochenstunden Begleitung für

Zielgruppe: Menschen mit Behinderung, die über ein Einkommen verfügen, das ihnen ermöglicht, ihren täglichen Unterhalt selber zu bestreiten, jedoch nicht ausreicht, um eine Wohnung zu bezahlen, und die aus sozialen oder behinderungsspezifischen Gründen eine zeitweise Unterstützung brauchen.

Das Modell der „Persönlichen Assistenz"

Eine wesentliche Erweiterung des Modells „Mobile Betreuung" (wie es hier beschrieben wurde) stellt das Modell der „Persönlichen Assistenz" dar. Bekanntlich (dazu auch Kapitel 1) sind die Begriffe „Betreuung", „Versorgung" oder „Pflege" als Leittermini nicht geeignet sind, die Qualitäten zu beschreiben, die für ein selbstbestimmtes Leben von Menschen mit Behinderungen notwendig sind. Mit dem Begriff der „Persönlichen Assistenz" wird eine völlig veränderte Machtverteilung in dem Assistenzverhältnis zwischen Betroffenem und seinem Helfer postuliert. Folgende Fragen stehen dabei im Zentrum der Diskussion (nach Frehe 1999):

- *Wer wählt die Person aus, die die Hilfe erbringt?*

Anders als klassische ambulante Dienste stellt die Organisation nicht zuerst die Mitarbeiter ein, um damit einen vorgefundenen Bedarf zu decken. Statt einer solchen „Angebotsorientierung" werden geeignete Assistenten erst dann gesucht, wenn mit der betroffenen Person der Bedarf (u.a. hinsichtlich Zeiten, Umfang, Anforderungen, Geschlecht etc.) ermittelt und eine Kostenzusicherung erreicht wurde. Für diesen Bedarf werden dem Betroffenen Personalvorschläge gemacht. Nach deren Auswahl werden die Assistenten im erforderlichen Umfang angestellt. Die Personalkompetenz (des Menschen mit Behinderung) setzt das jederzeitige Recht der Ablehnung eines Helfers voraus. Gegen den Willen des Betroffenen erfolgt keine Einstellung.

- *Wer bestimmt, wie, wann und welche Leistungen erbracht werden?*

Die Einsatz- bzw. Dienstzeiten werden monatlich in einem gemeinsam erarbeiteten (Assistenznehmer, Assistent, Organisation) Dienstplan festgelegt. Eine Änderung ist einvernehmlich möglich. Allerdings sind alle Beteiligten im Konfliktfall an die Vereinbarung gebunden. Durch die „persönliche Assistenz" fallen die Koordinationsprobleme bei festgelegten „Touren" fort. In der Regel müssen Assistenznehmer sich daher nicht mit anderen Assistenznehmern absprechen und behalten die volle Organisationskompetenz.

Die betroffene Person bestimmt die zu erbringenden Leistungen. Die fachliche Qualifikation des Helfers wird lediglich als Beratungsqualifikation genutzt, soweit sie erforderlich ist. Die Entscheidung über die Assistenzleistung bleibt beim Betroffenen. Darüber hinaus halten wir es für besser, die Betroffenen darin zu schulen, ihr Personal richtig einzusetzen, als den Helfer darin zu schulen, mit behinderten Menschen richtig „umzugehen". Das schließt die Schulung des Helfers zum Beispiel in Hebetechniken, Wundprophylaxe usw. nicht aus. Sie dürfen aber nicht zur Begründung werden, Arbeitsabläufe gegen den Willen, die Erfahrung oder die Interessen der betroffenen Person zu bestimmen.

- *Wer legt den Ort der Leistungserbringung fest?*

Die Assistenz ist dort zu erbringen, wo sie benötigt wird. Weder ist der Umzug eines Betroffenen zum Ort der Hilfe (z.B. Heim) gerechtfertigt, noch die Begrenzung der Hilfe auf die häusliche Umgebung. Sowohl bei den außerhäuslichen Aktivitäten als auch im Urlaub, einer Kur oder dem Krankenhausaufenthalt, wird die Assistenz weitergeleistet.

- *Wer kontrolliert den Ablauf und die Qualität der Hilfe und wer kann über den Einsatz der finanziellen Mittel entscheiden?*

Bei den Verhandlungen der Leistungserbringer mit dem Kostenträger gerät allzu oft aus dem Blick, dass die Leistungserbringung auf sozialrechtlichen Ansprüchen oder direkten finanziellen Leistungen der Betroffenen beruhen. Sie müssen daher auch im Falle einer „schlechten" Leistung das Recht auf Kürzung der Bezahlung und einen detaillierten Abrechnungsnachweis haben.

- *Wem steht das Wahlrecht hinsichtlich der Leistungserbringer, der Leistung und der Organisation der Leistungserbringung zu?*

Das Recht die Hilfen von einem Träger zu erhalten und sie nicht aus Nachbarschaftshilfe, Reinigungsbetrieb, „Essen auf Räder", Behandlungs- und Grundpflegeverbände zusammensetzen zu müssen, ist eine wesentliche Grundlage für eine individuelle Planung und Alltagsgestaltung. Aber auch das umgekehrte Recht, von verschiedenen Personen und Trägern Leistungen beanspruchen zu können, muss gewahrt bleiben.

Wie im ersten Kapitel unseres Buches schon angedeutet wurde, ist das Konzept der „Persönlichen Assistenz" zunächst nicht für Menschen mit geistiger Behinderung entwickelt worden. Inzwischen hat sich aber gezeigt, dass nicht nur Menschen mit Körper- oder Sinnesbehinderungen, sondern ebenso Personen mit (leichter) intellektueller Behinderung davon profitieren können.

Pädagogische Implikationen eines „Wohnverbundes"

Ein solches Verbundsystem ist dem traditionellen Wohnkonzept in vielerlei Hinsicht überlegen. Zum Beispiel können durch die überschaubare Anzahl der Bewohner Formen personaler Kommunikation, Beziehungen zwischen den Bewohnern untereinander, zwischen den Bewohnern und ihren AssistentInnen sowie kommunikative Verbindungen zwischen Bewohnern und der nichtbehinderten Bevölkerung besser hergestellt werden. Erfahrungen zeigen auch, dass die Bereitschaft der Bevölkerung, mit behinderten Menschen in Kontakt zu treten, bei einer kleinen, überschaubaren Wohngruppe größer ist, als bei einer Anstalt. Der Studie von Windisch u.a. (1991) ist zu entnehmen, dass kleine, normalisierte Wohnformen eher einen fördernden Einfluss auf die Bildung sozialer Netzwerke haben und somit sozial gesellschaftliche Integration fördern und ermöglichen. Da die Wohngruppen möglichst in bzw. nahe der Heimatgemeinde der Betroffenen sein sollen, wird es in der Regel nicht zu einem tiefen Bruch des Einzelnen mit seinem vertrauten lebensweltlichen System kommen. Er kann in „seiner" Stadt wohnen und leben, ausgehen, einkaufen, an kulturellen Veranstaltungen teilnehmen, Besuche abstatten wie auch selbst häufiger besucht werden. Durch die örtliche Nähe seiner Wohngruppe lassen sich wichtige Bindungen zu Angehörigen, Eltern, Geschwistern, Freunden oder Bekannten aufrecht erhalten. Damit kann im Rahmen eines Wohnverbundsystems eine gemeindenahe Angehörigenarbeit verwirklicht werden, so dass „ökologische Übergänge" (Bronfenbrenner), zum Beispiel der Wechsel von Familie in Wohngruppe, günstig verlaufen können. Generell lässt sich sagen, dass durch sozial vernetzte, kleine, überschaubare Wohnformen (Dalferth 1999, 107f.), welche durch ihre häusliche Struktur und wohnliche Atmosphäre den Menschen mit Behinderung ein wichtiges Stück Sicherheit, Geborgenheit und Orientierung – also ein Zuhause – geben, zusätzliche Schädigungen (Hospitalisierungssymptome) durch Anstaltsmilieu und Anstaltsroutine vermieden werden können.

Gleichwohl gibt es im Zuge der gesellschaftlichen Integration von Menschen mit geistiger Behinderung auch erhebliche Risiken und Gefahren, die bei der Planung und beim Aufbau gemeindenaher, differenzierter Wohnformen mitbedacht werden müssen und nicht ideologisch verschleiert werden dürfen. Über Fehlentwicklungen – insbesondere auch in den USA – berichtet Dalferth (1999). Zum Beispiel kann die Integration ins „normale" Leben zur Folge haben, dass Menschen mit Behinderungen zwar räumlich integriert leben (im Sinne der „physischen Integration"), aber dennoch keinen Kontakt zur Außenwelt haben (keine „funktionale Integration" und keine „soziale Integration"). Eine räumliche Integration reicht bei weitem noch nicht aus, dem subjektiven Gefühl des Integriertseins Rechnung zu tragen. Folglich ist beim Aufbau gemeindenaher Wohnformen darauf zu achten, dass die Frage nach der Sicherung des Lebensraumes, in welchem sich Menschen mit geistiger Behinderung wohl fühlen, entwickeln und sozial entfalten können, nicht zu kurz kommt. Eine herausragende Bedeutung hat dabei die Schaffung sog. Enabling Niches (hierzu Lingg & Theunissen 2000, 169ff.). Dazu wird zunehmend die Rolle der zukünftigen Bewohner bei der Planung von geeigneten Wohnmöglichkeiten diskutiert; die aktive Mitgestaltung der zukünftigen Bewohner bei der Planung und Gestaltung ihres Wohnraumes, die Entwicklung von Designvorschlägen, die ein lebenslanges Leben in den eigenen vier Wänden ermöglichen und die technische Ausstattung von Wohnungen zur Verringerung der Abhängigkeit der Bewohner von ihren Helfern sind nur einige der zentralen Themen dieser Diskussion (Ostroff 1999).

Ohne Zweifel bringen kleinere dezentrale Wohneinheiten die Chance für mehr Autonomie und ein verändertes Freizeitverhalten der Bewohner mit sich. Geht man vom Empowermentgedanken aus, so soll die individuelle und möglichst selbstständige Gestaltung des eigenen Lebensbereiches so weit als möglich den Bewohnern überlassen werden. Dies bedeutet, dass die Bewohner aus einer anregenden, subjektiv bedeutsamen Palette an Angeboten diejenigen wählen können, die ihren Wünschen, Vorstellungen, Neigungen und Vorlieben entsprechen (choice and decision making). Dieses Konzept erstreckt sich über alle Bereiche des täglichen Lebens. Die Rolle des professionellen Helfers orientiert sich dabei sowohl am Willen als auch am Wohl der betroffenen Person und entspricht der im ersten Kapitel des Buches skizzierten Aufgabenbeschreibung im Sinne von Empowerment. Wenngleich der beratenden Funktion (konsultative Assistenz) im Bereich des Wohnens ein hoher Stellenwert zukommt (auch Theunissen 1999a,130f.), muss mitbedacht werden, dass viele der Betroffenen ihr Leben nicht in völliger Autonomie (Selbstständigkeit) bewältigen können und dass im Rahmen der Assistenz immer auch ein gewisses Maß an „Schutzbedürftigkeit" Berücksichtigung finden muss. Dieses ist jeweils individuell zu erschließen, und es sollte ihm stets im Lichte größtmöglichster Autonomie entsprochen werden.

Der Aufbau gemeindeintegrierter Wohnformen im Verbund ist somit ein wichtiges, wegweisendes, aber auch schwieriges Anliegen, das sehr viel Sensibilität für die Bedürftigkeit betroffener behinderter Menschen als auch eine „Vorarbeit" mit Eltern, Nachbarn und anderen Mitbürgern verlangt, um die Bereitschaft, Menschen mit geistiger Behinderung ein Wohnen „so normal wie möglich" zuzugestehen, zu erhöhen.

DEMOKRATISCHE PARTIZIPATION AM WOHNALLTAG

Ein Kernstück der Empowermentphilosophie ist die demokratische Partizipation (Kapitel 1). Demokratie definiert der Duden als das „Prinzip der freien und gleichberechtigten Willensbildung und Mitbestimmung in gesellschaftlichen Gruppen". Voraussetzung zur Willensbildung ist, dass man über verschiedene Alternativen Bescheid weiß, Voraussetzung zur Mitbestimmung ist, dass man in den bestimmenden Gremien mitsprechen und mit abstimmen kann. Genau um diese beiden Komponenten soll es gehen: wie kommen Bewohner zu den Alternativen, so dass sie ihren eigenen Willen bilden können, und welche Gremien stehen den Bewohnern zur Verfü-

gung, um über die wichtigen Dinge in ihrem Leben mitbestimmen zu können?
Gehen wir vom Beispiel einer Wohngemeinschaft aus, in der zwei Männer und zwei Frauen miteinander leben. Ein Wohnplatz wird frei und eine neue Bewohnerin zieht in die Wohngemeinschaft ein. Normalerweise haben die Bewohner sehr wenig Möglichkeiten, auf den zukünftigen Wohnort Einfluss zu nehmen. Die Wohnung ist bereits gestaltet, die Wohnplätze sind bereits vergeben, die inhaltlichen Strukturen und Konzepte bereits definiert und der Tagesablauf läuft bereits nach festgefahrenen Mustern. Auch wenn nicht erwartet werden darf, dass die neue Bewohnerin nun alles so verändern kann, wie sie es für sich selbst wünscht, müssen trotzdem Strukturen vorhanden sein, die eine demokratische Einflussnahme auf das Gesamtgeschehen zulassen. Welche Strukturen sollten gegeben sein?

- *Planungs- und Gestaltungsbeirat zur Verwirklichung neuer Wohnformen und Wohnmöglichkeiten*

Auch wenn es nur in einzelnen Fällen möglich sein wird, sollten die zukünftigen Bewohner bereits bei der Auswahl des Wohnortes, bei der architektonischen Gestaltung der Räume, der Definition der notwendigen (technischen) Adaptierungen etc. beigezogen werden; die Zusammenarbeit mit dem zuständigen Architekten stellt eine wesentliche Komponente in diesem Beirat dar. Neben den zukünftigen Bewohnern, die normalerweise nur für die eigene Wohnung im Beirat vertreten sein sollten, können einzelne Bewohner auch ständige Mitglieder eines solchen Beirates sein, der sich vor allem auch um zukünftige Projekte und Entwicklungen kümmern soll.

- *„Wohnvertragsbesprechungen" zur Festlegung von grundlegenden Vereinbarungen bezüglich des Wohnens (siehe auch Kapitel „Wohnvertrag")*

Noch bevor eine neue Person in die neue Wohnung einzieht, muss sie über ihre Rechte und Pflichten in dieser Gemeinschaft informiert werden; diese Rechte und Pflichten müssen in einem Vertrag festgelegt werden.

Ferner muss es jedem geistig behinderten Menschen möglich sein, den Vertrag in jenen Bereichen zu ergänzen, die von besonderer Bedeutung sind. Die Bandbreite ist hier zunächst nicht eingegrenzt; allerdings handelt es sich zumeist um zentrale Interessen der betroffenen Person (u.a. ärztliche Versorgung, finanzielle Absicherung, spezielle Vorlieben oder Abneigungen).

Diese Vertragsbesprechungen sollen regelmäßig (normalerweise 1 x jährlich) wiederholt werden, die Vertragsbestimmungen auf ihre Stimmigkeit überprüft und gegebenfalls angepasst werden. Eine Vertragsbesprechung hat jedenfalls stattzufinden, wenn die betroffene Person es wünscht.

- *Bewohnerbesprechung zur Gestaltung der alltäglichen Abläufe*
Der Tages- und Wochenablauf mit seinen kleinen „Alltäglichkeiten" bietet eine Vielzahl von Missverständnissen, Unklarheiten und Ärgernissen. Um diese so gering wie möglich zu halten, sollte wöchentlich eine kurze Wohnungsbesprechung stattfinden, wo die Bewohner alleine oder mit ihren Assistenten den Wohnalltag besprechen und festlegen können. Hier hat alles Platz, was für die einzelne Person wichtig ist: morgendliches Aufstehen, Planung der Mahlzeiten, Ärger über das Radioprogramm, das ein Mitarbeiter morgens immer hören will, Abfahrt mit dem Bus in die Werkstätte, Nachmittagskaffee, Fernsehprogramm am Abend, nächster Kinobesuch und vieles andere mehr. In einer gemeinsamen Diskussion werden die Fragen und Probleme gelöst, gegebenenfalls auch mit Mehrheitsentscheid entschieden und (schriftlich) festgehalten. Auf einen fairen und höflichen Umgang wird dabei großer Wert gelegt – jeder behinderte Mensch kann seine Bezugsperson (persönlichen Assistenten) auf Wunsch zuziehen.

- *Assistenzbesprechungen mit Mitarbeitern zur Festlegung der unterstützenden Maßnahmen (bei Bedarf gemeinsam mit Eltern und Angehörigen)*
Neben den grundlegenden Formulierungen des Wohnvertrages und den täglichen Klärungen in der Bewohnerbesprechung sind vor allem Festlegungen mit dem „persönlichen Assistenten" (Bezugsbetreuer) notwendig. In bestimmten Abständen ist daher in einer gemeinsamen Besprechung festzulegen, welche Aufgaben wie und wann vom Assistenten erledigt werden sollen; auch die Rolle des Bewohners bei den einzelnen Punkten soll besprochen und verbindlich festgelegt werden (z.B. was kann der Betroffene selbstständig erledigen?). Bei Bedarf sollten an dieser Besprechung Eltern/Angehörige und/oder der gesetzlich bestimmte Vertreter teilnehmen. Über die Ergebnisse sollte ein kurzes Protokoll geführt werden.

Zusammenfassend bleibt festzuhalten, dass demokratische Prozesse im Wohnalltag von Menschen mit geistiger Behinderung sehr gut funktionieren können, wenn sie entsprechend vorbereitet und begleitet werden; gerade hier kommt dem Konzept der „Persönlichen Assistenz" wie aber auch spezifischen Schulungsangeboten aus dem Bereich der Erwachsenenbildung (Kapitel 4) besondere Bedeutung zu. Darüber hinaus müssen freilich auch Einrichtungsleiter, Träger und Organisationen bereit sein, demokratische Partizipation im Wohnalltag zuzulassen und zu unterstützen. Das aber scheint längst noch nicht gesichert zu sein. Die noch weit verbreitete Abstinenz gegenüber dem Selbstbestimmungs- und Mitbestimmungsrecht von Menschen mit geistiger Behinderung hat ihre Wurzeln in der theologisch und psychiatrisch präformierten konservierenden Heilpädagogik, die Menschen mit geistiger Behinderung vom Nicht-Können her definiert und ihnen wenig zutraut; sie ist aber zugleich auch Ausdruck spezifischer Ängste vor Omnipotenz-, Einfluss- und Kompetenzverlust. Bekanntlich sind gerade viele Anstalten oder Heime für geistig behinderte Menschen alles andere als demokratisch strukturiert. In der Regel dominiert eine hierarchisch-autoritäre Organisationsstruktur, die den Entscheidungs- und Handlungsraum für Mitarbeiter an der Basis erheblich einengt (dazu Theunissen 2000d, 83ff.). Deswegen muss Empowerment auch ein Programm für Mitarbeiter sein. Denn der „emanzipierte" Mitarbeiter wäre der beste Agent für die Belange (Selbstbestimmung) der Bewohner. Solange Mitarbeitern in ihrer Arbeit Selbstbestimmung und demokratische Mitwirkungsmöglichkeiten verwehrt bleiben, werden sie wohl kaum dazu bereit und fähig sein, demokratische Strukturen für Menschen mit geistiger Behinderung zuzulassen und aktiv zu leben. Autonome und in weiten Teilen selbstverwaltete Einheiten dagegen, in denen die Mitarbeiter unter fachlicher Hilfestellung (begleitende Konsultation) ihren beruflichen Alltag bewältigen können, wären die beste Grundlage für Wohn- und Lebensräume, in denen geistig behinderte Menschen unter professioneller Assistenz ihren Lebensalltag verwirklichen können. Gerade an dieser Stelle tun sich sehr viele Einrichtungen schwer. Sie bevormunden und „entmündigen" ihre Mitarbeiter, zugleich aber postulieren sie Selbstständigkeit oder Selbstbestimmung als zentrales Erziehungsziel. Auch der Zusammenhang zwischen „Burn-out-Syndrom" sowie der fehlenden Identifizierung der Mitarbeiter mit der Institution und einer hierarchisch-autoritären Einrichtungsstruktur mit verbürokratisiertem Eigenleben wird nicht gesehen oder verdrängt (Leifeld 1991, 110). Schon vor etwa 10 Jahren wurde dieses Problem von Schibilsky (1991, 62ff.) unter der „Krise des Helfens" in diakonischen und caritativen Einrichtungen diskutiert. Seine Ausführungen sind bis heute aktuell, insbesondere seine Einsicht, dass sich Diakonie und Caritas eigentlich nicht mit Herrschaft vertragen, weswegen mehr Demokratie, Mitbestimmung und „Gemeinschaft von unten" in Behinderteneinrichtungen gewagt und realisiert werden sollten. „Behinderte, ihre Mitarbeiterschaft und Angehörige müssen sich auf die Solidarität von Kirche und Diakonie und Caritas verlassen können ... Ich warne deshalb vor einer scheinchristlichen Ethik, die Menschen mit geistiger und körperlicher Behinderung zu Objekten diakonischer Tätigkeit degradiert ... Helfen ist objektiv anspruchsvoller geworden. Hilfe darf den anderen nicht entmündigen oder überwältigen, sondern den Weg zu seinen eigenen Möglichkeiten erschließen ... Die Einrichtungen der Diakonie und Caritas müssen Ort der Menschenfreundlichkeit Gottes sein – nicht nur für die Patienten, sondern auch für die Mitarbeiterschaft" (ebd., 76f.).

Keine Reform kann besser sein als die Reformer selbst. Aus dem Plädoyer für mehr Demokratie und Empowerment folgt nicht zwangsläufig eine autonomiefördernde Praxis. Es kommt dabei aber nicht nur auf Mitarbeiter, Einrichtungsleiter, Träger oder Verbände an, sondern es müssen auch Eltern oder Sachwalter (gesetzl. Betreuer) bereit sein, die Forderung nach Selbst- und Mitbestimmung zu akzeptieren und mehr Demokratie zu wagen.

Aspekte zur Zusammenarbeit mit Bezugspersonen

Viele Erwachsene mit geistiger Behinderung leben zur Zeit noch in ihren Herkunftsfamilien (in Deutschland ca. 60%) und für viele Menschen, die bereits außerhalb der Familie leben, ist der Kontakt zur Herkunftsfamilie der wichtigste (Außen-)Kontakt überhaupt. Allein deshalb sollte die Arbeit und Kollaboration (Turnbull & Turnbull 1997) mit Eltern und Familien (Geschwistern) breiten Raum einnehmen (hierzu Kapitel 5). Besonders wichtig scheint im Zusammenhang mit Ablösung (hierzu Theunissen 2000e) und Wohnen die einfühlsame Beschäftigung mit den jeweiligen Zukunftsfragen der Familien zu sein. Jeder hat seine legitimen Vorstellungen von seiner Zukunft, und diese gilt es herauszuarbeiten und als Grundlage für eine Zukunftsplanung heranzuziehen. Wie schwierig das sein kann, zeigen Ergebnisse einer Untersuchung der Lebenshilfe Salzburg. „Selbst auf die Frage, ob an eine Wohnunterbringung in der Zukunft gedacht wird, können 50 Eltern nicht mit ‚Ja' oder ‚Nein' antworten ... Erschreckend ist aber die Ausbeute an Antworten bei der Frage nach einem Zeitpunkt für eine Wohnunterbringung ihres Kindes. In 140 Fragebögen (von 158, die Autoren) werden keine konkreten Angaben in Jahren gemacht und immerhin in 123 Fragebögen werden keine inhaltlichen Gründe für eine derartige Wohnunterbringung formuliert. 35 Eltern geben an, dass sie eine Wohnunterbringung wünschen, wenn sie einmal nicht mehr in der Lage sind, ihre

Kinder selber zu betreuen (z.B. durch Krankheit oder Tod)" (Plaute 1992b, 43). Wenn keine Vorstellungen existieren oder diese zumindest nicht offengelegt und diskutiert werden, können keine konkreten Schritte zur Realisierung von Rahmenbedingungen vorgenommen werden, die zur Einlösung der Normalisierung von Lebensbedingungen und der Rechte-Perspektive für Menschen mit geistiger Behinderung notwendig sind. Es hilft aber auch wenig, wenn wir das Recht auf Ablösung postulieren, aber keine geeigneten Wohnformen (flächendeckend) vorweisen können. Um Zukunftsperspektiven zu gewinnen sollten professionelle Helfer im Sinne eines Trialogs gemeinsam mit Angehörigen bzw. Sachwaltern und den betroffenen behinderten Menschen individuelle Zukunftsplanungen erarbeiten und deren Realisierung betreiben. Theunissen (1998b) beschreibt hierzu als methodisches Instrument des Empowermentkonzepts den „Kooperationsdiskurs". Alle drei Partner werden in diesem Trialog als Experten in eigener Sache wahrgenommen; die Perspektiven müssen sich dabei auf den Willen und das Wohl des Menschen mit geistiger Behinderung richten, ohne dabei die eigenen Bedürfnisse oder Ansichten zu verleugnen. Die Bedeutung eines Individuellen Zukunfts- oder Lebensplans kann im Lichte von Empowerment nicht hoch genug eingeschätzt werden. Er hat den in Wohnheimen weit verbreiteten „Förderplan" abgelöst. Dahinter verbirgt sich die patronisierte Gepflogenheit der traditionellen Heilpädagogik, ausschließlich „für" Menschen mit geistiger Behinderung zu denken, zu planen und zu bestimmen. Diese Praxis ist aber nicht erwachsenengemäß und sie ignoriert das Recht auf Selbstbestimmung. Wie eine Individuelle Zukunftsplanung organisiert werden kann, haben wir an anderer Stelle praxisrelevant skizziert (Theunissen 2000a, 151ff.; 2002; auch Doose 1997a; 1999). Zur Vorbereitung auf tragfähige Formen der Zusammenarbeit sowie auf eine angemessene Performance im Trialog, der u.a. auch bei Wohnverträgen (ausführlich an späterer Stelle) eine wichtige Rolle spielt, wurden in den letzten Jahren spezielle Schulungsprogramme mit Erfolg praktiziert (Zirpoli 1993). Ein Beispiel aus den USA soll im Folgenden kurz vorgestellt werden.

„Partners in Policymaking" und Organisationen

Dieses Schulungsprogramm für Menschen mit geistiger Behinderung und deren Angehörige ist ein wesentlicher Schritt in Richtung Empowerment; es bietet den Teilnehmern jene Inhalte, die Menschen brauchen, um ihr eigenes Lebens aktiv und erfolgreich in die eigenen Hände nehmen zu können. Organisationen, Träger und Interessensvertretungen, die sich dem Empowerment-

ansatz verpflichtet fühlen, sind daher aufgerufen, dieses Programm den Menschen in ihren Organisationen anzubieten und damit einen wesentlichen Beitrag zur Umsetzung des Empowermentkonzepts zu leisten.
Grundlegende Überlegungen zum Programm sind der Einleitung zu „Partners in Policymaking" (Minnesota Governors Planning Council 1993) zu entnehmen:

„Wir haben die Möglichkeit, die Dinge neu zu gestalten. Wir haben die Möglichkeit positive Veränderungen herbeizuführen. Dazu stehen uns folgende Hilfsmittel zur Verfügung: unser Wissen darüber, was möglich ist; unsere Frustration, unseren Ärger und unsere Traurigkeit darüber, wie sich manche Probleme heute immer noch darstellen; und unser unbändiger Wunsch, das Leben aller Menschen besser zu gestalten. Wir werden stark herausgefordert werden und wir werden auch (wieder) frustriert werden. Es ist uns bewusst, dass es nicht leicht sein wird, das zu erreichen, was wir bisher noch nicht erreicht haben ... Aber wenn wir hart daran arbeiten, werden wir es schaffen! Es ist Zeit, dass Betroffene und Experten zusammenarbeiten, um nun gemeinsam zu erreichen, was zu erreichen möglich wäre. Mehr als es bei Worten und Träumen der Fall ist, beginnt diese Revolution in jedem einzelnen von uns. Die Zeit für eine Welt der Integration ist gekommen!"

Dieses Programm wurde 1987 in den USA als Lehrkonzept entwickelt und hat das Ziel, betroffenen Menschen modernes und bestmögliches Wissen und Handlungsmöglichkeiten zu vermitteln, um sich selbst besser vertreten zu können (Self-Advocacy). In Seminaren werden die Personen geschult und darauf vorbereitet, wie sie besser mit den Problemen, die sich aus der Behinderung ergeben, fertig werden können. Dabei geht dieses Trainingskonzept von folgenden Gesichtspunkten aus (nach Retarded Citizens/Atlanta 1993).
Ein qualitativ hochwertiges Programm braucht entsprechende Grundwerte. Diese Grundwerte müssen in allen Bereichen eines Empowerment-Konzeptes sichtbar werden:

- Menschen mit Behinderung sind Menschen erster Kategorie. Sie sind nicht „Die Behinderten". Es beginnt mit der Sprache – keine Etikettierungen!
- Menschen mit Behinderung brauchen echte Freundschaft und keine Pseudo-Beziehungen zu bezahlten Mitarbeitern.
- Menschen mit Behinderung haben das Recht auf freie Meinungsäußerung. Die Fähigkeit zur Kommunikation – in welcher Form auch immer – muss für jeden Menschen mit Behinderung erreichbar sein.
- Menschen mit Behinderung müssen die Möglichkeit voller Mobilität haben, um am öffentlichen Leben teilnehmen zu können.

- Menschen mit Behinderung müssen die Beständigkeit und Kontinuität in ihrem Leben gesichert wissen (vor allem durch Verbindungen zur Familie und zur Nachbarschaft).
- Menschen mit Behinderung müssen mit Würde und Respekt behandelt werden.
- Menschen mit Behinderung müssen in Positionen sein, von denen aus sie ihre eigenen Wünsche und Bedürfnisse verhandeln können.
- Menschen mit Behinderung müssen die Möglichkeit haben, in allen Bereichen des Lebens Wahlmöglichkeiten zu haben und Entscheidungen zu treffen.
- Menschen mit Behinderung müssen die Möglichkeit haben, in Wohnungen ihrer eigenen Wahl mit der Unterstützung, die sie selber für angemessen erachten, zu leben.
- Menschen mit Behinderung müssen an den Vorteilen einer normalen Produktivität teilhaben: dies geschieht vornehmlich durch eine eigene Beschäftigung und damit mit seinen eigenen Beiträgen zur Gesellschaft.

Aufgaben des Projektes beziehen sich auf:
- Menschen, die direkt oder indirekt von Behinderung betroffen sind (Menschen mit Behinderung, Eltern von behinderten Menschen, Angehörige von behinderten Menschen) Informationen und Wissen zur Verfügung zu stellen und Ihnen ein entsprechendes Training anzubieten.
- Insgesamt jene Menschen zu stärken, die mit dem Bereich der Behindertenarbeit politisch und praktisch zu tun haben.
- Menschen mit Behinderung zusammenzubringen mit verschiedensten Organisationen und Möglichkeiten im Bereich der Behindertenarbeit.
- Die Teilnehmer an diesem Schulungsprogramm in den verschiedensten Bereichen zu unterrichten und mit modernen Ansätzen vertraut zu machen.
- Menschen mit Behinderung und deren Angehörige damit vertraut zu machen, wie die derzeitige Situation auf staatlicher und kommunaler Ebene aussieht und ihnen darzulegen, wie Gesetze und staatliche Bestimmungen entstehen und beeinflusst werden können.

Ziele des Projektes sind:
- Training und Schulung von intellektuell behinderten Menschen und deren Angehörige.

Kapitel 6: Konsequenzen für das Wohnen

- Positive Einflussnahme und konstruktive Auseinandersetzung mit Politikern, die für diesen Bereich zuständig sind. Dazu müssen den Politikern die Bedürfnisse und Wünsche behinderter Menschen deutlich und plausibel gemacht werden.
- Teilnahme an der Gestaltung des täglichen politischen Lebens durch Teilnahme an Besprechungen, Vorsprachen, schriftliche Eingaben u.v.a.m.
- Aufbau von Koalitionen von intellektuell behinderten Menschen, deren Angehörigen und verschiedenen Organisationen.
- Aufbau von Kooperationsmöglichkeiten zwischen politisch verantwortlichen Personen, Menschen mit Behinderungen und deren Angehörigen.
- Ausbildung von zukünftigen Vorreitern im Bereich der Behindertenarbeit.

Die Inhalte des Projektes verfolgen das Ziel, alle Menschen, die sich in marginaler Position befinden, in ihren Lebensbezügen zu stärken und sie zu „Anwälten" ihrer eigenen Interessen zu machen (Self-Advocacy):

- Geschichte und Zukunft von speziellen Dienstleistungen
- Geschichte und Zukunft von Selbstvertretung
- Integration (Kindergarten, Schule ...)
- Arbeit
- Lebensplanung
- Koordination der Dienstleistungen
- Moderne Technologie
- Wohnen
- Strategien der Vertretung und Selbst-Vertretung

Alles in allem trägt dieses Schulungsprogramm nicht nur zur Verbesserung der Zusammenarbeit von Mitarbeitern, Eltern und behinderten Menschen sondern auch zur Stärkung der Betroffenenposition bei. Weitere Maßnahmen, die genau diese Empowerment-Intention im Blick haben, beziehen sich auf Behindertenanwaltschaften, Wohnverträge und Nutzerkontrolle.

Behindertenanwaltschaften

Das in unserem Wohnkonzept immer wieder angesprochene Verhältnis zwischen den sogenannten Experten und den Betroffenen findet im Zusammenhang mit der Diskussion um eigene Behindertenanwaltschaften eine neue Qualität. In Analogie zu der in Österreich gesetzlich vorgesehenen Patientenanwaltschaft wird die Schaffung von weisungsfreien Anwaltschaften für Menschen mit Behinderungen gefordert, die finanziell und rechtlich abgesichert sind (Jandrokovic 1997).

Die Lebenshilfe Salzburg hat als ersten Schritt in diese Richtung eine Stelle innerhalb der Organisation eingerichtet, die aus der Hierarchie herausgelöst ist und diese Funktion übernimmt; auch wenn dies noch nicht der unabhängigen, weisungsfreien Anwaltschaft entspricht, da diese Stelle noch innerhalb der Organisation geschaffen wurde, ist der erste Schritt in die richtige Richtung getan.

Zentral für die Einbindung eines derartigen Modells in das Empowermentkonzept ist die Festlegung der „Beratungsfunktion" anstelle der klassischen „Entscheidungsfunktion". Damit kommt dem Behindertenanwalt ebenfalls eine assistierende und direkt der betroffenen Person verpflichtete Rolle zu.

Um die Arbeit eines Behindertenanwalts im Rahmen einer Organisation effektiv zu gestalten, sind folgende Elemente in einer entsprechenden Stellenbeschreibung wesentlich:

- Weisungsfreiheit in inhaltlichen Belangen
- Einbindung in hierarchische Struktur nur auf dienstrechtlicher Ebene
- Rechenschaftspflicht nur über Jahresbericht
- Finanzielle Unabhängigkeit durch eigenes Budget
- Volles Nutzungsrecht der vorhandenen Infrastruktur
- Volles Einblicksrecht in Akten- und Dokumentationssysteme (Datenschutz!)

WOHNVERTRAG UND NUTZERKONTROLLE

In diesem Abschnitt geht es um Definition und Kontrolle von Dienstleistungen. Im Sinne der Betroffenenperspektive sollten Anbieter von Dienstleistungen (Arbeit, Wohnen ...) und ihre Nutzer gemeinsam die Inhalte und Qualitäten definieren, vertraglich absichern und regelmäßig auf die Stimmigkeit bzw. Qualität überprüfen, wobei die Beurteilung durch den Nutzer im Vordergrund zu stehen hat. Hierzu werden zwei Vorschläge unterbreitet: Wohnvertrag und Nutzerkontrolle.

Kapitel 6: Konsequenzen für das Wohnen

Zum Wohnvertrag der Lebenshilfe Salzburg

Der Wohnvertrag der Lebenshilfe Salzburg wurde in einem fast 5-jährigen Prozess von Menschen mit Behinderungen, Mitarbeitern und Eltern/Angehörigen entwickelt (auch Plaute 1997a). Wenngleich er mittlerweile revisionsbedürftig ist (z.b. sprachlich), kann er im Vergleich zu vielen anderen Wohnverträgen in der Behindertenhilfe nach wie vor als vorbildlich gelten, da er Betroffenen im Sinne von Empowerment eine wichtige Stimme verleiht. Dies hat uns veranlasst, Auszüge aus dem Originalvertrag vorzustellen und aufzubereiten,[1] um mehr Mut zur Nachahmung zu machen.

Der Vertrag (im Originalwortlaut)

Dieser Wohnvertrag wird abgeschlossen zwischen:

....(BewohnerIn)
....(Eltern)
....(Sachwalter)

und der Lebenshilfe Salzburg für folgende Institution: ....
Mit der Unterschrift erklären alle Vertragspartner, dass sie mit dem Inhalt des Vertrages vertraut sind und mit ihm vollinhaltlich übereinstimmen. Verletzungen dieses Vertrages können zur einseitigen Kündigung dieses Vertrages führen.

Unterschriften:

....	....	....	....
(BewohnerIn)	(Eltern)	(Sachwalter)	(Lebenshilfe Salzburg)

...................., am ....
(Ort)   (Datum)

Erläuterung

(1) Der Begriff „Vertragspartner" kann sich selbstverständlich nur auf Personen beziehen, die voll geschäftsfähig sind. Wenn dies bei einem Betroffenen nicht zutrifft, bezieht sich diese Formulierung auf den gesetzlichen Vertreter (Sachwalter), die Eltern und die Lebenshilfe Salzburg. Trotzdem ist uns eine ebenso intensive Beteiligung (inkl. Unterschrift) des Betroffenen bei der Besprechung des Wohnvertrages wichtig.

---

[1] Einige Auszüge aus dem Wohnvertrag wurden aus redaktionellen Gründen (Länge, sprachlich) leicht modifiziert, aber nicht inhaltlich verändert.

(2) Dieser Wohnvertrag gilt für alle Wohnhäuser der Lebenshilfe Salzburg, ausgenommen sind die Wohnhäuser für Kindergarten- und Schulkinder.

Teil 1: Grundsätzliches

I. Die im Gesetz verankerten Grundrechte gelten für jeden Menschen. Menschen mit Behinderung sind kraft Gesetzes gleichberechtigte Bürger in unserer Gesellschaft mit dem Recht auf Achtung ihrer Würde und ihrer Persönlichkeit. Diese Rechte schließen auch Freizügigkeit der Person und des Vermögens, Anhalteverbot, Unverletzlichkeit des Eigentums, Briefgeheimnis, Glaubens- und Gewissensfreiheit und andere mehr mit ein. Diese Persönlichkeitsrechte sind absolute Rechte und genießen den Schutz gegen Eingriffe Dritter. Die Lebenshilfe Salzburg ist grundsätzlich diesen Rechten verpflichtet.

Darüber hinaus gelten die Grundsätze und pädagogischen Konzepte der Lebenshilfe Salzburg (z.b. Normalisierungsprinzip, Konzept „Wohnen").

II. In Bezug auf „Wohnen von Menschen mit Behinderungen" garantiert die Lebenshilfe Salzburg die praktische Verwirklichung der Grundrechte der Bewohner, die Entfaltung ihrer Persönlichkeit und die Befriedigung ihrer individuellen Bedürfnisse. „Wohnen" wird ganzheitlich und umfassend gesehen und bedeutet neben einer adäquaten Wohnsituation (entsprechend ausgestattetes Haus oder Wohnung) vor allem eine angemessene Alltagsbegleitung (Betreuung).

III. (1) Die Lebenshilfe sowie die Eltern/Sachwalter sorgen gemeinsam für das leibliche, geistige und seelische Wohl des Bewohners. Das bedeutet insbesondere, den Bewohner zu einem Leben in höchstmöglicher Selbstständigkeit, Selbstbestimmung und Eigenverantwortung zu führen und dieses zu sichern. Aufgrund der Behinderung wird ein bestimmtes Maß an Assistenz notwendig sein.

(2) In den Zeiten, die der Bewohner in der Lebenshilfe Salzburg verbringt, liegt die Verantwortung für pädagogische Angebote und Förderung bei der Lebenshilfe. Die Lebenshilfe setzt das Einverständnis der Eltern/Sachwalter mit dem pädagogischen Angebot und der sich daraus ergebenden Kostenbeteiligung, wie sie sich aus dem Leistungspaket[2] (Teil 3) ergibt, grund-

---

[2] Aus Platzgründen mussten wir in der vorliegenden Arbeit auf die Darstellung des Leistungspakets verzichten. Interessenten können sich diesbezüglich an die Lebenshilfe Salzburg wenden.

sätzlich voraus. Die Mitsprache für Eltern/Sachwalter in diesem Bereich ergibt sich aus den Konzepten und Statuten der Lebenshilfe sowie diesem Wohnvertrag.

Erläuterung: Wird in diesem Vertrag von „Verantwortung übernehmen" gesprochen, so beinhaltet dies immer zwei Möglichkeiten: man kann die entsprechende Sache selber tun oder dafür sorgen, dass es ein anderer übernimmt; in jedem Fall muss man aber dafür sorgen, dass es geschieht.

(3) Die Vertragspartner verpflichten sich zur Information und Kooperation in wichtigen Angelegenheiten. Alle Informationen sind streng vertraulich zu behandeln (Schweigepflicht gegenüber Außenstehenden). Fotos, Videofilme, Berichte und andere Datenträger dürfen ohne Einverständnis der Vertragspartner nicht veröffentlicht werden. Das Einverständnis des Bewohners muss eingeholt und sein Recht auf aktive Mitwirkung darf nicht verletzt werden.

(4) Um einen Beitrag zur Lebensqualität des Bewohners zu leisten, sollen regelmäßig Lebensplanbesprechungen zwischen den Vertragspartnern durchgeführt werden (Erläuterung: unter Lebens- oder Zunkunftsplanbesprechung wird eine gemeinsame Beratung verstanden, bei der wesentliche Ziele für eine weitere pädagogische Arbeit festgelegt werden sollen). Die Bedeutung dieser Besprechungen muss vor allem im Zusammenhang mit einer höchstmöglichen Autonomie des Bewohners gesehen werden (siehe Pädagogische Grundsätze).

(5) Zur Verbesserung der Arbeit und Kooperation zwischen allen Beteiligten besteht in jeder Einrichtung ein Institutionsbeirat, in dem Bewohner, Mitarbeiter und Eltern/Sachwalter vertreten sind (siehe: Aufgabenbereich „Institutionsbeirat").

IV. Kündigung und Schadenersatz

Grundsätzlich kann dieser Wohnvertrag (mit entsprechenden Fristen) auch wieder gekündigt werden; vor Kündigung des Vertrages gilt eine Anhörungspflicht für alle Vertragspartner. Der Schutz des Bewohners muss als höchste Priorität gesehen werden. Trotzdem kann es in extremen Fällen zu einer Trennung kommen, wobei dies von Seiten der Lebenshilfe nur dann der Fall sein kann, wenn die Assistenz (Betreuung) nicht mehr sichergestellt werden kann (z.B. allgemeine Verschlechterung des Allgemeinzustandes, wodurch der Pflegeaufwand in unseren Wohneinrichtungen nicht mehr gewährleistet werden kann). Die Lebenshilfe Salzburg wird aber auch dann mithelfen, eine geeignete alternative Wohnmöglichkeit zu finden.

Soll oder möchte ein Bewohner von einem Haus in ein anderes Haus der Lebenshilfe übersiedeln, so gilt ebenfalls die Anhörungspflicht für alle Vertragspartner, wobei das Mitbestimmungsrecht des Bewohners besonders zu berücksichtigen ist. Dazu auch der Beschluss des Vorstandes vom 27.5.98: „Wenn eine Übersiedelung in Frage kommt, ist dieses Thema im Sinne des Trialoges mit Angehörigen (Sachwaltern), dem Menschen mit Behinderung und seinen Betreuern gemeinsam zu besprechen. Der Wunsch und das Wohl des Menschen mit Behinderung haben hierbei Priorität. Der Mensch mit Behinderung kann bei Bedarf eine Person seines Vertrauens hinzuziehen."

(1) Kündigungsfristen:

- Eine einvernehmliche Lösung ist jederzeit möglich.

- Das erste Jahr wird grundsätzlich als Probezeit definiert; in dieser Probezeit kann das Wohnverhältnis von allen Beteiligten unter Einhaltung einer einmonatigen Kündigungsfrist beendet werden.

- Wird der Vertrag nach der Probezeit vom Bewohner, seinen Eltern oder dem Sachwalter gekündigt, so ist eine zweimonatige Kündigungsfrist einzuhalten.

- Wird der Wohnvertrag nach der Probezeit von der Lebenshilfe gekündigt, so ist eine zweimonatige Kündigungsfrist einzuhalten, wenn bereits ein alternativer Wohnplatz gefunden wurde; ist dies nicht der Fall, gilt eine Kündigungsfrist bis dieser Wohnplatz gefunden wurde, aber max. 6 Monate.

(2) Die Lebenshilfe verpflichtet sich, die im Leistungspaket angegebenen Leistungen zu erfüllen; ebenso sind die Eltern/Sachwalter dazu verpflichtet, ihren Teil der Leistungen zu übernehmen (hierzu Teil 3: Leistungspaket).

(3) Die Kündigung des Wohnvertrages erfolgt schriftlich (eingeschrieben) und muss an alle Vertragspartner ergehen. Die Lebenshilfe verpflichtet sich, zur obligaten Anhörung aller beteiligter Personen einzuladen.

(4) Fristlose Kündigung: eine fristlose Kündigung dieses Vertrages ist für alle Vertragspartner möglich, wenn einer der folgenden Gründe eintritt:

(a) Es liegt eine akute Selbst- oder Fremdgefährdung im Sinne der entsprechenden Bestimmungen des Unterbringungsgesetzes (BGBl. 155/1990) vor und es wurden bereits alle organisatorischen, pädagogischen und therapeutischen Mittel ausgeschöpft. Die Lebenshilfe verpflichtet sich allerdings, die betroffene Person bei entsprechender Besserung (ärztliches Attest) wieder in eine Wohneinrichtung der Lebenshilfe aufzunehmen.

(b) Es liegt eine vorgesetzliche, schwere Verletzung wesentlicher vertraglicher Verpflichtungen vor.

(5) Schadenersatz: bleibt ein Bewohner durch eigenes Verschulden länger als eine Woche unentschuldigt von der Wohneinrichtung fern, entsteht für die Lebenshilfe ein Anspruch auf Schadenersatz; dieser Anspruch entsteht auch für den Bewohner, wenn die Lebenshilfe das Wohnverhältnis vorzeitig beendet, ohne den Vertrag mit entsprechender Kündigungsfrist gekündigt zu haben. Ebenso kann aus Punkt IV, 3b ein Anspruch auf Schadenersatz entstehen.

(6) Indexanpassung: das in diesem Wohnvertrag angegebene Leistungspaket (Teil 3) beruht auf den Tagsätzen 1994. Sollten sich diese Tagsätze nicht zumindest entsprechend des Indexes weiterentwickeln, muss eine entsprechende Anpassung dieses Vertrages (u.a. Leistungspaket) vorgenommen werden.

Teil 2: Pädagogische Grundsätze

In diesem Teil werden zentrale Rechte des Betroffenen angeführt, anhand derer die grundsätzliche Philosophie und pädagogische Haltung der Lebenshilfe Salzburg erläutert wird. Dieser Katalog von Rechten erhebt keinen Anspruch auf Vollständigkeit und es wird besonders darauf hingewiesen, dass diese Grundhaltung, die in diesen Beispielen betont wird, grundsätzlich auch für alle anderen Bereiche Gültigkeit hat, auch wenn diese in diesem Vertrag nicht extra herausgearbeitet wurden.

1.Grundsatz: Wohnen - einen Wohnsitz haben und „sich zu Hause fühlen"

- *Wohnen in der Lebenshilfe Salzburg*

Die Bewohner eines Lebenshilfe-Wohnhauses verbringen mindestens 5 Tage pro Woche im Wohnhaus. Der ordentliche Wohnsitz der Bewohner richtet sich nach den gesetzlichen Bestimmungen.
Die Bewohner sollen aber nicht nur einen Wohnsitz an der Wohnhausadresse haben, sondern hier auch tatsächlich „zuhause" sein (d.h. einen Ort haben, wo man sich in Ruhe zurückziehen kann, wo man sich geborgen fühlt; einen Ort haben, der nach eigenem Geschmack eingerichtet ist, wo man Besuche ungestört empfangen kann usw.).
Dennoch darf die spezifische Wohnsituation in den Lebenshilfe-Wohnhäusern nicht übersehen werden: Es ist ein organisiertes und auch „zusammengewürfeltes" Zusammenleben. In der Regel können sich die Bewohner ihre

Mitbewohner nicht aussuchen. Bei der Auswahl ihrer Helfer haben die Bewohner kein Mitspracherecht. Dies birgt neben bestimmten Chancen auch Einschränkungen für die jeweilige Person.

Von Seiten der Lebenshilfe wird versucht, die Organisation nie über die individuellen Grundbedürfnisse zu stellen: Dieser Wohnvertrag soll für diese Intention stehen!

- *Verschiedene Wohnformen in der Lebenshilfe Salzburg*
Nach den derzeit gültigen Konzepten der Lebenshilfe Salzburg werden folgende Wohnformen angeboten:

Gruppenwohnungen nach dem Konzept „Betreutes Wohnen" für in der Regel vier Personen, die in Einfamilienhäusern, Reihenhäusern oder Wohnungen eingerichtet werden können und in Verbindung mit einem Wohnhaus geführt werden sollen (nach dem Modell „Wohnverbund");

Trainingswohnungen in einem Wohnhaus oder an ein Wohnhaus angeschlossen für in der Regel vier Personen (zeitlich limitierter Aufenthalt);

Wohnhäuser für max. 8-12 Bewohner mit oder ohne Zusatz- oder Spezialdienste (z.B. Pflege-, Kranken- und Altendienste).

Allen Vertragspartnern wird auf Wunsch das Konzept, das der jeweiligen Unterbringungsform entspricht, zur Verfügung gestellt.

- *Selbstbestimmung und Selbsttätigkeit – zwei wesentliche Ziele*
Ein wichtiges Merkmal der Pädagogik in den Wohnhäusern der Lebenshilfe Salzburg ist die Entwicklung von einer institutionsbezogenen Praxis hin zu einer bedürfnis- und bedarfsgerechten Hilfe für die Bewohner. Um dies zu verwirklichen, muss ein Höchstmaß an Selbstständigkeit und Selbsttätigkeit der Bewohner erreicht werden. Dass diese Ziele durch die jeweilige Behinderung Grenzen erfahren, ist selbstverständlich. Diese Grenzen gemeinsam zu erkennen und zu respektieren, stellt einen wesentlichen Beitrag zur Berücksichtigung der Bedürfnisse und Wahrung der Interessen der Bewohner dar. Dies bedeutet, dass auf der einen Seite der persönliche Spielraum, der jedem Bewohner gegeben ist, auch genützt werden soll (Beispiel: Wenn jemand in der Lage ist, alleine einkaufen zu gehen, dann soll er das auch tun können!), bedeutet aber ebenso, dass das Maß an Selbstbestimmung unter anderem auch dort seine Grenzen findet, wo die persönliche Verantwortung für die jeweilige Situation nicht mehr in ausreichendem Maß gegeben ist.

Die Funktion und Aufgabe der Mitarbeiter und der Eltern/Sachwalter besteht darin, den Bewohnern eben nur soviel Hilfe zu geben, wie diese auch wirklich brauchen (Ziel: Hilfe zur Selbsthilfe).
Um einen Beitrag zur Selbstbestimmung und damit Lebensqualität des Bewohners zu leisten, sollen regelmäßig Lebensplanbesprechungen zwischen den Vertragspartnern durchgeführt werden. Der Lebensplan muss individuell auf die Lebenssituation und die Wünsche des Einzelnen abgestimmt sein. In diesem Lebensplan sind daher neben der Biographie auch Überlegungen zur Lebensgestaltung, Vorlieben, Abneigungen, Talente, Gewohnheiten und Verhaltensweisen sowie Aussagen über die jährlichen Ziele enthalten. Dieser Lebensplan dient in Verbindung mit den anderen Konzepten der Lebenshilfe Salzburg als Grundlage für die Arbeit der Mitarbeiter und muss auf Wunsch des Bewohners, der Assistenten oder der Eltern/Sachwalter einmal jährlich in einer gemeinsamen Besprechung neu überdacht werden. Diese Besprechung ist schriftlich niederzulegen.

2. Grundsatz: Freiheit und Freizügigkeit der Person

- *Die Lebenshilfe hat kein „Anhalterecht"*

Im Unterbringungsgesetz sind die gesetzlichen Voraussetzungen formuliert, wann und unter welchen Voraussetzungen „Anhalterecht" besteht. Die Voraussetzungen treffen in keiner Weise auf die Lebenshilfe Salzburg zu. Aus diesem Grund ist es der Lebenshilfe schon vom Gesetz her nicht möglich, geistig behinderte Menschen „anzuhalten" (d.h., dass es jedem Menschen in der Lebenshilfe prinzipiell möglich sein muss, jederzeit einen bestimmten Raum, ein bestimmtes Haus oder auch die Aufsichtssituation zu verlassen, ohne dass es den Mitarbeitern möglich ist, den Betroffenen daran zu hindern). Die sich daraus möglicherweise ergebenden Probleme (z.B. Gefahren) müssen allen Vertragspartnern bewusst sein. Aus dem individuellen Schutzbedürfnis jedes einzelnen Bewohners kann daher keine Zwangsmaßnahme abgeleitet werden, sondern müssen entsprechende Hilfestellungen angeboten werden.[3] Es darf dabei aber die notwendige Aufsichtspflicht nicht vernachlässigt werden.

---

[3] Das gilt insbesondere auch im Falle von sog. Verhaltensauffälligkeiten oder psychischen Störungen. Hierzu bieten die Ausführungen und (Einzelhilfe-)Konzepte von Theunissen (1999a; 2000a) & Lingg und Theunissen (2000) eine wegweisende Orientierungshilfe.

- *Freiheit und das Recht zum Risiko*
Das Leben eines jeden Menschen beinhaltet ein gewisses Maß an (alltäglichem) Risiko. Gerade bei geistig behinderten Menschen wird oft versucht, jegliches Risiko zu vermeiden bzw. aus dem Wege zu räumen (Überschützung) – dies fördert weder die Selbstständigkeit noch die Entwicklung der Person. Als Leitsatz dient ein Zitat des ehemaligen Obmannes Hannes Schmidt: „Der zu erwartende Erfolg rechtfertigt das kalkulierbare Risiko!" Dieser Leitsatz beinhaltet folgende Aspekte für die pädagogische Arbeit:
- Maßgebend für jegliche eigenständige Entwicklung ist der Mensch mit seinen individuellen Wünschen und Möglichkeiten. Es dürfen also keine unerfüllbaren Forderungen an die Person gestellt werden.
- Man hat sich stets die Frage zu stellen, ob überhaupt ein Risiko vorliegt? Oft wird ein Risiko nur konstruiert.
- Jeder neue Schritt in Richtung Selbstständigkeit wird zunächst einmal von den Mitarbeitern der Lebenshilfe begleitet: Man macht sich gemeinsam mit dem Betroffenen Gedanken über das „Wie" des Schrittes (pädagogische Arbeit) und es wird Kontakt mit den Eltern bzw. dem Sachwalter aufgenommen.

- *Das Recht auf Teilnahme am öffentlichen Leben (Mobilität und Integration)*
Ohne Mobilität gibt es keine Teilnahme am öffentlichen Leben. Ohne Teilnahme am öffentlichen Leben ist keine Integration möglich. Die Wohnhäuser der Lebenshilfe verstehen sich nicht als „Wohnheime", in denen der Behinderte „verwaltet" wird und die interne Ordnung keine Zeit lässt, nach außen zu gehen, um Kontakte mit der Um- und Mitwelt zu pflegen bzw. aufzunehmen. Das heißt: Jeder Bewohner soll in seiner Möglichkeit zur selbstständigen Fortbewegung gefördert werden. Jeder Bewohner soll zu eigenständiger Fortbewegung aufgefordert und ermuntert werden. Die Teilnahme am öffentliche Leben (einzeln wie als Gruppe) soll selbstverständlich sein.

- *Das Recht auf persönliche Kontakte (Besuche)*
Auch nach Eintritt in ein Wohnhaus sollen bestehende persönliche Kontakte des Bewohners nicht abreißen und sich auch weiterhin entfalten können (Pflege von Freund- und Bekanntschaften). Jeder Bewohner kann Besuche auf seinem Zimmer empfangen. Jeder Bewohner hat ebenso das Recht, Be-

suche auswärts zu tätigen. Ist der Bewohner auf Hilfe bei der Fortbewegung angewiesen, so ist diese nach Absprache zu gewähren (z.B. Fahrdienste, Taxi ...).
Einschränkungen in diesem Recht werden durch die Wohnformen der Lebenshilfe bzw. die Hausordnungen der jeweiligen Einrichtungen bedingt.

- *Das Recht auf Erwachsenenbildung*
In diesem Bereich geht es vor allem darum, mit bestehenden Einrichtungen der Erwachsenenbildung Kontakte aufzunehmen, um den Bewohnern die Möglichkeit zu bieten, an Veranstaltungen teilzunehmen. In diesem noch sehr spärlich entwickelten Bereich (hierzu Kapitel 4 im vorliegenden Buch) ist eine enge Zusammenarbeit zwischen Mitarbeitern und Eltern/Sachwalter notwendig, um die praktische Durchführung zu gewährleisten (u.a. Transport, Finanzierung ...).

3. Grundsatz: Recht auf körperliches Wohlergehen

Jeder Mensch ist eine Einheit aus Seele, Geist und Körper. Körperliches Wohlergehen kann daher nicht losgelöst vom geistigen und seelischen Befinden gesehen werden: Der vorliegende Wohnvertrag versucht in seiner Gesamtheit dieser Ganzheit Rechnung zu tragen.

- *Das Recht auf Freizeit*
Freizeit ist ein menschliches Grundbedürfnis: es bedeutet nicht nur von der Arbeit auszuruhen, sondern auch, eigenen Interessen in freier Wahl nachzugehen (Freizeitgestaltung).
Die Gestaltung der Freizeit bedarf der Anregung und Begleitung: Freizeit wird so zu einer Bereicherung des Lebens und ist ein wichtiger Bestandteil zur sozialen Integration.
Die Freizeitgestaltung umfasst u.a.: Bewegung in der freien Natur (Wandern, Spazierengehen, Pflege eines Gartens, Blumen- oder Gemüsebeetes ...), Gelegenheit zu sportlicher Betätigung (Schwimmen, Turnen, Radfahren ...), Gelegenheit zur sozialen und kulturellen Betätigung (Caféhausbesuche, Tanzen, Parties, Teilnahme in Vereinen, Theater, Kino ...) und Gelegenheit zur religiösen Betätigung.
Jede Wohneinrichtung bietet verschiedene Freizeitaktivitäten an, sodass für jeden Bewohner die Möglichkeit besteht, nach eigenen Interessen auszuwählen, was er in seiner Freizeit gerne unternehmen möchte. Freizeit bedeutet natürlich auch die Pflege und das Wecken von Hobbys und kreativen Eigenaktivitäten.

In diesem Bereich ist eine enge Zusammenarbeit zwischen Mitarbeitern und Eltern/Sachwalter notwendig, um die praktische Durchführung zu gewährleisten (u.a. Transport, Finanzierung ...).
Ein wesentlicher Bestandteil der Freizeitgestaltung liegt in der Durchführung von Urlaubsreisen. So veranstaltet die Lebenshilfe Salzburg einmal im Jahr einen max. zweiwöchigen Urlaub, an dem jeder Bewohner teilnehmen kann.

- *Ernährung*

Dem Bewohner steht eine ausgewogene und auch auf seine persönlichen Vorlieben Rücksicht nehmende Ernährung zu. Dabei sollen die Bewohner an der Gestaltung des Speiseplanes mitarbeiten. Im Zusammenhang mit der „Lebenspraktischen Erziehung" wird besonderer Wert darauf gelegt, dass die BewohnerIn je nach Fähigkeiten lernt, einfache Speisen selbstständig zuzubereiten.
Ist aufgrund einer ärztlichen Verordnung Diät notwendig (z.b. bei Diabetes), so wird diese von der Lebenshilfe zur Verfügung gestellt (vgl. Leistungspaket).

- *Medizinische Vorsorge*

Jeder Bewohner hat das Recht auf medizinische Versorgung und freie Arztwahl. Dazu gehören Routine- und Vorsorgeuntersuchungen in regelmäßigen Abständen, Akutversorgung in Notfällen oder bei Krankheit, Kontrolle der Medikamente und der damit verbundenen Nebenwirkungen und eine fachärztliche Betreuung für spezifische Symptome.
Grundsätzlich ist die Lebenshilfe für die medizinische Versorgung der Bewohner verantwortlich, muss aber nicht jede einzelne Aktivität selber durchführen; in einem Gespräch mit dem Bewohner und den Eltern/Sachwalter wird geklärt, wer was übernimmt. So kann es in einem Fall vorkommen, dass der Bewohner selbst Teile davon übernimmt, im zweiten Fall vorkommen, dass die Eltern/Sachwalter die medizinische Versorgung übernehmen, im dritten Fall vorkommen, dass die medizinische Versorgung allein von der Lebenshilfe gewährleistet wird und im vierten Fall, dass sich diese Aufgabe Eltern/Sachwalter und Lebenshilfe teilen. Dass diese Versorgung gewährleistet wird, liegt jedoch in der Verantwortung der Lebenshilfe.
Jedes Wohnhaus hat einen eigenen Hausarzt, der die laufende Betreuung und die Kontroll- und Vorsorgeuntersuchungen übernehmen kann.
Die Verabreichung von Medikamenten erfolgt nur nach schriftlicher ärztlicher Verordnung (unabhängig davon, wer sich um die medizinische Ver-

sorgung bemüht). Über die Verabreichung zusätzlicher, nicht rezeptpflichtiger Medikamente (z.b. Schmerzmittel) ist Buch zu führen.
Eltern/Sachwalter und Bewohner werden von der Lebenshilfe (und umgekehrt) über medizinische und pflegerische Maßnahmen sowie über Medikation und Befunde informiert. Sind die Bewohner, die Eltern/Sachwalter oder die Mitarbeiter mit der medizinischen Betreuung oder der Medikation nicht einverstanden, soll in einem gemeinsamen Gespräch mit dem Arzt und der Pädagogischen Leitung eine Lösung gesucht werden.
Bei Erkrankung ist die Wohneinrichtung für die Betreuung und Pflege zuständig und verantwortlich. Sollte die Krankenversorgung ein Ausmaß annehmen, das für das Wohnhaus nicht mehr zu bewältigen ist, werden weitere Maßnahmen mit den Eltern/Sachwalter besprochen.
Vor Operationen und sonstigen Eingriffen muss die Zustimmung der Eltern/Sachwalter und des Bewohners eingeholt werden. Kann in akuten Notsituationen diese Zustimmung nicht eingeholt werden, werden die Eltern/Sachwalter umgehend davon in Kenntnis gesetzt.
Anmerkung: Grundsätzlich werden Therapien nicht im Wohnbereich angeboten, da in diesem Bereich Freizeit im Vordergrund steht und diese nicht „therapeutisiert" werden soll. So fällt die Verabreichung von Therapien in den Bereich der Werkstätten.[4]

4. Grundsatz: Schutz und Achtung der Privat- und Intimsphäre

- *Eigenes verschließbares Zimmer*

Jeder Bewohner hat ein eigenes Zimmer für sich allein (auf eigenen Wunsch und nach Absprache ist auch ein Wohnen in einem Doppelzimmer möglich). Sollte im Einzelfall kein Einzelzimmer zur Verfügung stehen, ist in besonderem Maße auf die Sicherung der Privat- und Intimsphäre zu achten.
Sämtliche Wohnhäuser der Lebenshilfe sind mit speziellen Zimmerschlössern ausgestattet. Das bedeutet: Der Bewohner kann seine Zimmertür zwar von innen absperren (Knauf-System), in Notfällen ist es den Mitarbeitern möglich, die Tür von außen mit einem Generalschlüssel zu öffnen. Der Be-

---

[4] Werkstätten für geistig behinderte Menschen haben in Österreich wie auch in den meisten anderen westlichen Industrienationen einen sog. Tagesstättencharakter und gelten damit als „Ort zu leben" (Feurstein 1999; Theunissen 2000a, 80ff.). Daher sind sie mit den deutschen WfB, die industriell geprägte, sozial isolierende Großsysteme bilden und die Gefahr der „Entfremdung" Betroffener in sich bergen, nicht zu vergleichen.

wohner kann auch einen eigenen Zimmerschlüssel und wenn möglich auch einen eigenen Haustürschlüssel bekommen, wenn dies gemeinsam für sinnvoll erachtet wird.

- *„Hausrecht" und „Briefgeheimnis"*

Die Zimmer der Bewohner dürfen nur mit ihrem Wissen und ihrer Zustimmung betreten werden (dies gilt sowohl für die Mitarbeiter als auch die Eltern/Sachwalter). Desgleichen dürfen Laden, Kästen und „Briefe" der Bewohner nur mit ihrem Einverständnis geöffnet und eingesehen werden.
Es muss den Bewohnern ein ungestörtes, unbelauschtes Telefonieren möglich gemacht werden.
Die Reinigung der Zimmer durch eine Reinigungsfrau ist nur mit Einverständnis der Bewohner und nur termingebunden erlaubt: Nur so hat jeder Bewohner die Möglichkeit, allfällige Privatsachen rechtzeitig wegzuräumen. Geputzt werden von der Reinigungsfrau nur die „sichtbaren Oberflächen"!

- *Das Recht auf Partnerschaft und Sexualität*

Menschsein umfasst alle Aspekte des Mann- oder Frauseins (Sexualität). In der zwischenmenschlichen Beziehung ist Sexualität von großer Bedeutung für Werte wie Liebe, Nähe und Wärme, Zärtlichkeit, Sinnlichkeit und Erotik. Sie ist Ausdruck des Grundbedürfnisses, nicht allein sein zu wollen.
Nur weil die Themen „Partnerschaft – Sexualität – Kindeswunsch etc." zu den schwierigsten Bereichen zählen, dürfen diese nicht vernachlässigt oder – schlimmer noch – ignoriert bzw. abgesprochen werden. Gerade in diesen Bereichen ist eine sensible und auf den Willen und das Wohl der Betroffenen ausgerichtete Zusammenarbeit aller Personen (Mitarbeiter, Eltern ...) besonders wichtig. In diesem Sinne verpflichtet sich die Lebenshilfe individuelle sexualpädagogische Aufklärung anzubieten. Hierzu gibt es das von der Lebenshilfe Salzburg in Zusammenarbeit mit dem Österreichischen Institut für Familienforschung entworfene und evaluierte sexualpädagogische Begleitkonzept „Special Love Talks", welches speziell an Menschen mit geistiger und mehrfacher Behinderung sowie an Bezugspersonen adressiert ist (Plaute et al. 1999). Im Kontext dieses Programms werden auch Fragen der Elternschaft von Menschen mit geistiger Behinderung sowie des Betreuten Wohnens für Paare mit oder ohne Kinder aufgegriffen. Die Lebenshilfe Salzburg steht diesen Fragen aufgeschlossen gegenüber und ist bestrebt, dem Selbstbestimmungsgedanken Betroffener so weit wie möglich Rechnung zu tragen (Plaute 1998).

5. Grundsatz: Das Recht auf allgemein übliche und eigene Lebensmuster

Jeder Mensch hat seinen eigenen persönlichen Stil, seinen eigenen persönlichen Geschmack, eine Farbe, die er bevorzugt, einen Geruch, den er liebt ... Die Lebenshilfe möchte, dass die Bewohner diese Vorlieben auch leben können. Dies heißt: Alle Einkäufe tätigt der Bewohner alleine oder gemeinsam mit den Eltern, dem Sachwalter oder Bezugsmitarbeiter; die Wünsche des Bewohners sind beim Kauf ausschlaggebend. Die Einkäufe und die Inanspruchnahme persönlicher Dienstleistungen (z.B. Friseur) sollen in der Regel vom Wohnhaus aus und in der Wohnumgebung erfolgen: Dies fördert die Kenntnis der Infrastruktur der Wohngegend; des Weiteren ist nur so ein Meinungsaustausch zwischen den Bewohnern über die Qualität der Geschäfte und der Dienstleistungen möglich!

- *Geldbelange und Sachwalterschaft*

Die Verwaltung der Bewohner-Gelder wird folgendermaßen gehandhabt:
- eine eigene Handkasse in Händen des Bewohners,
- ein eigenes Girokonto (nicht überziehbar): wenn möglich in den Händen der Bewohner, wenn nicht, wird das Girokonto mit einer Restgeldüberweisung auf das Sparbuch versehen und
- ein eigenes Sparbuch (eventuell mit Losungswort): wenn möglich in Händen des Bewohners.

Jeder Bewohner verwaltet sein monatliches Geld selbst. Ist dies nicht möglich, so erfolgt mit Wissen des Sachwalters der Zugriff auf diese Gelder über das Sparbuch (Losungswort) durch die Lebenshilfe, wobei darüber genau Buch zu führen ist (Rechnungspflicht für alle Ausgaben ausgenommen Taschengelder). In diesem Fall erhält der Bewohner ein wöchentliches Taschengeld; wenn dies nicht möglich ist, dann wird das Geld für einzelne Unternehmungen und Einkäufe ausbezahlt. Über die Verwendung des Taschengeldes besteht keine Rechenschaftspflicht des Bewohners gegenüber Eltern/Sachwalter oder Mitarbeiter.

Die Eltern/Sachwalter haben die Pflicht, die ihrem Kind/Klienten nach der gültigen Gesetzeslage zustehenden Gelder auch für dieses/en zu verwenden. Die Eltern/Sachwalter der Bewohner, die deren Geld nicht selber verwalten, haben jederzeit das Recht, in die Buchführung dieser Gelder einzusehen. Am Ende des Kalenderjahres ist diese Buchführung den Eltern/Sachwaltern in Durchschrift zur Kontrolle zu übermitteln.

- *Das Recht auf eigene persönliche Dinge (auf Eigentum)*
Um sich ein eigenes „Zuhause" einrichten zu können, sind persönliche Dinge und Privatbesitz besonders wichtig. Dies betrifft vor allem die komplette mobile Zimmereinrichtung, die Bettwäsche, Handtücher, ein Radio oder eine Stereoanlage, den eigenen Rasierapparat, ein eigenes Manikürzeug etc. Über das persönliche Inventar ist eine Liste anzufertigen, die im Akt des Bewohners aufzubewahren ist.
Die Lebenshilfe Salzburg legt großen Wert darauf, dass die Bewohner ihre eigenen Möbel haben können. Der Einkauf von Einrichtungsgegenständen erfolgt durch den Bewohner gemeinsam mit den Eltern/dem Sachwalter. Die sonstigen Einkäufe tätigt der Bewohner vom Wohnhaus aus (Kostenübernahme siehe „Leistungspaket").

- *Das Recht auf Verbrauchsartikel der eigenen Wahl*
Verbrauchsartikel sollen nicht aus zentraler Bestellung angeschafft werden, sondern nach der eigenen Wahl der Bewohner. Dies betrifft vor allem Toilette- und Hygieneartikel. Den Einkauf dieser Artikel tätigt der Bewohner vom Wohnhaus aus (hierzu Leistungspaket).

- *Das Recht auf ein gepflegtes und zeitgemäßes äußeres Erscheinungsbild*
Betrifft: witterungsgemäße Kleidung, Schuhwerk, Haarschnitt, ev. Pediküre und Maniküre ... Den Einkauf dieser Artikel tätigt der Bewohner vom Wohnhaus aus. Der Besuch des Friseurs, der Pedi- und Maniküre usw. erfolgt vom Wohnhaus aus (hierzu Leistungspaket).

- *Das Recht auf Genussartikel*
In jeder Gesellschaft haben sich besondere Genuss- aber auch Suchtmittel als allgemein akzeptiert durchgesetzt. Dies betrifft vor allem Zigaretten, Alkohol, Süßigkeiten, echten starken Kaffee ... Diese Genussmittel stehen prinzipiell auch Menschen mit Behinderungen zur Konsumation zur Verfügung. Zu Bedenken über einen möglichen Missbrauch der Genussartikel sei angemerkt:
- Gegebenenfalls werden die Mitarbeiter den Bewohner auf die gesundheitsschädliche Wirkung aufmerksam machen und versuchen, ihn in Gesprächen vom Sinn einer Mäßigung und Änderung seiner Haltung zu überzeugen.
- Die Lebenshilfe kann nur indirekt Maßnahmen ergreifen, um diesem Missbrauch entgegenzuwirken: z.B. abends einen koffeinfreien Kaffee

anbieten, oder in beschränktem Umfang ein Diätessen; das Rauchen auf gewisse Räumlichkeiten beschränken; usw.

- Jedenfalls kann die Lebenshilfe den Konsum von Genussartikel nicht verbieten.

- Allerdings muss angemerkt werden, dass aus dem besonderen (individuellen) Schutzbedürfnis der Bewohner auch eine besondere (individuelle) Verantwortung für die Mitarbeiter der Lebenshilfe Salzburg entsteht. Der Schutz der Gesundheit und des Lebens stellen wesentliche Faktoren dar, die im Zusammenhang mit Genussartikel und spezifischen Faktoren der Behinderung (z.B. Medikamente, Epilepsie, extremes Übergewicht) Berücksichtigung finden müssen.

6. Grundsatz: Selbstständigkeit und Kompetenz im Alltag

Ohne Freiheit und Freizügigkeit der Person und den damit verbundenen Rechten und Pflichten gibt es auch keine Selbstständigkeit (vgl. 2. Grundsatz). Selbstständigkeit hängt aber auch mit Kompetenz im Wohnalltag zusammen. Aus diesem Grund sind an dieser Stelle stellvertretend einige Pflichten angeführt, die es dem Bewohner ermöglichen sollen, ein selbstständigeres Leben zu führen.

- *Pflicht 1: Zimmerreinigung*

Die Bewohner reinigen ihr Zimmer nach Möglichkeit selbst (individuelle Hilfe durch die Lebenshilfe). Auch der Einkauf der Putzmittel soll selbstständig getätigt werden. Jeder Bewohner ist verpflichtet, sein Zimmer gemäß den Richtlinien der Hausordnung sauber zu halten.

- *Pflicht 2: Mithilfe im Haushalt*

Die Organisation der Mithilfe im Haushalt ist in den Hausordnungen der Wohnhäuser festgelegt und umfasst u.a.: die Mithilfe beim Kochen, den Küchendienst, Mithilfe bei der Versorgung der Wäsche ... etc.

7. Grundsatz: Das Recht auf Religionsausübung und auf freie Meinungsäußerung

Die religiösen und weltanschaulichen Überzeugungen, denen der/die Einzelne aufgrund von Herkunft und Erziehung anhängt, sind zu respektieren. Die Erfüllung damit verbundener Pflichten (Besuch von Gottesdiensten, Kontakte zu Religionsgemeinschaften und Gemeinden) muss ermöglicht werden.

8. Grundsatz: Das Prinzip der gemeinsamen Entscheidungsfindung

In den Einrichtungen der Lebenshilfe gilt das Prinzip der gemeinsamen Entscheidungsfindung zwischen Bewohnern, Angehörigen und Mitarbeitern:

- Jeder Bewohner hat das Recht, bei Gesprächen und Entscheidungen, die ihn betreffen, anwesend zu sein. Jeder Bewohner hat das Recht, über Maßnahmen, die ihn betreffen, sofort informiert zu werden. Bei Elternabenden haben die Bewohner das Recht, anwesend zu sein.
- Die Lebenshilfe muss die Eltern/Sachwalter in wichtigen, sie betreffende Angelegenheiten, umgehend verständigen; dies gilt auch umgekehrt. Ein Termin für eine gemeinsame Sitzung muss innerhalb kürzester Zeit gewährt werden, jedoch mindestens innerhalb eines Monats.
- Die Vertragspartner sind verpflichtet, alle Informationen streng vertraulich zu behandeln (Schweigepflicht).

Die Mitarbeiter der Lebenshilfe haben die Verpflichtung, die Bewohner bei wichtigen Gesprächen, die sie betreffen, beizuziehen. Dies gilt etwa auch dann, wenn Eltern, der Sachwalter, ein Arzt usw. ein sogenanntes „vertrauliches" Gespräch wünschen (nach dem Grundsatz: Lieber kein Gespräch, als eines über den Kopf des betroffenen Menschen!).

Bemerkungen zur Gesprächskultur: Respekt und Höflichkeit gebieten es, dass ein Gespräch in Gegenwart eines Menschen nicht über ihn, sondern ein gemeinsames Gespräch mit ihm geführt wird. Respekt und Höflichkeit gebieten des Weiteren, dass private Gespräche in einem privaten Rahmen geführt werden.

- *Mitbestimmung bei der täglichen Lebensgestaltung und der Hausordnung*

In allen Bereichen, die die unmittelbare Lebensgestaltung des Bewohners betreffen, ist die Mitbestimmung des Bewohners ein wesentlicher Bestandteil der Entscheidungsfindung. Ebenso ist die Mitbestimmung der Bewohner in jenen Teilen der Hausordnung, die die Bewohner betreffen, erforderlich. Die Mitarbeiter haben die Pflicht, diese Mitbestimmung möglich zu machen.

- *Hausbesprechung*

Fixer Bestandteil jedes Wohnhauses ist eine monatliche Hausbesprechung. Für diese Hausbesprechung soll eine kurze, gemeinsam erstellte Tagesord-

nung den Teilnehmern schon vorher bekannt sein. Alle Teilnehmer müssen die Gelegenheit bekommen, in dieser Besprechung über ihre eigenen Anliegen und Sorgen sprechen zu können: Aktuelle hausbezogene Probleme haben dabei den Vorrang.
Die Leitung dieser Besprechung übernimmt ein Bewohner oder ein Mitarbeiter. Den Mitarbeitern kommt in der Hausbesprechung verstärkt eine beratende und assistierende Funktion zu. Der Mitarbeiter fertigt innerhalb einer Woche ein Protokoll dieser Sitzung an: Dieses Protokoll muss so aufbereitet sein, dass es von den Bewohnern verstanden werden kann; jeder Sitzungsteilnehmer erhält eine Kopie.

9. Grundsatz: Das Recht auf Altern in Würde

Älter werdende und alte Bewohner sollen nach Möglichkeit in ihrem Wohnhaus bleiben können. Dies bedeutet natürlich, dass die täglichen Abläufe auf die individuellen Bedürfnisse der alternden und alten Menschen abgestimmt werden und entsprechende zusätzliche Hilfen angeboten werden (u.a. Alten- bzw. Krankenpflege).[5]

Zur Qualitätssicherung durch Nutzerkontrolle

Es widerspricht dem Empowermentkonzept, wenn ausschließlich Professionals, Fachverbände oder Verwaltungen Wohn- und Lebenswelten von Menschen mit Behinderungen planen, entwerfen und umsetzen; nur auf der Grundlage einer ernst gemeinten Zusammenarbeit (collaboration) mit den Betroffenen und ihren Fürsprechern (Eltern, Sachwalter) kann eine bedarfs- und interessengerechte Lebensweltgestaltung funktionieren. Dazu sind transparente Strukturen, die Offenlegung von Interessen, die Darlegung und Diskussion verschiedener Faktoren, die eine Dienstleistung ausmachen, sowie die Kontrolle der Dienstleistungen durch ihre Nutzer oder Fürsprecher (advocate) notwendig.
Bis vor wenigen Jahren war die Ansicht weit verbreitet, dass eine Qualitätskontrolle durch Betroffene weithin unmöglich sei. Allein die Schwierigkeiten bei der Bildung von Heimbeiräten galten als Beleg dafür, Menschen mit geistiger Behinderung als kognitiv und kommunikativ überfordert einzustufen und eine mangelnde Reflexionsfähigkeit zu attestieren. Mit dem Be-

---

[5] Neben dem Leistungspaket gibt auch noch ein sog. Ergänzungsblatt zum Wohnvertrag, auf dem alle Dinge festgehalten werden können, die für den einzelnen Bewohner von besondere Bedeutung sind.

ginn der Self-Advocacy Movement (Kapitel 1) ist eine Abkehr von dieser defizitorientierten, ja nihilistischen Sicht zu verzeichnen. Internationale Erfahrungen und auch deutsche Studien zeigen auf, dass eine valide Beurteilung der eigenen Lebenssituation durch Menschen mit Lern- und leichter geistiger Behinderung sehr wohl möglich und sinnvoll ist (Mactavish, Mahon & Lutfiyya 2000; Wehmeyer et al. 1992ff.; Walujo & Malmström 1991; Gromann 1998; Böhning 1998; Schalock et al. 1989) und dass Betroffene auf solche Aufgaben (Nutzerkontrolle) gezielt geschult und vorbereitet werden können (Foxx et al. 1993; Wehmeyer, Agran & Hughes 1999, 286ff.). Vor dem Hintergrund von Erfahrungen mit hospitalisierten psychisch kranken, sozial benachteiligten und lernbehinderten Personen schlägt Gromann[6] (1998; 1999a; b) ein dreiteiliges Vorgehen zur Nutzerkontrolle durch Menschen mit leichter bis mittlerer geistiger Behinderung vor:

(1) Einen kurzen, etwa fünf Fragen umfassenden Bogen zur allgemeinen Dienstleistungsqualität: Freundlichkeit und Respekt der Mitarbeiter, Individuelle Planung, Kommunikations- und Informationsverhalten, Bewertung der Hilfepraxis allgemein, Einbeziehung der Angehörigen.

(2) Konkrete Fragen zu den jeweiligen Lebensverhältnissen in der Gruppe, ausgewählt an den Zielsetzungen für den jeweiligen Arbeitsbereich (Kontrolle der pädagogischen Konzeptentscheidungen) wie auch der „Nutzerperspektive", also den bedeutsamen Themen aus dem Zusammenleben in der jeweiligen Wohnform (Essensqualität, Ausgangsregelungen, Eigentumsregelungen u.ä.m.); hierzu bietet sich die Abstimmung mit den vertraglichen Festlegungen (siehe Wohnvertrag) an.

(3) Kurze Fragen zu Entscheidungen, die direkt anstehen (z.B. die Veränderungen von Mittagsessenszeiten), um die konkreten Auswirkungen von Meinungsäußerungen deutlich erfahrbar zu machen.

Zudem lassen sich in Anlehnung an Gromann (1999b, 46f.) und Niehoff (2000, 162f.) einige wichtige Prinzipien nennen, die es bei der Gestaltung von Nutzerbefragungen zu beachten gilt:

- Bewohnerbefragungen sollten kontinuierlich geplant sein.
- Bewohnerbefragungen dürfen nicht zu umfangreich sein.

---

[6] Nach Auskunft von P. Gromann und U. Niehoff bereitet der Lebenshilfe-Verlag ein Handbuch zur Nutzerbefragung vor. Dieses Handbuch soll praktische Beispiele von Fragen, Frage-Settings, visuelle Hilfen und Vorschläge zur Aufbereitung von Ergebnissen enthalten.

- Bewohnerbefragungen sollten weithin anonym durchgeführt weden.
- Bewohnerbefragungen sollten möglichst viele Entscheidungsfragen enthalten. Die Beantwortung offener Fragen fällt nicht wenigen der Betroffenen schwer.
- Eine Befragung sollte nicht mehr als 25 Fragen ausmachen.
- Alle Fragen sollten einfach und knapp formuliert sein.
- Die Fragen sollten möglichst mit einem Ankreuzen (auch von Symbolkarten o.ä.) beantwortet werden.
- Es sollten symbolische Darstellungen für Sachverhalte genutzt werden.
- Einer endgültigen Bewohnerbefragung sollte möglichst ein (kleiner) Probelauf vorausgehen.
- Die Befragungen sollten möglichst unter eigener Regie der Betroffenen erfolgen. Die Anwesenheit von Mitarbeitern führt nicht selten zu Verzerrungen der Ergebnisse.
- Bewohnerbefragungen sollten regelmäßig wiederholt werden.
- Bewohnerbefragungen müssen für gegebene Situationen passend sein.
- Fragen müssen stets an gegebene und veränderte Situationen angepasst werden.
- Befragungsergebnisse sollten für alle Betroffenen, Bezugspersonen und Interessenten zugänglich sein.
- Befragungsergebnisse sollten für Veränderungsprozesse genutzt werden.

Folgt man den Ausführungen von Gromann (1999b), Plaute u.a. (1998) sowie Mactavish, Mahon und Lutfiyya (2000) macht es Sinn, Einzel- und Gruppenmeinungen einzuholen, Vergleichsgruppen zu bilden und zusätzlich zu Bewohnerbefragungen auch Evaluationen oder Situations-Assessments durch „Dritte", zum Beispiel durch Mitarbeiter und einem neutralen Beobachter (Fachwissenschaftler, Praxisberater) durchzuführen. Dadurch lassen sich systematische Verzerrungen durch Zustimmungstendenzen oder Antworten im Sinne einer sozialen Erwünschtheit verringern und der Grad der Validität erhöhen. Alle diese Ergebnisse sollten in einem gemeinsamen Auswertungsgespräch unter Regie einer möglichst neutralen Chairperson diskutiert und mit Blick auf zukünftige Entscheidungen beleuchtet werden. Wichtig ist es auf eine verständliche und knappe Präsentation der Ergebnisse (z.B. einfache Schaubilder; einfache und vertraute Symbole) zu achten.

Im Rahmen von Qualitätssicherung ist im Sinne von Empowerment die Einbindung betroffener behinderter Menschen in die Definition, Anpassung und Kontrolle von Leistungen unverzichtbar; nur so kann gewährleistet werden, dass sich die Träger von Einrichtungen um Dienstleistungen bemühen, die direkt den Bedürfnissen der Menschen mit Behinderungen verpflichtet sind. Bei intellektuell behinderten Menschen, die nicht für sich selber sprechen können (vor allem jene mit schwerer geistiger Behinderung), müssen Fürsprecher, zum Beispiel Eltern, gesetzliche Betreuer wie auch Vertrauenspersonen (persönliche Assistenten; Bezugsmitarbeiter) diese Aufgabe wahrnehmen. Das verlangt ein hohes Maß an Wissen über den Betroffenen (Lebensgeschichte, individuelle Wünsche, Bedürfnisse...), Einfühlungsvermögen, Sensibilität wie auch die Bereitschaft und Fähigkeit, eigene Interessen nicht mit dem Willen des Betroffenen zu vermischen und eine authentische Parteinahme (Anwaltschaft) zu leisten (hierzu auch Theunissen 1999a, 129f.).

Wohnen und Leben im Alter

In einer Gesellschaft, in der die persönliche Arbeits-Produktivität das zentrale Bewertungskriterium darstellt (kritisch hierzu Tews 1996; Staudinger 1996), führt nicht erst die Diagnose „geistige Behinderung" zu Ausgrenzung, Isolierung und Marginalisierung. Auch kranke und alte Menschen sind meist nicht in der Lage, die von ihnen erwarteten gesellschaftlichen Leistungen zu erbringen, und werden daher immer häufiger an den Rand der Gesellschaft gestellt. Auch ihnen mangelt es, wie den behinderten Menschen an Lebensräumen, die ihren Bedürfnissen entsprechen.
Wie verhält es sich nun bei Menschen, die mehrfach stigmatisiert sind: geistig behindert, alt und womöglich auch noch krank (z.B. dement) werden? Das Empowerment-Konzept, das sich den Rechten und Bedürfnissen aller Menschen mit geistiger Behinderung verpflichtet fühlt, muss sich auch solchen Themen annehmen, mit der Frage nach dem Alter und dem Sterben auseinandersetzen. Wir können nicht ein humanes Leben postulieren, dabei aber den Lebensabend und humanes Sterben vergessen.
In der Diskussion um ein menschenwürdiges Leben im Alter spielt die Wohnform eine zentrale Rolle. Eng verknüpft ist damit die Frage nach geeigneten Spezialdiensten, die für die Lebensbegleitung (Versorgung) alter Menschen mit geistiger Behinderung notwendig sind. Eine nicht selten notwendige intensive Pflege kann nur schwer von kleineren Wohneinrichtungen übernommen werden (Miller & Vinatzer 1992), da es diesen häufig an finanziellen und personellen Voraussetzungen fehlt. Die Errichtung neuer, spezieller Einrichtungen scheint jedoch ebenso problematisch wie der Ver-

such, alte Menschen mit geistiger Behinderung in „klassischen" Seniorenoder Pflegeheimen unterzubringen. Wurde in der Lebenshilfe Salzburg in den 80er Jahren noch die Errichtung spezieller Seniorenhäuser für Menschen mit geistiger Behinderung propagiert, so wird heute einem Modell der Vorzug gegeben, das dem älteren Menschen die Möglichkeit bieten soll, in seiner vertrauten Lebenswelt (Wohnhaus) verbleiben zu können (vgl. auch Bruckmüller 1992, 72; Lingg & Theunissen 1999, 234f.; McManama 1999; Theunissen 2000g). Die notwendigen Zusatzmaßnahmen (u.a. Pflege- und Krankenversorgung, Sterbebegleitung) werden dezentral in den jeweiligen Wohnhäusern (max. 12 Bewohner) angeboten. Dem speziellen Ruhebedürfnis alter Menschen wird dadurch Rechnung getragen, dass auf Wunsch ein individualisierter Tagesablauf ermöglicht werden kann (z.b. späteres Aufstehen, kürzere Arbeitszeit). Mittelfristig sind diese Fragen nur im Wohnbereich zu lösen; im Übergang sind allerdings auch Maßnahmen sinnvoll, die direkt in der Arbeitsstätte (z.B. WfB) eingeleitet werden können: Verkürzung der Arbeitszeit, verlängerte und zusätzliche Pausen, Veränderung der Arbeitsinhalte, Veränderung des Arbeitsplatzes und Einrichtung einer speziellen Gruppe für ältere Beschäftigte (Kräling 1997, 160; Feurstein 1999, 258f.).

Reichen diese Angebote nicht mehr aus, werden „neue" Dienstleistungen im Wohnbereich angeboten, die nicht nur von älteren Bewohnerinnen und Bewohnern in Anspruch genommen werden können: normale Krankenbetreuung, Urlaubstage zuhause in der eigenen Wohnung, Heimarbeit im Rahmen von hauswirtschaftlicher Tätigkeit, Kurzzeit- oder Schnupperwohnen in speziellen Gästezimmern. Die Senioren sind so nicht isoliert und (er-)leben einen aktiven Tag, der in seinem Ablauf (inhaltlich, zeitlich) an ihre individuellen Bedürfnisse angepasst wird. Als tagesstrukturierende Angebote sind u.a. folgende Inhalte wesentlich: Planung des Tagesablaufes, Gesundheitsförderung, Freizeitgestaltung, Bewältigung von Krankheit, Sterben und Tod und Zusammenarbeit mit Angehörigen, Helfern und anderen (Kräling 2000). Durch diese Maßnahmen können betroffene Personen wunschgemäß in ihrer vertrauten Umgebung, in der sie sich zurechtfinden können und in der sie ihre sozialen Kontakte (u.a. Familie, Freunde) haben, verbleiben. Dieser Wunsch wird übrigens auch von ihren alten Eltern oder Angehörigen geäußert (Lingg & Theunissen 1999, 234). Gerade für einen Menschen mit geistiger Behinderung ist die Umstellung auf neue Lebensbereiche oft besonders schwierig. Um diese Probleme in einer zudem schwierigen Lebenssituation zu vermeiden, ist einem Verbleib in der gewohnten Umgebung der Vorzug zu geben, wenn eben verschiedene Voraussetzungen erfüllt werden

können (Bruckmüller 1992; Wilm & Kulig 1999). Dazu zählen vor allem eine ausgewogene Bewohnerschaft (nicht zu große Altersunterschiede), die „Verfügbarkeit und Zugänglichkeit" (Goldmeier & Herr 1999) entsprechender Hilfsdienste (u.a. Pflege) und einer günstigen Infrastruktur (durch Wohnverbundsysteme), kleine familienähnliche Wohneinheiten sowie eine Einbindung örtlicher mobiler Hilfsdienste (auch Feurstein 1999, 260).
Sind trotz solcher Bedingungen die Möglichkeiten einer angemessenen Alltagsbegleitung älterer Menschen mit geistiger Behinderung in der vertrauten Wohnwelt begrenzt (z.B. bei hoher Pflegebedürftigkeit) sollte ein Konzept in den Blick genommen werden, das als sogenannte „Hausgemeinschaften" in die allgemeine Seniorenbetreuung Eingang gefunden hat (Bundesministerium für Gesundheit 2000). Das Interessante an diesem Ansatz ist das Zusammenwirken verschiedener Fachdisziplinen: obwohl der Pflegebedarf bei dieser Personengruppe besonders hoch ist, steht die Alltagsarbeit (Haushalt, Wohnen, Freizeit ...) im Vordergrund und wird punktuell und individuell durch Pflegefachkräfte ergänzt. Dies ist natürlich nur in größeren Systemen umsetzbar, in denen entsprechende Dienste in ausreichendem Ausmaß benötigt und daher auch (finanzierbar) angeboten werden können. Ein konkretes Projekt, das wir an dieser Stelle exemplarisch nennen möchten, ist der Seniorenwohnpark in Dießen am Ammersee. In sechs Wohngemeinschaften à 7 pflegebedürftiger und demenzkranker Senioren wird zunächst von Prinzip der festen Bezugspersonen ausgegangen; das bedeutet, das jeweils ein professioneller Helfer den größten Teil des Tages anwesend ist und die Mitglieder der entsprechenden Hausgemeinschaft bei der Organisation des Alltags unterstützt. Dieser Mitarbeiter ist für die soziale Alltagsbegleitung, Hauswirtschaft und Pflege in gleicher Weise verantwortlich. Für diese Aufgaben sind also jene Berufsgruppen prädestiniert, die auch bisher das Personal in Wohneinrichtungen für Menschen mit geistiger Behinderung gestellt haben (primär Heilerziehungspfleger oder [heil-]pädagogisch und hauswirtschaftlich ausgebildetes Personal). Im pflegerischen Bereich wird der Helfer jedoch von einem hauseigenen Pflegedienst unterstützt, der angesichts der überschaubaren Größe der Einrichtung auch während des gesamten Tages angeboten werden kann; zudem ist er für den Nachtdienst zuständig. Eine besondere Problematik für Menschen mit geistiger Behinderung im hohen Alter stellt die Tatsache dar, dass viele der Betroffenen keine Angehörigen mehr haben, die sich regelmäßig um sie kümmern können. Wird in der traditionellen Seniorenbetreuung ein Großteil der Freizeitgestaltung (Einkauf, soziale Begegnungen, Ausflüge, Lokalbesuche ...) durch die eigenen Kinder und Enkel ermöglicht, so fällt dies bei Menschen mit geistiger Behinderung fast vollkommen weg.

Diese Leistungen müssen somit zusätzlich vom Personal übernommen werden; damit ist zugleich auch ein höherer Finanzbedarf gegeben, als dies im traditionellen Seniorenbereich der Fall ist. Um die zusätzlichen Kosten etwas abzufedern und zugleich aber auch die Qualität an Außenkontakten zu fördern, bietet es sich an, nach „Umfeldstärken" (Saleebey) Ausschau zu halten, z.B. für ehrenamtliche Helfer zu werben, so dass aus der nichtbehinderten Bevölkerung „Netzwerkpartner" oder Vertrauenspersonen gefunden werden können, die in der Begleitung alter Menschen mit geistiger Behinderung und hohem Pflegedarf einen Lebenssinn sehen.

Neben den Rahmenbedingungen spielt natürlich auch die Frage nach den Inhalten einer adäquaten Lebensbegleitung alter Menschen mit geistiger Behinderung eine zentrale Rolle (Bruckmüller 1999; Lingg & Theunissen 1999; Kräling 2000). Im Sinne von Empowerment (Kapitel 1) geht es dabei auf der Grundlage einer respektvollen Haltung und empathisch-verstehenden Beziehung (Bezugsassistenz) vorrangig um die Sicherung von Entscheidungs- und Handlungsautonomie (choice making; decision making), um Unterstützung vorhandener Stärken und Kompetenzen sowie um den Erhalt von Potentialen, Fähigkeiten und Fertigkeiten wie auch um Inclusion (Goldmeier & Herr 1999) durch Förderung, Unterstützung und Sicherung der Partizipation an gesellschaftlich-kulturellen Bezügen (z.B. durch Ausflüge, Reisen, kulturelle oder religiöse Veranstaltungen). Im Prinzip gelten in dem Zusammenhang Rahmenkonzepte, wie wir sie unter den Stichwort der „lebensweltbezogenen Behindertenarbeit" entwickelt und verifiziert haben (Theunissen 1999a; 2000a; g), die durch zwei spezielle Ansätze aus der Altenhilfe/-arbeit, durch die „Validation" nach Feil (1992) und durch die „Übergangspflege" nach Böhm (1992; 1994), angereichert werden sollten, um dem Leitprinzip der Subjektzentrierung (Theunissen) entsprechend den individuellen Bedürfnissen alter Menschen mit geistiger Behinderung Rechnung tragen zu können.

Das Konzept der „Validation" geht grundsätzlich davon aus, den alten Menschen mit seinen Gefühlen und Lebensäußerungen anzuerkennen und ernst zu nehmen. Einfühlungsvermögen ist die Basis für Vertrauen und partnerschaftliches Umgehen miteinander. „Einfühlungsvermögen – in den Schuhen des anderen gehen" – schafft Vertrauen. Vertrauen schafft Sicherheit, Sicherheit schafft Stärke – „Stärke stellt das Selbstwertgefühl wieder her, Selbstwertgefühl verringert Stress" (Feil 1992, 11). Dieser Anspruch an die Lebensbegleitung alter Menschen muss auch für die Assistenz alter Menschen mit geistiger Behinderung gelten. Hierzu gehört vor allem, dass die Alltagsbegleitung die Vorgänge des Alters aufgreift, ihre Besonderheiten erkennt und entsprechend darauf reagiert. So ist es dem alten Menschen eigen, seine Lebensgeschichte zu ordnen (ebd.), doch gerade Menschen mit geistiger Behinderung haben Schwierigkeiten, die Lebensgeschichte zu sammeln und eine reflektierte Ordnung vorzunehmen (Bruckmüller 1999, 209). Aber Menschen mit geistiger Behinderung fragen ebenso nach dem Sinn ihres Daseins und setzen sich ebenso mit den Fragen des „Todes" auseinander. Es ist natürlich in vielen Fällen wesentlich schwieriger, ihre Fragen zu verstehen. Eine besondere Bedeutung unserer Arbeit liegt also darin, diese existentiellen Fragen alter, geistig behinderter Menschen zu deuten und zu verstehen, um ihnen die entsprechenden (verständlichen) Antworten geben zu können. Bei alten Menschen mit geistiger Behinderung ist das Bedürfnis nach Sicherheit oft in einem hohen Maß ausgeprägt. Veränderungen in der sozialen Struktur, aber auch in der Objektwelt lösen häufig Unsicherheit und Angst aus (ebd., 208). Es ist daher darauf zu achten, dass der persönliche Lebensraum ein hohes Maß an Stabilität aufweist. Eigene Möbel und Gebrauchsgegenstände spielen dabei ebenso eine Rolle, wie die Möglichkeit, seine sozialen Beziehungen aktiv leben zu können (hierzu zählt auch die Möglichkeit, dass Frauen und Männer zusammenleben können).

Als weitere wesentliche Maxime in der Alltagsbegleitung alter Menschen mit geistiger Behinderung möchten wir das Prinzip der „Aktivierenden Pflege" (Böhm 1992; 1994) nennen. Durch die eingeschränkten Fähigkeiten im Alter (Mobilität, Leistung der Sinnesorgane, ggf. Altersdemenz) werden viele Tätigkeiten unmöglich, die in jüngeren Lebensjahren zur Alltagsroutine gehört haben. Die Gefahr besteht, dass ein alter Mensch mit geistiger Behinderung zunehmend passiver wird – und das erst recht, wenn seine Helfer immer mehr alltägliche Aufgaben (u.a. Einkauf, Pflege, Versorgung) übernehmen. Denn das befördert geradezu immer stärker werdende Hilfsbedürftigkeit und Unselbstständigkeit. Eines der wichtigsten Prinzipien ist daher, jeden Menschen soviel tun zu lassen, wie er in der Lage ist. Nur die Teilhabe am täglichen Leben und die Erkenntnis, für das eigene Leben einen Beitrag zu leisten, verhindert ein frühzeitiges Altern und ermöglicht ein würdevolles und sinnerfülltes Altern (auch Grond 1992; Baltes & Montada 1996). „Statt den Patienten in seiner Patientenrolle zu belassen, ihn also voll zu versorgen, soll er aktiviert – emanzipiert – werden" (Böhm 1992, 189). Das gelingt am besten, wenn Bedürfnisse, vorhandene Stärken und Fähigkeiten aufgegriffen werden und wenn eine „kompetenzorientierte Begegnung" (Theunissen) statthat. Denn ältere Menschen erleben sich nicht angenommen und wertgeschätzt durch eine „subjektferne" Aktivierung (womöglich mit einem pädagogisch-therapeutischen Blick auf Einbußen), sondern durch eine Konzentration auf ihre Interessen, Ressourcen und Potentiale (Olbrich 1992; Kruse 1992; 1996; Baltes & Montada 1996; Theunissen 2002); und dies ist ein Ansatz, der der Empowerment-Philosophie voll entspricht (Weick et al. 1989; Saleebey 1997; Wilm & Kulig 1999).

Ein wesentliches Merkmal für die meisten Beziehungen zwischen Mitarbeitern und alten Menschen mit geistiger Behinderung ist das unterschiedliche Lebensalter (Bruckmüller 1992) mit seinen Implikationen (Denken, Sprache, Wertvorstellungen, Lebenserfahrungen). Viele Fragen, die für alte Menschen zum Leben gehören (u.a. Pflegebedürftigkeit, Krankheit, Tod), werden von den jüngeren Menschen wenig thematisiert oder sogar weggeschoben. Um mit diesen Fragen im beruflichen Alltag umgehen zu können, sind die professionellen Helfer selbst auf Unterstützung und Hilfe angewiesen. In entsprechenden, vorbereitenden Fortbildungsveranstaltungen (z.B. Sterbebegleitung) und in Supervisionsgruppen sollten diese Fragen erörtert werden. Überhaupt kommt der Qualifizierung der Mitarbeiter eine wichtige Rolle zu. Denn eine ältere Person mit geistiger Behinderung darf ebenso wenig wie ein nichtbehinderter Mensch im Alter weder als ein (heil-)pädagogisches Förderobjekt noch im Lichte eines Defizit- oder Disengagement-Modells betrachtet und behandelt werden. Die moderne Gerontologie tut gut daran, diesen Konzepten eine unmissverständliche Absage zu erteilen und Ansätzen den Vorzug zu geben, die auf individuelle und soziale Ressourcen, auf Kompetenzen und Potentiale im Alter setzen, die nicht nur Lebensautonomie zu sichern vermögen, sondern auch Lebenskräfte freisetzen, die zur Bewältigung von Verlusten (Arbeitsplatz; Rolle; Gesundheit; Bezugspersonen ...) mobilisiert werden können (Kruse 1992; 1996; Staudinger 1996). Dieses Konzept des „erfolgreichen Alterns" (Baltes) korrespondiert mit Grundzügen der Empowerment-Philosophie, und daher macht es Sinn, wenn professionelle Helfer, die Menschen mit geistiger Behinderung im Alter begleiten, mit entsprechenden Ansätzen, Erkenntnissen, Einsichten und Wissensbeständen aus der Gerontologie geschult werden. Angereichert werden sollten die Fort- oder Weiterbildungsmaßnahmen aber auch durch spezifische Erfahrungen, die unmittelbar aus der Arbeit mit alten geistig behinderten Menschen hervorgegangen sind. Goldmeier und Herr (1999) stellen hierzu in ihrem wegweisenden Beitrag über „Empowerment und Inclusion" (ausführlich beschrieben in Wilm & Kulig 1999) für die Arbeit mit älteren lern- und geistig behinderten Menschen fünf zentrale Leitprinzipien heraus: (1) Persönliche Vorlieben und individuelle Bedürfnisse: mit diesem Prinzip wird vor allem das Eingehen auf den einzelnen Menschen mit seinen Wünschen, Vorlieben und Bedürfnissen betont und einer uniformen, organisationsverpflichteten Alltagsbegleitung entgegengetreten; (2) Wechselseitige Partnerschaft: hierbei geht es um eine ausgewogene, partnerschaftliche Begegnung zwischen der helfenden Person und dem betroffenen alten Menschen, die tragfähig, z.b. vertrauensvoll, einfühlsam und haltgebend sein muss; (3) Nutzung des Wissens und der Erfahrungen Betroffener: Auch alte Menschen mit Lern- oder geistiger Behinderung gelten als „Experten in eigener Sache", und daher sollte im Zusammenhang mit konkreten Lösungsansätzen auf ihr Wissen und ihre Erfahrung aufgebaut werden; (4) Kreativität in der Alltagsarbeit: damit wird an die Kreativität der professionellen Helfer in Bezug auf die Vielfalt an Möglichkeiten zur Lösung von Problemen appelliert. Eingebettet in eine multi-professionelle Denkweise kann man den Bedürfnissen der Betroffenen besser gerecht werden; (5) Geduld: damit ist vor allem gemeint, dass ein Prozess, der sich dem Empowerment verpflichtet fühlt, unter Umständen sehr lange dauern kann. Ferner nennt Bruckmüller (1999) fünf Praxisanregungen für die Begleitung älterer und alter Menschen mit geistiger Behinderung: (1) Biographiearbeit (Mein Lebensbuch); (2) Untersuchung des gesellschaftlichen Umfeldes der biographischen Inhalte; (3) Bezugsassistenz und Besuchsdienst als soziale Brücke zur Umwelt; (4) das langsamere Lebenstempo als Maßstab für die Umwelt und (5) Sterbearbeit und Trauerrituale.

Unzweifelhaft ist es von Vorteil, wenn in der Arbeit mit älteren geistig behinderten Menschen professionelle Helfer unterschiedlicher Provenienz (Heilerziehungspfleger, Kranken- oder Altenpfleger, pädagogische Kräfte, Ergotherapeut) tätig sind (Lingg & Theunissen 1999, 242); nichtsdestotrotz kommt es immer auf den Einzelnen, auf die Persönlichkeit des Helfers an, ob eine angemessene Arbeit statthat, und diese wiederum hängt von den gegebenen Verhältnissen ab: Denn unter Bedingungen, wie sie zur Zeit in deutschen Pflege- oder Altenheimen vielerorts vorfindbar sind (zu wenig Personal; kalte Atmosphäre ...), kann keine menschenwürdige Arbeit geleistet werden. Das ist im Lager der Behindertenpädagogik erkannt worden, und daher ist das politische Engagement der Fachverbände in Bezug auf die Sicherung eines würdevollen Wohnens und Lebens geistig behinderter Menschen im Alter, und das am besten unter dem Dach der Behindertenhilfe, uneingeschränkt zu unterstützen (Kräling 2000).

KAPITEL 6: KONSEQUENZEN FÜR DAS WOHNEN

Abschließende Anmerkungen zur Begleitung
geistig behinderter Menschen beim Sterben

„Wie man lebt, so stirbt man" (Wanschura 1992, 152). Dieser Satz sollte gerade im Zusammenhang mit Menschen mit geistiger Behinderung zu denken geben. Behinderte Menschen leben oft anonym, fremdbestimmt und ausgegrenzt. Ihre täglichen Lebensbezüge sind bestimmt durch „Helfer". So wie sie im Leben oft isoliert sind, müssen sie auch sterben. Empowerment dagegen will den geistig behinderten Menschen andere Lebensperspektiven eröffnen. Das bedeutet auch, dass ein anderes Sterben ermöglicht werden muss. Sterben gehört zum Leben – ohne Sterben gibt es auch keine Leben. Der Tod ist das Ereignis im Leben, das alle Menschen in gleicher Weise betrifft. Jeder muss sterben. Das betrifft behinderte wie nichtbehinderte Menschen. Wir können daher auch Menschen mit geistiger Behinderung die Auseinandersetzung mit dem Sterben nicht ersparen, ebenso dürfen wir damit nicht warten, bis sie mit dem eigenen Tod konfrontiert sind (vgl. Huber 1992; Hoffmann 2002). Wir haben für einen Verbleib alter Menschen mit geistiger Behinderung in ihrem natürlichen Lebensraum plädiert, und ebenso plädieren wir dafür, dass Menschen mit geistiger Behinderung dort sterben dürfen, wo sie auch gelebt haben. „Für Max B. wurde ein eigenes Krankenbett bestellt, das mitten im Gruppenraum stand. So konnte er noch am Geschehen teilhaben und wurde mit seiner Krankheit nicht in die Isolation getrieben. Für die anderen in der Gruppe ... war seine Krankheit und sein Tod nichts ungewöhnliches" (Bauer 1994, 15). Neben der theoretischen Vorbereitung auf die Themen „Alter – Krankheit – Tod" ist Vorsorge zu treffen, dass Menschen mit geistiger Behinderung möglichst dort, wo sie ihr Leben verbracht haben, gepflegt werden und hier auch sterben können.
Bei der Vorbereitung auf das Sterben haben wir es mit zwei Grundfragen zu tun, die nur miteinander beantwortbar sind:
Wie kann man den Menschen auf seinen eigenen Tod vorbereiten? Und: Wie kann man Mitarbeiter auf den Tod des behinderten Menschen vorbereiten? Wir haben schon im normalen Alltag unsere Schwierigkeiten, die Empfindungen und Gedanken von Menschen mit geistiger Behinderung zu verstehen. Um wieviel schwerer ist es dann, nachzuvollziehen, was diese Menschen im Zusammenhang mit dem Tod empfinden? Trotzdem müssen wir uns mit dem Thema Sterben beschäftigen, indem wir z.B. den Jahreszyklus als Anlass dafür nehmen, das Werden und das Vergehen in der Natur zu besprechen oder anlässlich der verschiedenen Kirchenfeiertage den Tod

zum Thema machen (Huber 1992). Auch wenn wir oft nur schwer die richtigen Worte für das Sterben, für den Tod zu finden, so bleibt trotzdem wichtig: „Auch beim Tod: Ehrlich sein!" (Wanschura 1992, 124). Wichtiger als eine völlig korrekte und richtige Vorgangsweise, ist es, das Thema überhaupt angesprochen und behandelt zu haben. „Auch wenn man dabei Fehler macht, eines zählt mehr als alles andere: Das Gefühl zu vermitteln, dass man Schutz bietet, dass das Kind (der behinderte Mensch, d. A.) nicht allein gelassen ist, und dass man es ehrlich meint" (ebd., 126). Auch wenn geistig behinderte Menschen die Worte vielleicht nicht hundertprozentig verstehen können, so spüren sie doch die Wärme und den Klang der Worte. Die Beziehung zu einem Betroffenen kann nicht nur auf verbaler Ebene, sondern muss vor allem auch auf taktiler Ebene hergestellt werden (Hoffmann 2002).

Die Vorbereitung der Helfer sollte im Rahmen von Sterbebegleitungsseminaren erfolgen (ebd.). Dies darf allerdings nicht zu einer Ausbildung von „Sterbebegleitungsexperten" führen, die dann die Sterbebegleitung stellvertretend übernehmen. „Halt geben kann dem Sterbenden im Grunde nur eine vertraute, nahestehende Person. Echte Begleitung kann nur geben, wer mitteilen kann, dass er den Sterbenden liebt. Für die Begleitung eines sterbenden geistig Behinderten kommen zunächst alle jene in Betracht, die in seiner näheren Betreuung stehen. Das sind seine Angehörigen, die Erzieher und Betreuer der Wohngruppe in den Heimen, das können auch die Krankenschwestern im Krankenhaus sein. Vorrangig kommt für diese Begleitung aber die Person unter den genannten in Frage, die das Vertrauen des sterbenden Behinderten im Alltag in besonderer Weise erworben und dort auch unter Beweis gestellt hat, mit einem Wort: der ‚Lieblingsbetreuer' oder die ‚Lieblingskrankenschwester'" (Huber 1992, 237). Besonders wichtig ist für die helfenden Berufe, dass sie sich während der Vorbereitung auf den Tod auch damit auseinandersetzen, dass sie selbst eine Phase des Schmerzes und der Traurigkeit erleben werden, denn Sterbebegleitung ist in emotionaler Distanz nicht möglich (auch Hoffmann 1999b, 191; 2002). Mitleiden und Mitweinen gehören ebenso zur Sterbebegleitung, wie die Phasen des Mutschöpfens und des Zuspruchs. Durch die emotionale Betroffenheit wird aus dem Assistenten ein Betroffener (Spitzer & Spitzer 1992). In der Vorbereitung auf eine aktive Sterbebegleitung muss auf verschiedene Fragen eine Antwort gesucht werden (aus: Wanschura 1992, 69f): Wie kommuniziere ich mit einem Sterbenden? Wie rede ich mit ihm, wenn er bewusstlos ist? Welche Wünsche an Wahrheiten und Information hat er? Welche religiösen Bedürfnisse hat er? Welchen Begleiter will er haben? Hat er Botschaften, die ich für ihn erledigen kann? Gibt es sonst etwas, das er auf dem Herzen hat?

Eine solche Umgangsweise nimmt den behinderten Menschen auch am Ende seines Lebensweges ernst und ermöglicht ihm ein würdevolles und begleitendes Sterben. Empowerment in dieser letzten Lebensphase bedeutet, über humanes und individuelles Sterben nachzudenken und jene Veränderungen herbeizuführen, die auch Menschen mit geistiger Behinderung dieses Grundrecht gewähren (ebd.).

Kapitel 7: Konsequenzen für den Lebensbereich der Arbeit

> Bis vor wenigen Jahren galten „Werkstätten für Behinderte" als ein geeigneter Beschäftigungsort für Menschen mit geistiger Behinderung. Diese Auffassung hat sich seit der Priorisierung des Integrationsgedankens in der Heil- und Sonderpädagogik gewandelt. Inzwischen werden in immer stärkerem Maße integrative Arbeitsmodelle entwickelt und gefördert. Eine besondere Bedeutung für Empowerment kommt dabei dem „Supported Employment" zu.

EINLEITENDE BEMERKUNGEN

Otto Speck setzt sich in seinen Buch „Die Ökonomisierung sozialer Qualität" (1999b) ausführlich mit dem Problem der geringen beruflichen Chancen von Menschen mit Behinderungen auseinander. War es lange Zeit das Anliegen einer „Arbeitsplatzpolitik" aus „Almosenempfänger Steuerzahler zu machen" (ebd., 45), so stehen wir heute vor dem Problem, dass mit dem „Ende der Arbeitsgesellschaft" selbst berufsfähige Menschen mit Behinderungen kaum mehr Chancen haben, einen Arbeitsplatz zu finden oder zu behalten. So werden wir uns in der Zukunft wohl mehr mit der Frage der „Umverteilung der Arbeitslosigkeit" als mit der „Verteilung der Arbeit" auseinandersetzen müssen (53).
Im Sinne des Empowermentprogramms ist hier eine Abkehr von der Ökonomisierung der sozialen Arbeit zu fordern und auch im Zusammenhang mit „Arbeit" eine lebenswerte Qualitätsentwicklung zu fordern (Seifert 1999). Diese wird sich auf die Integration von fachlicher und institutioneller Qualität im Sinne von Lebensqualität und Wirtschaftlichkeit beziehen müssen. Ein Ansatz, der die individuellen Stärken und Vorlieben des Menschen mit Behinderungen in den Vordergrund stellt und damit eine Basis für wirtschaftlich sinnvolle Leistung beschreibt, ist das „supported employment". Daher macht es Sinn, diesen Ansatz genauer zu beleuchten.
Bevor wir darauf eingehen, wollen wir jedoch noch einen anderen Lebensbereich nicht unerwähnt lassen, der sich als Arbeitsfeld von Menschen mit Behinderungen außerordentlich gut eignet: die Kunst. „Auf dem Gebiet der

KAPITEL 7: KONSEQUENZEN FÜR DEN LEBENSBEREICH DER ARBEIT

Kunst und Kultur sind Menschen mit einer Behinderung nicht Nehmende, sondern Gebende. Unsere Gesellschaft scheint reich zu sein, wenn sie diese Gabe beharrlich ausschlagen kann" (Radke 1997, 7). Der Bereich "Kunst" und „Ästhetik" kann nicht nur neue Dimensionen für ein sinnerfülltes Leben sondern auch Betätigungs- und Arbeitsfelder für Menschen mit Behinderungen eröffnen, die einen unschätzbaren Wert für unsere gesamte Gesellschaft haben (Theunissen 1997a;b; Höhne 1997; Ruping 1999; Wangler 2000). Aus Platzgründen können wir allerdings darauf nicht näher eingehen. Einige richtungsweisende Anregungen enthält der Beitrag von Jakobs und Theunissen (1998).

ARBEITSMODELLE IN DER DISKUSSION

Der Bereich der Arbeit ist für Menschen mit geistiger Behinderung wesentlich schwerer zu gestalten als der Bereich der Freizeit oder des Wohnens. Da die Wirtschaft den Zwängen der Konkurrenz unterliegt, Leistung und Produktivität und nicht eine humane Lebensgestaltung die Maxime der Arbeitswelt darstellen, werden geistig behinderte Menschen besondere Schwierigkeiten haben, hier Fuß zu fassen. Konnten wir zum Beispiel für den Bereich des Wohnens klare Forderungen, orientiert an den Bedürfnissen der behinderten Menschen, stellen, so zwingt uns die besondere Situation in den Wirtschaftsbetrieben dazu, differenziertere, komplementäre Arbeitsmodelle anzuerkennen, die einer Normalisierung, Integration und Gleichberechtigung zumindest teilweise widersprechen. Im Folgenden werden jene Modelle vorgestellt, die unseres Erachtens dem Empowerment-Konzept am nächsten kommen.

Werkstattmodelle

In der Konzeption der österreichischen „Werkstätten" (früher: Tagesheimstätten), der es in Unterschied zu den deutschen „Werkstätten für Behinderte" (hierzu Jakobs & Theunissen 1998; Theunissen 2000a, 80ff.) insbesondere um Menschen mit schwerer geistiger Behinderung zu tun ist, spielt die Produktivität im klassischen Sinne eine untergeordnete Rolle, die individuelle Förderung und sinnerfüllte Tagesstrukturierung die zentrale Rolle (Feurstein 1999, 257ff.). Jede kreative Lebensäußerung wird für sich als Wert gesehen und muss nicht in einer kommerziell verwertbaren Form vorliegen. Daher wird der Tages- und Wochenablauf von verschiedensten Angeboten geprägt, die von klassischen Inhalten der Beschäftigungstherapie (textiles Gestalten, Holz- oder Tonarbeiten ...) über den lebenspraktischen Bereich (u.a. Selbstbedienung, Körperschulung, Umweltorientierung, Verkehrssicherheit) und den Bereich der Haushaltsführung (u.a. Küchenarbeit, Wäschepflege, Gartenarbeit) bis zu Sport und der ästhetischen Erziehung (u.a. bildnerisches Gestalten, Musik) reichen. Neben diesen, je nach Schwerpunktsetzung der Gruppe und persönlichen Interessen der einzelnen Menschen ausgewählten Inhalten, werden eine nachschulische Förderung (u.a. Sachunterricht, Formauffassungs- und Unterscheidungsübungen, Lesen, Schreiben, Mengenauffassung) und ein therapeutisches Programm (u.a. Physiotherapie, Ergotherapie, Logopädie) angeboten. Inhalt und Intensität der jeweiligen Aktivität sind auf die individuelle Situation des Menschen mit geistiger Behinderung abgestimmt und werden nach Möglichkeit gemeinsam mit ihm festgelegt (u.a. in Wochenplanbesprechungen oder nach der SIVUS-Methode [hierzu Walujo & Malmström 1991]). Dieses Konzept hat in seiner heilpädagogischen Ausrichtung und in seiner Offenheit für alle Menschen mit geistiger Behinderung seine besonderen Qualitäten, daher ist es unverzichtbar wenngleich es noch kein integratives Modell darstellt und nicht von einer geregelten Entlohnung (z.B. nach Kollektivvertrag) ausgeht.

Neben dem Modell der „Werkstätten" gibt es in Österreich zwei Modelle, die von einer Minderleistungsdefinition ausgehen. Diese Formen entsprechen am ehesten dem Konzept der „Werkstätten für Behinderte (WfB)" in Deutschland, das sich sowohl unter Integrationsaspekten als auch im Hinblick auf geistig schwer behinderte, ältere und verhaltensauffällige Menschen als eine Sackgasse erwiesen hat (Seifert 1999, 365ff.; Jakobs & Theunissen 1998; Theunissen 2000a, 83ff.; auch McManama 1999, 198). In fast ganz Österreich wurden „Geschützte Werkstätten" errichtet, die für Menschen aller Behinderungsformen mit mehr als 50% Arbeitsleistung Arbeitsplätze anbieten sollen. Die Entlohnung richtet sich nach dem sog. Metall-Kollektivvertrag. In Salzburg (Österreich) gibt es darüber hinaus noch ein Modell (Rehabilitationswerkstätte), das von einer Mindestleistung von 30% ausgeht. Die Entlohnung in diesem Modell basiert auf keinem Kollektivvertrag und muss als Prämie betrachtet werden. In diesen Modellen von Behindertenwerkstätten wird neben Eigenproduktion (Textil, Weberei, Holz ...) vor allem Industriearbeit gefertigt. Das Hauptproblem dieser Modelle stellt die geringe Durchlässigkeit nach oben und nach unten dar. Obwohl in den Konzepten darauf besonderen Wert gelegt wurde, bleiben Versuche, Arbeitnehmer mit Behinderungen aus diesen nichtintegrativen Werkstätten auf den freien Arbeitsmarkt zu integrieren bis auf wenige Einzelbeispiele erfolglos. Außerdem stellen diese Modelle mit ihrer Definition von Mindestleistung keine Möglichkeit für Menschen mit schwerer geistiger Behinderung dar.

Das Konzept der Arbeitsassistenz

Das wohl zukunftsträchtigste Konzept, welches einen wichtigen Schritt in Richtung Empowerment bedeutet – zumindest für Menschen mit leichter und mittlerer geistiger Behinderung –, ist das Konzept der Arbeitsassistenz aus den USA (vgl. u.a. The West Virginia Research and Training Center 1988). Nach dieser oder ähnlichen Konzeptionen entstanden auch in Deutschland und Österreich verschiedene „integrative" Projekte (Trost & Schüller 1992; Schön 1993; Behnecke u.a. 1993; Jacobs 1992; 1993a; b; LWL 1994; Barlsen & Bungert 1996; Schabmann & Klicpera 1997; Doose 1997b; LVR 1998; auch Schartmann 1999; Seifert 1999, 371f.).

Ferner ist in Deutschland mit dem neuen Schwerbehindertengesetz soeben eine Gesetzesänderung in Kraft getreten, die die Förderung dieses Ansatzes (durch Integrationsfachdienste und Arbeitsassistenten) vorsieht.

Das Konzept der Arbeitsassistenz, nach dem in den USA und in Kanada Menschen mit Behinderungen auf den Arbeitsplatz bereits seit vielen Jahren erfolgreich eingegliedert werden, geht von folgendem Grundprinzip aus: Arbeitnehmer, Kollegen und Arbeitgeber bekommen dann Hilfe, wenn sie diese brauchen und zwar in einer quantitativen bzw. qualitativen Form, die auf die jeweiligen Bedürfnisse abgestimmt ist (Moon et al. 1986; Barcus et al. 1987; Black 1989).

Grundsätzlich ist dieses Konzept für alle Menschen mit einer geistigen Behinderung geeignet. Bei den Teilnehmern des Trainingsprogramms der Virginia Commonwealth University, in dem im Zeitraum bis 1986 214 Arbeiter durchschnittlich 21 Monate trainiert wurden, lag der durchschnittliche IQ bei 49 (Moon et al. 1986, V). In verschiedenen Studien konnte gezeigt werden, dass diese Konzeption in Verbindung mit speziellen Trainings im Bereich „Self-Management" auch für Menschen mit schwerer geistiger Behinderung geeignet ist. So werden in einer Studie von Largomarcino et al. (1989) verschiedene Untersuchungen zitiert, in denen Menschen mit geistiger Behinderung mit einem Intelligenzquotienten zwischen 34 und 54 erfolgreich ihre Arbeit in diversen Restaurants bewerkstelligen.

„Supported Employment" (wie es in den USA genannt wird) beinhaltet grundsätzlich, unabhängig von den jeweiligen Modellen, die weiter unten dargestellt werden, folgende Leistungen:

- vermittelt bezahlte Arbeit für alle Menschen, die aufgrund ihrer Behinderung bisher als unvermittelbar gegolten haben, was meist zu einer finanziellen und personellen Abhängigkeit führt;
- vermittelt Arbeiten, die herkömmlicherweise von nicht-behinderten Menschen ausgeführt werden;
- ermöglicht dem Menschen mit Behinderung die Möglichkeit, seinen Beruf bzw. seine Arbeit selbst auszuwählen;
- fördert die Zusammenarbeit der verschiedensten Organisationen, die sich für Menschen mit Behinderung einsetzen; nur durch eine breite Zusammenarbeit von privaten und öffentlichen Körperschaften können derartige Programme dauerhaft funktionieren.

Je nach den individuellen Möglichkeiten und den Voraussetzungen für das jeweilige Berufsfeld kommen verschiedene Modelle der Integration zum Tragen (vgl. The West Virginia Research and Training Center 1988):

Individual Placement Model – Modell der Einzelintegration:
Einzelne behinderte Menschen werden ihren Vorstellungen und Kompetenzen entsprechend auf reguläre Arbeitsplätze vermittelt, wo sie durch Arbeitstrainer jene Unterstützung bekommen, die sie brauchen, um die benötigten Fertigkeiten zu erlernen und entsprechende Leistungen zu erbringen. Meist private Organisationen/Agenturen bekommen vom Staat das Geld, um sogenannte „Job Coaches" (Arbeitstrainer) auszubilden, die den Menschen mit Behinderung dann am Arbeitsplatz unterstützen. Die besondere Stärke dieses Modells liegt darin, dass der Arbeitnehmer mit Behinderung ständig auf Hilfe zurückgreifen kann, wenn dies notwendig ist; der Arbeitstrainer bleibt „ein Leben lang" für diesen Arbeitnehmer zuständig.

Enclave Model – Modell der Gruppenintegration:
Eine Gruppe von behinderten Menschen (üblicherweise acht Personen = Enklave) wird in einem normalen Betrieb trainiert und unterstützt. Dabei wird der Firma eine festgelegte Produktionsmenge bei fixierten Gehaltskosten garantiert; die Assistenz der Gruppe erfolgt von einen speziell ausgebildeten Vorarbeiter.

Mobil Crew Model – Modell einer mobilen Arbeitsgruppe:
Für behinderte Menschen, die mehr Unterstützung brauchen, als ihnen von einem zeitweiligen Assistenten gegeben werden kann bzw. bei denen damit gerechnet werden kann, dass die Toleranz der Arbeitskollegen nicht ausreichend sein dürfte, wurde das Modell der mobilen Arbeitsgruppe geschaf-

fen. Dabei sind ca. fünf Arbeitnehmer mit Behinderungen mit einem Vorarbeiter unterwegs, um Auftragsarbeiten zu verrichten (z.b. Gärtnerarbeiten, Parkbetreuung ...).

Modell der speziellen Werkstätten:
Werkstätten, in denen Eigenproduktion (Holz, Textil ...) betrieben wird, werden mit entsprechenden Fachpersonal (handwerklich und pädagogisch) an bestehende Betriebe angeschlossen oder als selbstständige Werkstätte mit einigen wenigen Arbeitsplätzen konzipiert.

Alle diese Modelle bauen auf sogenannten „Arbeitstrainern" auf, die dem einzelnen behinderten Menschen während des gesamten Arbeitsverhältnisses als Assistenten zur Seite gestellt werden. Die Intensität der Assistenz richtet sich dabei nach den individuellen Bedürfnissen des behinderten Menschen bzw. seiner Umwelt im Berufsalltag. Die Aufgaben des Arbeitstrainers erstrecken sich auf folgende Gebiete (Black 1989):

Job Development – Arbeitsplatzentwicklung:
Bevor der behinderte Arbeitnehmer einen bestimmten Arbeitsplatz erhalten kann, sind verschiedene Schritte notwendig, um Arbeitsplätze zu (er-)finden bzw. um zu prüfen, ob er eine Arbeit überhaupt erfüllen kann: Dazu muss zunächst festgestellt werden, welche Arbeitsplätze überhaupt frei sind bzw. neu geschaffen werden können; der Arbeitsmarkt wird analysiert. Danach wird der Erstkontakt zu den jeweiligen Arbeitgebern hergestellt. Um einen behinderten Menschen auf einen Arbeitsplatz vermitteln zu können, muss gewährleistet sein, dass der Betroffene eine bestimmte Leistung erbringen kann. Dazu müssen zunächst der Arbeitsplatz und dessen Anforderungen genau analysiert werden. Es wird ein Profil des Arbeitsplatzes angefertigt (Job Site Assessment).

Client Assessment – Leistungseinschätzung des behinderten Menschen:
Ebenso wie der Arbeitsplatz genau analysiert wird, müssen auch die Stärken und Schwächen des Betroffenen analysiert werden, um einen geeigneten Arbeitsplatz finden zu können, es wird ein Profil des Arbeitnehmers angefertigt.

Job Placement – Auswahl und Vermittlung des Arbeitsplatzes:
Bevor nun ein konkreter Job vermittelt wird, müssen Arbeitsplatzanalyse und Leistungsprofil miteinander verglichen werden. Je besser diese über-

einstimmen, umso größer ist die Wahrscheinlichkeit, dass die jeweilige Person den Job erfüllen kann und die Vermittlung dauerhaft sein wird. Danach müssen der Betroffene selbst, aber auch seine Umwelt (Geschwister, Eltern, Nachbarn ...) motiviert werden, diese Vermittlung zu betreiben bzw. zu unterstützen. Ebenso ist ein Erstgespräch zwischen Arbeitgeber und dem betroffenen behinderten Menschen vorzubereiten bzw. durchzuführen.
In einer kürzlich erschienen Studie (Olson et al. 2000), die sich auf 560 Männer und Frauen bezieht, die nach dem Modell des „Supported Employment" einen Arbeitsplatz vermittelt bekamen, wurden geschlechtsspezifische Unterschiede untersucht. Es wurde herausgefunden, dass bei geschlechtsspezifischer Vermittlung (z.b. Frauen in hauswirtschaftliche Berufe), signifikant mehr Teilzeit und weniger Einkommen für Frauen ähnlich wie in der Gesamtbevölkerung vorliegen. Dies deutet darauf hin, dass sowohl in der Praxis als auch in der Politik besonders darauf geachtet werden muss, dass das Versprechen des „supported employment" nach besseren Jobs und verbesserten Berufsmöglichkeiten für alle Menschen mit Behinderungen eingehalten wird.

Job site training – Arbeitstraining vor Ort:
Der Arbeitstrainer arbeitet solange vor Ort mit, wie dies notwendig ist. Er ist verantwortlich: für die Vermittlung aller Fertigkeiten, die der Einzelne beherrschen muss, um den Job erfolgreich zu bestehen (inkl. Leistungskontrolle); für die Vermittlung aller Notwendigkeiten, die im weiteren Sinne mit dem neuen Arbeitsplatz verbunden sind (z.B. Busfahren) sowie für die Vertretung der Interessen des behinderten Menschen.

Case Management – Administrative Begleitung:
Der Arbeitstrainer begleitet den behinderten Menschen während des gesamten Ablaufes und übernimmt somit auch die Administration des gesamten Projektes (u.a. Eingaben bei Behörden, Finanzierung etc.).

On-going Assessment & Follow-Along – Leistungskontrolle und Hilfestellungen:
Vom ersten Tag an (über die gesamte Dauer des Arbeitsverhältnisses) ist der Arbeitstrainer für die Kontrolle der erbrachten Leistungen und die Hilfe bei Problemen aller Art zuständig. Dieser Faktor bietet allen Beteiligten die Sicherheit, dass im Falle eines Problems rasch Hilfe geleistet werden kann.

Advocacy – Interessenvertretung:
Neben der direkten Arbeit mit dem Einzelnen stellt die Vertretung der Interessen von Menschen mit geistiger Behinderung in unserer Gesellschaft ein wichtiges Anliegen dar, das ebenfalls vom Arbeitstrainer übernommen wird. Diese Aufgabe erstreckt sich grundsätzlich auf alle Bereiche des gesellschaftlichen Lebens. Von der Vertretung in Ausschüssen oder sozialpolitischen Gruppierungen bis hin zur Öffentlichkeitsarbeit in Schulen werden so die Anliegen und Interessen auf breiter Basis gestützt. Nach den Überlegungen des Empowerment-Konzepts ist hier anzumerken, dass dieser Vertretungsanspruch eine spezifische Akzentsetzung von „Self-Advocacy" (Kapitel 1) darstellt; die Selbstvertretung (u.U. mit Assistenz) ist hier das primäre Ziel.

Diskussion

Aus der Empowerment-Perspektive gibt es gute Gründe, die integrativen Modelle zu favorisieren, da sie von einer selbsttätigen Arbeit in der „realen" Arbeitswelt ausgehen und so eine Kooperation mit nichtbehinderten Arbeitnehmern ermöglicht sowie (spezifisch adaptierte) Arbeitstätigkeiten auf hohem Leistungsniveau zugänglich werden. Allerdings dürfen hierbei der persönlichkeitsfördernde Wert von Arbeit, die Persönlichkeitsentwicklung, Problem- und Interessenlage (Wünsche) des Einzelnen nicht zu kurz kommen (hierzu Doose 1997a; 2000; auch Börner 1998, 40f.). Das macht als Ausgangspunkt für eine „Unterstützte Beschäftigung" (supported employment) eine *persönliche Zukunftsplanung* notwendig. Sie ist für ein Empowerment-Konzept unabdingbar (auch Doose 1999). Eine bloße Anpassung des behinderten Menschen an ein „normales Arbeitsleben" reicht nicht aus. Ein Integrationsmodell, das nur davon ausgeht, geistig behinderte Arbeitnehmer so in der Arbeitswelt zu platzieren, dass sie möglichst produktiv und „gewinnbringend" eingesetzt werden können, greift wesentlich zu kurz. Es kann nicht unser Ziel sein, Arbeitsplatzmodelle zu entwickeln, in denen ein geistig behinderter Mensch ohne ausreichende Assistenz einer krankmachenden und ihm gegenüber möglicherweise negativ eingestellten Arbeitswelt ausgesetzt wird (auch Schartmann 1999). Neben den bereits angesprochenen Assistenzleistungen des Arbeitstrainers müssen daher auch bildende und fördernde Maßnahmen offeriert werden (z.B. im Rahmen von Erwachsenenbildung; hierzu Kapitel 4), die dem Gedanken der Selbstbestimmung und Selbsttätigkeit des behinderten Menschen verpflichtet sind (Wehmeyer, Agran & Hughes 1999).
Weiterhin müssen vor allem den Problemen im Zusammenhang mit schwerer geistiger Behinderung verstärkte Anstrengungen gelten. Wenn es gelingt,

Menschen mit leichter und mittlerer geistiger Behinderung auf den Arbeitsmarkt zu vermitteln, bleiben die Menschen mit schwerer geistiger Behinderung weithin zurück, deren Isolation und Ausgrenzung so weiter verstärkt wird. Es kann nicht unser Anliegen sein, Menschen „unterster Klasse" zu produzieren. Im Sinne der Empowerment-Philosophie muss daher ein gleichberechtigter und vom Leistungsgedanken unabhängiger Zugang zu einem integrativen Arbeitsplatz gefordert werden. Damit wird nicht die heterogene Behindertengruppe gefordert, die in eigenen Behindertenwerkstätten ihre Arbeit leisten soll, sondern die Öffnung des Arbeitsmarktes für alle Menschen mit Behinderungen unter dem Aspekt der persönlichen, individualisierten Arbeitsassistenz. Nur dieser Ansatz geht von der Gleichberechtigung aller Menschen aus und vermeidet eine weitere Differenzierung in verschiedene Klassen von Menschen mit Behinderung.

Nachdem wir bislang nur aus der Perspektive der Betroffenen und der Fachwelt argumentierten, soll zu guter Letzt die Sicht der Betriebe und Arbeitgeber nicht unerwähnt bleiben. Interessant ist die Frage, warum Betriebe auf dem freien Arbeitsmarkt Menschen mit geistiger Behinderung überhaupt einstellen. Trost und Schüller (1992, 124f.) nennen zwei zentrale Gründe: zum einen das Gefühl der sozialen Verpflichtung (Unterstützung der Integrationsidee; Imagepflege [hierzu Meuth 1996, 65]) und zum anderen betriebswirtschaftliche Gründe (z.B. „billige" Arbeitskräfte für „niedrigste" Tätigkeiten [ebd., 65]). Was die Erwartungshaltung gegenüber geistig behinderten Arbeitnehmern betrifft, so wurden im Rahmen einer einschlägigen empirischen Erhebung acht „Schlüsselqualifikationen" (Antrieb, Auffassung, Ausdauer, Konzentration, kritische Kontrolle, Kritisierbarkeit, Pünktlichkeit, Sorgfalt) ermittelt (LWL 1994, 19), die sich Arbeitgeber wünschen und die in Ausbildungscurricula für berufliche Integration berücksichtigt werden sollten (Schartmann 1999). Untersuchungen in Bezug auf integrative Arbeitsplätze ergaben, dass generell Arbeitsplätze mit niedrigen Anforderungen in kleineren Betrieben bevorzugt werden (Trost & Schüller 1992, 121f.; Barlsen & Bungart 1996, 52f.; Schabmann & Klicpera 1997; LVR 1998). Gegenüber Großbetrieben gelten kleinere als überschaubarer, „persönlicher" und flexibler, so dass hier eher den sozialen und handlungsbezogenen Bedürfnissen geistig behinderter Menschen entsprochen werden kann. Außerdem scheinen kleinere Betriebe für Arbeitsassistenten sowie für eine Zusammenarbeit zwischen Arbeitgeber und berufsbegleitendem Dienst leichter zugänglich zu sein. Schwerpunkte der Arbeitsangebote reichen von „Fertigung und Montage" über „Lager, Versand", „Kantine, Bewirtschaftung" bis hin zu Reinigungsarbeiten, einfachen Hilfs- und Helfertätigkeiten zum Beispiel im Gastronomie- oder Hotelgewerbe (Schabmann & Klicpera 1997; LVR 1998, 20).

Dabei gibt es geschlechtsspezifische Unterschiede, indem geistig behinderte Frauen gegenüber den Männern schlechter bezahlt werden und stärker hauswirtschaftliche Arbeiten ausführen oder im Textilbereich eingesetzt sind, der eine besonders geringe soziale Anerkennung erfährt (Schön 1993; Schabmann & Klicpera 1997, 8). Begründet werden die einfachen (niedrigen) Arbeitsmöglichkeiten für geistig behinderte Arbeitnehmer mit den kognitiven Voraussetzungen oder behinderungsbedingten Einschränkungen der Betroffenen (LWL 1994, 121ff.). Dieses Argument gilt natürlich ebenso für die WfB. Wenngleich angesichts der kognitiven Beeinträchtigungen Arbeitgeber die Möglichkeiten eines flexiblen Arbeitseinsatzes geistig behinderter Menschen als gering und negativ einschätzen, werden aus der Sicht der Betriebe die Gesamterfahrungen positiv beurteilt (LVR 1998). Vor allem tragen Menschen mit geistiger Behinderung zu einem besseren Betriebsklima bei, so dass allein aus diesem Grunde eine berufliche Integration auch aus der Arbeitgeberperspektive sinnvoll erscheint.

AUSBLICK: DEMOKRATISCHE PARTIZIPATION IM ARBEITSALLTAG

Neben der betrieblichen Integration sind auch verbesserte Mitwirkungs- und Mitbestimmungsmodalitäten im derzeitigen Arbeits- oder Werkstattbereich (WfB) anzustreben. Hier ist nach wie vor (trotz der neuen Werkstätten-Mitwirkungsverordnung in Deutschland, die u.a. ein „Unterrichtungsrecht" in Bezug auf Kündigungen, Einstellungen oder Umsetzungen vorsieht) die Position von Menschen mit geistiger Behinderung unbefriedigend (Laga & Salig 1993; Scheler 1994). So werden den WfB-Mitarbeitern vom Gesetzgeber weder in deutschen noch österreichischen Werkstätten für Menschen mit Behinderungen Mitbestimmungsmöglichkeiten eingeräumt. Es besteht nur eine Mitwirkungsmöglichkeit, die sich im Wesentlichen auf Anregungen und Beschwerden, auf Vorschläge zur Arbeitsplatzgestaltung oder Ausgestaltung der Räumlichkeiten, auf Fragen zur Unfallverhütung oder Arbeitszeitverkürzung sowie auf arbeitsbegleitende Maßnahmen (Ferienfreizeiten, Veranstaltungen) beschränkt. In der Praxis kann sie dabei „ohne konkrete Folgen" (Scheler) bleiben, da behinderte Arbeitnehmer (Betroffene) bei Entscheidungen nur „mitreden", aber nicht mitbestimmen dürfen. Da sie selbst so banale Rechte wie das Recht auf Akteneinsicht, Anhörung bei Einstellungen (es besteht nur ein „Unterrichtungsrecht") oder Entlassungen und Kooperation mit dem Betriebsrat (der nichtbehinderten Bediensteten) nicht umfasst, muss sie „als eine unzureichende Ersatzlösung betrachtet werden" (Laga & Salig 1993, 158).

AUSBLICK: DEMOKRATISCHE PARTIZIPATION IM ARBEITSALLTAG

Umfragen haben ergeben, dass Angestellte der WfB Menschen mit geistiger Behinderung wenig zutrauen und ihnen die Fähigkeit zur Mitbestimmung absprechen. Außerdem wird „das Ziel der wirtschaftlichen Rentabilität dem der Rehabilitation übergeordnet ... und eine eventuelle Beeinträchtigung dieser Zielsetzung durch Mitbestimmung nicht akzeptiert" (ebd., 158). Da die Mitbestimmung nur über eine über die gegenwärtigen (auch neuen) Bestimmungen hinausgehende Gesetzesänderung erreicht werden kann, bleibt derzeit nur, die bestehenden Möglichkeiten optimal zu nutzen. Die Mitwirkung stellt hierbei ein wichtiges Lern- und Erfahrungsfeld dar, das aber in Bezug auf die Rechte-Perspektive weiter ausgebaut werden müsste. Insbesondere Behindertenvertretungen als Organ der Mitwirkung „bieten eine gute Möglichkeit, demokratische Einstellungen und Verhaltensweisen zu vermitteln" (ebd., 158). Um eigene Interessen (auch gegenüber der Ersatzlösung eines Elternbeirates) besser durchsetzen zu können, kann es im Einzelfalle sinnvoll sein, Vertrauensmitarbeiter als assistierende Berater einzuschalten. Außerdem sind Fortbildungsangebote unabdingbar.

Auch hier muss nochmals darauf hingewiesen werden, dass eine Umsetzung von demokratischeren Strukturen für Menschen mit geistiger Behinderung nur dann sinnvoll geschehen kann, wenn auch die professionellen Helfer unter selbstbestimmten und demokratischen Bedingungen leben und arbeiten können. Dieser Aspekt findet in den meisten Behindertenorganisationen noch viel zu wenig Beachtung. Es gehört somit zu den vorrangigen Zielen einer Empowerment-Philosophie, alle Bereiche, in denen Menschen mit geistiger Behinderung leben, zu demokratisieren.

Literatur

Adam, H.: Mit Gebärden und Bildsymbolen kommunizieren, Würzburg 1996
Adams, R.: Social Work and Empowerment, London 1996
Adorno, Th.: Zur Kritik der instrumentellen Vernunft, Frankfurt 1947
Adorno, Th.: Theorie der Halbbildung, in: Gesammelte Schriften Bd. 8, Frankfurt 1972
Adorno, Th. u.a.: Der Positivismusstreit in der deutschen Soziologie, Darmstadt 1979 (9. Aufl.)
Agran, M.; Salzberg, C. L.; Stowitschek, J. J.: An analysis of the effects of a social skills training program using self-instructions on the acquisition and generalization of two social behaviors in a work setting. In: The Journal of the Association for Persons with Severe Handicaps, 12 Vol. 1987, 131-139
Albert, H.: Plädoyer für den kritischen Rationalismus, München 1971
Altrichter, H.; Lobenwein, W.; Welte, H.: PraktikerInnen als ForscherInnen. Forschung und Entwicklung durch Aktionsforschung, in: Friebertshäuser, B.; Prengel, A. (Hrsg.), a.a.O.
American Association on Mental Retardation (AAMR): Mental Retardation. Definition, Classification, and Systems of Supports, Washington 1992
Anderson, W.; Chitwood, S.; Hayden, D.: Negotiating the Special Education Maze; A Guide for Parents and Teachers, Bethesda 1990
Andritzky, M. & Selle, G. (Hrsg.): Lernbereich Wohnen, Reinbek 1979.
Antonovsky, A.: Unraveling the mystery of health, San Francisco 1987
Antonovsky, A.: Meine Odysee als Stressforscher, in: Jahrbuch für kritische Medizin, 17, 1991, 112-130
Antonovsky, A.: Salutogenese. Zur Entmystifizierung der Gesundheit. Tübingen 1997
Apel, K.-O.; Kettner, M. (Hrsg.): Zur Anwendung der Diskursethik in Politik, Recht und Wissenschaft. Frankfurt 1992
Appel, M. & Schaars, W.K.: Anleitung zur Selbständigkeit. Beltz-Verlag, 1997.
Arbeitsgruppe Bielefelder Soziologen (Hrsg.): Alltagswissen, Interaktion und gesellschaftliche Wirklichkeit, Bd. I, Reinbek 1973
Aubrecht, B.; Oberndorfer, B.; Schönwiese, V.: Eltern beraten Eltern, in: Behinderte 4/5/1999, 42-66
Bach, H.: Grundlagen der Förderung behinderter Erwachsener unter pädagogischem Aspekt, in: Heilpädagogik heute: Theorie und Praxis heilpädagogischer Arbeit mit jungen Erwachsenen. Tagungsbericht der Bundesfachgruppe der Heilpädagogen im BSH, Essen 1987 (Selbstverlag)
Badelt, I.: Selbsterfahrungsgruppen geistig behinderter Erwachsener, in: Geistige Behinderung 4/1984, 243-254.
Badelt, I.: Erwachsenenbildung geistig behinderter Menschen, in: Geistige Behinderung 1/1992, 4-14
Baltes, M.; Montada, L. (Hrsg.): Produktives Leben im Alter, Frankfurt 1996

LITERATUR

Balz, E.: Erlebnispädagogik in der Schule, Lüneburg 1993
Balzer, B.; Rolli, S.: Sozialtherapie mit Eltern Behinderter, Weinheim 1975
Barcus, M. et al.: An instructional guide for training on job site: a supported employment resource, Virginia Commonwealth University, Rehabilitation Research and Training Center, Richmond 1987
Barlsen, J.; Bungart, J.: Unterstützte Beschäftigung von Menschen mit Behinderung, Zwischenbericht, Münster 1996
Bath, H.: Emanzipation als Erziehungsziel? Bad Heilbrunn 1974
Bauer, I.: Das Leben ist lebenswert, in: Lebenshilfe – Die Zeitschaft der Lebenshilfe Österreich 4/1994, 15
Beck, U.: Risikogesellschaft. Auf dem Weg in eine andere Moderne. Frankfurt 1986
Beck, U.; Giddens, A.; Lash, S.: Reflexive Modernisierung. Frankfurt 1996
Behneke, R. u.a.: Arbeiten außerhalb der Werkstatt, in: Geistige Behinderung 4/1993 (Praxisteil).
Beirne-Smith, M.; Ittenbach, R. F.; Patton, J. R.: Mental Retardation, Upper Saddle River, New Jersey, Columbus Ohio (Merrill) 1998 (5. Aufl.)
Bender, W. N.; Rosenkrans, C. B.; Crane, M.-K.: Stress, Depression, and Suicide among Students with Learning Disabilities: Assessing the Risk, in: Learning Disability Quarterly Vol. 22 1999, 143-156
Benard, B.: Fostering resilience in children and youth: Promoting protective factors in the school, in: Saleebey, D. (ed.) a.a.O., 167-182
Berg, I. K.: Familien Zusammenhalt(en), Dortmund 1992
Berger, R.: Medizinische Fachdienste in der Frühförderung und das interdisziplinäre Konzept, in: Speck, O.; Thurmair, M. (Hrsg.) a.a.O.
Berger, P.; Neuhaus, R. J.: To empower people. The role of mediating structures in policy, Washington D. C. 1977
Bersani, H.: Leadership in Developmental Disabilities, in. Dybwad, G.; Bersani, H. (eds.), a.a.O., 258-270
Biene, E.: Zusammenarbeit mit den Eltern. Arbeitshefte zur heilpädagogischen Übungsbehandlung, Band 5, Heidelberg 1988
Bierbach, E.-V.; Steinebach, C.: Grundbegriffe der Frühförderung, in: Finger, G.; Steinebach, C. (Hrsg.) a.a.O.
Bildungskommission NRW: Zukunft der Bildung – Schule der Zukunft, Neuwied 1995
Black, D.: A curriculum guide for supported employment educators, University of South Florida, Center of Developmental Disabilities 1989.
Blankertz, H.; Gruschka, A.: Handlungsforschung: Empiriefeindlichkeit oder neue Erfahrungsdimension? In: Zeitschrift für Pädagogik 21. Jg. 1975, 677-686
Blankertz, H.: Kritische Erziehungswissenschaft, in: Schaller, K. (Hrsg.): Erziehungswissenschaft der Gegenwart, Bochum 1979, 28-48
Blankertz, H.: Theorien und Modelle der Didaktik, München 1986
Bleidick, U.: Pädagogik der Behinderten, Berlin 1974
Bleidick, U.: Einführung in die Behindertenpädagogik, Stuttgart 1977
Bleidick, U.: Erziehungswissenschaftliche Aspekte der Pädagogik Geistigbehinderter, in: Geistige Behinderung 3/1983, 167-179

LITERATUR

Bleidick, U.: Wissenschaftssystematik der Behindertenpädagogik, in: Bleidick, U. (Hrsg.): Theorie der Behindertenpädagogik, Handbuch der Sonderpädagogik, Bd. 1, Berlin 1985, 48-86

Bobzien, M.: Kontrolle über das eigene Leben gewinnen – Empowerment als professionelles Konzept in der Selbsthilfeunterstützung. In: Blätter der Wohlfahrtspflege 2/1993, 46-49

Bobzien, M.; Stark, W.: Empowerment als Konzept psychosozialer Arbeit und als Förderung von Selbstorganisation. In: Balke, K.; Thiel, W. (Hrsg.): Jenseits des Helfens. Professionelle unterstützen Selbsthilfegruppen. Freiburg i. B. 1991, 169-187

Böhm, E.: Ist heute Montag oder Dezember? Erfarungen mit der Übergangspflege, Bonn 1992

Böhm, E.: Alte verstehen, Bonn 1994

Böhning, E.: Wohnen heißt zu Hause sein. Eine Studie zur Erfassung von Lebenszufriedenheit bei Bewohnerinnen und Bewohnern der Außenwohngruppen des „Schloß Hoym e. V." In: Theunissen, G. (Hrsg.): Enthospitalisierung ein Etikettenschwindel? Bad Heilbrunn 1998, 181-205

Bollnow, O.F.: Die geisteswissenschaftliche Pädagogik, in. Röhrs, H.; Scheurl, H. (Hrsg.): Richtungsstreit in der Erziehungswissenschaft und pädagogische Verständigung, Frankfurt 1989, 53-70

Bopp, L.: Allgemeine Heilpädagogik in systematischer Grundlegung und mit erziehungspraktischer Einstellung, Freiburg 1930

Bopp, L.: Heilerziehung aus dem Glauben, zugleich eine theologische Einführung in die Pädagogik überhaupt, Freiburg 1958

Braddock, D.: Foreword, in: Dybwad, G.; Bersani, H. (eds.) a.a.O., VIII – XI

Braun, U.: Unterstützte Kommunikation, Düsseldorf 1994

Brattgart, S. O.: Focus – Brennpunkt der Integration Behinderter in Schweden, in: VIF (Hrsg.) a.a.O., 44-55

Breuer, P.; Piatke, M.: Weil es ja um Behinderte geht, in: Lebenshilfe-Zeitung 1/1992

Brezinka, W.: Von der Pädagogik zur Erziehungswissenschaft, Weinheim 1971

Brezinka, W.: Die Pädagogik der neuen Linken. Stuttgart 1972

Brezinka, W.: Empirische Erziehungswissenschaft und andere Erziehungstheorien: Differenzen und Verständigungsmöglichkeiten, in: RÖHRS, H.; Scheuerl, H. (Hrsg.): Richtungsstreit in der Erziehungswissenschaft und pädagogische Verständigung, Frankfurt 1989

Bröcher, J.: Lebenswelt und Didaktik. Unterricht mit verhaltensauffälligen Jugendlichen auf der Basis ihrer (alltags-)ästhetischen Produktionen, Heidelberg 1997

Bronfenbrenner, U.: Die Ökologie der menschlichen Entwicklung, Stuttgart 1981

Brooks, N.: Self-Empowerment among Adults with Severe Physical Disabilities, in: Journal of Sociology and Social Welfare, Vol. 18, 1991, 105-120

Bruckmüller, M.: Begleitung und Förderung alter Menschen im Alter, in: Rapp, N.; Strubel, W. (Hrsg.): Behinderte Menschen im Alter, Freiburg 1992, 69-85

Bruckmüller, M.: Menschen mit geistiger Behinderung werden alt ..., in: Lebenshilfe – Die Zeitschrift der Lebenshilfe Österreich 4/1993, 4-6

Bruckmüller, M.: Altern – eine neue Dimension, in: Theunissen, G.; Lingg, A. (Hrsg.) a.a.O., 203-212
Buber, M.: Schriften zur Philosophie, Bd. I, Gesammelte Werke, München 1962
Buber, M.: Reden über Erziehung, Heidelberg 1969
Bundesministerium für Gesundheit: Hausgemeinschaften – die 4. Generation des Altenpflegebaus. BMG Modellprojekte, Band 8, Berlin 2000
Buss, H.; Theunissen, G.: Möglichkeiten aktionsorientierter Arbeitsformen im Kunstunterricht mit geistig behinderten Schülern, in: Theunissen, G. (Hrsg.) a.a.O., 143-163
Byers, R.: Teaching as Dialogue: Teaching Approaches and Learning Styles in Schools for Pupils with Learning Difficulties, in: Coupe O'Kane, J.; Smith, B. (eds.), a.a.O., 78-89
Carroll, M. A.: Empowerment Theory, in: Canadian Psychology 4/1994, 376-381
Carroll, V.: Bildungsangebote für Erwachsene mit geistiger Behinderung. In: Jakobs, H.; König, A.; Theunissen, G. (Hrsg.): Lebensräume – Lebensperspektiven. Ausgewählte Beiträge zur Situation Erwachsener mit geistiger Behinderung. Butzbach-Griedel 1998, 290-316
Carta, J. J.: Education for Young Children in Inner-City Classrooms, in: American Behavioral Scientist, Vol. 34 1991, 440-453
Cloerkes, G.: Soziologie der Behinderten. Heidelberg 1997
Cochran, M.: Parent empowerment: Developing a conceptual framework, in: Family Services Review, 5 Vol. 1992, 3-21
Cohn, R.: Von der Psychoanalyse zur themenzentrierten Interaktion. Stuttgart 1975
Cone, A. A.: Profile of Advisors to Self-Advocacy Groups for People With Mental Retardation, in: Mental Retardation, Vol. 37 1999, 308-318
Coupe O'Kane, J.; Porter, J.; Taylor, A.: Meaningful Content and Contexts for Learning, in: Coupe O'Kane, J.; Smith, B. (eds.), a.a.O., 14-30
Coupe O'Kane, J.; Smith, B. (eds.): Taking Control. Enabling People with Learning Difficulties, Londen (Fulton) 1994
Cunningham, C.: Early support and intervention, in: Mittler, P.; Mc'Onachie, H. (eds.) a.a.O.
Dahmer, J.; Klafki, W. (Hrsg.): Geisteswissenschaftliche Pädagogik am Ausgang ihrer Epoche – Erich Weniger. Weinheim, Berlin 1968
Dalferth, M.: Enthospitalisierung in westlichen Industrienationen am Beispiel der USA/Kalifornien, Norwegen und Schweden, in: Theunissen, G.; Lingg, A. (Hrsg.) a.a.O. 88-113
Daublebsky, B · Spielen in der Schule, Stuttgart 1977 (5. Aufl.)
Dawson, P.; Palmer, W.: At Home with Self-Advocacy, Nottingham (EMFEC) 1994(a)
Dawson, P.; Palmer, W.: Volunteering and Self-Advocacy, Nottingham (EMFEC) 1994 (b)
Dawson, P.; Palmer, W.: Whose Learning? Self-Advocacy and empowerment in education and training, Nottingham (EMFEC) 1994(c)
Dawson, P.; Palmer, W.: Living with Self-Advocacy, Nottingham (EMFEC) 1994(d)

De Bruyn, A.: Wir vertreten uns selbst. In Kassel arbeiten Menschen mit Behinderung in eigener Sache, um die Selbstbestimmung voranzutreiben, in: Lebenshilfe-Zeitung 4/1998, 10f.
Deci, E. L.; Chandler, C. L.: The importance of motivation for the future of the LD field. In: Journal of Learning Disabilities, 19 Vol. 1986, 587-594
De Jong, G.: Independent Living: Eine soziale Bewegung verändert das Bewußtsein, in: VIF (Hrsg.) a.a.O. (1982a), 132-161
De Jong, G.: Die Rolle des Akademikers bei der Fortentwicklung der Independent-Living-Bewegung, in: VIF (Hrsg.), a.a.O. (1982b), 162-171
De Jong, P.; Miller, S.. How to interview for clients strengths, in. Social Work 6/ 1995,729-736
Denzin, N. K.: The art and polities of interpretation, in: Denzin, N. K.; Lincoln, Y. S.: Handbook of qualitative research, Thousand Oaks CA 1994
Deutscher Bildungsrat: Empfehlungen der Bildungskommission, Strukturplan für das Bildungswesen, Stuttgart 1970
Dilthey, W.: Gesammelte Schriften, Bd. V, hrsg. v. Georg Misch, Leipzig, Berlin 1924
Dilthey, W.: Über die Möglichkeit einer allgemeingültigen pädagogischen Wissenschaft, Weinheim 1954 (Neudruck)
DGfE (Deutsche Gesellschaft für Erziehungswissenschaft): Standards erziehungswissenschaftlicher Forschung, in: Friebertshäuser, B.; Prengel, A. (Hrsg.), a.a.O.
DHG (Hrsg.): Individuelle Hilfeplanung, Tagungsbericht, Bonn 1999 (Selbstverlag der Deutschen Heilpädagogischen Gesellschaft, Bremen)
Dörner, K.: Enthospitalisierung aus sozialpsychiatrischer Sicht, in: Theunissen, G. (Hrsg.): Enthospitalisierung ein Etikettenschwindel? Bad Heilbrunn 1998, 43-61
Dodd, P.; Guitierrez, L.: Preparing Students for the Future: A Power Perspective on Community Practise, in. Administration in Social Work, Vol. 14, 1990, 63-78
Doose, S.: Persönliche Zukunftsplanung im Übergang von der Suche in das Erwachsenenleben, in: Wilken, E. (Hrsg.): Neue Perspektiven für Menschen mit Down-Syndrom, Hannover 1997(a), 199-215
Doose, S.: Unterstützte Beschäftigung für Menschen mit Down-Syndrom, in: Wilken, E. (Hrsg.): Neue Perspektiven für Menschen mit Down-Syndrom, Hannover 1997(b), 216-237
Doose, S.: Persönliche Zukunftsplanung, in: Kan, P. v.; Doose, S.: Zukunftsweisend. Peer Counseling & Persönliche Zukunftsplanung, Kassel 1999
Doose, S.: Selbstbestimmung im Arbeitsleben für Menschen mit Lernschwierigkeiten. Persönliche Zukunftsplanung und unterstützte Beschäftigung als Möglichkeiten, in: Windisch, M.; Kniel, A. (Hrsg.): Selbstvertretung von Menschen mit Behinderung, Kassel 2000, 81-101
Driedger, D.: The Last Civil Rights Movement. New York (St. Martin's) 1989
Dunn, L. M.: Special education for the mildly retarded: Is much of it justifiable?, in: Expectional children, 35 Vol. 1968, 5-22
Dunst, C. et al.: Family stems correlates of the behavior of young children with handicaps, in: Journal of Early Intervention, 14 Vol. 1990, 204-218
Dunst, C.; J.; Trivette, C.: Enabling and empowering families: Conceptual and intervention issues. In: School Psychology Review, 16 Vol. 1987, 443-456

Dunst, C.; Trivette, C.; Cross, A.: Mediating influences of social support: Personal, family and child outcomes, in: Am. Journal of Mental Deficiency, 90 Vol. 1986, 403-417

Dunst, C.; J.; Trivette, C.; Deal, A. G.: Enabling and Empowering Families. Principles and Guidelines for Practise, Cambridge (Brookline) 1995 (5. Aufl.)

Dunst, C.; Trivette, C.; Lapointe, N.: Toward clarification of the meaning and key elements of empowerment. In: Family Science Review, 5 Vol. 1992, 111-130

Dybwad, G.: Realitäten und Tendenzen der Betreuung geistig behinderter Menschen aus internationaler Sicht, in: Wacker, E.; Neumann, J. (Hrsg.): Geistige Behinderung und soziales Leben, Frankfurt 1985, 22-42

Dybwad, G.: Setting the Stage Historically, in: Dybwad, G.; Bersani, H. (eds.), a.a.O., 1-17

Dybwad, G.; Bersani, H. (eds.): New Voices. Self-Advocacy by People with Disabilities, Cambridge (Brookline) 1996

Eberwein, H. (Hrsg.): Fremdverstehen sozialer Randgruppen, Berlin 1987(a)

Eberwein, H.: Alltagsforschung in der Lernbehindertenpädagogik – Analysen und Perspektiven, in: Eberwein, H. (Hrsg.) a.a.O. (1987b), 166-182

Eberwein, H.: Fremdverstehen – pädagogische Forschung – erzieherisches Handeln. Einführung in die Thematik des Buches, in: Eberwein, H. (Hrsg.) a.a.O. (1987c), 5-22

Eggert, D.: Von den Stärken ausgehen..., Dortmund 1996

Eisert, F.: Probleme bei der Organisation selbstbestimmter Assistenz, in: Verein für Behindertenhilfe (Hrsg.) a.a.O., 81-86

Elliott, D.: Conclusion, in: Mayadas, N. S.; Watts, T.; D.; Elliott, D. (eds.): International handbook on social work theory and practise, Westport 1997 (Greenwood), 441-450

Elterngruppe Freiburg u.a.: Die Eltern, in: Finger, G.; Steinebach, C. (Hrsg.) a.a.O.

Empfehlungen für den Unterricht in der Schule für Geistigbehinderte. Beschluss der Kultusministerkonferenz vom 9.2.1979, Neuwied 1980

Engelbert, A.: Familienorientierung in Frühförderstellen, in: Frühförderung interdisziplinär 4/1995, 169-179

Engelmeyer, E.; Kniel, A.; Windisch, M.: Bericht zum Stand der Begleitforschung zum Projekt „Förderung der Selbstorganisation und Selbstvertretung von Menschen mit kognitiven Beeinträchtigungen", unveröff. Manuskript, Universität-Gesamthochschule Kassel, FB Sozialwesen, Juni 1999

Epstein, M. H.: The Development and Validation of a Scale to Assess the Emotional and Behavioral Strengths of Children and Adolescents, in: Remedial and Special Education, 20 Vol. 1999, 258-262

Euler, P.; Pongratz, L. A. (Hrsg.): Kritische Bildungstheorie. Zur Aktualität Heinz-Joachim Heydorns. Weinheim 1995

Europe People First. In: Http://www. peoplefirst.org.uk/europe.html. 15.06.2000

Fagen, S. A.; Hill, J. M.: Teaching acceptance of frustration. In: Teaching Exceptional Children, 20 Vol. 1987, 49-51

Farber, B.: Effects of a severely mentally retarded child on family integration, in: Monographs of the Society for Research in Child Development, 24 Vol. 1959, 1-71

Fend, H.: Die empirische Pädagogik, in: Gudjons, H.; Teske, R.; Winkel, R. (Hrsg.): Erziehungswissenschaftliche Theorien, Hamburg 1994 (4. Aufl.), 27-41

Feurstein, A.: Älter werden mit geistiger Behinderung in der Lebenshilfe Vorarlberg – „(k)eine Freude?", in: Theunissen, G.; Lingg, A. (Hrsg.) a.a.O., 254-262

fib, Verein zur Förderung der Integration Behinderter e. V. (Hrsg.): Dokumentation 1999, Marburg

Ficker-Terrill, C.; Rowitz, L.: Choices, in: Mental Retardation, 29 Vol. 1991, 63-64

Filsinger, D.; Hinte, W.: Praxisforschung: Grundlagen, Rahmenbedingungen und Anwendungsbereiche eines Forschungsansatzes, in: Heiner, M. (Hrsg.) a.a.O., 34-72

Finger, G.: Familien mit behinderten Kindern im Spannungsfeld zwischen Besonderheit und Normalität, in: Finger, G.; Steinebach, C. (Hrsg.) a.a.O.

Finger; G. (Hrsg.): Mein Kind ist nicht wie andere, Leben mit verhaltensauffälligen, behinderten und autistischen Kindern, Freiburg 1995

Finger, G.; Steinebach, C. (Hrsg.): Frühförderung. Zwischen passionierter Praxis und hilfloser Theorie, Freiburg 1992

Flitner, W.: Das Selbstverständnis der Erziehungswissenschaft in der Gegenwart, Heidelberg 1963

Foxx, R.M. et al.: „Would I be able to..."? Teaching clients to assess the availibility of their community living life style preferences, in: American Journal on Mental Retardation, Vol. 98 1993, 235-248

Frehe, H.: Selbstbestimmt leben durch persönliche Assistenz, in: Freiräume, Landesbehindertentag in NRW, Dokumentation, Münster 1994

Frehe, H.: Persönliche Assistenz – eine neue Qualität ambulanter Hilfen, in: Jantzen, W.; Lanwer-Koppelin, W.; Schulz, K. (Hrsg.): Qualitätssicherung und Deinstitutionalisierung. Berlin 1999.

Freire, P.: Pädagogik der Unterdrückten. Bildung als Praxis der Freiheit. Reinbek 1973

Frevert, U.: Selbstbestimmt leben behinderter Menschen im Sinne der Internationalen Independent Living-Bewegung, in: Verein für Behindertenhilfe (Hrsg.) a.a.O., 65-69

Friebertshäuser, B.; Prengel, A. (Hrsg.): Handbuch Qualitative Forschungsmethoden in der Erziehungswissenschaft, Weinheim 1997

Fromm, E.: Haben oder Sein. Stuttgart 1976

Frühauf, K. u.a.: Persönliches Budget. Empowerment für Betroffene oder Etikettenschwindel zugunsten von Sparmaßnahmen? In: Fachdienst der Lebenshilfe 1/2000, 3-21

Fuchs, W.: Empirische Sozialforschung als politische Aktion, in Soziale Welt, 21. Jg., 1970, 1-17

Furman, B.: The History of People First of Washington State. In: Dybwad, G.; Bersani, H. (eds.) a.a.O., 180-202

Galperin, P.J.: Die geistige Handlung als Grundlage für die Bildung von Gedanken und Vorstellungen, in: Galperin, P.J.; Leontjew, A.N. u.a. (Hrsg.): Probleme der Lerntheorie, Berlin 1972 (5. Auflage)

Galtung, J.: Strukturelle Gewalt, Reinbek 1975

Galtung, J.: Menschenrechte – anders gesehen. Frankfurt 1994

Galtung, J. u.a.: Die Zukunft der Menschenrechte. Frankfurt 2000

Gamm, H.-J.: Die materialistische Pädagogik. In: H. Gudjons; R. Teske; R. Winkel (Hrsg.): Erziehungswissenschaftliche Theorien, Hamburg 1986, 41-54

Gamm, H.-J.: Erziehungswissenschaft auf kritisch-materialistischer Basis. In: H. Röhrs; H. Scheuerl (Hrsg.): Richtungsstreit in der Erziehungswissenschaft und pädagogische Verständigung, Frankfurt 1989, 131-146

Garmezy, N.: Resiliency and Vulnerability to Adverse Developmental Outcomes Associated With Poverty, in: American Behavioral Scientist, Vol. 34 1991, 416-430

Geertz, C.: Dichte Beschreibung, Frankfurt 1987

Georgens, J. D.; Deinhardt, H.: Die Heilpädagogik mit besonderer Berücksichtigung der Idiotie und der Idiotenanstalten, Band I und II, Leipzig 1861 u. 1863

Gerspach, M.: Einführung in pädagogisches Denken und Handeln, Stuttgart 2000

Gieseke, H.: Einführung in die Pädagogik, München 1971

Gieseke, H.: Didaktik der politischen Bildung, München 1976

Gillespie, E. B.; Turnbull, A. P.: It's my IEP! Involving students in the planning process. In: Teaching Exceptional Children, 16 Vol. 1983, 26-29

Ginsburg, H.; Opper, S.: Piagets Theorie der geistigen Entwicklung, Stuttgart 1975

Giroux, H. A.: Postmodernism and the Discourse of Educational Criticism, in: Journal of Education 3/1988, 5-30

Giroux, H.; McLaren, P. (eds.): Critical Pedagogy, the State, and Cultural Struggle (SUNY Series in Teacher Empowerment and School Reform), Albany, New York (State University of New York Press) 1989

Giroux, H. A.; Simon, R. I. (eds.): Popular Culture, Schooling, an Everyday Life, Granby (Bergin & Garvey) 1989

Gitschmann, P.: Persönliches Budget für behinderte Menschen in Hamburg? In: Die Selbstbestimmung finanzieren. Erfahrungen mit dem persönlichen Budget in Großbritannien und den Niederlanden, hrsg. v. Behindertenbeauftragte der Hansestadt Hamburg, 1999, 72-81

Glänzer, W.: Demokratie und Heimbeirat. Zur Orientierung 1/1994, 17.

Glaser, B.; Strauss, A.: Grounded Theory. Strategien qualitativer Forschung, Bern 1998

Gleiss, G.: Selbstbestimmtes Leben mit Assistenz zwischen Pflegeversicherung und Globalrichtlinien, in: Verein für Behindertenhilfe (Hrsg.) a.a.O., 70-78

Göbel, S.: Wir vertreten uns selbst, ein Arbeitsbuch, bifos-Eigenverlag, Kassel 1995

Göbel, S.: „Wir vertreten uns selbst!" Arbeitsbuch zum Aufbau von Selbsthilfegruppen für Menschen mit Lernschwierigkeiten. Hrsg. Vom Bildungs- und Forschungsinstitut zum selbstbestimmten Leben Behinderter. Kassel 1997

Göbel, S.: Persönliche Mitteilung am 10.11.2000 auf der Tagung „People First 2000" in Kassel (Erfahrungsaustausch zur Entwicklung und Unterstützung von Selbstvertretungsgruppen)
Goffman, E.: Stigma, Frankfurt 1967
Goffman, E.: Asyle – Über die soziale Situation psychischer Patienten und anderer Insassen. Frankfurt 1972
Goldmeier, I.; Herr, S.: Empowerment and inclusion in planning for older adults with developmental disabilities, in: Herr, S.; Weber, G. (eds.): Prospects for older Persons with Developmental Disabilities: Aging, Rights and Quality of Life, Baltimore (Brooks) 1999
Goldstein, H.: Victors or victims? In: Saleebey; D. (ed.) a.a.O., 21-38
Goll, H.; Goll, J. (Hrsg.): Selbstbestimmung und Integration als Lebensziel. Hammersbach 1998
Graf, E.: Zur Einstellung von Eltern gegenüber ihrem geistig behinderten Kind, Zürich 1987
Grimm, R.: Elternschaft geistigbehinderter Menschen, in: Walter, J.: Sexualität und geistige Behinderung, Heidelberg, 1996
Gromann, P.: Nutzerkontrolle als Element der Qualitätssicherung für das System der Hilfen für Menschen mit geistiger Behinderung, in: Theunissen, G. (Hrsg.): Enthospitalisierung ein Etikettenschwindel? Bad Heilbrunn 1998
Gromann, P.: Qualitätssicherung und Nutzerkontrolle. In: Jantzen, W.; Lanwer-Koppelin, W.; Schulz, K. (Hrsg.): Qualitätssicherung und Deinstitutionalisierung. Berlin, 1999(a)
Gromann, P.: Möglichkeiten der Nutzerbefragung, in: DHG (Hrsg.) a.a.O., 45-51 (1999b)
Grond, E.: Die Pflege verwirrter alter Menschen, Freiburg 1992 (7. Aufl.)
Grond, J.: Früherziehung, in: Dobler, R.; Grond, J. (Hrsg.): Früherkennung und Früherziehung behinderter Kinder, Bern, Stuttgart, Toronto 1985
Grosser, C.: New Directions in Community Organisation: From Enabling to Advocacy, New York (Praeger) 1973
Grossberg, L.: Pedagogy in the Present: Politics, Postmodernity, and the Popular, in: Giroux, H. A.; Simon, R. I. (eds.), a.a.O., 91-115
Grove, K. A.; Fisher, D.: Entrepreneurs of Meaning. Parents and the Process of Inclusive Education, in: Remedial and Special Education, Vol. 20 1999, 208-215, 256
Guba, E.; Lincoln, Y.: Fourth Generation Evaluation, Newbury Park 1989
Gudjons, H.: Handlungsorientiert lehren und lernen. Projektunterricht und Schüleraktivität, Bad Heilbrunn 1989
Gutierrez, L. M.: Beyond coping. An empowerment perspective on stressful life events. In: Journal of Sociology and Social Welfare 3/1994, 201-237
Habermas, J.: Erkenntnis und Interesse, Frankfurt 1968
Habermas, J.: Technik und Wissenschaft als „Ideologie", Frankfurt 1970 (4. Aufl.)
Habermas, J.: Vorbereitende Bemerkungen zu einer Theorie der kommunikativen Kompetenz. In: Habermas, J.; Luhmann, N.: Theorie der Gesellschaft oder Sozialtechnologie, Frankfurt 1971

Literatur

Habermas, J.: Wahrheitstheorien. In: Hahrenbach, H. (Hrsg.): Wirklichkeit und Reflexion. Pfullingen 1973

Habermas, J.: Zur Entwicklung der Interaktionskompetenz, unveröff. hekt. Manuskript, Frankfurt 1975

Habermas, J.: Moralbewusstsein und kommunikatives Handeln. Frankfurt 1983

Haeberlin, U.: Empirische Analyse und pädagogische Handlungsforschung, in: Zeitschrift für Pädagogik 21. Jg. 1975, 653-676

Haeberlin, U.: Wertgeleitete Integrationsforschung. In: Heilpädagogische Forschung 1/1991, 34-42

Haeberlin, U.: Die Verantwortung der Heilpädagogik als Wissenschaft, in: Zeitschrift für Heilpädagogik 3/1993 (a), 170-182

Haeberlin, U.: Begleitforschung in sonder- und heilpädagogischen Praxisprojekten, in: Zeitschrift für Heilpädagogik 6/1993 (b), 369-374

Haeberlin, U.: Handlungsforschung als methodologisches Problem, in: Fischer, U. et al. (Hrsg.): WISTA. Experten-Hearing 1993, Berlin 1994

Haeberlin, U.: Heilpädagogik als wertgeleitete Wissenschaft, Bern 1996

Hähner, U. u.a. (Hrsg.): Vom Betreuer zum Begleiter. Eine Neuorientierung unter dem Paradigma der Selbstbestimmung. Marburg 1997

Hahn, M.: Behinderung als soziale Abhängigkeit, München 1981

Hamre-Nietupski, S. et al.: Enhancing Integration of Students with Severe Disabilities Through Curricular Infusion: A General/Special Educator Partnership, in: Education and Training of the Mentally Retarded, 24 Vol. 1989, 78-88

Hanselmann, H.: Grundlinien zu einer Theorie der Sondererziehung (Heilpädagogik), Zürich 1941

Hansen, E.: Nationale Qualitätskulturen in der Wohlfahrtspflege, in: Jantzen, W.; Lanwer-Koppelin, W.; Schulz, K. (Hrsg.): Qualitätssicherung und Deinstitutionalisierung, Berlin 1999, 21- 35

Hasemann, K.: Das K.R.E.I.S.-Verfahren, in: Behinderte 4/5/1999, 83-85

Hayden, M.; Goldman, J.: Families of Adults with Mental Retardation: Stress Levels and Need for Services, in: Social Work, 41 Vol. 1996, 657-667

Hegar, R.: Empowerment-based Practice with Children. In: Social Service Review, 63(3) 1989, 372-383

Heim, H.: In Zukunft nur noch „Bildungen"? in: Koch, L.; Marotzki, W.; Schäfer, A. (Hrsg.) a.a.O., 65-82

Heiner, M. (Hrsg.): Praxisforschung in der sozialen Arbeit, Freiburg 1988

Heinrichs, H.: Der Begriff Heilpädagogik und seine Forderungen, in: Die Hilfsschule, 24. Jg., 1931, 648-653

Hentig, H. v.: Systemzwang und Selbstbestimmung, Stutttgart 1970

Hersov, J.: The Rise of Self-Advocacy in Great Britain. In: Dybwad, G.; Bersani, H. (eds.) a.a.O., 139-139

Herrmann, U.: Pädagogik, Geisteswissenschaftliche (systematisch). In: D. Lenzen (Hrsg.): Pädagogische Grundbegriffe, Bd. 2, Reinbek 1989, 1140-1160

Herriger, N.: Empowerment – Annäherungen an ein neues Fortschrittsprogramm der Sozialen Arbeit, in: Neue Praxis 3/1991, 221-229

Herriger, N.: Perspektiven des Empowerment in der Gesundheitsförderung. In: Soziale Arbeit 12/1993, 414-419

Herriger, N.: Empowerment und Engagement, in: Soziale Arbeit 9-10/1996, 290-301

Herriger, N.: Empowerment in der Sozialen Arbeit, Stuttgart 1997

Heuman, J.: Kämpfen wir für unsere Rechte! In: VIF (Hrsg.) a.a.O., 174-177

Heykamp, G.: Integration durch ambulante Hilfs- und Pflegedienste in Holland, in: VIF (Hrsg.) a.a.O., 66-69

Hinze, D.: Väter und Mütter behinderter Kinder. Der Prozeß der Auseinandersetzung im Vergleich, Heidelberg 1991

Hinze, D.: Väter und Mütter behinderter Kinder im Vergleich, in: Finger, G.; Steinebach, C. (Hrsg.) a.a.O.

Höhne, G.: Theater trotz Therapie, in: Theunissen, G. (Hrsg.) a.a.O., 234-250

Hoffmann, C.: Enthospitalisierung oder Umhospitalisierung? – am Beispiel der Neuen Länder. In: Theunissen, G. (Hrsg.): Enthospitalisierung – ein Etikettenschwindel? Bad Heilbrunn 1998, 109-153

Hoffmann, C.: Enthospitalisierung und Deinstitutionalisierung – eine Einführung in die Leitterminologie, in: Theunissen, G.; Lingg, A. (Hrsg.) a.a.O., 16- 27 (1999a)

Hoffmann, C.: Sterben und Tod, in: BV Lebenshilfe (Hrsg.): Persönlichkeit und Hilfe im Alter, Marburg 1999(b), 182-197

Hoffmann, C.; Kulig, W.; Theunissen, G.: Bildungsangebote für Erwachsene mit geistiger Behinderung an Volkshochschulen, in: Geistige Behinderung 4/2000

Hoffmann, C.: Sterbe- und Trauerbegleitung, in: Theunissen, G. a.a.O. (2002), 125-138

Hoffmann, D.; Neumann, K. (Hrsg.): Tradition und Transformation der Geisteswissenschaftlichen Pädagogik. Weinheim 1993

Hofmann, T.; Klingmüller, B. (Hrsg.): Abhängigkeit und Autonomie. Neue Wege in der Geistigbehindertenpädagogik, Berlin 1994

Holst, J.: Leben im Gemeinwesen und individuelle Hilfeplanung – Erfahrungen aus Dänemark, in: DHG (Hrsg.) a.a.O., 57-63

Horkheimer, M.: Kritische Theorie, 2 Bde., Frankfurt 1968

Houghton, J.: Bronicki, G. J. B.; Guess, D.: Opportunities to Express Preferences and make Choices among Students with Severe Disabilities in Classroom Settings, in: Journal of the Association for Persons with Severe Handicaps, 12 Vol. 1987, 18-27

Huber, N.: Begleitung behinderter Menschen beim Sterben, in: Rapp, N.; Strubel, W. (Hrsg.): Behinderte Menschen im Alter, Freiburg 1992, 232-242

Humboldt, W. v.: Ästhetische Versuche, Bd. 2, Berlin 1903

Humboldt, W. v.: Anthropologie und Bildungslehre, Düsseldorf 1956

Hurrelmann, K.: Einführung in die Sozialisationstheorie, Weinheim 1968

Huslisti, B,; Huslisti, S.: Der Lebensbereich Freizeit von Erwachsenen mit geistiger Behinderung. Unveröff. Diplomarbeit. Kath. Fachhochschule Freiburg 1994

Iben, G.: Kinder am Rande der Gesellschaft, München 1970

Iben, G.: Kompensatorische Erziehung, Analyse kompensatorischer Programme, München 1971

Iben, G. Handlungsforschung und das Verstehen von Lebenswelten, in: Eberwein, H. (Hrsg.) a.a.O., 152-165

Illich, I.: Entmündigung durch Experten, Reinbek 1979

Inclusion International: The Beliefs, Values and Principles of Self-Advocacy. Brüssel, 1994

Jacobs, K.: Berufliche Integration von Menschen mit Behinderung, in: Behinderte 5/1992, 13-29

Jacobs, K.: Wege in die Zukunft bauen – Aspekte zur Realisierung der beruflichen Integration von Menschen mit Behinderungen, in: Windisch, M.; Miles-Paul, O. (Hrsg.): Diskriminierung Behinderter, Kassel 1993

Jakobs, H: Heilpädagogik zwischen Anthropologie und Ethik, Bern 1997

Jakobs, H.: Erwachsen-Werden, Erwachsen-Sein bei geistiger Behinderung. In: Jakobs, H.; König, A.; Theunissen, G. (Hrsg.): Lebensräume – Lebensperspektiven. Ausgewählte Beiträge zur Situation Erwachsener mit geistiger Behinderung. Butzbach-Griedel 1998, 18-59

Jakobs, H.; Theunissen, G.: Eine Werkstatt für alle? Pädagogisch-therapeutische Überlegungen zur Arbeit und Beschäftigung schwer geistig und merhfachbehinderter Erwachsener, in: Jakobs, H.; König, A.; Theunissen, G. (Hrsg.): Lebensräume – Lebensperspektiven. Ausgewählte Beiträge zur Situation Erwachsener mit geistiger Behinderung. Butzbach-Griedel 1998, 262-289

Jandrocovic, M.: Die Einbahnstraße der „Für"-Sorge – über die Notwendigkeit einer Behindertenanwaltschaft. Kunstfehler Jg. 11, Salzburg 1997

Jantzen, W.: Materialistische Theorie der Behindertenpädagogik, in: Bleidick, U. (Hrsg.): Theorie der Behindertenpädagogik. Handbuch der Sonderpädagogik, Bd. 1, Berlin 1985, 322-343

Jantzen, W.: Allgemeine Behindertenpädagogik, Bd. 1, Sozialwissenschaftliche Grundlagen, Weinheim 1987

Jantzen, W.: Das Ganze muß verändert werden. Zum Verhältnis von Behinderung, Ethik und Gewalt, Berlin, 1993

Jantzen, W.: Bestandsaufnahme und Perspektiven der Sonderpädagogik als Wissenschaft. In: Zeitschrift für Heilpädagogik, 46.Jg. 1995, 368-377

Jantzen, W.: Diagnostik, Dialog und Rehistorisierung. In: Jantzen, W.; Lanwer-Koppelein, W. (Hrsg.): Diagnostik als Rehistorisierung, Berlin 1996

Jantzen, W.: Enthospitalisierung und verstehende Diagnostik. In. Theunissen, G. (Hrsg.): Enthospitalisierung – ein Etikettenschwindel? Bad Heilbrunn 1998, 43-61

Jantzen, W.: Behinderung und Feld der Macht, unveröff. Manuskript, Bremen 1999

Jantzen, W.: Möglichkeiten und Chancen eines gemeinsamen Unterrichts von behinderten und nichtbehinderten Kindern: Didaktische Grundfragen, in: Zeitschrift für Heilpädagogik 2/2000a, 46-55

Jantzen, W.: Deinstitutionalisierung in einer Großeinrichtung – Methoden und Methodologie im Prozess der wissenschaftlichen Begleitung, Vortrag im Rahmen der Jahrestagung der DIFGB v. 22.-24.9.1999 in Arnsdorf b. Dresden, unv. Manuskript Bremen 2000b

Johansson, A.: Handicap Consciousness, in: Dybwad, G.; Bersani, H. (eds.) a.a.O., 51-54

John, H.; Speake, B.: Increasing the Personal Effectiveness of Adults in the Community, in: Coupe O'Kane, J.; Smith, B.: Taking Control. Enabling People with Learning Difficulties London (Fulton) 1994, 117-127

Jülich, M.: Schulische Integration in den USA, Bad Heilbrunn 1996

Jung, H.: Vertrauensmitarbeiterin für den Heimbeirat, ein Interview aus: Zur Orientierung 1/1994, 19f.

Kade, J.; Nittel, D.; Seitter, W.: Einführung in die Erwachsenenbildung / Weiterbildung. Stuttgart 1999

Kappel, B.: a history of people first in canada, in: Dybwad, G.; Bersani, H. (eds.) a.a.O., 93-129

Karan, O.C. & Bothwell, J.D.: Supported Living: Beyond Conventional Thinking and Practice. Quality of Life, Vol. II, American Journal on Mental Retardation 1997.

Kardorff, E. v.: Praxisforschung als Forschung der Praxis, in: Heiner, M. (Hrsg.) a.a.O.

Kautter, H. u.a.: Das Kind als Akteur seiner Entwicklung, Heidelberg 1988

Keckeisen, W.: Erziehungswissenschaft, kritische. In: D. Lenzen (Hrsg.): Pädagogische Grundbegriffe, Bd. 1, 482-507. Reinbek 1989

Keeney, B.P.: Konstruieren therapeutischer Wirklichkeiten, Praxis und Theorie systemischer Therapie, Dortmund 1987

Kern, H.: Einzelfallforschung, Weinheim 1997

Keupp, H.: Gemeindepsychologie. In: Speck, O.; Martin, K.R. (Hrsg.): Sonderpädagogik und Sozialpädagogik. Handbuch der Sonderpädagogik Bd. 10, Berlin 1990, 107-122

Keupp, H.: Gesundheitsförderung und psychische Gesundheit: Lebenssouveränität und Empowerment. In: Psychomed 4/1992, 224-250

Kief, M.: Mitwirkung lernen – Mitverantwortung entwickeln, in: Zur Orientierung 171994, 22f.

Klafki, W. u.a. (Hrsg.): Funk-Kolleg Erziehungswissenschaft, 3 Bde., Frankfurt 1970ff.

Klafki, W.: Erziehungswissenschaft als kritisch-konstruktive Theorie: Hermeneutik – Empirie – Ideologiekritik. In Zeitschrift für Pädagogik, 17. Jg. 1971, 351-385

Klafki, W.: Handlungsforschung im Schulfeld, in: Zeitschrift für Pädagogik 19. Jg. 1973, 487-516

Klafki, W.: Handlungsforschung, in: Wulf, C. (Hrsg.): Wörterbuch der Erziehung, München 1974, 267-271

Klafki, W.: Ideologiekritik. In: Roth, L. (Hrsg.): Handlexikon zur Erziehungswissenschaft. München 1976

Klafki, W.: Organisation und Interaktion in pädagogischen Feldern, in: Zeitschrift für Pädagogik 13. Beiheft 1977, 11-38

Klafki, W.: Unterrichtsplanung im Sinne kritisch-konstruktiver Didaktik, in: König, E.; Schier, N.; Vohland, U. (Hrsg.): Diskussion Unterrichtsvorbereitung – Verfahren und Modelle, München 1980, 13-44

Klafki, W.: Thesen und Argumentationsansätze zum Selbstverständnis „kritischkonstruktiver Erziehungswissenschaft". In: König, E.; Zedler, P. (Hrsg.): Erziehungswissenschaftliche Forschung. Paderborn, München 1982, 15-52

Klafki, W.: Zur Frage nach der pädagogischen Bedeutung des sokratischen Gesprächs und neuerer Diskurstheorien. In: Horster, D. u.a. (Hrsg.): Vernunft, Ethik, Politik. Hannover 1983

Klafki, W.: Kann Erziehungswissenschaft zur Begründung pädagogischer Zielsetzungen beitragen? In: Röhrs, H.; Scheuerl, H. (Hrsg.): Richtungsstreit in der Erziehungswissenschaft und pädagogische Verständigung. Frankfurt 1989 (a)

Klafki, W.: Gesellschaftliche Funktionen und pädagogischer Auftrag der Schule in einer demokratischen Gesellschaft. In: Braun, K.-H. (Hrsg.): Subjektivität, Vernunft, Demokratie. Weinheim 1989 (b)

Klafki, W.: Perspektiven einer humanen und demokratischen Schule. In: Schwänke, U.: Innere und äußere Schulreform. Hamburg 1989 (c)

Klafki, W.: Abschied von der Aufklärung? Grundzüge eines bildungstheoretischen Gegenentwurfs. In: Krüger, H.-H. (Hrsg.), a.a.O.

Klafki, W.: Neue Studien zur Bildungstheorie und Didaktik, Weinheim 1985; Weinheim 1994 (4. erweiterte Aufl.)

Klauß, Th.: Ein besonderes Leben. Heidelberg 1999

Klein, F.: Die häusliche Früherziehung des entwicklungsbehinderten Kindes. Bad Heilbrunn 1979

Klein, F.: Früherziehung schwerstbehinderter Kinder, in: Feuser, G.; Oskamp, U.; Rumpler, P. (Hrsg.): Förderung und schulische Erziehung schwerstbehinderter Kinder. Tagungsband über das VDS-Symposium 1982 in Würzburg, Stuttgart 1982

Klein, I.: Gruppenleiten ohne Angst. Ein Handbuch für Gruppenleiter. 4. Aufl. München 1992

Klie, T.: Kundenorientierung älterer Menschen in sozialen Diensten, in: Soziale Arbeit 1/1999, 8-13

Kluge, K.-J.: Eltern als Co-Therapeuten, Bonn 1981

Knust-Potter, E.: We can change the future, in: Geistige Behinderung 4/1994, 319-330

Knust-Potter, E.: Behinderung – Enthinderung. Die Community-Living-Bewegung gegen Ausgrenzung und Fremdbestimmung. Köln 1998

Knust-Potter, E.: Erwachsenenbildung – ein Fundament für normalisierte Lebensbedingungen. In: Erwachsenenbildung und Behinderung 2/1993, 8-14

Kobasa, S.C.; Puccetti, M.C.: Personality and Social Resources in Stress Resistance. In: Journal of Personality and Social Psychology, 45 Vol. 1983, 839-850

Koch, L.; Marotzki, W.; Schäfer, A. (Hrsg.): Die Zukunft des Bildungsgedankens, Weinheim 1997

Köckenberger, H.: „Spaß ist die beste Motivation" – Psychomotorische Entwicklungsförderung, in: Fikar, S.; Fikar, H.; Thumm, K. (Hrsg.): Körperarbeit mit Behinderten, Stuttgart 1992

Kohn, A.: Caring Kids, The Role of the Schools, in: Phi Delta Kappan, 72 Vol. 1991, 498-506

Kok, R.: Emanzipation und Partizipation von Menschen mit geistiger Behinderung. Darstellung des Interessenvereins „füreinander stark", in: Gaedt-Sachse, F. (Hrsg.): Aufgreifen – Öffnen – Gestalten, Erwachsenenbildung als Alltagsgeschehen, Neuerkerode 1994 (Selbstverlag der Anstalt), 69-74

König, E.: Methodenprobleme der Handlungsforschung – Zur Diskussion um die Handlungsforschung, in: Zedler, P.; Moser, H. (Hrsg.): Aspekte qualitativer Sozialforschung, Opladen 1983a, 79-94

König, E. u.a.: Einführung in die Wissenschaftstheorie der Erziehungswissenschaft, Düsseldorf 1983b

König, E.: Bilanz der Theorieentwicklung in der Erziehungswissenschaft. In: Zeitschrift für Pädagogik 6/1990, 919-936

Koller, H.-C.: Bildung einer Vielfalt von Sprachen, in: Koch, L.; Marotzki, W.; Schäfer, A. (Hrsg.) a.a.O., 45-64

Kondrat, M. E.: Concept, Act, and Interest in Professional Practice: Implications of an Empowerment Perspective, in: Social Service Review 69 Vol. 1995, 405-428

Konrath, A.: Voraussetzungen und Ansatzpunkte eines therapeutisch ausgerichteten sozialen Lernens in: Richter, H.-G. (Hrsg.) a.a.O., 186-207

Konrath, A.: Zur therapeutischen Grundorientierung der ästhetischen Erziehung in der Heilpädagogik, in: Theunissen, G. (Hrsg.) a.a.O., 87-105

Kräling, K.: Bewältigung neuer Lebensumstände im Alter, in: Weber, G. (Hrsg.): Psychische Störungen bei älteren Menschen mit geistiger Behinderung, Bern 1997, 156-175

Kräling, K.: Auf der Suche nach einem sinnerfüllten Lebensabend, in: Bulletin Arbeitsgemeinschaft LehrerInnen für Geistigbehinderte, Heft Nr. 87, 4/2000, 34-49

Krause, M.: Elterliche Bewältigung und Entwicklung des behinderten Kindes, Frankfurt 1997

Krenberger, S.: Vorwort, in: Seguin a.a.O.

Kreuzer, M.: Zur Bedeutung und Fachlichkeit der Freizeitarbeit in Wohneinrichtungen. In: Markowetz, R.; Cloerkes, G. (Hrsg.): Freizeit im Leben behinderter Menschen. Heidelberg 2000, 151-170

Kristen, U.: Praxis Unterstützte Kommunikation, Düsseldorf 1994

Krüger, C.: Ich habe meinen Fuß in der Tür! Supported Living für Menschen mit Behinderung, in: Verein für Behindertenhilfe (Hrsg.) a.a.O., 92-98

Krüger, C.: Supported Living: „Ich bin über 40 Jahre alt. Dies ist mein eigener Schlüssel. Zum allerersten Mal habe ich meinen eigenen Schlüssel". Geistige Behinderung, 39. Jg. 2000

Krüger, H.-H. (Hrsg.): Abschied von der Aufklärung, Perspektiven der Erziehungswissenschaft, Opladen 1990

Krüger, H.-H.: Pädagogik in der Moderne – Perspektiven einer reflexiven Erziehungswissenschaft. In: Opp, G.; Freytag, A.; Budnik, I. (Hrsg.): Heilpädagogik in der Wendezeit. Zürich 1996

Krüger, H.-H.: Einführung in Theorien und Methoden der Erziehungswissenschaft, Opladen 1997

Kruse, A.: Die Bedeutung der Bildung für die Entwicklung der Kompetenz bei Krankheit und Funktionseinbußen im Alter, in: Dettbarn-Reggentin, J.; Reggentin H. (Hrsg.): Neue Wege in der Bildung Älterer, Bd. 1 Theoretische Grundlagen und Konzepte, Freiburg 1992, 141- 155

Kruse, A.: Alltagspraktische und sozioemotionale Kompetenz, in: Baltes, M.; Montada, L. a.a.O., 290-322

Kuhn, Th.: Die Struktur wissenschaftlicher Revolutionen, Frankfurt 1976 (2. Aufl.)

Kuhn, Th.: Die Entstehung des Neuen: Studien zur Struktur der Wissenschaftsgeschichte, Frankfurt 1977

Kulig, W.: Ethnomethodologie – ein Forschungsansatz zur Entwicklung zukünftiger Konzepte für die Arbeit mit alten, geistig behinderten Menschen? unv. Diplomarbeit, Institut für Rehabilitationspädagogik, Martin-Luther-Universität Halle-Wittenberg 1998

Laga, G. & Salig, A.: Zur Problematik der Mitbestimmung Behinderter in der WfB, in: Sonderpädagogik 3/1993, 156-160

Lakin, K. et. al.: Trends und Milestones, in: Mental Retardation, Vol. 38 2000, 378f.

Lamnek, S.: Qualitative Sozialforschung, 2 Bde., Weinheim 1993

Lange-Krijtenburg, M.: Die gelbe Blume darf nicht übermalt werden. Künstlerisch arbeiten mit Behinderten, Sielze 1991

Largomarcino, Th.R. et al.: Utilizing Self-Management to Teach Independence on the Job, in: Education and Training of the Mentally Retarded, 6/1989, 139-148.

Laube, A. u.a.: Förderwege, in: Finger, G.; Steinebach, C. (Hrsg.) a.a.O.

Laurie, G.: Independent Living, in: VIF (Hrsg.) a.a.O., 120-131

Lazarus, R.: Stress und Stressbewältigung – ein Paradigma, in: Filipp, S.-H. (Hrsg.): Kritische Lebensereignisse, München 1990

Lebenshilfe e. V. Bundesvereinigung (Hrsg.): Selbstbestimmung, Marburg 1996

Lebenshilfe Österreich: Rasterfahndung nach behindertem Leben, Ausgabe 1/94 der Zeitschrift Lebenshilfe

Lebenshilfe Salzburg: Grundkonzept „Wohnen", internes Konzept, Salzburg 1993(a)

Lebenshilfe Salzburg: Ergänzungskonzept „Betreutes Wohnen", internes Konzept, Salzburg 1993(b)

Lebenshilfe Salzburg: Konzept „Beschäftigungstherapie" und drei Ergänzungskonzepte, interne Konzepte (o.J.)

Lebenshilfe Salzburg: Wohnvertrag, internes Konzept, Salzburg 1994.

Lee, J. A. B.: The Empowerment Approach to Social Work Practise, New York (Columbia Univ. Press) 1994

Lehrplan Schule für Geistig Behinderte, hrsg. v. Staatsministerium für Kultus, Dresden 1998

Leifeld, P.: Wohlstandsgesellschaft – entsozialisierte Gesellschaft? in: Page, F.W.; Schoch, W. (Hrsg.): Aus der Geschichte lernen, Die Zukunft gemeinsam gestalten, Bericht einer Jahrstagung, Stuttgart und Freiburg 1991 (Selbstverlag der Diakonie und des Caritasverbandes)

LITERATUR

Lenzen, D.: Reflexive Erziehungswissenschaft am Ausgang des postmodernen Jahrzehnts. In: Benner, D.; Lenzen, D.; Otto, H.-U. (Hrsg.): Erziehungswissenschaft zwischen Modernisierung und Modernitätskrise. 29. Beiheft der Zeitschrift für Pädagogik. Weinheim, Basel 1992, 75-92

Levin, H. M.: Accelerated Schools for Disadvantaged Students, in: Educational Leadership, 44 Vol. 1988, 19-21

Levinson, A.; Sagi, A.: Das geistigbehinderte Kind, Freiburg 1970

Linden, H.; Schwarte, N.: Erwachsenenbildung für Menschen mit geistiger Behinderung. Überlegungen zu einem systemischen Ansatz, in: Geistige Behinderung 3/1985, 171-179

Lingg, A.; Theunissen, G.: Psychische Störungen und geistige Behinderung, Freiburg 2000

Lingg, A.; Theunissen, G.: Menschen mit geistiger Behinderung und Demenz, in: Theunissen, G.; Lingg, A. Hrsg.) a.a.O., 226-253

Lincoln, Y. S.; Guba, E. G.: Naturalistic Inquiry, Beverly Hills 1985

Lindmeier, C.: Erwachsenenbildung für Menschen mit geistiger Behinderung unter integrativem Aspekt. In: Geistige Behinderung 2/1998, 132-143

Litt, Th.: Führen und Wachsenlassen, Stuttgart 1952 (2. Aufl.)

Lüders, Ch.; Kade, J.; Hornstein, W.: Entgrenzung des Pädagogischen, in: Krüger, H.-H.; Helsper, W. (Hrsg.): Einführung in Grundbegriffe und Grundfragen der Erziehungswissenschaft, Opladen 1995

Lutz, J.: Kinderpsychiatrie, Zürich, Stuttgart 1961

LVR (Landschaftsverband Rheinland): Übergang von der Sonderschule/WfB in das Erwerbsleben, 3. Zwischenbericht, Köln 1998 (Selbstdruck)

LWL (Landschaftsverband Westfalen-Lippe): Kriterien zur Verbesserung der Entscheidungssicherheit bei der Eingliederung Behinderter in Werkstätten für Behinderte oder auf dem allgemeinen Arbeitsmarkt, Münster 1994 (Selbstdruck)

Mactavish, J. B.; Mahon, M. J.; Lutfiyya, Z. M.: „I Can Speak for Myself": Involving Individuals With Intellectual Disabilities As Research Participants, in: Mental Retardation, Vol. 38 2000, 216-227

Mahon, M. J.; Goatcher, S.: Later-Life Planning for Older Adults With Mental Retardation: A Field Experiment, in: Mental Retardation, Vol. 37 1999, 371-382

Mair, H.: Familienarbeit und soziale Netzwerkentwicklung, in: Hohmeier, I.; Mair, H. (Hrsg.): Eltern- und Familienarbeit. Familien zwischen Selbsthilfe und professioneller Hilfe, Freiburg 1989

Mall, W.: Basale Kommunikation, Heidelberg 1990

Markowetz, R.: Freizeit von Menschen mit Behinderungen. In: Markowetz, R.; Cloerkes, G. (Hrsg.) a.a.O., 9-38

Markowetz, R.; Cloerkes, G. (Hrsg.): Freizeit im Leben behinderter Menschen. Heidelberg 2000

Marotzki, W.; Sünker, H. (Hrsg.): Kritische Erziehungswissenschaft – Moderne – Postmoderne, Bd. 2, Weinheim 1993

Martin, R.: Self-Advocacy and the International League, in: Dybwad, G.; Bersani, H. (eds.) a.a.O., 63-65

Maturana, H. R.: Erkennen: Die Organisation und Verkörperung von Wirklichkeit, Braunschweig 1982

Maturana, H.R.; Varela, F.J.: Der Baum der Erkenntnis, Bern u.a. 1987

Mayring, P.: Einführung in die qualitative Sozialforschung, Weiheim 1993 (2. Aufl.)

Mc'Callion, P.; Toseland, R. W.: Empowering Families of Adolescents and Adults with Developmental Disabilities, in: Families in Society, 74 Vol. 1993, 579-587

Mc'Conkey, R.: An Ordinary Life for Special People, in: Coupe O'Kane, J.; Smith, B. (eds.), a.a.O., 128-140

Mc'Kenna, P.: The Right to Self-Determination in Sweden. In: Dybwad, G.; Bersani, H. (eds.) a.a.O., 75-92

Mc'Laren, P.: Schooling the Postmodern Body: Critical pedagogy and the politics of enfleshment, in: Journal of Education 3/1988, 53-83

Mc'Laren, P.: Kritische Erziehungswissenschaft im Zeitalter der Postmoderne. In: Helsper, W.; Krüger, H.-H.; Wenzel, H. (Hrsg.): Schule und Gesellschaft im Umbruch, Bd. 1, Weinheim 1996, 48-70

Mc'Laren, P.; Lankshear, C.: Polities of Liberation: Paths from Freire, London, New York 1994

McManama, B.: „Normal alt werden" – was ist das? In: Theunissen, G.; Lingg, A. (Hrsg.) a.a.O., 187-202

Menze, C.: Die Rolle der Ästhetik in W. v. Humboldts Theorie der Bildung, in: Fabo, C. (Hrsg.): Gegenwart und Tradition, Freiburg 1969, 125-141

Meuth, G.: Beratungskonzept zur beruflichen Integration, Reutlingen 1996

Meyer, D.: „Geistige Behinderung" und Dissoziation. Aspekte einer Rehistorisierung, in: Geistige Behinderung 1/2000, 20-30

Mickler, B.: Autonom leben, in: Die Selbstbestimmung finanzieren, Erfahrungen mit dem persönlichen Budget in Großbritannien und den Niederlanden, hrsg. v. Behindertenbeauftragten der Hansestadt Hamburg 1999, 86-89

Milani-Comparetti, A.: Von der „Medizin der Krankheit" zu einer „Medizin der Gesundheit", in: Jäger, E.: Paritätisches Bildungswerk (Hrsg.): Von der Behandlung der Krankheit zur Sorge um Gesundheit, Frankfurt 1986

Miles-Paul, O.: Wir sind nicht mehr aufzuhalten. Behinderte auf dem Weg zur Selbstbestimmung, München 1992

Miller, R.; Vintzer, R.: Belegungs- und Aufnahmesituation im regionalen Mit- und Nebeneinander von Wohnheim und stationärer Einrichtung, in: Rapp, N.; Strubel, W. (Hrsg.): Behinderte Menschen im Alter, Freiburg 1992, 53-68

Miller, A.; Keys, C: Awareness, Action, and Collaboration: How the Self-Advocacy Movement is Empowering for Persons with Developmental Disabilities, in: Mental Retardation, 5 Vol. 1996, 312-319

Minnesota Governors Planning Council: Partners in Policymaking – Curriculum. Part I: Highlights, 1993

Mitchell, S.: Some Implications of the High/Scope Curriculum and the Education of Children with Learning Difficulties, in: Coupe O'Kane, J.; Smith, B. (eds.), a.a.O., 67-77

LITERATUR

Mittler, P.; Mc'Conachie, H. (eds.): Parents, professionals and mentally handicapped people, London 1983

Moroney, R. M.: Shared responsibility: Families and social policy, New York (Aldine) 1986

Mollenhauer, K.: Erziehung und Emanzipation, München 1968

Mollenhauer, K.: Diskussionsbeitrag zur Frage pädagogischer „Handlungsforschung", in: Beiträge zur Bildungstechnologie, 3/1972 (a), 12-16

Mollenhauer, K.: Theorien zum Erziehungsprozeß, München 1972 (b)

Moon, S. et al.: The supported work model of competitive employment for citizens with severe handicaps: a guide for job trainers. Virginia Commonwealth University, Rehabilitation and Training Center, Richmond 1986 (revised)

Moor, P.: Heilpädagogische Psychologie, Band I u. II, Bern 1951 u. 1958

Moor, P.: Heilpädagogik, Bern 1965

Moser, H.: Praxis der Aktionsforschung, München 1977

Moser, H.: Aktionsforschung als Kritische Theorie der Sozialwissenschaft, München 1978

Moser, H.: Zur methodologischen Problematik der Aktionsforschung, in: Zedler, P.; Moser, H. (Hrsg.): Aspekte qualitativer Sozialforschung, Opladen 1983, 51-78

Moser, H.: Grundlagen der Praxisforschung, Freiburg 1995

Mühl, H.: Handlungsbezogener Unterricht an der Schule für Geistigbehinderte, Bonn 1989

Musto, S.: Die Sozialforschung verändert ihren Gegenstand – einige Implikationen für Theorie und Praxis, in: Zedler, P.; Moser, H. (Hrsg.): Aspekte qualitativer Sozialforschung, Opladen 1983, 250-275

Nagy, M.: Hilfeplanung als Instrument von Qualitätsmanagement, in: DHG (Hrsg.) a.a.O., 41-44

Nahrstedt, W.: Leben in freier Zeit. Grundlagen und Aufgaben der Freizeitpädagogik. Darmstadt 1990

Nelson, D.; Howard; V.; Mc'Laughlin, T.: Empowering parents to become advocates for their own children with disabilities. In: B. C. Journal of Special Education, 17 Vol. 1993, 62-72

Neubauer, W. F.: Selbstkonzept und Identität im Kindes- und Jugendalter, München, Basel 1976

Niedecken, D.: Namenlos. Geistig Behinderte verstehen, Zürich 1989

Niehoff, U.: Wege zur Selbstbestimmung, in: Geistige Behinderung 33. Jahrgang 3/1994, 186-20

Niehoff, U.: Zum Verständnis von Freizeit, Erwachsenenbildung und Selbstbestimmung. In: Fachdienst der Lebenshilfe 2/1996, 1-11

Niehoff, U.: Nutzerorientierung – Wie geht das im Alltag? In: Verein für Behindertenhilfe (Hrsg.) a.a.O., 159-163

Noetzel, W.: Humanistische ästhetische Erziehung, München 1992

Olbrich, E.: Das Kompetenzmodell des Alterns, in: Dettbarn-Reggentin, J.; Reggentin H. (Hrsg.): Neue Wege in der Bildung Älterer, Bd. 1 Theoretische Grundlagen und Konzepte, Freiburg 1992, 53-61

Opaschowski, H. W.: Pädagogik der freien Lebenszeit. 3., völlig neu bearb. Aufl. Opladen 1996
Opp, G.: Mainstreaming in den USA, München, Basel 1993
Opp, G.: Die Schule als „Caring"-Community, in: Jantzen, W. (Hrsg.): Geschlechterverhältnisse in der Behindertenpädagogik: Subjekt/Objekt-Verhältnisse in Wissenschaft und Praxis, Luzern 1997, 146-154
Olson, D. et al.: Gender Differences in Supported Employment. Mental Retardation, Vol. 38, April 2000
Osbahr, S.: Selbstbestimmtes Leben von Menschen mit einer geistigen Behinderung, Zürich 2000
Österwitz, I.: Independent-Living-Bewegung, in: Behindertenpädagogik 3/1988, 295-303
Österwitz, I.: Wohnen, Wohnformen und Mobilität für Behinderte, in: Freiräume. Landesbehindertentag in NRW. Dokumentation, Münster 1994
Ostroff, E.: Architectural Trends and Values. From Humanizing Institutions to Inclusive Communities. In: Bersani, H.: Responding to the Challenge, Cambridge 1999
Pankofer, S.: Empowerment – eine Einführung, in: Miller, T.; Pankofer, S. (Hrsg.): Empowerment konkret! Handlungsentwürfe und Reflexionen aus der psychosozialen Praxis, Stuttgart, 2000, 7-22
Parker, S.: Taking Control with the Help of the Technical and Vocational Education Initiative and Records of Achievement, in: Coupe O'Kane, J.; Smith, B. (eds.), a.a.O., 90-102
Parmentier, M.: Ethnomethodologie, in: Lenzen, D. (Hrsg.): Pädagogische Grundbegriffe, Hamburg 1993
Patton, J. R.; Polloway, E. A.; Epstein, M. H.: Are there seminal works in special education? In: Remedial and Special Education, 10 Vol. 1987, 54-59
Patton, M. Q.: Qualitative Evaluation and Research Methods, Newbury Park CA 1990
Patzelt, J. W.: Grundlagen der Ethnomethodologie – Theorie, Empirie und politikwissenschaftlicher Nutzen einer Soziologie des Alltags, München 1987
Peck, C. A.: Increasing opportunities for social control by children with autism an severe handicaps, in: Journal of the Association for Persons with Severe Handicaps, 10 Vol. 4/1985, 183-193
People First Deutschland: „Wir vertreten uns selbst". Selbstvertretungs- und Selbstbestimmungsgruppen in Deutschland. Unveröff. Manuskript Kassel 1999
People First of Oregon. In: http://www.open.org/people1/whatis.htm. org/~p, 15.06.2000
Perske, R.: Self-Advocates On Move. A Journalist's View. In: Dybwad, G.; Bersani, H. (eds.) a.a.O., 18-36
Peters, M.: Das Belastungs-Bewältigungs-Paradigma in früher Kindheit: eine vielversprechende Perspektive? In: Brüderl, L. (Hrsg.): Belastende Lebenssituationen, Weinheim 1988
Piaget, J.: Das Erwachen der Intelligenz beim Kinde, Stuttgart 1969

LITERATUR

Piaget, J.: Der Aufbau der Wirklichkeit beim Kinde, Stuttgart 1975
Pickenhain, L.: Basale Stimulation. Neurowissenschaftliche Grundlagen, Düsseldorf 1998
Pinderhughes, E. B.: Empowerment for our clients and for ourselves. In: Social Casework 6/1983, 331-339
Pinderhughes, E.: Understanding Race, Ethnicity and Power: The Key to Efficacy in Clinical Practice. New York 1989, Free Press
Pixa-Kettner, U.; Bargfrede, S.; Blanken, I.: Elternschaft von Menschen mit geistiger Behinderung. In: Walter, J.: Sexualität und geistige Behinderung, Heidelberg 1996
Pizzo, P.: Parent to Parent: Working Together for Ourselves and Our Children, Boston (Beacon Press) 1983
Plaute, W.: Erwerb und Generalisation von lebenspraktischen Fertigkeiten bei geistig- und mehrfachbehinderten Menschen – eine Metaanalyse, in: Heilpädagogische Forschung Bd. 18, Heft 1, 4/1992(a)
Plaute, W.: Wohnen in der Lebenshilfe Salzburg, interner Forschungsbericht der Lebenshilfe Salzburg, Salzburg 1992(b)
Plaute, W.: Wohnvertrag, internes Konzept, Lebenshilfe Salzburg 1997(a)
Plaute, W.: Wohnkonzept, internes Konzept. Lebenshilfe Salzburg, 1997(b)
Plaute, W.: Sexualpädagogik, internes Konzept, Lebenshilfe Salzburg, 1998
Plaute, W. & Cizek, B. & Haslauer, B. & Ellmauer, P. & Kapella, O.: Special LoveTalks – sexualpädagogische Begleitung für den Lebensbereich von Menschen mit geistiger Behinderung. 1999
Plaute, W. u.a.: Befragungen auf dem Prüfstand – Kann ein Diskursverfahren zu mehr Objektivität in Bezug auf Verhaltensauffälligkeiten und psychosozialen Kompetenzen bei Menschen mit schwerster geistiger Behinderung beitragen? In: Vierteljahresschrift für Heilpädagogik und ihre Nachbargebiete, 67 Jg. 1998, 69-78
Plaute, W.; Westling, D.: Welche Wünsche haben Eltern von entwicklungsverzögerten oder behinderten Kindern in Österreich? In: Heilpädagogik (hgö), 39 Vol. 1996, 2-23
Pöggeler, F.: Inhalte der Erwachsenenbildung, Freiburg u.a. 1965
Polloway, E. A et. al.: Historic Changes in Mental Retardation and Developmental Disabilities, in: Education and Training in Mental Retardation and Developmental Disabilities, 31 Vol. 1996, 3-12
Pommer-Irmisch, S.: Stärkung elterlicher Kompetenz – Frühe Angebote präventiv bis therapeutisch. Beratungsstelle und Tagesstätte Kind Erleben, München, in: Frühförderung interdisziplinär, 19. Jg. 2000, 23-29
Popper, K.: Das Elend des Historizismus, Tübingen 1971 (3. Aufl.)
Popper, K.: Logik der Forschung, Tübingen 1976 (6. Aufl.)
Portmann, A.: Entlässt die Natur den Menschen? München 1970
Prengel, A.: Pädagogik der Vielfalt. Opladen 1993
Prilleltensky, I.: Empowerment in mainstream psychology. Legitimacy, obstacles and possibilities. In: Canadian Psychology 4/1994, 358-375

LITERATUR

Puschke, M.; Orbitz, A.: Was ist Unterstützung für Menschen mit Lernschwierigkeiten in Abgrenzung zu Assistenz? In: Verein für Behindertenhilfe (Hrsg.) a.a.O., 79f.

Quindel, R.; Pankofer, S.. Chancen, Risiken und Nebenwirkungen von Empowerment – Die Frage nach der Macht, in: Miller, T.; Pankofer, S. (Hrsg.): Empowerment konkret! Handlungsentwürfe und Reflexionen aus der psychosozialen Praxis, Stuttgart, 2000, 33-44

Racino, J. A. et al.: Housing, support and the community, Baltimore (Brookes) 1993

Radke, P.: Kunst und Behinderung – eine produktive Wechselbeziehung. In: Ruping, B.: Theater, Trotz & Therapie. Lingen (Ems) 1999

Rappaport, J.: Inpraise of paradox: social policy of empowerment over prevention, in: Am. Journal of Community Psychology 9. Vol. 1981, 1-25

Rappaport, J. u.a.: Studies in empowerment. Steps toward understanding and action. New York 1984

Rappaport, J.: Ein Plädoyer für die Widersprüchlichkeit. Ein sozialpolitisches Konzept des 'Empowerment' anstelle präventiver Ansätze, in: Verhaltenstherapie und psychosoziale Praxis 17 /1985, 257-278

Rappaport, J.: Terms of empowerment – exemplars of prevention. Toward a theory for community psychology. In: American Journal of Community Psychology, 2/ 1987, 121-148

Rastetter, D.: Freizeit braucht freie Zeit. Oder: Wie Männer es schaffen, Frauen die (Frei-)Zeit zu stehlen. In: Hartmann, H.A.; Haubl, R. (Hrsg.): Freizeit in der Erlebnisgesellschaft. Amüsement zwischen Selbstverwirklichung und Kommerz. 2. Aufl. Opladen 1998, 45-66

Reid, D. K.: Scaffolding, in: Journal of Learning Disabilities, Vol. 31 1998, 386-396

Reijnders, H. M.; Havemann, M.: Freizeit im Alter, Beispiele aus den Niederlanden, in: BV Lebenshilfe (Hrsg.): Persönlichkeit und Hilfe im Alter, Marburg 1999, 158-167

Reese-Schäfer, W.: Lyotard zur Einführung. Hamburg 1988

Retarded Citizens / Atlanta Inc.: Partners in Policymaking – Annual Report, 1993.

Richter, H.-G. (Hrsg.): Therapeutischer Kunstunterricht, Düsseldorf 1977

Richter, H.-G.: Pädagogische Kunsttherapie, Düsseldorf 1984

Richter, H.-G.: Vom Ästhetischen in Bildung und Erziehung, Förderung und Therapie, in: Kunst und Unterricht , Heft 158, 1991, 34-38

Riessman, F.: The new populism and the empowerment ethos. In: Boyte, H. C.; Riessman, F. (eds.): The new populism. The politics of empowerment. Philadelphia 1986, 53-63

Rock, K.: Selbstbestimmung als Herausforderung an die Professionellen, in: Geistige Behinderung 3/1996, 223-232

Rock, K.: Selbstvertretung von Menschen mit einer geistigen Behinderung – Die angloamerikanische Self-Advocacy-Bewegung. In: Behindertenpädagogik 4/ 1997, 354-372

Rogers, C.: Entwicklung der Persönlichkeit, Stuttgart 1974

Rohrmann, E.; Rosenkötter, J.: Erwachsenenbildung für die Verselbständigung von Menschen, die wir geistig behindert nennen. In: Bundesvereinigung Lebenshilfe (Hrsg.): Selbstbestimmung. Kongressbeiträge. 2. Aufl. Marburg 1997

LITERATUR

Rolff, H.-G.: Massenkonsum, Massenmedien und Massenkultur – über den Wandel kindlicher Aneignungsformen, in: Preuss-Lausitz, U. (Hrsg.): Kriegskinder, Konsumkinder, Krisenkinder, Weinheim 1983
Rose, S.M.; Black, B.L.: Advocacy and empowerment. Mental health care in the community. Boston, London 1985
Rose, S.M.: Advocacy/empowerment. An approach to clinical practice for social work. In: Journal of Sociology and Social Welfare 2/1990, 41-51
Roth, L.: Forschungsmethoden der Erwachsenenbildung, in: Roth, L. (Hrsg.): Pädagogik, München 1991, 32-67
Rudnick, I.: Schülervertretung in der Schule für Geistigbehinderte, in: Lebenshilfe (Hrsg.): Selbstbestimmung, Marburg 1996, 337-341
Rüggeberg, A.: Autonom-Leben – ein Selbsthilfe „Konzept" als Alternative zur Rehabilitation und ambulanten Helferservice? In: Speck, O.; Martin, K.: Sonderpädagogik und Sozialarbeit, Handbuch der Sonderpädagogik Bd. 10, Berlin 1990, 441-459
Ruping, B.: Theater, Trotz & Therapie. Lingen (Ems) 1999
Rutter, M.: Resilient children, in : Psychology Today, 3/1984, 57-65
Rutter, M.: Psychosocial Resilience and Protective Mechanisms, in: American Journal Orthopsychiatry, 57 Vol. 1987, 316-331
Saleebey, D.: The Strengths Perspective in Social Work Practise: Extensions and Cautions, in: Social Work 3/1996, 296-305
Saleebey, D. (ed.): The Strengths Perspective in Social Work Practise, New York 1997 (2. veränderte u. ergänzte Auflage)
Sarimski, K.: Kommunikation zwischen Müttern und behinderten Kleinkindern, in: Frühförderung interdisziplinär 2/1983, 167-174
Sarimski, K.: Neue Entwicklungen und Schwerpunkte psychologischer Praxis in Diagnostik und Therapie, in: Speck, O.; Thurmair, M. (Hrsg.) a.a.O.
Scarbath, H.: Zwischen Weitsicht und Verbohrtheit. Ambivalenzen im Spannungsfeld von „68er Bewegung" und Erziehungswissenschaft – ein durchaus subjektives Selbstinterview. In: Pädagogische Beiträge 10/1987, 37-39
Schabmann, A.; Klicpera, C.: Welche Berufe über Menschen mit geistiger Behinderung am offenen Arbeitsmarkt aus? In: Geistige Behinderung, 36 Jg. 1997, 5-12
Schäfer, K.-H.; Schaller, K.: Kritische Erziehungswissenschaft und kommunikative Didaktik, Heidelberg 1976 (3. Aufl.)
Schäfer, A.: Individuelle Bildung – zwischen Vernunft, Negativität und Tragik, in: Koch, L.; Marotzki, W.; Schäfer, A. (Hrsg.) a.a.O., 29-44
Schartmann, D.: Persönlichkeitsfördernde Arbeitsgestaltung mit geistig behinderten Menschen, Münster 1999
Schavan, A.: Schule der Zukunft, Freiburg 1998
Scheler, P.: Verbesserung der Mitwirkungsrechte und der Rechtsstellung für Mitarbeiter in den Werkstätten für Behinderte, in: Zur Orientierung 1/1994, 30-33
Scheller, B.: Solidarität statt Empowerment. In: Blätter der Wohlfahrtspflege 5/1993, 182
Schibilsky, M.: Ist Menschenwürde teilbar? Eine Herausforderung an die Verantwortung der Christen, in: Page, F.W. & Schock, W. (Hrsg.): Aus der Geschichte

lernen, Die Zukunft gemeinsam gestalten, Bericht einer Jahrestagung, Stuttgart und Freiburg 1991
Schiller, F.: Briefe über die ästhetische Erziehung des Menschen (1795), in Werke Bd. 10 (Knaur) Leipzig o. J.
Schimmel, D.; Fischer, L.: Parents. Schools and the Law. Columbia (The National Committee for Citizens in Education) 1987
Schlack, H.G.: Die soziale Interaktion, in: Speck, O.; Peterander, F.; Innerhofer, P. (Hrsg.): Kindertherapie, München, Basel 1987(a)
Schlack, H.G.: Wer bestimmt, was gut für das Kind ist? In: Ebert, D. (Hrsg.): Wer behindert wen? Frankfurt 1987(b)
Schleiermacher, F.D.E.: Erziehungslehre, Düsseldorf 1957 (Neudruck, hrsg. v. E. Weniger)
Schleiermacher, F. D.: Hermeneutik und Kritik, Frankfurt 1977
Schley, W.: Wissenschaftliche Begleitung von Integrationsklassen in der Sekundarstufe I – Was ist das eigentlich? In: Schley, W. u.a. (Hrsg.): Integrationsklassen in Hamburger Gesamtschulen, Hamburg 1989, 27-48
Schmidbauer, W.: Die hilflosen Helfer, Reinbek 1977
Schmidt-Dender, U.; Linde v., I.: Familienklima und mütterliche Erziehungseinstellungen bei Müttern mit einem krebskranken Kind während der Remissionsphase, in: Zeitschrift für pädagogische Psychologie 6/1992, 87-97
Schmidt-Thimme, D.: Alternde Behinderte – Alte Eltern. In: Zusammen: behinderte und nicht behinderte Menschen Heft 2, 1994 (a), 7
Schmidt-Thimme, D.: Wo wohnen, wenn man älter wird? In: Zusammen: behinderte und nicht behinderte Menschen Heft 2, 1994 (b), 8-9
Schön, E.: Frauen und Männer mit geistiger Behinderung auf dem Allgemeinen Arbeitsmarkt, ein Forschungsbericht, hrsg. v. EFH für Sozialwesen Reutlingen, Juni 1993
Schröder, A.; Schmitt, B.: Soziale Unterstützung, in: Brüderl, L. (Hrsg.): Theorien und Methoden der Bewältigungsforschung, Weinheim 1988
Schuchardt, E. (Hrsg.): Schritte aufeinander zu. Soziale Integration Behinderter durch Weiterbildung. Bad Heilbrunn 1987
Schulz, W.: Die Theorie, in: Heimann, P.; Otto, G.; Schulz, W.: Unterricht. Analyse und Planung. Hannover 1972 (6. Auflage)
Schwarte, N.: Erwachsenenbildung für Menschen mit geistiger Behinderung – Überlegungen zu einer inhaltlichen Fokussierung, in: Neuerkeröder Beiträge 7, Erwachsenenbildung – Wege zum gestalteten Alltag. Neuerkeröder Anstalten/ Sickte 1992 (Selbstverlag)
Schwarte, N.: Anmerkungen zum Konzept systemischer Erwachsenenbildung, in: Gaedt-Sachse, F. (Hrsg.): Aufgreifen – Öffnen – Gestalten. Erwachsenenbildung als Alltagsgeschehen, Neuerkerode 1994
Sebba, J.; Byers, R.; Rose, R.: Redefining the Whole Curriculum for Pupils with Learning Difficulties, London (Fulton) 1995
Segal, S. P.; Silverman, C.; Temkin, T.: Empowerment and Self-help Agency Practise for People with Mental Disabilities, in: Social Work, Vol. 38 1993, 705-712
Seguin, E.: Die Idiotie und ihre Behandlung nach physiologischer Methode, hrsg. v. Krenberger, S., Wien 1912

Literatur

Seifert, M.: Lebensqualität und Wohnen bei schwerer geistiger Behinderung, Reutlingen 1997

Seifert, M.: Wohnen – so normal wie möglich, in: Jakobs, H.; König, A.; Theunissen, G. (Hrsg.): Lebensräume – Lebensperspektiven, Butzbach-Griedel 1998, 150-190

Seifert, R.: Die nachschulische Förderung körperbehinderter Menschen im Zielkonflikt zwischen rehabilitativem Traditionalismus und emanzipatorischem Anspruch – ein Plädoyer für das Empowerment-Konzept, in: Bergeest, H.; Hansen, G. (Hrsg.): Theorien der Körperbehindertenpädagogik, Bad Heilbrunn 1999, 363-382

Self-Advocates Becoming Empowered. In: http://www.sabeusa.org, 15.06.2000

Shalock, R. et al.: Quality of Life, its Measurement and Use, American Journal on Mental Retardation, Vol. 94 1989, 25-31

Shoultz, B.; Ward, N.: Self-Advocates Becoming Empowered. The Birth of a National Organization in the U.S. In: Dybwad, G.; Bersani, H. (eds.) a.a.O., 216-235

Siebert, H.: Probleme der Curriculumforschung in der Erwachsenenbildung, in: Knoll, J.H. (Hrsg.): Lebenslanges Lernen. Erwachsenenbildung in Theorie und Praxis. Hamburg 1974

Siemssen, B.: Persönliche Hilfe und Zukunftsplanung – zwei Jahre Handbuch-Erfahrung, in: DHG (Hrsg.) a.a.O., 52-56

Sierk, U.: Autonom leben – Erfahrungen einer Reise in die USA, in: Behindertenpädagogik 3/1988, 304-308

Simon, B.: The empowerment tradition in american social work. A history, New York 1994

Simon, F.: Martin Buber der Erzieher, in: Simon, F.: Brücken, Gesammelte Aufsätze, Heidelberg 1965

Smith, B.: Handling over Control to People with Learning Difficulties, in: Coupe O'Kane, J.; Smith, B. (eds.), a.a.O., 1-13

Soeffner, H.-G.: Alltagsverstand und Wissenschaft – Anmerkungen zu einem alltäglichen Mißverständnis, in: Zedler, P.; Moser, H. (Hrsg.): Aspekte qualitativer Sozialforschung, Opladen 1983, 13-50

Soloman, B.: Black empowerment. Social work in oppressed communities. New York (Columbia University Press) 1976

Speake, B.; John, H.: Increasing the Personal Effectiveness of Adults in the Community, in: Coupe O'Kane, J.; Smith, B. (eds.), a.a.O., 117-127

Speck, O. (Hrsg.): Erwachsenenbildung bei geistiger Behinderung, München 1982

Speck, O.: Das gewandelte Verhältnis zwischen Eltern und Fachleuten in der Frühförderung, in: Speck, O.; Warnke, A.. (Hrsg.): Frühförderung mit den Eltern, München, Basel 1983, 13-20

Speck, O.: Behinderung, Eltern und spezielle pädagogische Hilfe, in: Vierteljahresschrift für Heilpädagogik und ihre Nachbargebiete 53. Jg. 1984, 139-151

Speck, O.: Mehr Autonomie für Erwachsene mit schwerer geistiger Behinderung, in: Geistige Behinderung 3/1985, 162-170

Speck, O.: Die Bedeutung des Wohnens und die Realität der Wohnformen für geistig schwerstbehinderte Erwachsene in der Bundesrepublik, in: Theunissen, G.

(Hrsg.): Integriertes Leben schwerer geistig und mehrfachbehinderter Erwachsener. Symposion – Bericht der SPD-Fraktion im Landschaftsverbund Rheinland, Köln 1987 (Selbstverlag)

Speck, O.: System Heilpädagogik, München 1988, 1998 (3. veränd. Aufl.)

Speck, O.: Selbstauflösung der Sonderpädagogik als gesellschaftspolitische Konsequenz? In: Ellger-Rüttgard, T. S. (Hrsg.): Bildungs- und Sozialpolitik für Behinderte, München, Basel 1990

Speck, O.: System Heilpädagogik – ein ökologischer Ansatz, in: Heilpädagogik (hgö), 40 Jg., 5/1997, 13-21

Speck, O.: Menschen mit geistiger Behinderung und ihre Erziehung, München 1999 (9. überarb. Aufl.)

Speck, O.: Die Ökonomisierung sozialer Qualität. München 1999(b)

Speck, O.: Autonomie und Kommunität – Zur Fehldeutung von Selbstbestimmung in der Arbeit mit geistig behinderten Menschen, in: Theunissen, G. (Hrsg.): Verhaltensauffälligkeiten – Ausdruck von Selbstbestimmung? Bad Heilbrunn 2000, 11-32

Speck, O.; Thurmair, M. (Hrsg.): Fortschritte der Frühförderung entwicklungsgefährdeter Kinder, München, Basel 1989

Spitz, R.: Die Entstehung der ersten Objektbeziehungen, Stuttgart 1973

Spitzer, D. R.; Spitzer, J.: Sterben in einem Altersheim – Ein Erfahrungsbericht, in: Howe, J. u.a. (Hrsg.): Lehrbuch der psychologischen und sozialen Alterswissenschaft, Bd. 4, Heidelberg 1992, 69-77

Staples, L.H.: Powerful ideas about empowerment. In: Administration in Social Work 2/1990, 29-42

Stancliffe, R.J.; Abery, B.H.: Longitudinal Study of Deinstitutionalization and the Exercise of Choice, in: Mental Retardation, Vol. 35 1997, 159-169

Stark, W.: Die Menschen stärken. Empowerment als eine neue Sicht auf klassische Themen von Sozialpolitik und sozialer Arbeit. In: Blätter der Wohlfahrtspflege 2/1993, 41-45

Stark, W.: Empowerment, Freiburg 1996

Staudinger, U. M.: Psychologische Produktivität und Selbstentfaltung im Alter, in: Baltes, M.; Montada, L. a.a.O., 344-373

Steiner, G.: Experten in eigener Sache. Möglichkeiten und Grenzen des Betroffenheitsprinzips, in: Günther, K.; Rohrmann, E. (Hrsg.): Soziale Selbsthilfe, Heidelberg 1999, 181-189

Steinebach, C.: Familienentwicklung in der Frühförderung. Die Sicht der Mütter, Freiburg 1995

Strand, A.; Bergström, A.: Grunden. Ein Verein geistig behinderter Menschen in Schweden. In: Lebenshilfe (Hrsg.) a.a.O.

Straßmeier, W.: Elemente einer Didaktik des kooperativen Unterrichts, in: Eberhardt, H.; Schor, B. (Hrsg.): Integration durch Kooperation. Tagungsbericht, Donauwörth 1998, 67-82

Strauss, A.: Grundlagen qualitativer Sozialforschung, München 1994

Strauss, A.; Corbin, J.: Grounded Theory: Grundlagen qualitativer Sozialforschung, München 1996

SVBL LSA: Schulverwaltungsblatt für das Land Sachsen-Anhalt 4/1999, 41-87
Swift, C.: Foreword: Empowerment. An antidote for folly. In: Prevention in Human Services 3/1984, I-XV
Swift, C.; Levin, G.: Empowerment. An emerging mental health technology. In: Journal of Primary Prevention 1-2/1987, 71-94
Szymanski, E. M.: Transition: Life-Span and Life-Space Considerations for Empowerment, in: Exceptional Children Vol. 60, 5/1994, 402-410
Tausch, A.; Tausch, R.: Erziehungspsychologie, Göttingen 1971 (6. Aufl.)
Taylor, J. B.: Niches and practise: Extending the ecological perspective, in: Saleebey, D. (ed.), a.a.O., 217-230
Tews, H. P.: Produktivitäts des Alters, in: Baltes, M.; Montada, L. a.a.O., 184-210
The West Virginia Research and Training Center (Eds.): Supported Employment: It works! Morgantown, West Virginia 1988
Theunissen, G.: Ästhetische Erziehung bei Verhaltensauffälligen, Frankfurt 1980
Theunissen, G.: Wandlungen kompensatorischer Erziehung. Zur pädagogischen Arbeit mit sozial benachteiligten Kindern, in: Jugendwohl 12/1983, 483-490
Theunissen, G.: Heilpädagogik und Soziale Arbeit mit verhaltensauffälligen Kindern und Jugendlichen. Eine Einführung, Freiburg 1992
Theunissen, G.: Heilpädagogik im Umbruch. Über Bildung, Erziehung und Therapie bei geistiger Behinderung, Freiburg 1993 (2. Aufl.)
Theunissen, G.: Aus der Geschichte lernen, in: Hellmann, M.; Rohrmann, E. (Hrsg.): Alltägliche Heilpädagogik und ästhetische Praxis, Heidelberg 1996, 53-78
Theunissen, G.: Basale Anthropologie und ästhetische Erziehung, Bad Heilbrunn 1997(a)
Theunissen, G. (Hrsg.): Kunst ästhetische Praxis und geistige Behinderung, Bad Heilbrunn 1997(b)
Theunissen, G.: Erlebnispädagogik mit geistig behinderten Menschen, in: Adam, G.; Kollmann, R.; Pithan, A. (Hrsg.): „Blickwechsel". Alltag von Menschen mit Behinderungen als Ausgangspunkt für Theologie und Pädagogik, Münster 1997(c)
Theunissen, G.: Kooperationsdiskurs – ein methodisches Instrument des Empowerment-Konzepts, in: Goll, H.; Goll, J. (Hrsg.) a.a.O. (1998b)
Theunissen, G.: Empowerment und ästhetische Praxis, in: Neue Praxis 2/1998(c), 136-149
Theunissen, G.: Wege aus der Hospitalisierung. Empowerment in der Arbeit mit schwerstbehinderten Menschen, Bonn 1999(a)
Theunissen, G.: Kooperationsklassen – eine wegweisende Perspektive für einen Gemeinsamen Unterricht nichtbehinderter und geistig behinderter Kinder und Jugendlicher? In: Zeitschrift für Heilpädagogik 10/1999(b), 458-465
Theunissen, G.: Pädagogik bei geistiger Behinderung und Verhaltensauffälligkeiten, Bad Heilbrunn 2000(a) (3. stark erw. Aufl.)
Theunissen, G.: Schulische Reformen im Lichte von Empowerment. Impulse für die Arbeit mit lernbehinderten und benachteiligten Schülern, in: Die Neue Sonderschule 6/2000 (b)

Theunissen, G.: Begleitung ohne Engagement genügt nicht – assistierende Hilfen im Lichte von Empowerment, in: Theunissen, G. (Hrsg.): Verhaltensauffälligkeiten – Ausdruck von Selbstbestimmung? Bad Heilbrunn 2000(c), 185-216

Theunissen, G.: Wohneinrichtungen und Gewalt, in: Theunissen, G. (Hrsg.): Verhaltensauffälligkeiten – Ausdruck von Selbstbestimmung? Bad Heilbrunn 2000(d), 73-106

Theunissen, G.: Verhaltensauffälligkeiten – Ausdruck von Selbstbestimmung? dargestellt und diskutiert am Beispiel der Ablösung vom Elternhaus, in: Theunissen, G. (Hrsg.): Verhaltensauffälligkeiten – Ausdruck von Selbstbestimmung? Bad Heilbrunn 2000(e), 107-124

Theunissen, G.: Lebensbereich Freizeit – Ein vergessenes Thema für Menschen, die als geistig schwer und mehrfachbehindert gelten. In: Markowetz, R.; Cloerkes, G. (Hrsg.) a.a.O., 2000(f), 137-150

Theunissen, G.: Leben älterwerdender und alter Menschen mit geistiger Behinderung, in: Caritas der Diözese St. Pölten (Hrsg.): Lebensabschnitte: Menschen mit geistiger Behinderung im Alter, Tagungsbericht, St Pölten 2000(g), 5-12

Theunissen, G.: Altenbildung und Behinderung (Arbeitstitel), Bad Heilbrunn 2002 (in Druck)

Theunissen, G.; Garlipp, B.: Zur Rehabilitation geistig behinderter Menschen in der DDR, in: Zeitschrift für Heilpädagogik, 10/1996, 360-365

Theunissen, G.; Lingg, A. (Hrsg.): Wohnen und Leben nach der Enthospitalisierung. Perspektiven für ehemals hospitalisierte und alte Menschen mit geistiger und seelischer Behinderung, Bad Heilbrunn 1999.

Theunissen, G. u.a. (Hrsg.): Enthospitalisierung von geistig schwer behinderten und psychisch gestörten Menschen aus Alten- und Pflegeeinrichtungen, unv. Forschungsbericht, Institut für Rehabilitationspädagogik, Martin-Luther-Universität Halle-Wittenberg 2000; eine Zusammenfassung unter dem Titel „Enthospitalisierung ‚fehlplatzierter' Menschen mit geistiger Behinderung" ist in: Die Neue Sonderschule 5/2001, 368-376 erschienen

Theunissen, G. u.a.: Zur Situation geistig behinderter Menschen in ihrer Freizeit. Eine Umfrage bei der Lebenshilfe in Deutschland, in: Geistige Behinderung 4/2000(b)

Theunissen, G.; Ziemen, K.: Unterstützte Kommunikation – (k)ein Thema für den Unterricht mit geistig behinderten Schülerinnen und Schülern? In: Zeitschrift für Heilpädagogik 2000

Thiersch, H.: Pädagogik, Geisteswissenschaftliche (historisch). In: D. Lenzen (Hrsg.): Pädagogische Grundbegriffe, Bd. 2, 1117-1140. Reinbek 1989

Thimm, W.: Kritische Anmerkungen zur Selbstbestimmung in der Behindertenhilfe. In: Zeitschrift für Heilpädagogik 48/1997, 222-232

Trivette, C. et al.: Assessing family strengths and family functioning style. In: Topics in early childhood special education, 10, 1990, 16-35

Trost, A.: TZI und systemische Therapie: spielend kreative Lösungen (er-)finden. In: Will-International (Hrsg.): Themenzentrierte Interaktion. 12. Jg. 1998 Heft 2, 61-87

Trost, R.; Schüller, S.: Beschäftigung von Menschen mit geistiger Behinderung auf dem allgemeinen Arbeitsmarkt, Walldorf 1992

Tüllmann, M.: Raues Haus, Hamburg, in: Die Selbstbestimmung finanzieren, Erfahrungen mit dem persönlichen Budget in Großbritannien und den Niederlanden, hrsg. v. Behindertenbeauftragten der Hansestadt Hamburg, 1999, 90f.

Turnbull, A. P.; Turnbull III, H. R.: Families, Professionals, and Exceptionality: A special partnership, Upper Saddle River (Merrill) 1997 (3. Aufl.)

Turnbull III, H. R.: Free Appropriate Public Education: The Law and Children with Disabilities, Denver (Love Publishing) 1986

Turnbull, H. R. et al.: Disability and the Family: A Guide to Decisions for Adulthood, Baltimore (Brookes) 1989

Urban, W.: Einflussmöglichkeiten von Nutzer/innen auf die Hilfeplanung, in: DHG (Hrsg.) a.a.O., 21-31

Verein für Behindertenhilfe e. V. (Hrsg.): Von der Betreuung zur Assistenz? Professionelles Handeln unter der Leitlinie der Selbstbestimmung, Tagungsbericht, Hamburg 2000

VIF (Vereinigung Integrationsförderung e. V.) (Hrsg.): Behindernde Hilfe oder Selbstbestimmung der Behinderten. München 1982

Voß, R.; Werning, R.: Systemische Konsultation von Familien mit sozial auffälligen Kindern und Jugendlichen, in: Hohmeier, J.; Mair, H. (Hrsg.): Eltern- und Familienarbeit, Familien zwischen Selbsthilfe und professioneller Hilfe, Freiburg 1989

Wacker, E. u.a.: Leben im Heim. Angebotsstrukturen und Chancen selbständiger Lebensführung in Wohneinrichtungen der Behindertenhilfe, Schriftenreihe des Bundesministeriums für Gesundheit, Bd. 102, Baden-Baden 1998

Wagner, U.: Interaktive Sozialforschung. Zur Frage der Wissenschaftlichkeit und Brauchbarkeit der Aktionsforschung, Weinheim 1997

Walujo, S.; Malmström, C.: Grundlagen der SIVUS-Methode, München 1991.

Wangler, M.: Kunst oder Klim-Bim? Theater mit Menschen mit einer Behinderung. Unveröff. Diplomarbeit, Mozarteum Salzburg, 2000.

Wanschura, W.: Sag' beim Abschied leise „Servus!", Leoben 1992

Ward, M.J.; Kohler, P.: Teaching Self-Determination. Content and Process, in: Powers, L. E.; Singer, G. H.; Sowers, J. (eds.): On the road to autonomy: Promoting self-competence in children and youth with disabilities, Baltimore (Brookes) 1996, 275-290

Ward, N.; Shoultz, B.: People First of Nebraska. 8 Years of Accomplishments. In: Dybwad, G.; Bersani, H. (eds.) a.a.O., 203-215

Watzlawick, P. (Hrsg.): Die erfundene Wirklichkeit, München 1984; 1985

Weber, G.: Therapeutische Interventionen und Maßnahmen: Möglichkeiten und Grenzen, in: Weber, G. (Hrsg.): Psychische Störungen bei älteren Menschen mit geistiger Behinderung, Bern 1997

Weber, M.: Der Sinn der „Wertfreiheit" der soziologischen und ökonomischen Wissenschaften, in: Weber, M.: Gesammelte Aufsätze der Wissenschaftslehre, Tübingen 1973, 489-540

Wehmeyer, M.L.: Self-Determination and the Education of Students with Mental Retardation, in: Education and Training in Mental Retardation 27 Vol. 1992, 302-314

Wehmeyer, M.L.; Agran, M.; Hughes, C.: Teaching Self-Determination to Students with Disabilities, Baltimore (Brooks) 1999 (2. ed.)

Wehmeyer, M.L.; Berkobien, R.: The Legacy of Self-Advocacy, in: Dybwad, G.; Bersani, H. (eds.), a.a.O., 245-258

Wehmeyer, M.L..; Bolding, N.: Self-Determination Across Living and Working Environments: A Matched-Samples Study of Adults With Mental Retardation, in: Mental Retardation 37 Vol. 1999, 353-363

Wehmeyer, M.L.; Kelchner, K.; Richards, S.: Individual and environmental factors related to the self-determination of adults with mental retardation, in: Journal of Vocational Rehabilitation 5 Vol. 1995, 291-305

Wehmeyer, M.L.; Schwartz, M.: The relationship between self-determination, quality of life, and life satisfaction for adults with mental retardation, in: Education and Training in Mental Retardation and Developmental Disabilities 33 Vol. 1998, 3-12

Weick, A.: The Philosophical Context of a Health Model of Social Work. In: Social Casework 1986, 67 (9), 551-559

Weick, A.: Building a strengths perspective in social work, in: Saleebey, D. (ed.) a.a.O. (1992; 1st ed.)

Weick, A. et al: A Strengths Perspektive for Social Work Practise. In: Social Work 7/1989, 350-354

Weick, A.; Saleebey, D.: Supporting Family Strengths: Orienting Policy and Practice Toward the 21st Century, in: The Journal of Contemporary Human Services, 76 Vol. 1995, 141-149

Weingarten, E.; Sack, F.: Ethnomethodologie. Die methodische Konstruktion der Realität, in: Weingarten, E.; Sack, F.; Schenkein, J. (Hrsg.), a.a.O.

Weingarten, E.; Sack, E.; Schenkein, J. (Hrsg.): Ethnomethodologie. Beiträge zu einer Soziologie des Alltagshandelns, Frankfurt 1976

Weiß, H.: Sozialwissenschaftliche Konzepte im Wirkfeld von Frühförderung, in: Frühförderung interdisziplinär 6/1987, 159-169

Weiß, H.: Entwicklungen in der Zusammenarbeit mit Eltern, in: Speck, O.; Thurmair, M. (Hrsg.) a.a.O. (1989a)

Weiß, H.: Familie und Frühförderung, München, Basel 1989 (b)

Weiß, H.: Familien zwischen Autonomie und „sozial arrangierter Abhängigkeit, in: Geistige Behinderung 3/1991, 196-218

Weiß, H.: Annäherung an den Empowerment-Ansatz als handlungsorientierendes Modell in der Frühförderung. In: Frühförderung Interdisziplinär 11/1992, 157-169

Weiß, H.: Empowerment in der Heilpädagogik und speziell in der Frühförderung – ein neues Schlagwort oder eine handlungsleitende Idee?, in: Vierteljahresschrift für Heilpädagogik und ihre Nachbargebiete 1/1999, 23-35

Weiß, H.: Selbstbestimmung und Empowerment – Kritische Anmerkungen zu ihrer oftmaligen Gleichsetzung im sonderpädagogischen Diskurs, in: Behindertenpädagogik, 3/2000, 245-259

Welsch, W: Ästhetisches Denken, Stuttgart 1990
Welsch, W.: Unsere postmoderne Moderne, Weinheim 1991
Welsch, W. Topoi der Postmoderne. In: Fischer, H.R.; Retzer, A.; Schweitzer, J. (Hrsg.): Das Ende der großen Entwürfe. Frankfurt 1993
Welsch, W.: Vernunft. Die zeitgenössische Vernunftkritik und das Konzept der transversalen Vernunft. Frankfurt 1996
Wember, F.B.: Über Möglichkeiten und Grenzen des einfühlenden Verstehens als Methode der sonderpädagogischen Forschung I: Versuch einer Explikation; II: Versuch einer Evaluation, in: Vierteljahresschrift für Heilpädagogik und Nachbargebiete 61. Jg. 1992, 353-375 u. 451-475
Wendeler, J.: Geistige Behinderung. Pädagogische und psychologische Aufgaben, Weinheim, Basel 1993
Weniger, E.: Die Autonomie der Pädagogik, in: Ausgewählte Schriften zur geisteswissenschaftlichen Pädagogik, Weinheim 1990a, 11-28
Weniger, E.: Theorie und Praxis der Erziehung, in: Ausgewählte Schriften zur geisteswissenschaftlichen Pädagogik, Weinheim 1990b, 29-44
Werner, E.; Smith, R.S.: Vulnerable but invincible: a longitudinal study of resilient children and youth, New York 1982
Werner, E.: Protective factors and individual resilience, in: Meisels, S.; Shonkoff, J. (eds.): Handbook of Early Childhood Intervention, Cambridge (University Press) 1990
Werner, E.: Gefährdete Kindheit in der Moderne: Protektive Faktoren, in: Vierteljahresschrift für Heilpädagogik und Nachbargebiete 2/1997, 192-203
Westecker, M.: Dokumentation von Seminaren und Vorträgen einer Studienreise der Behindertenbeauftragten der Freien und Hansestadt Hamburg nach London und Utrecht im November 1998, in: Die Selbstbestimmung finanzieren, Erfahrungen mit dem persönlichen Budget in Großbritannien und den Niederlanden, hrsg. v. Behindertenbeauftragten der Hansestadt Hamburg 1999, 9-70
Westling, D.: What Do Parents of Children with Moderate and Severe Mental Disabilities Want? hekt. Manuskript (Draft Version) Florida State University (Deparment of Special Education) Tallahassee 1995
Westling, D.; Floyd, J.: Generalization of Community Skills: How Much Training is Necessary? The Journal of Special Education, 23 Vol. 1990, 386-406
Westling, D.; Fox, L.: Teaching students with severe disabilities, New Jersey 1995
Wieland, H. (Hrsg.): Geistig behinderte Menschen im Alter, Heidelberg 1987
Wienstroer, G. N.: Peer counselling. Das neue Arbeitsprinzip emanzipatorischer Behindertenarbeit, in: Günther, P.; Rohrmann, E. (Hrsg.): Soziale Selbsthilfe, Heidelberg 1999, 166-180
Wilkinson, C.: Teaching Pupils with Profound and Multiple Learning Difficulties to Exert Control, in: Coupe O'Kane, J.; Smith, B. (eds.), a.a.O., 60-67
Wilm, S.; Kulig, W.: Empowerment und alte Menschen mit geistiger Behinderung, in: Theunissen, G.; Lingg, A. (Hrsg.) a.a.O., 295-308
Windisch, M. u.a.: Wohnformen und Soziale Netzwerke von Erwachsenen mit geistiger und psychischer Behinderung, in: Neue Praxis, 2/1991, 138-149

Literatur

Winup, K.: The Role of a Student Committee in Promotion of Independence among School Leavers, in: Coupe O'Kane, J.; Smith, B. (eds.), a.a.O., 103-116

Wirth, I.: Erwachsenenbildung, Erwachsenenpädagogik. In: Dies (Hrsg.): Handwörterbuch der Erwachsenenbildung. Paderborn 1978, 195-218

Witzel, A.: Verfahren der qualitativen Sozialforschung, Frankfurt 1982

Wörner, G.: Aktionsorientierte Arbeitsformen in der ästhetischen Erziehung, in: Richter, H.-G. (Hrsg.) a.a.O., 78-111

Wülser, G.: Kulturanthropologische Überlegungen zu einer kooperativen Pädagogik bei der Förderung von Kindern mit abweichenden Entwicklungsverläufen. Impulse für die Geistigbehindertenpädagogik, in: Eberwein, H. (Hrsg.) a.a.O.

Wygotski, L.S.: Zur Orientierung auf die Zone der nächsten Entwicklung, in: Psychologische Studientexte – Vorschulerziehung, Berlin 1974

Zeitz, G.: Anke Orbit: Wir wissen doch selbst, was wir wollen. Modellprojekt von und für Menschen, die geistig behindert genannt werden – Wer Rat sucht, bekommt ihn in Kassel, in: Frankfurter Rundschau v. 27. Mai 1999, Nr. 120

Zimmerman, M.; Rappaport, J.: Citizen participation, percieved control and psychological empowerment. In: American Journal of Community Psychology 5/ 1988, 725-743

Zirpoli, T.J.: Partners in Policymaking Curriculum. St. Paul (Minnesota Govenor's Planning Council on Developmental Disabilities) 1993

Die Autorinnen und Autoren

Birgit Garlipp, Dipl.-Sozialpäd./arbeiterin, Geschäftsführerin des Landesverbandes der Lebenshilfe Sachsen-Anhalt

Claudia Hoffmann, Dipl.-Päd., wiss. Mitarbeiterin am Lehrstuhl für Geistigbehindertenpädagogik des Instituts für Rehabilitationspädagogik des Fachbereichs Erziehungswissenschaften der Martin-Luther-Universität Halle-Wittenberg

Cordula Matzke, cand. Dipl.-Päd. am Institut für Rehabilitationspädagogik des Fachbereichs Erziehungswissenschaften der Martin-Luther-Universität Halle-Wittenberg

Wolfgang Plaute, Mag. Dr. päd., Mitglied der Pädagogischen Leitung der Lebenshilfe Salzburg und Universitätslektor für Heilpädagogik am Institut für Erziehungswissenschaften der Universität Salzburg

Melitta Stichling, Dr. päd., Dipl.-Sonderschullehrerin, wiss. Mitarbeiterin am Lehrstuhl für Geistigbehindertenpädagogik des Instituts für Rehabilitationspädagogik des Fachbereichs Erziehungswissenschaften der Martin-Luther-Universität Halle-Wittenberg

Georg Theunissen, Prof. Dr. päd., Ordinarius für Geistigbehindertenpädagogik am Institut für Rehabilitationspädagogik des Fachbereichs Erziehungswissenschaften der Martin-Luther-Universität Halle-Wittenberg.